THE STORMRIDER GUIDE
EUROPE
THE CONTINENT

LOW PRESSURE

THE STORMRIDER GUIDE EUROPE – THE CONTINENT
First published 2006 by Low Pressure Ltd ©

First edition 1992; Second edition 1995; Third edition 1998

Production Office
Unit 11 Efford Farm Business Park Bude Cornwall EX23 8LT

General Enquiries
Tel/Fax +33 (0)5 58 77 76 85   enquiries@lowpressure.co.uk

Creation of all road maps European Map Graphics Ltd. ©Low Pressure Ltd 2006

Creation of all other maps, graphic arrangement, pictograms, text and index
©Low Pressure Ltd 2006

Compilation of all weather and swell data ©YEP using Visual Passage Planner©

A catalogue reference for this book can be obtained from the British Library.
ISBN Softback: 978-0-9539840-3-9

Reproduction and printing by Hong Kong Graphics and Printing
on 100% chlorine-free paper stock from managed forests.

THE STORMRIDER GUIDE
EUROPE
THE CONTINENT

LOW PRESSURE

Publishing Directors Dan Haylock Ollie Fitzjones Bruce Sutherland

Editor Bruce Sutherland

Design and Production Dan Haylock

Advertising and Distribution Ollie Fitzjones

Sub-Editor/Proof Reader Vik Sell

French Translation Joachim Grenier Olivier Servaire (France, Morocco)

Production Assistant Nick Farrow

Accounts Andrea Fitzjones

Cartography European Map Graphics Ltd
Relief Shading Anderson Geographics

Editorial Contributors
Principal: Olivier Servaire, Tony Butt, Stuart Butler & Nik Zanella
Gabi Perez   Ben (Magicseaweed)   Thomas Donso   Brian Bojsen   Patrick Pijnaker
Roel Verhulst   Hans van den Broek   Allard Pheifer   Sven Fransen   Joachim Grenier
Thomas Bilbao   Sylvain Milanese   Sam Martorell   Spirit Surf Club   Valerie Hukalo
Laurent Capmas   David de Nantes   Jullurn   Juan Bernard   Régis Fischer   Sébastien
Jasiak   Niko (Speedvibes)   Stef Ben   Alex Vermeil   Andy Bottomley   Ollie Fitzjones
Daniel Aparici   Victor Gonzalez   Jose Domenech   Carlos 'El Tocho'   Ryall Mills
Andres Avelino Salom   Ben O'Hara   Hakim Tazi   Boumediene Omari   Jamega Lassiri
Den (Morocsurf)   Amine (F.A.S.T)   Hervé Pignoges

Photographic Contributors
Jakue Andikoetxea   Daniel Aparici   Sergi Arenas   Duccio Argentini   Giuseppe Arioni
Vitor Azeredo   Limbo Azul   Jean Pierre Bailliot   Jean Louis Bernard   Michiel Bertou
Brian Bosjen   Stuart Butler   Emiliano Cataldi   Bernard Choquet   Sander Claes
Antony 'YEP' Colas   Erwan Crouan   Nicolas Dejean   Desenfeinat   Marcelo Diaz
Christophe Dimulle   Alessandro Dini   Nikaj Droop   Marc Fenies   Juan Fernandez
Marino Fidanza   Ollie Fitzjones   Nicolas Fojtu   Marc Gassó   Gecko
Neils Geiselbrecht   Riccardo Ghilardi   Rob Gilley   Aldo Giummo   Victor Gonzales
Elena Gremolelli   Dan Haylock   Phil Holden   Timo Jarvinen   Valéry Joncheray   Micheal Kew
Gary Knights   GJ de Koning   Alex Laurel   Arthur Lavooy   Frederic le Leannec   Malorgio
Ray Max   Emiliano Mazzoni   Marc Miceli   Malcolm Millais   Ryall Mills   Antonio Muglia
Will Newitt   Bevis Nickel   Noar   Yohann Peche   Shane Peel   Kristen Pelou   Jean Claude Pereira
Miguel Pereira   Damien Poullenot   Davide Sacchetti   Ricardo Bravo Santos   David Seri
Alessandro Servadei   Roger Sharp   Sidi Ifni Surf Shop   Sully   Wilbur Tilley   Patrice Touhar
Willy Uribe   Stefano Verlicchi   Sergio Villalba   François Xavier Vince   Julian Wicksteed

Special Thanks
Tiki Yates   Antony 'YEP' Colas   Alex Dick-Read   Drew Kampion   Patagonia
Simon Mahomo   Pete Feehan   Marc Hare   Kore Antonsen   Dave Sims   Hayder
Tuinama   Camilo Gallardo   Nicky Kelly   Matt Nash   Paloma Vega and all at Tres 60
Amelia Rosado   Tom and Ulrich Hautzel   Tim Rainger

Extra Special Thanks
Sheila Dillon Ty Ryder Jake Shani and Marla Fitzjones
Sue and John Haylock   Jo Finn and Megan
Louise Anna Ella Jamie Aedan & Beanie Millais.

Foreword

The first edition of *The Stormrider Guide Europe* paddled out in 1989 before taking off in 1992. Following hard on the heels of three decades of intense worldwide exploration and discovery, Europe was a relatively unknown surf destination back then, overlooked and dismissed by the wider surfing world. The Stormrider Guide presented Europe as a legitimate and accessible surf destination that was relatively uncrowded and which still promised discovery and adventure. It was met with unanimous praise as eyes and minds were opened to the possibilities.

Seventeen years and four editions later Europe is a very different place. The number of surfers has increased dramatically on every coast in every season and so has the industry and associated services surrounding it. *The Stormrider Guide Europe* has had to grow and adapt to this rapidly changing landscape and as the sheer pressure on this limited resource has grown, we have felt a greater responsibility than ever to our readers and to the waves they enjoy so much.

One of the biggest changes to the surfing world in the last 15 years has been the internet, which not only brings forecasting and up to the minute conditions to everyone's screen, but also the ability to pull up lists of spots around the world. Often using public input and myopic moderation, this approach can lead to misinformation and blow the cover on secret spots,

so our remit has always been to direct surfers to the obvious and easily accessible main surfing areas, with the occasional nod to investigate the coast in between, without exposing sensitive spots. The environmental and cultural issues covered, from catastrophic oil spills to poisonous locals, has become essential reading as European surf cultures evolve and take their place on the world stage. Most important of all, we have always made sure that the information published is as accurate and authoritative as possible.

In this 4th edition, we have tried to communicate these changes in a clear and functional way, while upholding the high production values that we believe are an indispensable feature of *The Stormrider Guides*. For this guide we have eschewed the onerous task of producing hundreds of maps over a period of months and handed the job over to the experts. Two years ago we recruited European Map Graphics, who have produced up-to-date relief maps with a high level of detail previously unattainable by us. As the unedited text started to arrive from our contributors we realised that many locations needed more detailed descriptions and consequently many regions ended up being split in two, along with some completely new regions.

This has freed up some time to concentrate our efforts on photography, which has also matured in the last decade. The quality of images available from

European photographers today is comparable to any in the world. Eighteen months ago we began our search for the images that best portray Europe's surf, often favouring more pulled back line-up shots. The result is a huge database of European imagery to draw from for this and other future, multimedia projects. Digital photography has also come of age and while this means a lot fewer packages to our repro house in Hong Kong, it does however represent many more hours in colour correction software getting the shots to look just right.

A year of photo data-basing (and a totally revamped website) later saw the text starting to arrive from all corners of Europe, while maps were also piling up on our hard drives. The flat plan soon drifted past the 400 page mark and we realised that one book was not big enough. Long discussions on how to split up Europe arrived at The Continent and Atlantic Islands format and so we embarked on the second year of our biggest project yet *The Stormrider Guide Europe* box set.

As well as encompassing easy navigation, vastly expanded, dense bi-lingual text and new detailed maps, the overall design also needed to display the incredible imagery at its best. The layouts always present a tricky jigsaw puzzle once text and map are on a page. The photos themselves have to be culled to get a balance – a decision is often made between two great images of different locations simply because they look too similar. Sometimes, pictures from a completed page need to be swapped to represent specific subject matter on another page. At the opposite end of the scale some areas have no photos at all, which often leads to weeks of searching (and in one instance a random last minute conversation in a pub) to fill each individual gap.

This is only part of the production story as the final six months becomes a juggling act, dividing time between layouts, cartographers, photographers, proofreaders, the repro house and liaising with the editor, Bruce, himself co-ordinating a fleet of surfing contributors and translators, who all seem to be at the whim of the next swell! Meanwhile, Ollie has the unenviable task of sourcing the advertisers and Yellow Page listings, organising the printing in Hong Kong and overseeing our international team of distributors.

This chaotic, shifting process doesn't lend itself well to deadlines and while we try to put a cut-off date on these books, we always arrive at the realisation that it is worth taking extra time and effort to ensure the highest quality. So to all the contributors and readers who have been waiting a while, we hope this book exceeds your expectations and even more importantly that you enjoy the ride.

Dan Haylock
Creative Director, Low Pressure

Contents

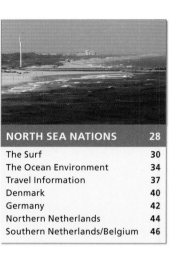

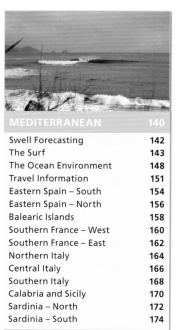

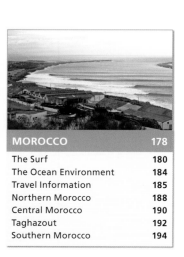

THE AZORES

MADEIRA

CANARY ISLANDS

Las Palmas

NORTH

ATLANTIC

OCEAN

El Aa

Introduction

Stretched along the eastern shore of the tempestuous North Atlantic Ocean, continental Europe presents a cornucopia of wave resources for the maturing surf cultures of the 'Old World'. This sublime continent has the ability to entertain the sweetest, small beachbreaks right alongside the meanest, mountainous reefbreaks, while new discoveries continue to raise Europe's profile and increase its inventory of world-class waves. Surf activists are looking to the next generation to carry on the fight to protect the ocean environment from pollution, erosion, coastal over-development and a host of other issues that affect this populated coastline. Meanwhile, surfer numbers are exploding from Denmark, to Morocco, to the tideless shores of the Mediterranean, as surfing comes of age on the European continent.

Bordant l'Atlantique Nord et ses tempêtes sur le flanc est, la vieille Europe est une véritable corne d'abondance au niveau vagues. La culture surf est désormais bien ancrée sur ce continent incroyable, où les beachbreaks les plus tranquilles côtoient les reefs les plus monstrueux, et de nouvelles découvertes continuent à accroître sa réputation comme un repaire de vagues de classe mondiale. Des surfers militants se préoccupent des générations futures en continuant de se battre contre la pollution, l'érosion et les excès du développement immobilier le long des côtes, plus toute une série d'autres problèmes liés à un littoral urbanisé. Pendant ce temps, le nombre de surfers explose du Danemark au Maroc en passant par les rivages de la Méditerranée, et le surf parvient maintenant à maturité sur le Vieux Continent.

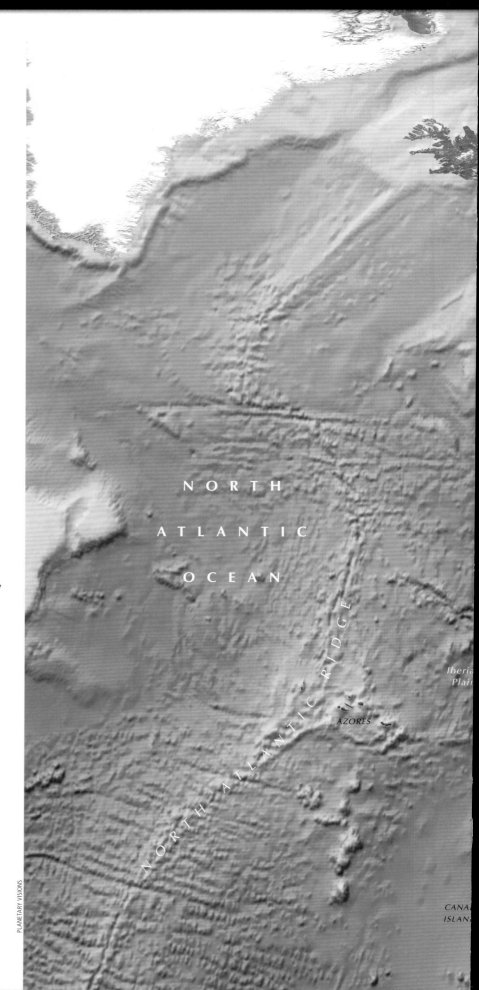

NORTH ATLANTIC OCEAN

NORTH ATLANTIC RIDGE

AZORES

Iberian Plain

CANARY ISLANDS

PLANETARY VISIONS

NORWEGIAN

SEA

SHETLAND
ISLANDS

HEBRIDES   ORKNEY
                  ISLANDS

NORTH

SEA

BALTIC
SEA

ENGLISH CHANNEL

Biscay Plain

Fosse de
Capbreton

Golfe
du Lion

Golfe
di Genoa
LIGURIAN
SEA

ADRIATIC SEA

BLACK
SEA

Galicia
Bank

Corsica

BALEARIC SEA

Sardinia

TYRRHENIAN
SEA

Tagus
Plain

BALEARIC
ISLANDS

IONIAN
SEA

ALBORAN SEA

M E D I T E R R A N E A N   S E A

Sicily

CYPRUS

The Creation of Wind

The earth's weather is a complex system designed to redistribute the heat energy that the sun delivers. The sun's rays strike the equatorial regions with more concentration, causing the surrounding air to be heated. This lighter, hot air rises in updrafts, then travels towards the poles, high in the atmosphere. When it cools, the air sinks down to sea level and returns towards the equator, replacing the warm air and completing the heat exchange process. These parcels of air are measured by barometric pressure whereby falling air increases sea-level pressure resulting in a high pressure and rising air decreases the sea-level pressure so it is called a low pressure. The air in a high pressure is attracted to areas of low pressure and rushes towards it, creating winds. The rotation of the earth deflects the wind from taking a direct route between a high and a low pressure, a phenomenon known as the Coriolis force. In the northern hemisphere, this causes the air to spin clockwise around a high pressure and anti-clockwise around a low pressure. The winds spin in the opposite direction in the southern hemisphere and these rotations are mirrored by the ocean currents. The Coriolis effect is also responsible for bending any wind (or pressure system) in the northern hemisphere to the right of its direction of travel. This right turn will be regardless of which way it is flowing between the equator and the poles and will therefore be a left arc for winds south of the equator. This produces the NE and SE trade winds that blow towards the equator from each hemisphere and also angles the mid-latitude westerlies from the NW and SW respectively. Besides these two dominant bands of circulating winds, there are polar cells at the extremities of the planet and doldrums directly over the equator.

A low pressure or depression will form when a small perturbation in pressure and temperature exists. The warm, lighter air slides over the top of the cold, denser air. If conditions are right this will lead to a self-perpetuating vortex. These mid-latitude systems become more energetic in the winter when the temperature difference between the equator and the poles increases. A primary influence on the west to east movements of these weather systems is the flow of air in the upper atmosphere called the jet stream. The jet stream moves at much higher speeds than the surface air and dictates the speed, intensity and trajectory of surface weather systems.

Capo di Manu, Sardinia

EMI MAZZONI

A jet stream that takes a polar heading will create surface low pressures that deepen, while a jet leading towards the equator will cause the low to fill and fizzle out.

The most violent of all low pressures are formed over warm, tropical oceans when huge differences in temperature get a storm spinning extremely fast. Massive amounts of water vapour are drawn up into the vortex of these destructive tropical storms that are known by different names around the world. Hurricane is used in the Atlantic and north-eastern Pacific, typhoon is the word for the north-western Pacific and cyclone is favoured in the south-western Pacific and Indian Ocean.

> Wind is the single biggest factor in the creation of rideable waves and surface winds are controlled by what happens in the upper atmosphere.

The two polar jet streams meander gently from north to south. Beneath them large frontal systems form along the boundary between polar and tropical air masses.

High level jet stream

Meandering waves called Rossby waves

Meanders produce rotating frontal weather systems

Europe's Oceans and Seas

The Atlantic Ocean   82,000,000km²

The Atlantic is the world's second largest ocean with 22% of the global sea area, but it's only half the size of the Pacific. Bisected by the equator, the greatest distance from east to west in the North Atlantic is Morocco to Florida – 7,200km and 9,600km from Guinea to Brazil in the South Atlantic. The average depth is 3,660m and the deepest point of 8,648m is in the Puerto Rico Trench.

The North Atlantic is the windiest and roughest ocean with strong winter westerlies of over 55kmh (35mph) generating a band of seas greater than 5m (15ft) between Nova Scotia and the UK. There is significant seasonal variation with much milder conditions occurring in summer. The NE trade winds blowing from the sub-tropical highs (around 30°N) towards the equator are sustained throughout the year but are weaker than those in the North Pacific. Overall, the Atlantic trades are the weakest of all oceans. The strongest swells occur in winter and spring, produced by the westerly winds in the 30° to 60° zone, sending the biggest waves to the eastern shore of the basin in Europe.

L'Océan Atlantique est le second plus grand océan du monde, avec 22% de la surface des mers et océans de la planète, mais il est deux fois moins grand que le Pacifique. Il est séparé en deux par l'Equateur, la plus grande largeur d'Est en Ouest dans l'Atlantique Nord va du Maroc à la Floride avec 7200km ; dans l' Atlantique Sud la plus grande largeur est de 9600km de la Guinée jusqu'au Brésil. La profondeur moyenne est de 3660m avec un maximum de 8648m dans la fosse de Puerto Rico.

C'est le plus venté et le plus agité des océans, avec en hiver des vents forts d'O de plus de 55km/h et toute une zone avec des creux de plus de 5m

entre la Nouvelle-Écosse et le Royaume-Uni. Les variations saisonnières sont bien marquées avec un été beaucoup plus doux. Les alizés de NE soufflent tout au long de l'année vers l'Equateur depuis les hautes pressions subtropicales situées vers 30ºN, mais ne sont pas aussi forts que dans le Pacifique Nord ; ils sont globalement plus faibles que sur les autres océans. Les plus grosses houles se manifestent en hiver et au printemps, générées par les vents d'O entre 30°et 60° de latitude N ; on aura les plus grosses vagues du côté E du bassin océanique, c'est-à-dire en Europe.

The North Sea   750,000km²

Sitting on the continental shelf in the NW corner of Europe, the North Sea is a relatively shallow body of water with an average depth of 95m and a maximum depth of 700m off Norway. It represents a tiny 0.2% of the water surface of the earth. It is open to the Atlantic in the north and via the English Channel and connects to the Baltic Sea via the Kattegat. North Atlantic weather systems bring predominantly westerly winds and some NW-N groundswell but windswells are more common, especially in the summer months.

Située sur le plateau continental au NO de l'Europe, la Mer du Nord est une masse d'eau relativement peu profonde : 95m en moyenne et un maximum de 700m au large de la Norvège. Elle ne représente que 0.2% des eaux de surface de la Terre. Reliée à l'Atlantique par le N et par la Manche, elle rejoint aussi la Mer Baltique via la Kattegat. Les dépressions sur l'Atlantique Nord entraînent un régime dominant de vents d'O avec quelques houles de fond de N-NO mais les houles de vent sont les plus fréquentes, surtout en été.

The Mediterranean Sea   2,505,000km²

This is the world's largest enclosed sea, measuring approximately 3,900km long from west to east with a maximum width of 1,600km from north to south. The 'Med' is deep, plumbing 5,267m in the Ionian Sea and hits an average depth of 1,500m. This 'inland ocean' is subdivided into many (25) smaller seas and gulfs and is fed by the Atlantic through the narrow Straits of Gibraltar, 14km wide, which strangle tidal movement in the Med to almost nothing. Most weather systems are spawned in the Mediterranean Sea but are directly affected by the passing of the mid-latitude Atlantic depressions to the north and west. Winds can be strong and come from a variety of directions with no overriding directional trend, resulting in windswells being the dominant swell type.

C'est la plus grande mer fermée de la planète, mesurant approximativement 3 900km de long d'E en O avec une largeur maximum de 1600km du N au S. C'est une mer profonde, atteignant 5 267m dans la Mer Ionienne avec une moyenne de 1500m de profondeur. Ce véritable 'océan continental' est divisé en de nombreuses petites mers(25) et golfes, avec un débouché sur l'Atlantique par le Détroit de Gibraltar, qui ne fait que 14km de large, ce qui empêche quasiment tout mouvement de marée en Méditerranée. La plupart des systèmes dépressionnaires naissent au-dessus de la Méditerranée mais ils sont directement affectés par le passage des dépressions des latitudes moyennes sur l'Atlantique au N et à l'O. Les vents peuvent y être forts et de directions variées sans prédominance marquée, ce qui fait que l'on a le plus souvent des houles courtes de vent.

Land and sea breezes are a small scale version of the global convection currents governed by heat. During the day, the land quickly heats up and hot air starts rising. This brings in cool air from the sea in the form of the afternoon onshore sea breeze. At night when the land cools, the flow is reversed and the offshores blow. These are the forces that drive the monsoon, which is basically a powerful land or sea breeze depending on the season.

Le temps sur notre planète est un système complexe destiné à redistribuer la chaleur reçue par le Soleil. Ses rayons frappent les régions équatoriales de façon plus forte, et réchauffent l'air environnant. Cet air plus chaud et plus léger va ensuite monter sous forme de courants ascendants pour rejoindre les régions polaires à une grande altitude. Se refroidissant, il redescend jusqu'au niveau de la mer et retourne vers l'Equateur pour remplacer l'air chaud ascendant, terminant ainsi le cycle de régulation thermique. Ces masses d'air sont mesurées par la pression barométrique : l'air descendant augmente la pression au niveau de la surface de la mer (anticyclone) tandis que l'air ascendant entraîne une chute de la pression (dépression).

L'air des hautes pressions est attiré vers les zones de basses pressions : c'est le vent. La rotation de la Terre fait qu'au lieu d'aller de l'anticyclone vers la dépression en ligne droite, le vent va être dévié. On appelle ce phénomène la force de Coriolis, qui fait tourner le vent dans le sens des aiguilles d'une montre autour d'un anticyclone dans l'hémisphère Nord, et dans le sens inverse autour d'une dépression. C'est le contraire dans l'hémisphère Sud. Les courants marins suivent également le sens de ces rotations. La force de Coriolis affecte également n'importe quel vent ou système de pressions, en le faisant dévier vers la droite de sa trajectoire.

Cette déviation vers la droite est observée quelle que soit le sens de déplacement entre l'Equateur et les pôles ; elle s'effectue vers la gauche dans l'hémisphère Sud. Cela produit donc des vents de NE et SE pour les alizés soufflant vers l'Equateur depuis chaque hémisphère, tandis quem les vents d'O aux latitudes moyennes sont aussi déviés vers le NO et le SO respectivement. En dehors de ces deux zones de vents circulaires dominants, on trouve des cellules de vent aux pôles et des zones sans vent juste au-dessus de l'Equateur.

Une dépression va se former lorsque la pression et la température subissent de petites perturbations. L'air plus chaud et plus léger va monter au-dessus de l'air plus froid et plus dense. Si les conditions sont réunies, un tourbillon va se former et s'auto-entretenir. Ces dépressions aux latitudes moyennes se renforcent en hiver à cause de la plus grande différence de température entre les pôles et l'Equateur. L'influence majeure sur le déplacement d'E en O de ces systèmes dépressionnaires est à chercher dans le flux d'air dans la haute atmosphère qu'on appelle le courant-jet. Il va à une vitesse bien plus grande que les vents de surface et va déterminer la vitesse, l'intensité et la trajectoire des dépressions au niveau de la mer. S'il est plutôt dirigé vers le pôle, ces dépressions vont avoir tendance à se creuser tandis que s'il est plutôt dirigé vers l'Equateur, celles-ci vont se combler rapidement.

Les dépressions les plus violentes se forment au-dessus des océans chauds tropicaux, où des différences de températures très marquées vont faire tourner les vents très rapidement autour du centre de basse pression. D'énormes quantités de vapeur d'eau sont aspirées dans le vortex de ces tempêtes tropicales dévastatrices, appelées différemment selon l'endroit : ouragan dans l'Atlantique et le Pacifique NE, typhon dans le NO du Pacifique et cyclone dans le SO du Pacifique et l'Océan Indien.

Les brises thermiques de terre et de mer sont une version à échelle réduite des courants de convection régis par la chaleur. Pendant la journée, la terre se réchauffe rapidement et de l'air chaud commence à s'élever. De l'air plus froid venu de la mer vient alors le remplacer sous la forme de vents onshore l'après-midi. La nuit quand la terre se refroidit, le système s'inverse et le vent offshore se lève. C'est le même phénomène qui s'applique pour les moussons, qui sont en fait des brises thermiques puissantes, de terre ou de mer selon la saison.

Currents and Upwelling

These vast moving belts of water convey warm water from the equator and return cold water from the poles. Like a big heat exchanger, currents (and winds) keep the earth evenly distributed with warmth. Surface currents are mainly wind driven and can move extremely quickly (from 10km up to 220km per day) while deep ocean currents barely move (1m per day) and work on differences in ocean density and salinity. Open ocean, wind driven surface currents form large round circulation patterns known as gyres. As with the wind, they circulate in a clockwise direction in the northern hemisphere and anti-clockwise in the south. While the wind is the major motivating force, the currents do not follow the exact same path, because the Coriolis effect steps in to alter the current's course. Northern hemisphere currents will swing to the right (clockwise) of the dominant wind direction, while it's left and anti-clockwise south of the equator. Wherever there is a cold current heading back to the equator combined with trade winds blowing away from the land, the phenomenon of upwelling occurs. Warmer surface water is driven offshore and colder water rises up from depth to replace it. This colder water is usually rich in biological species, which is fortunate because these areas of upwelling are almost exclusively situated next to deserts.

Europe's Winds and Currents

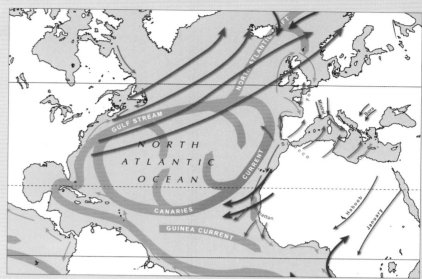

Wind Types

→

Westerlies blow in the mid-latitudes (30° to 60°) and produce the groundswells. The rotation of the earth causes them to blow more NW in the northern hemisphere and more SW in the southern hemisphere.

Les vents d'Ouest soufflent au niveau des latitudes moyennes (entre 30°et 60°)en générant des houles de fond. La rotation de la terre les fait dévier vers le NO dans l'hémisphère Nord et vers le SO dans l'hémisphère Sud.

←

East Trades blow in the sub-tropical latitudes (5° to 30°) and produce constant small windswell. They tend to blow more NE in the northern hemisphere and more SE in the southern hemisphere.

Les alizés soufflent au niveau des latitudes subtropicales (entre 5° et 30°)et créent constamment de la houle de vent. La rotation de la terre les fait dévier vers le NE dans l'hémisphère Nord et le SE dans l'hémisphère Sud.

Currents

Warm Current

Cold Current

Warm Local Current

Cold Local Current

Area of upwelling

De grandes zones de courants font circuler l'eau chaude depuis l'Equateur et rapatrie l'eau froide des pôles. Agissant comme un grand régulateur thermique, les courants (et les vents) répartissent la chaleur reçue sur la Terre. Les courants de surface sont principalement régis par le vent et vont très vite (de 10km à 220km par jour) alors que les courants de profondeur bougent à peine (1m par jour) et dépendent des différences de densité et de salinité de l'eau. Les courants de surface au large forment de grands cercles appelés gyres. Comme pour le vent, ils circulent dans le sens inverse des aiguilles d'une montre dans l'hémisphère N et inversement dans l'hémisphère S. Si le vent est leur moteur principal, les courants ne suivent pas exactement la même trajectoire à cause de la force de Coriolis. Les courants sont déviés vers la droite de la direction du vent dominant dans le sens inverse des aiguilles d'une montre dans l'hémisphère N et inversement dans l'hémisphère S. Le phénomène d'upwelling se produit là où on trouve un courant froid qui revient vers l'Equateur avec des alizés soufflant vers le large d'une côte. L'eau chaude est poussée vers le large tandis que de l'eau froide du fond vient la remplacer, généralement très riche en vie marine, ce qui est une chance pour ces côtes qui sont presque toujours désertiques.

Wind strength measured with the Beaufort scale

Force	Strength	km/h Speed	mph	Land Actions
F0	calm	0-1.5	0-1	Smoke rises vertically
F1	light air	1.6-6.3	1-3	Smoke drifts slowly
F2	light breeze	6.4-11	4-7	Wind felt on face; leaves rustle
F3	gentle breeze	12-19	8-12	Twigs move; light flags unfurl
F4	moderate breeze	20-29	13-18	Wind moves dust and paper; twigs move
F5	fresh breeze	30-39	19-24	Small trees sway; wavelets on inland waters
F6	strong breeze	40-50	25-31	Large branches move; whistling in telegraph lines
F7	near gale	51-61	32-38	Whole trees sway; difficult to walk against wind
F8	gale	62-74	39-46	Twigs break off trees; very difficult to walk
F9	strong gale	75-87	47-54	Roof tiles blown down
F10	storm	88-101	55-63	Trees uprooted; considerable damage to buildings
F11	violent storm	102-117	64-73	Widespread damage to buildings
F12	hurricane	118+	74+	Devastating damage

The Creation of Swell

The main creator of rideable waves is wind blowing over the surface of the water. The wind comes in different strengths and goes by different names but essentially, it always has the same affect on wave creation. Wind blows across the surface of the globe from the four points of the compass and everything in between, but it also changes direction in the vertical plane, exerting a downward pressure on the surface of the sea. At first, this produces ripples on a calm surface, which are then easier for the wind to get a grip on and increase their size. This two-part process starts with the ripples or capillary waves, which are still small enough to be pulled back down by surface tension. As the ripples grow, small disturbances of rotating air form between the ripples adding more height to the waves, which in turn creates more uniform pockets of turbulence between the quickly growing waves. Surface tension is no longer strong enough to restore the rippling disturbance and gravity now attempts to push the waves back down. This self-perpetuating cycle increases wave height exponentially until gravity limits further growth and the wave reaches saturation point. The wave height can also be limited by white-capping, where storm force winds literally blow the tops off the cresting waves. The main factors that determine the size of the waves will be the strength and duration of the wind plus the fetch, meaning the distance over which the wind blows.

La Piste, France

GECKO

Le principal facteur pour avoir des vagues surfables est l' action du vent sur une étendue d'eau. Il y a toutes sortes de vents avec autant de noms différents, mais tous ont fondamentalement le même effet sur la création des vagues. Le vent souffle de toutes les directions possibles à la surface de la Terre, mais il peut aussi changer de direction sur le plan vertical, en exerçant une force vers le bas sur la mer. Cela produit au début de petites rides sur une surface calme, qui ensuite offrir plus de prise au vent, ce qui va faire augmenter leur taille. Ce processus comporte deux phases et commence par ces vaguelettes ou vagues capillaires, qui sont encore assez petites pour être retenues par la tension capillaire de l'eau. Alors que les vaguelettes grossissent,

des petits tourbillons d'air vont se former entre celles-ci, contribuant à la croissance des vagues, ce qui en retour donne de plus grandes poches de turbulence entre les vagues. La tension capillaire n'est alors plus assez forte pour empêcher ces perturbations et la gravité essaie maintenant de faire redescendre les vagues. Ce cycle s'entretient de lui-même et augmente la taille des vagues de façon exponentielle jusqu'à ce que la gravité empêche d'aller plus loin et que la taille des vagues atteigne un seuil de saturation. Celle-ci peut également être limitée par le moutonnement, car par forte tempête le sommet des vagues peut être littéralement arraché par le vent. Les principaux facteurs qui déterminent la taille des vagues sont la force, la durée du vent, et le fetch, qui est la distance sur laquelle s'exerce le vent.

Wave height depends on how hard, how long and how far the wind blows over an area of the ocean. Groundswells then travel vast distances and arrive on sunny, windless shores.

Swell Generation

Groundswell

Groundswell is defined as swell which has left the generating area and is propagating on its own, or "freewheeling". Produced by mid-latitude depressions between 30° and 60°. These low pressures travel from the west to the east so therefore send out more W swells than E. Waves are not affected by the Coriolis force, as they are just travelling energy, not material. Waves travel in great circular routes around the globe. Groundswells are the most consistent, powerful and sizeable of the ocean swells and are capable of travelling vast distances.

La houle de fond est une houle qui a quitté la zone qui l'a générée et qui se propage d'elle-même par gravité. Elle est produite par les dépressions aux latitudes moyennes entre 30 et 60 degrés. Ces dépressions se déplacent d'E en O et par conséquent génèrent plus de houle vers l'O et que vers l'E. Les vagues ne sont pas affectées par la force de Coriolis, car ce n'est que de l'énergie qui se déplace et non pas de la matière. Elles voyagent en formant des grands cercles concentriques tout autour de la planète. Les houles de fond sont les plus fréquentes, les plus puissantes et les plus hautes et peuvent se propager sur de très longues distances.

Windswell

Also called windsea, this type of swell still has the wind transferring energy from atmosphere to ocean, hopefully with enough fetch and duration to create rideable waves. Windswell is most prevalent where the east trades blow and its direction is totally governed by the wind. Most of the surf produced in the North Sea, Baltic and Mediterranean is courtesy of windswells, which are usually short lived, short period and disorganised, with little in the way of discernable swell lines.

La houle de vent, appelée aussi mer du vent, ce type de houle se rencontre dans la zone de transfert d'énergie atmosphère-océan, et donnera des vagues surfables s'il y a assez de fetch et que le vent souffle assez longtemps. Cette houle est présente dans les régions où soufflent les alizés, sa direction dépendant entièrement de celle du vent. La plupart des vagues rencontrées dans la mer du Nord, la Baltique et la Méditerranée sont de ce type, elles sont mal organisées et durent en général peu longtemps avec une période courte, les lignes étant mal définies.

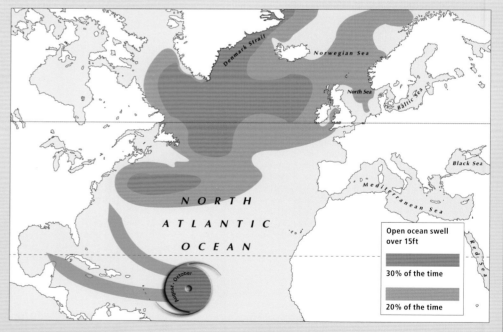

NORTH ATLANTIC OCEAN

Denmark Strait / Norwegian Sea / North Sea / Baltic Sea / Black Sea / Mediterranean Sea / Red Sea

August - October

Open ocean swell over 15ft

30% of the time

20% of the time

Tropical Storm Swell

Hurricane, cyclone or typhoon swells are technically groundswells, born in sub-tropical latitudes (10° to 30°) by depressions often travelling from east to west. This produces more E swells than W but any swell direction is possible. Tropical storms only form at certain times of the year when the temperature contrasts between air and sea are at a maximum. These unpredictable, seasonal swells can produce a significant amount of sizeable waves as the storms can be slow moving. Hurricanes, cyclones and typhoons are given people's names from pre-determined alphabetical lists that alternate between male and female. Hurricanes are common off the east coast of North America, sending long-range swells to Europe.

Houle de cyclon – Ouragans, typhons et cyclones sont techniquement des houles de fond qui naissent aux latitudes subtropicales (entre 10° et 30°) grâce à des dépressions se déplaçant souvent d'E en O. Cela donne plus de houle d'E que d'O, mais toutes les directions restent possibles. Les dépressions tropicales ne se forment que pendant une partie de l'année lorsque le contraste thermique entre l'air et l'eau est à son maximum. Ces houles imprévisibles et saisonnières peuvent représenter une source importante de bonnes vagues lorsque les dépressions se déplacent lentement. Les cyclones ont chacun un nom donné selon un ordre alphabétique prédéterminé en alternant les prénoms féminins et masculins. Ils sont fréquents sur la côte E de l'Amérique du Nord et envoient de la houle très loin jusqu'en Europe.

Propagation, Dispersion and Grouping

Once the wind has done its job and the waves begin to travel or propagate away from the source, they organise themselves into lines of swell. As the swell fans out, the waves lose some height, which happens at a set rate. This is called circumferential dispersion, and the further a swell travels, the more this process will cause it to spread out. The width it spreads out is directly proportional to the distance it has travelled. For every doubling of the propagation distance, the height reduces by about one-third, which doesn't include other height reducing factors like white-capping and opposing winds in the propagation path.

Radial dispersion is the term used to describe how swell cleans itself up into the orderly lines that surfers love to see hitting their local beach. This revolves around wave speed, which is governed by how far apart each wave is, known as wavelength. The longer the distance between two crests, the faster the waves will travel across the open ocean. When the swell is first created, many different wavelengths will be mixed in together, producing messy, disorganised waves. As the swell starts to propagate away, the faster waves with the longer wavelengths will progressively overtake the slower, shorter wavelength swells. Given enough time and distance, the faster swells will hit the coast first, bringing the clean, well-spaced corduroy lines that produce quality surf. The shorter wavelength swells will arrive later with less organisation and power, and some of the weaker, choppy waves won't even make it at all. Differences in wavelength are also responsible for the creation of sets. Technically referred to as wave grouping, sets are the result of two different swells travelling in the same direction and merging together. When the peaks of two different wave-trains coincide, a larger wave will result. However, when the peak of one wave-train coincides with the trough of another, a cancelling out effect occurs, resulting in the dreaded lulls at the beach. There are other complicated influencing factors and most non-surfing oceanographers are theoretically dismissive of wave grouping, indicating that further research is necessary to understand sets.

Une fois que le vent a fait son travail et que les vagues commencent à se propager en dehors de leur zone de création, elles vont s'organiser en formant des lignes de houle. Plus elles s'éloignent et plus elles perdent en taille, à un rythme prédéterminé.

On appelle ceci la dispersion concentrique. La zone de dispersion de la houle est directement proportionnelle à la distance depuis le départ de celle-ci. A chaque fois que cette distance double, la taille se trouve réduite d'un tiers. Il faut également tenir compte d'autres facteurs diminuant la taille des vagues, comme le moutonnement au large ou les vents contraires.

La dispersion radiale est le terme usité pour décrire la façon dont la houle va s'ordonner pour donner les vagues propres que les surfers affectionnent. Tout dépend de la vitesse de la houle, qui est en relation avec la distance qui sépare chaque vague, appelée longueur d'onde. Plus celle-ci est grande, plus les vagues vont se propager vite au large. Pendant la phase de création de la houle, plusieurs longueurs d'onde différentes s'entrecroisent, ce qui donne une mer hachée. S'il y a suffisamment de distance et de temps de propagation, les houles les plus longues et les plus rapides vont donc aborder les côtes en premier, donnant du surf de qualité avec des lignes propres et bien espacées. Les vagues aux longueurs d'onde plus courtes vont arriver plus tard, moins ordonnées et moins puissantes, tandis que les vagues les plus faibles n'arriveront même pas à rejoindre la côte. Pendant la phase de propagation, les vagues avec la plus grande longueur d'onde vont alors progressivement doubler les autres. Les différences de longueur d'onde sont aussi à l'origine de l'existence de séries de vagues. Ce qu'on appelle scientifiquement le groupement de vagues est le résultat de deux houles voyageant dans la même direction et qui se superposent. Quand le sommet d'un train de houle coïncide avec le creux d'un autre, il se produit un effet d'annulation qui aplatit les vagues : ce sont les moments de calme que l'on ressent quand on surfe. Il y a d'autres facteurs complexes qui rentrent en jeu et la plupart des océanographes qui ne surfent pas n'ont pas encore établi de théorie valable pour expliquer les groupes de vagues, indiquant qu'il faut continuer à faire des recherches pour comprendre la formation des séries.

**Storm Centre
All wavelengths mixed up together** — **Propagation distance** — **Coastline
Longer wavelengths arrive first**

When swells travels away from the storm those with a longer wavelength travel faster and overtake shorter wavelength swells.

The Creation of Surf

Speed, Shoaling and Refraction

Wavelengths are also a major factor in determining the speed of waves. A straightforward equation is used for the velocity of deep water waves. Speed is equal to the wavelength divided by the period – the time it takes for two waves to pass a fixed point. This means that a well spaced, long period, big swell will travel at up to 40kmh (25mph).

As waves approach the coast and come in contact with the sea floor, they slow down, but only lose a little bit of energy to friction. The excess speed or velocity energy is channelled into making the waves higher, which happens when they start to feel the bottom at depths around one half of their wavelength. Unlike open ocean swell, the shallower the water, the slower a wave will travel, squashing together and forcing the wavelength to shorten, as the period must remain constant throughout the swell. Similar to traffic approaching a bottleneck, this slowing and bunching is termed shoaling, it increases wave height and the effect is more pronounced the steeper the shelf. If a section of one swell starts to feel the bottom while an adjacent section does not, then it will start to refract (bend) the swell. Depending on the swell direction, refraction will bend the swell one of two ways. If an obstacle (reef) is situated next to deep water, and a swell hits it straight on, then the part of the swell that hits the reef will slow down while the rest of the swell line will maintain speed. This faster travelling section will start to bend in towards the reef, resulting in concave refraction. The energy gets concentrated towards the peak, making the wave bigger, more sucky and bowly, but it often makes the wave shorter or far smaller on the inside. Convex refraction describes what happens at many classic pointbreaks, especially if they are at right angles to the prevailing swell direction. The swell lines squash together at one end as they slow down and break, whilst the other end keeps going faster resulting in a fanned-out appearance. Convex refraction spreads the wave energy over a wider area, so power and size will be less than in a concave set-up but the wave will be a long, walled-up type ride and sometimes even get bigger down the line.

La longueur d'onde est le facteur principal déterminant la vitesse des vagues. Une équation simple permet de la calculer en eaux profondes : elle est égale à la longueur d'onde divisée par la période (temps mis entre une vague et la suivante). Une grosse houle longue bien espacée va par exemple se déplacer à une vitesse allant jusqu'à 40kmh.

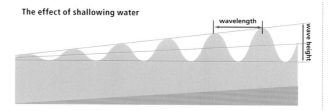

The effect of shallowing water

wavelength

wave height

As waves propogate into shallow water they slow down, the wavelength is shortened and the wave height rises.

Lorsque les vagues approchent de la côte, elles commencent à ressentir le fond et vont ralentir, mais ne perdent que relativement peu de leur énergie à cause du frottement sur le fond. Cette énergie horizontale va se transformer progressivement pour faire augmenter la taille des vagues, lorsque celles-ci arrivent dans des profondeurs équivalant à la moitié de leur longueur d'onde. Moins il y a de fond, plus la vague ralentit, mais comme pour une même houle la période reste constante, les lignes sont forcées de se resserrer et la longueur d'onde se réduit d'autant. C'est la phase d'atterrissage de la houle, caractérisée par un ralentissement et un gonflement, un peu comme le trafic routier à l'approche d'un goulet d'étranglement. Son ampleur dépend de la pente du relief sous-marin. Si une partie de la houle commence à ressentir le fond alors qu'une autre adjacente ne le ressent pas, la houle va s'incurver : c'est la réfraction. Selon la direction de la houle, elle va s'effectuer dans un sens ou dans l'autre. Si un obstacle (un haut-fond) se trouve à côté d'une zone d'eau profonde, et qu'une ligne de houle vient frapper cet obstacle, la partie de la vague heurtant l'obstacle va ralentir tandis que l'autre va continuer à progresser en conservant sa vitesse. Cette partie va petit à petit s'aligner sur le reef en tournant : c'est la réfraction concave. L'énergie est concentrée sur le pic, faisant grossir la vague, en aspirant de l'eau devant et en faisant un bowl, la vague étant souvent plus courte et beaucoup plus petite à l'inside. La réfraction convexe est ce qui se passe sur de nombreux pointbreaks de qualité, surtout si la pointe est à angle droit par rapport à la direction de la houle. Les lignes de houle se resserrent et ralentissent à l'endroit où les vagues déferlent, tandis que l'épaule continue à avancer plus vite, comme un éventail. L'énergie de la vague est dispersée sur une plus grande zone donc c'est souvent moins gros et moins puissant que pour la réfraction concave, mais on aura de longs murs bien redressés qui peuvent parfois prendre de la taille au fur et à mesure.

Breaking Waves and Bathymetry

Waves will break when the bottom part of the wave is slowed down so much that the top of the wave overtakes it and spills forward. A simple equation is used, stating that a wave will break in water at a depth of 1.3 times the wave height. This equation can be affected by other factors such as wind, swell type and beach slope. An offshore wind will hold up and delay the top of the wave from overtaking the bottom, resulting in the wave breaking in shallower water. Onshore winds have the opposite effect and can push the waves over before they reach the critical depth. Different types of swell may break in different depths of water. Fast, lined-up groundswell will get to shallower water before breaking while short wavelength, choppy windswell is more likely to crumble in deeper water. A gently sloping beach will cause waves to break prematurely while a steep slope makes them overshoot their normal breaking depth. Combining all these factors, a small, onshore, windswell wave, on a flat beach would break in very deep water, while a large groundswell in an offshore wind, on a steep reef would break in very shallow water.

Bathymetry refers to sea floor features like reefs and points (that are part of the refraction process). Two other important bathymetric features from a surfer's point of view are beaches and rivermouths. Beachbreaks need a certain shape of sandbar to provide a good forum for rideable waves. If the sand under the waves was totally flat and featureless, then when swell arrived it would almost certainly close-out. An ideal sandbar formation will be vaguely triangular with slightly deeper water on either side of the bar. This is formed when a wave breaks on a bar and starts pushing water towards the beach, picking up sand along the way. The water starts to get pushed sideways until it loses forward momentum and looks for a way back out to sea. This is where rips and currents form, aiding the circulation of water and sand. The rip gouges out a handy paddling channel and deposits more sand out towards the peak for more swell to focus upon. Rivermouths work on the same principle whereby sand is constantly deposited at the sandbar, and are far more reliable for well-shaped bathymetry.

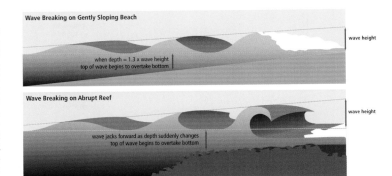

Wave Breaking on Gently Sloping Beach

wave height

when depth = 1.3 x wave height
top of wave begins to overtake bottom

Wave Breaking on Abrupt Reef

wave height

wave jacks forward as depth suddenly changes
top of wave begins to overtake bottom

A gently sloping beach will usually create mushy, crumbling type waves that break in water deeper than the optimum depth of 1.3 x wave height.

A steep slope or reef will form hollow, pitching waves in shallower water.

Une vague va se mettre à déferler lorsque le bas de la vague est tellement freiné que le haut continue sa course vers l'avant et bascule. On utilise une équation simple : une vague va déferler lorsqu'elle atteint une profondeur égale à 1.3 fois sa hauteur. D'autres facteurs peuvent perturber cette théorie, comme le vent, le type de houle et la déclivité de la plage. Un vent offshore va retenir le haut de la vague qui va casser avec du retard, donc dans une eau moins profonde. Le vent onshore produit l'effet inverse et peut faire déferler les vagues avant le fameux seuil de profondeur. Le type de la houle influe aussi sur la profondeur de déferlement : une houle de fond bien alignée cassera dans moins de fond qu'une houle courte de vent, qui aura à déferler mollement plus au large. Une plage inclinée en pente douce fera casser les vagues prématurément, tandis qu'un fond remontant de façon abrupte les fera casser au dernier moment. En combinant tous ces facteurs, on peut dire qu'une petite vague de vent onshore sur une plage plate cassera dans beaucoup d'eau, tandis qu'une houle de fond par vent offshore remontant sur un reef abrupt cassera dans très peu de fond. La bathymétrie regroupe tout ce qui concerne la configuration des fonds sous-marins, comme les reefs et les pointes (qui font partie du processus de réfraction). De ce point de vue, les plages et les embouchures de rivière sont importantes aux yeux des surfers. Les beachbreaks demandent de bons bancs de sable pour avoir de bonnes vagues pour le surf. Si le sable était complètement plat et homogène, on aurait certainement que des close-out... Un banc de sable idéal serait de forme vaguement triangulaire, avec juste un peu plus de profondeur de chaque côté. De tels bancs se forment sous l'action des vagues, qui en déferlant ramènent de l'eau et du sable vers le bord. L'eau commence à être repoussée de côté jusqu'à ce qu'elle perde de la vitesse et soit contrainte à retrouver une sortie pour rejoindre le large. C'est ce qui forme les courants, qui permettent la circulation de l'eau et du sable. Ils forment des passes utiles pour les surfers et déposent du sable au pic, où viendront se concentrer d'autres vagues à leur tour. Les embouchures fonctionnent selon le même principe car le sable est constamment redéposé sur le banc, et cette configuration est beaucoup plus stable.

Tides

Tides are the result of the moon's gravitational force producing a bulge in the sea, directly in line with the moon's position. An equal bulge forms on the opposite side of the earth to balance the planet out during orbit. The two bulges are the high tides and the areas in between are the low tides. The earth spins on its axis and every point on the ocean's surface will experience at least one of these bulges every day. Throughout the time it takes for the earth and moon to go round each other (a lunar month), the moon has four phases: opposition, quadrature, conjunction and quadrature (again). The sun has a smaller gravitational pull on the oceans, which also produces bulges. So when the sun and the moon are lined up (in opposition or conjunction), their bulges are added together, making the tides bigger, known as spring tides. When the sun is at an angle of 90° to the moon (quadrature), they create bulges at right angles to each other. The water is evened out over the earth's oceans, producing neap tides.

Les marées sont le résultat de la force d'attraction de la Lune, qui crée un renflement sur la mer directement dans son axe, ainsi que du côté opposé pour maintenir l'équilibre de la Terre dans sa rotation. Ces zones correspondent aux marées hautes tandis que celles qui en sont le plus éloignées correspondent aux marées basses. La Terre tourne autour de son axe donc tous les points à la surface des océans vont subir l'influence des marées au moins une fois par jour. Pendant le temps que met la Lune pour tourner autour de la Terre (le mois lunaire), la Lune a quatre phases : opposition, quadrature, conjonction et quadrature (de nouveau). Le Soleil exerce une force d'attraction moindre sur les océans, mais lorsqu'il est aligné avec la Lune (opposition ou conjonction)les forces s'ajoutent pour créer de fortes marées, qu'on appelle vives eaux. Quand le Soleil fait un angle de 90° avec la Lune (quadrature), les deux astres produisent des effets sur la mer à angle droit par rapport à eux. La surface des océans est alors aplanie, ce sont les mortes eaux.

Tidal Range

Depending on latitude and underwater topography, tidal ranges (heights) vary massively from one region to another. Most seas have minimum tides whereas places like the funnel shaped Severn Estuary has the largest tidal

Pais Vasco, Spain

WILLY URIBE

range in Europe with a maximum range of 15.9m. Micro-tidal range means that spring tides never exceed 2m. Even this small amplitude will affect most spots, especially shallow reefs, but the tide won't be the key factor. Under 1m the effect will be insignificant and between 1-2m, some sensitive spots won't work on all tides. For meso-tidal range, spring tides will oscillate between 2.3m and 4.3m, meaning a tide table is essential. Many tide sensitive spots will only work for about one third of the tide (low, mid or high). A good deal of the European coast experiences macro-tidal ranges over 4.6m for spring tides including Great Britain and France (where tidal bores occur in rivers and are regularly surfed). These large tide heights result in extremely unstable surf conditions, where tide will be the main priority, rather than the swell and wind.

A 10ft wave should break in 13ft of water but a sudden depth change, offshore winds and a fast moving groundswell can greatly reduce the breaking depth before taking tide into consideration.

Springs Conjunction

Springs Opposition

Neaps Quadrature

Elle varie énormément d'une région à l'autre en fonction de la latitude et de la configuration des fonds. La plupart des mers ont de faibles marées, tandis que certains endroits comme l'estuaire de la Severn, en forme d'entonnoir, a le record d'amplitude de marée en Europe avec 15.90m. Les régions avec des micro-marées ont des amplitudes inférieures à 2m par vives eaux. De si faibles variations ont quand même une influence sur la plupart des spots, surtout les reefs qui ont peu d'eau, mais la marée ne sera pas le facteur prépondérant. En-dessous d'un mètre l'influence est assez négligeable et entre 1 et 2m certains spots sensibles ne marcheront plus à toutes les marées. Les marées d'amplitude moyenne oscillent entre 2.3m et 4.3m, un calendrier des marées est alors indispensable. De nombreux spots sensibles ne marcheront qu'environ pendant un tiers de la marée (basse, mi-marée ou haute). Une bonne partie des côtes européennes ont des fortes marées de plus de 4.6m par vives eaux comme en France ou en Grande-Bretagne (où les mascarets dans les rivières sont surfés fréquemment). Ces grandes marées donne des conditions de surf extrêmement instables, où l'état de la marée est le facteur-clé, devant le vent ou la houle.

Tide Cycle

A tide cycle is made of outgoing (ebb) and incoming (flow). Because the moon phase is 24hr50min, the average length of a tide is 12hr25min. High and low tide times move forward every day and the tide increases and decreases in increments of twelfths. 50% of the tide height changes during the third and fourth hours. The graph shows a semi-diurnal type, from low tide to high tide and back down over twelve hours.

Le cycle des maréesLe cycle des marées alterne entre le montant (jusant) et descendant (reflux). Comme une journée lunaire est de 24hr50mn, la durée moyenne d'une marée est de 12hr25mn. Les horaires des marées sont décalés un peu plus tard tous les jours et

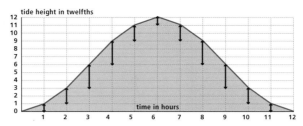

la marée monte et descend par paliers suivant une règle de douzièmes. Elle prend 50% de sa hauteur entre la 3e et la 4e heure. Le graphique ci-dessous montre un système semi-diurne, de la marée basse à la marée haute et inversement pendant 12 heures.

Tidal Types

Because of the earth's rotation, different latitudes and uneven underwater topography, there are four types of tides. Semi-diurnal 'even' applies to all Atlantic Europe and is the most commonly occurring, with two high tides and two low tides every day that are of the same range. Semi-diurnal 'odd' also has two tides but the daily range is different. Diurnal refers to areas that only have one tide per day, a feature of some Mediterranean coastlines. Mixed tide describes those tropical latitudes where some days have two tides and some days only one.

A cause de la rotation terrestre, des différentes latitudes et de la configuration irrégulière des fonds, il existe quatre types de marées. Le type semi-diurne régulier s'applique partout sur les côtes atlantiques en Europe, c'est le type le plus répandu, avec deux marées hautes et deux marées basses par jour de même amplitude. Le type semi-diurne irrégulier comporte aussi deux marées mais leur amplitude est différente. Le type diurne se réfère aux zones avec une seule marée par jour, comme sur certaines côtes méditerranéennes. Les marées mixtes existent sous les tropiques avec certains jours deux marées et d'autres une seule.

The third and fourth hours each move three twelfths of the tide height, whereas the first and last hours only move one twelfths.

Left – **Larger tides (spring tides) occur when the gravitational pull of the moon and the sun are combined in line. Smaller tides (neap tides) happen when the sun and the moon are at right angles to the earth evening out the bulge.**

European Tides

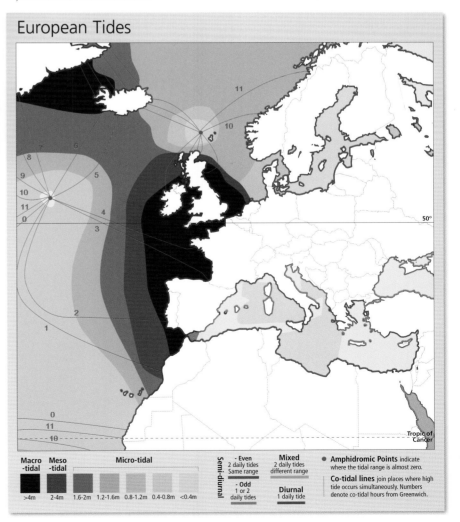

Macro -tidal	Meso -tidal	Micro-tidal					Semi-diurnal	- Even 2 daily tides Same range	Mixed 2 daily tides different range	● **Amphidromic Points** indicate where the tidal range is almost zero.
>4m	2-4m	1.6-2m	1.2-1.6m	0.8-1.2m	0.4-0.8m	<0.4m		- Odd 1 or 2 daily tides	Diurnal 1 daily tide	**Co-tidal lines** join places where high tide occurs simultaneously. Numbers denote co-tidal hours from Greenwich.

Swell Forecasting

Modern swell forecasting has changed radically from the days of checking the newspaper for the surface pressure map and trying to decipher the twisting mass of isobars. High-speed broadband internet connections instantly access an abundance of surf-related forecasting sites, offering a range of wave and wind models based on the Wavewatch III from NOAA (National Oceanographic and Atmospheric Administration). Constantly updated maps show wave height, direction and period along with wind speed and direction, even predicting these most crucial surfing elements up to seven days ahead. If that's not enough there are hundreds of surf cameras, pointing at an ever increasing number of line-ups, beaming up images to thousands of websurfers, looking for the best waves. If that seems too difficult, then there's the option of real-time, eyewitness reports from somebody on the beach, relayed to your mobile phone via text or email, just to make sure you don't miss a wave. This technological torrent of information has all but rendered the fundamental skill of reading a weather map obsolete, however all forecasting services relate back directly to these basic charts for much of the formative information.

The lines on a weather map (surface pressure chart) are called isobars and join together areas that have the same air pressure at sea level. This pressure is a measurement of the weight of air being exerted on the surface of the planet. Measured by a barometer and expressed in hectopascals (hPa) or millibars (mb; 1hPa = 1mb), the average sea level pressure is 1013mb or

roughly equal to the weight of an elephant spread over a small coffee table. The steeper the pressure gradient (the change in pressure over a certain distance) and the closer the isobars are together, the stronger the winds will be. This results in larger swell, which radiates out in the direction that the isobars are running. Straighter isobars will increase the fetch or time the swell has to build from one direction, while tighter curves are more prone to changes in swell direction. Once a swell has propagated away from the influence of a low pressure system it will follow a great-circle route over the ocean. The duration of a swell is dependant on how long a particular swell window is exposed to a low pressure system. Lows tend to move far quicker than high pressure systems and the swells they generate can travel at up to 40km/h.

Les prévisions de houle actuelles n'ont rien à voir avec celles que l'on faisait en essayant de déchiffrer les cartes météo du journal et les ondulations des lignes d' isobares. Les connexions internet haut-débit font que l'on peut avoir maintenant accès instantanément à un large choix de site de prévisions pour le surf, avec des cartes de vents et de houle tirées de Wavewatch III de NOAA (National Oceanographic and Atmospheric Administration). Ces modèles constamment mis à jour montrent la taille, la direction et la période de la houle, ainsi que la force et la direction du vent, les prévisions concernant ces données essentielles pour le surf allant jusqu'à sept jours. Si ça ne suffisait pas, il y a aussi des centaines de webcams qui filment un nombre

Forecasting Resources

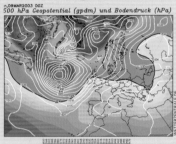

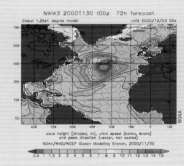

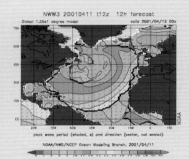

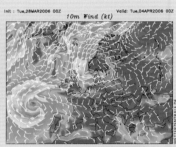

Surface Pressure Charts

On the northern hemisphere chart shown, the white lines are surface isobars, which the wind follows in an anticlockwise direction around a low pressure and clockwise around a high. The numbers on the isobars represent surface air pressure in millibars. Wind strength depends upon not only pressure gradient (distance between isobars) but also latitude. As a result, the same low will be stronger if it is nearer the equator. Colour contours indicate differences in upper-level air pressure and the black line gives the approximate position of the jet stream. Patterns indicating more zonal (west-east) rather than meridional (north-south) flows, generally mean stronger and more frequent formation of surface lows.

Sur cette carte de l'hémisphère Nord, les lignes en blanc représentent les isobares, dont le vent suit les contours, dans le sens inverse des aiguilles d'une montre dans une dépression, et inversement dans un anticyclone. Les chiffres associés à chaque isobare représentent la pression de surface en millibars. La force du vent dépend non seulement du gradient de pression (la distance entre les isobares) mais aussi de la latitude. Ainsi, à taille égale plus une dépression est proche de l'équateur plus elle sera forte. Les différences de pression selon l'altitude sont données par des couleurs, avec une ligne en noir indiquant la position approximative du courant-jet. Une orientation générale du flux d'Ouest en Est plutôt que Nord-Sud signifie habituellement que les dépressions seront plus fortes et plus fréquentes.Wave-height charts.

Wave-height Charts

Wave-height charts give colour contours of predicted significant wave height (a statistical measure designed to correspond with what an 'experienced observer' would see) for a particular instant in the future. Swell can be 'tracked' as it propagates away from areas of strong winds. The red arrows show the dominant direction of the waves. The contours are created by interpolating data generated by the NOAA WaveWatch III – a computer programme that predicts wave characteristics from wind inputs at thousands of points on the ocean surface. This is the basis of all surf forecasting tools and is perfect for checking the swell over the next few days.

Ces cartes montrent grâce à des zones de couleurs différentes la hauteur de houle significative prévue à un instant donné (calculée à partir de statistiques pour correspondre à ce que verrait « un observateur expérimenté »). On peut y suivre la propagation de la houle depuis la zone de vents forts où elle s'est formée. Les flèches en rouge montrent la direction principale des vagues. Les zones correspondant aux différentes hauteurs de houle sont établies à partir des données de NOAA WaveWatch III, un modèle numérique qui décrit les caractéristiques des vagues prévues en analysant celles du vent, recueillies sur des milliers de points à la surface de la planète. C'est la base commune de toutes les prévisions de houle pour le surf, et l'outil idéal pour checker la houle prévue pour les jours suivants.

Wave-period Charts

Wave-period charts show contours of the predicted dominant period. Period is the time between the passing of one wave and the next. As the swell propagates away from its generation area, the longer period part, consisting of the cleanest, most powerful waves, progressively out-paces the rest. The charts clearly show the progression of a swell with its long-period components leading the pack. The arrival of the front of the swell (the thick black line) at the coast would be experienced as a sharp increase in period. The dominant direction is also shown by the arrows. An important resource for big-wave and reef/pointbreak surfers.

Ces cartes montrent les zones correspondant aux différentes périodes principales de la houle. La période est le temps mesuré entre le passage d'une vague et la suivante. Une fois que la houle s'est propagée en dehors de sa zone de formation, les vagues qui ont la plus grande période, qui sont par ailleurs celles qui sont les plus rangées et les plus puissantes, vont progressivement doubler les autres. Les modèles montrent clairement la progression du swell avec en ligne de front les vagues qui ont la plus grande période. L'arrivée des premières vagues de la nouvelle houle (surlignée en noir) se traduit sur la côte par une augmentation significative de la période des vagues. La direction dominante est aussi indiquée par des flèches. C'est une donnée essentielle pour les reefs et les pointbreaks ou pour ceux qui veulent surfer du gros.

Wind Charts

Wind charts show colour contours of predicted wind strength at a short height (typically 10m) from the ground, interpolated from a large number of points over the ocean. Arrows indicating direction are also shown for a smaller number of points and can be different sizes or show barbs to help indicate strength. These charts are useful to accurately predict the local wind on the coast and to see the wind patterns in the storm centres themselves. A strong low pressure, for example, will show up as a comma-shaped swirl in the wind-speed colour contours.

Les cartes de vent décrivent des zones de vent prévues à une faible altitude (10m normalement) à l'aide de couleurs différentes, calculées à partir des données recueillies sur un grand nombre de points à la surface de l'océan. Des flèches indiquent la direction du vent à certains endroits, elles peuvent être d'une taille différente ou avoir des barbes pour en montrer la force. Ces modèles servent à prévoir précisément le vent local sur la côte, et voir comment se comporte le vent au centre-même des tempêtes. Une forte dépression par exemple va se traduire sur la carte par une forme de croissant qui va en s'élargissant au milieu des différentes zones de vents.

sans cesse croissant de spots, envoyant leurs images à des milliers de websurfers à la recherche des meilleures vagues. Si tout ça vous semble trop compliqué, vous avez aussi la possibilité de recevoir des infos via email ou sur votre portable par quelqu'un qui fait un report en direct sur la plage, pour être sûr de ne rien louper. Ce flot continu d'informations issu de la technologie a remplacé l'interprétation des cartes météo qui est devenue quasiment obsolète, mais qui reste néanmoins utile dans tous les modèles de prévisions car ils y font directement référence dans la plupart des explications.

Les lignes sur une carte météo (carte isobarique au niveau de la mer) sont appelées isobares, elles représentent tous les points qui ont la même pression. La pression mesure le poids de l'air exercé vers la surface de la Terre. Elle se mesure à l'aide d'un baromètre en hectopascals (hPa) ou millibars (mb; 1hPa = 1mb), la pression moyenne à la surface de la Terre étant de 1013 mb, ce qui pour se faire une idée représente le poids d'un éléphant réparti sur la surface d'une petite table. Plus le gradient de pression (la variation de la pression d'un endroit à l'autre) est élevé, plus les isobares seront resserrés, et plus le vent soufflera fort. La houle qui en résulte sera d'autant plus grosse et va alors rayonner en suivant la direction des isobares. Des isobares plus rectilignes sont synonymes de fetch plus important, c'est-à-dire que le vent va s'exercer dans la même direction sur une plus grande distance, alors que des isobares plus incurvés signifient que la houle va subir des changements de direction. Une fois que la houle s'est propagée en dehors de la zone de basse pression, elle va continuer à s'éloigner en cercles concentriques sur l'océan. La durée pendant laquelle on reçoit de la houle dépend de la durée pendant laquelle un système dépressionnaire va avoir une action sur une zone d'exposition à la houle. Les dépressions ont tendance à se déplacer beaucoup plus vite que les anticyclones et les houles qu'elles génèrent peuvent aller jusqu'à 40km/h.

The North Atlantic

The surf in the eastern North Atlantic depends upon low pressure systems that form off the east coast of North America and track in a roughly easterly direction towards Europe. The westerly winds on the southern flanks of these lows generate swells that propagate towards Europe and North Africa.

In **winter**, a **fluid jet stream** (winds at altitudes of 5-10km) produces a procession of deep, surface low pressure systems that can produce epic surf on many European coastlines. Clean, long period swells will march westwards and southwards towards the Iberian Peninsula, Biscay and beyond to the Canaries and Morocco. Due to distance from the low pressure, these swells are often met with clear skies and offshore winds. Meanwhile in the British Isles and northern areas of Europe, out-of-control conditions on exposed coasts usually accompany the storm as it makes landfall. Winds can then swing to offshore for a brief period of good surf, depending on coastal orientation. A **split jet stream** occurs when a large high pressure (or blocking anticyclone) sits in the mid North Atlantic, hindering the formation of deep low pressures and reducing wave heights. In summer, the North Atlantic is noticeably less energetic than in winter, with small but consistent surf. Fully exposed areas such as western Ireland and Galicia probably offer the best options as the lows take a more northerly trajectory. In late **summer** and early autumn, surprisingly large swells can appear from ex-hurricanes that spin up just north of the Azores (a lot further south than normal). These swells can produce classic surf for the southwest-facing parts of the European coast.

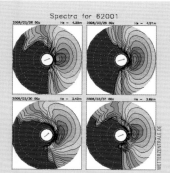

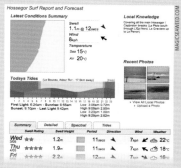

Directional Spectra

The directional spectrum is a tool used to visualise the distribution of wave energy over all directions and over a range of wave periods for a specific point on the ocean surface. The plots show colour contours of wave energy, against period (distance from the edge of the plot) and direction (position around the plot). The swell quality depends on how spread out the energy is in period and direction, readily visible on the plots. The more spread out the lower the quality. Directional spectra predictions from the WaveWatch III model are for points that coincide with real buoys (see Buoy Reports). Useful for predicting fickle breaks that require particular direction and/or period.

Le spectre de direction est utilisé pour rendre compte de la distribution de l'énergie créée par les vagues en fonction de leur direction et de leur période à un point donné à la surface de l'océan. Les couleurs à l'intérieur du cercle montrent les différentes zones d'énergie créées par les vagues, compte tenu de la période (distance par rapport au bord du cercle) et de la direction (position sur le cercle). La qualité d'un swell est donc directement visible sur ce modèle, selon le degré d'ouverture en période et en direction : plus le spectre est étendu, moins bonne est la qualité de la houle. Les prévisions de spectres de direction issus des modèles de WaveWatch III sont calculés pour des points qui coïncident avec de vraies bouées (voir plus bas). Utile pour prévoir les conditions sur les spots capricieux qui demandent une direction et une période bien spécifique.

Buoy Reports

The wavebuoys moored around the coasts of Europe take all or some of the following measurements; wave height, wave period, wave direction, wind speed, wind direction, air and water temps, dewpoint, barometric pressure and tendency, visibility and tide. The data is real, not a forecast and available on the internet within one or two hours, showing the last measurements for the last 24hrs. They are useful for comparing the arrival of a swell in real time with that predicted, or for measuring up several different spots. Unfortunately, many don't give average wave direction for help in working out the best swell angle for any particular break.

Les bouées mouillées le long des côtes européennes enregistrent tout ou partie des données suivantes : taille de la houle, période, direction de la houle et du vent, force du vent, température de l'eau et de l'air, point de rosée, pression atmosphérique et tendance, visibilité et état de la marée. Ces données sont relevées (ce ne sont pas des prévisions), elles sont disponibles sur internet à une ou deux heures de décalage et montrent les mesures effectuées pendant les dernières 24h. Elles sont utiles pour comparer l'arrivée d'une houle en temps réel par rapport aux prévisions, ou pour voir quel spot va marcher le mieux. Malheureusement, beaucoup ne donnent pas la direction générale de la houle pour pouvoir ensuite savoir quel est le meilleur angle pour un spot donné.

Location-specific Forecasts

The predictions of wave height, period and direction that the WaveWatch III model produces, at all its thousands of grid points, are available in 'raw-data' format. Thanks to some ingenious programming, these data (together with wind-forecast data from an atmospheric model called the GFS) have been put into easy-to-read location-specific forecasts. These are very easy to use, quick and extremely useful for checking the prediction at a point on the ocean near your local beach. Some even give 'star-ratings' for surfing, based on the swell height, period, direction and wind conditions.

Ces prévisions sont établies à partir du modèle WaveWatch III et donnent pour des milliers d'endroits différents très précis la taille de la houle, sa période et sa direction. Elles sont disponibles dans un format assez brut, mais grâce à des programmes astucieux, ces données ont été transformées (en même temps que celles d'un modèle de prévision de vent appelé GFS) pour proposer des tableaux faciles à lire valables pour des endroits bien déterminés. C'est très facile à utiliser, rapide et extrêmement utile pour checker les conditions sur le spot le plus près de chez vous. Certains proposent même un système d'appréciation pour la qualité du surf avec des étoiles, en fonction de la taille, la période et la direction de la houle, ainsi que les conditions de vent locales.

Webcam

The most effective real-time surfing resource is undoubtedly the webcam. These 'big brother' spycams are bolted to poles, buildings and lifeguard towers around the world and deliver highly variable quality of image. Some only offer a snapshot of the conditions, which are usually updated every hour and they don't always point at the best waves. Improved technology has brought video loops and in some cases the ability to control the pan and zoom of the webcam. One of the most reliable surf forecasting tools, because the camera never lies, although squinting through a dirty, rain lashed or salt encrusted lens can be frustrating and night-time viewing is also a problem.

Les prévisions sont très bien pour organiser à l'avance ses sessions de surf, mais rien ne remplace la vision du spot en direct grâce à la webcam. Ces caméras-espion à la "Big Brother" sont montées sur des mâts, des immeubles ou des postes de surveillance de baignade partout dans le monde, avec une qualité d'image très variable. Certaines ne prennent qu'une image du spot toutes les heures et elles ne sont pas toujours pointées vers l'endroit où il y a les meilleures vagues. Les plus perfectionnées font une animation vidéo en boucle des images reçues, et on peut diriger et zoomer à distance sur quelques unes d'entre elles C'est un des outils les plus fiables pour prévoir sa session, car la caméra ne peut pas mentir, bien qu'il soit parfois un peu frustrant à la longue de lorgner à travers un objectif sale, avec des gouttes d'eau de pluie ou du sel incrusté dessus, et bien sûr on ne peut pas voir le spot de nuit.

Dans la partie orientale de l'Atlantique Nord, les vagues dépendent des dépressions qui se forment au large de la côte Est des Etats-Unis pour suivre globalement une trajectoire vers l'E et vers l'Europe. Les vents d'O associés au quadrant S de ces systèmes dépressionnaires génèrent des houles qui se propagent vers l'Europe et l'Afrique du Nord.

En **hiver, le courant-jet** (vents situés à une altitude de 5 à 10 km) est continu et crée à la surface de la mer une succession de dépressions assez marquées qui peuvent donner d'excellentes vagues sur les côtes européennes, avec des houles longues et ordonnées qui vont se diriger vers l'O et le S jusqu'à la Péninsule Ibérique, le Golfe de Biscaye et le Maroc. Comme les dépressions sont relativement éloignées, ces houles arrivent souvent alors que le vent local est offshore et le ciel dégagé. Pendant ce temps, les conditions sont d'habitude très mauvaises sur les côtes exposées des Iles Britanniques

et les Pays de la Mer du Nord, régions sur lesquelles passent les dépressions. Les vents peuvent ensuite passer offshore en donnant un créneau assez court avec du bon surf en fonction de l'orientation de la côte. **Le courant-jet devient discontinu** lorsqu' un vaste anticyclone se positionne sur le milieu de l'Atlantique Nord, bloquant ainsi la formation des dépressions assez creuses pour envoyer de fortes houles. En **été**, l'Atlantique Nord est beaucoup moins actif, les vagues sont donc plus petites, mais néanmoins assez fréquentes. Les régions plus exposées comme la côte O de l'Irlande ou de la Galice sont à ce moment de meilleures options, car en été les dépressions passent plus au N. A la fin de l'été et au début de l'automne, on peut avoir des houles impressionnantes grâce à des restes de cyclones qui continuent à tourner juste au N des Açores (beaucoup plus au N que la normale).Ces houles peuvent donner de très bonnes vagues en Europe sur les côtes exposées SO.

For explanations of Surface Pressure Charts and Wave-height Charts shown below see p16.

Forecasting Examples

Day One

(Winter Fluid Jet Stream)

Here, the upper air flow over the North Atlantic is very healthy, with a strongly west-east orientation and large areas of low pressure reaching into the upper atmosphere. There is relatively high pressure over the European continent. A deep surface low is forming SE of Newfoundland, on the periphery of an upper-level cell of low pressure (purple).

On voit ici que la circulation des hautes couches de l'atmosphère au-dessus de l'Atlantique Nord est très active, avec une orientation Ouest-Est très marquée et de vastes zones de basses pressions rejoignant les couches d'air supérieures. Une grosse dépression se creuse en surface au SE de Terre-Neuve, à la périphérie d'une cellule dépressionnaire d'altitude (en violet).

Day Two

The system has moved slightly NW, deepened to 955mb, and is being reinforced by the corresponding low pressure in the upper atmosphere. A substantial fetch is developing on the SW flank of the system, with hurricane-strength NW winds pointing directly towards the European continent, over which high pressure remains. Conditions are getting windy in the British Isles.

La dépression s'est légèrement déplacée vers le NO, s'est creusée à 955 mb, et se trouve renforcée par la dépression correspondante en altitude. Un fetch important est en train de se constituer sur le flanc SO de la dépression, avec des vents de force cyclonique de NO directement dirigés vers l'Europe, où stagne un anticyclone. Il commence à y avoir pas mal de vent sur les Iles Britanniques.

(Split Jet Stream)

The upper air stream over the North Atlantic has a lot of north to south movement in it, resulting in a strong high-pressure system wedged between two areas of lower pressure. An anomalous low-pressure area appears in the upper atmosphere, which spawns a surface low just north of the Azores. The North Sea is receiving a good N swell and light winds.

La circulation des hautes couches atmosphériques au-dessus de l'Atlantique Nord est perturbée par de nombreuses fluctuations Nord-Sud au lieu de se déplacer régulièrement d'Ouest en Est, ce qui entraîne la formation d'un puissant anticyclone coincé entre deux zones dépressionnaires. Une anomalie apparaît sous la forme d'une zone de basse pression en altitude, qui va créer une dépression en surface juste au N des Açores. La Mer du Nord reçoit un swell conséquent de N avec des vents faibles.

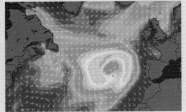

The system deepens and drifts N-NE. Due to the Coriolis force, low-pressure systems this far south tend to produce stronger winds than equivalent systems further north. Portugal and the Azores are already being blasted by gales and large, stormy surf.

La dépression se creuse et se décale vers le N-NE. A cause de la force de Coriolis, les dépressions qui se trouvent à une telle latitude Sud vont produire des vents plus forts que leur équivalent plus au Nord. Le Portugal et les Açores sont déjà assaillis par des coups de vent et un gros swell de tempête.

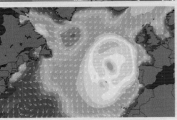

(Summer)

The jet stream is very weak, but a cell of relatively low pressure appears in the upper air stream, encouraging the formation of a surface low just west of Ireland. High pressure and light winds persist over the European continent.

Le courant-jet est très affaibli, mais une cellule de relatives basses pressions apparaît dans les hautes couches de l'atmosphère, entraînant la formation d'une dépression de surface juste à l'O de l'Irlande. Le continent européen continue à bénéficier de hautes pressions et de vents faibles.

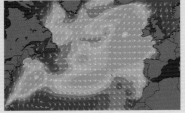

The low deepens a respectable 15mb in 24 hours and begins to be steered north-westwards by the intense high pressure to the east. Strong winds around the periphery of the low are beginning to generate swell.

La dépression se creuse au rythme respectable de 15 mb en 24 heures, et commence à être déviée vers le NO par un anticyclone imposant situé à l'E. Une zone de vents forts à la périphérie de la dépression commence déjà à créer de la houle.

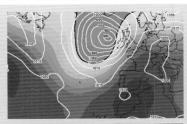

The North Sea

The North Sea has a narrow, long distance groundswell window and instead relies on short fetch windswell for much of its wave action. These swells can appear from almost any direction, but are usually accompanied by the onshore winds that created them. When winter storms cross Britain, the SW winds continue into the North Sea to whip up swell for Denmark, Germany, the Netherlands and Belgium, while British surfers hope for the rare NE-SE winds to send a short swell. Summers are often flat, but autumn lows that track between Iceland and Scotland, first send westerly swells to Norway, then hopefully stall off the Scandinavian coast, pushing NW-N swells down to the North Sea Nations. A blocking anticyclone will send more low pressure systems up north, so when the Atlantic is suffering from small swells, the North Sea is often pumping.

La Mer du Nord n'a qu'une zone d'exposition réduite pour recevoir des houles longues, les vagues étant en général produites par des houles courtes de vent. Ces houles peuvent venir de quasiment n'importe quelle direction, mais elles arrivent en général en même temps que le vent onshore qui les a créées. Lorsque les tempêtes d'hiver passent sur l'Angleterre, les vents d'O reprennent leur action sur la Mer du Nord pour envoyer des vagues sur le Danemark, l'Allemagne, les Pays-Bas et la Belgique. Pendant ce temps, les surfers anglais de la côte E espèrent recevoir une de ces rares houles courtes produites par des vents de secteur SE à NE. C'est souvent flat l'été, mais les dépressions d'automne qui passent entre l'Islande et l'Ecosse envoient de la houle d'abord sur la Norvège, et avec un peu de chance stagneront un peu au large des côtes scandinaves pour créer de la houle pour les Pays de la Mer du Nord. Un anticyclone bloqué sur l'Atlantique fera passer les dépressions plus au N, par conséquent c'est souvent lorsqu'il n'y a que de petites houles sur l'Atlantique que les spots de la Mer du Nord sont en train de bien marcher.

Day Three

The low drifts north and begins to fill a little and the fetch is reducing in length. The wave-height chart shows a monstrous swell heading for most of western Europe. Huge, flawless surf is imminent for northern Spain, Portugal, Morocco and the Atlantic islands. Massive but windy in northern areas. Strong SW swell and winds for Germany and Denmark.

La dépression se décale vers le N et commence à se combler un peu, tandis que l'étendue du fetch se réduit. La carte de houle montre un swell monstrueux se dirigeant vers pratiquement toute l'Europe. On attend des vagues énormes et très bien rangées sur la côte N de l'Espagne, le Portugal, le Maroc et les Iles de l'Atlantique. Du swell costaud plus au N également, mais avec du vent. Houle et vents forts de SO en Allemagne et au Danemark.

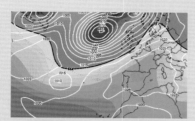
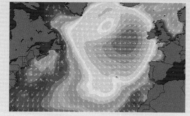

The low continues to move slowly NE and fills a little. Most places receiving surf are also getting fairly strong W or SW winds, apart from the Canaries or southern Morocco. Notice from the wave-height chart that northern Spain is practically flat. Also note the large swell propagating from east to west, generated by the northern flank of the low.

La dépression continue lentement sa trajectoire vers le NE en se comblant légèrement. La plupart des spots qui reçoivent cette houle ont aussi des vents assez soutenus d'O ou NO, mis à part peut-être le Sud du Maroc et les Canaries. On peut remarquer sur la carte de houle que la côte N de l'Espagne est pratiquement flat. On voit aussi qu'une grosse houle se propage d'Est en Ouest depuis le quadrant N de la dépression.

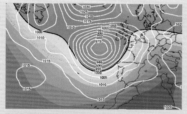
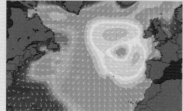

The system maintains its central pressure of 980mb but moves quickly northwards. The largest swell is NW of Scotland, travelling in a NE direction. The fetch on the SE flank of the low has followed its own swell, which tends to greatly enhance the wave height. Good swell also reaches Galicia and northern Portugal. The waves are larger but windier in Cornwall and Ireland.

Le système dépressionnaire garde une pression de 980 mb en son centre mais se déplace rapidement vers le N. Les plus grosses houles sont situées au NO de l'Ecosse, et se dirigent vers le NE. Le fetch du flanc SE de la dépression a accompagné sa propre houle, ce qui a pour effet de continuer à accroître significativement la hauteur de celle-ci. Une houle consistante atteint les côtes de Galice et le Nord du Portugal. Les vagues seront plus grosses mais plus ventées en Cournouaille et en Irlande.

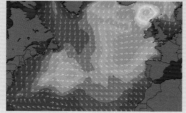

Day Four

The system suddenly moves NW and fills up. The swell will continue to pump for a few days, but a large blocking anticyclone is now threatening to dominate the Atlantic.

Le système dépressionnaire se déplace brutalement vers le NO en se comblant. Le swell continue d'arriver en masse pendant quelques jours, mais un gros anticyclone menace désormais de s'installer sur l'Atlantique.

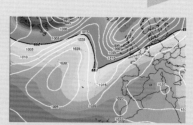

The low is now quickly filling, with the eye expanding and drifting over southern Ireland and Cornwall. Here, clean conditions may occur before the swell rapidly disappears. Good surf will continue to pump into the Canary Islands and Morocco for the next couple of days.

La dépression se comble rapidement désormais, avec un centre en expansion se déplaçant au-dessus de l'Irlande et de la Cournouaille, où on pourra avoir des conditions assez propres avant que la houle ne disparaisse rapidement. On aura du bon surf pendant encore quelques jours au Maroc et aux Canaries.

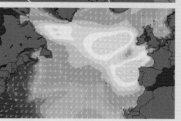

The low continues to move north and begins to fill. Conditions start to clean up in Ireland and Cornwall, but the waves will drop off fast. A local pressure gradient over Galicia and Portugal means the onset of N-NE trades. SW swell will hit Norway but not the North Sea Nations.

La dépression continue sa trajectoire vers le N et commence à se combler. Les conditions commencent à s'améliorer en Cournouaille et en Irlande, mais les vagues vont avoir tendance à diminuer rapidement. Un gradient de pression local au-dessus de la Galice et du Portugal signifie que le vent de N-NE va se lever. Une houle de SO va arriver en Norvège mais les Pays de la Mer du Nord n'en bénéficieront pas.

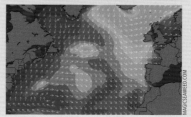

The Ocean Environment

The earth's defining feature is water and the ocean environment is the single largest factor in the planet's ecosystem. With over 100,000kms of coastline, Europe presents vast opportunities for surfers to interact with the oceans and seas. Many natural and human factors affect the ocean environment, altering conditions in the coastal zone and ultimately shaping the surfing experience. The central subjects that crucially influence the quality of surfing in the ocean environment include pollution, erosion, access and hazards. The ensuing chapters investigate the burning issues in these four categories and illuminate current trouble spots where heightened environmental awareness is necessary.

L'eau est un élément prépondérant sur la Terre et les océans jouent un rôle capital pour tout l'écosystème. Avec plus de 100 000 km de côtes, l'Europe offre un immense terrain de jeu pour les surfers. Mais de nombreux facteurs naturels et humains interviennent dans l'environnement marin, modifiant les zones côtières et redéfinissant en fait notre approche du surf. La pollution, l'érosion des côtes, l'accès et les différents dangers sont autant de sujets qui influencent de façon cruciale la qualité du surf. Les chapitres qui suivent traitent de ces quatre points très importants en s'attardant sur les spots qui présentent actuellement des problèmes particuliers au niveau environnement.

KORE ANTONSEN

Pollution

Defines a wide range of harmful or poisonous substances introduced into an environment. Mankind dumps millions of gallons of effluent into the sea every day and yet expects the sea to continue to provide millions of tons of safe, edible food for harvest. Highly toxic industrial waste, heavy metals and radioactive byproducts of the nuclear age are being deposited in the oceans at the same time as growing numbers of people are regularly entering the sea for recreation purposes. Cities concentrate and add pollution as vast areas of concrete are washed down by rain but the sea picks up the cleaning bill. Inland impurities are carried to the coast via aquatic arteries, which are choked and hardened on a centuries old diet of sewage and fertilizer. These pollution problems are all surmountable with modern treatment technologies and all that is required to effect change is money.

On définit la pollution par l'ensemble des substances dangereuses ou toxiques introduites dans un environnement donné. L'humanité déverse des millions de litres d'effluents toxiques dans la mer tout en espérant qu'elle continuera à produire des millions de tonnes de nourriture sans danger pour la consommation. Métaux lourds, déchets industriels hautement toxiques et résidus radioactifs de l'ère nucléaire sont autant de déchets rejetés au fond des océans au moment même où de plus en plus de gens se rendent au bord de la mer pour leurs loisirs. Les villes concentrent la pollution, qui s'accumule sur de grandes surfaces bitumées pour être ensuite lavées par les pluies, mais c'est toujours à la mer qu'il revient de payer la facture de nettoyage. La pollution venant de l'intérieur des terres est transportée jusqu'à la mer par les rivières, qui sont asphyxiées et engorgées par des siècles de rejets d'eaux usées et d'engrais. Ces problèmes de pollution sont surmontables avec les technologies modernes de retraitement ; il faut juste de l'argent pour les mettre en place.

Erosion

Paradoxically, large amounts of money have been spent in a vain attempt to halt the oceans' inexorable march inland, by construction of sea defences. Erosion is unavoidable, driven by the primeval forces that have shaped the continents and is an integral part of nature. Resisting such powerful forces usually focuses the erosional process on adjacent coastlines and often increases damage whenever seawalls, jetties, breakwalls and harbours are constructed. Beaches mean tourism dollars so when the sea scours away the sand, millions of euros are spent replenishing the beach with whatever can be mined or pumped from nearby sources. While both hard structures and beach replenishment are not the natural answer, these methods can result in improved surfing conditions, although sometimes they destroy existing waves.

De façon paradoxale, d'importantes sommes d'argent ont été dépensées en vain pour stopper la marche inexorable de l'océan vers l'intérieur, en construisant des protections artificielles. L'érosion est inévitable, elle résulte des forces brutes qui ont forgé les continents et fait partie intégrante de la nature. En s'opposant à de telles forces on va généralement au-devant de nouveaux problèmes, car l'action de l'érosion se porte alors sur les portions de côtes situées aux alentours, et ce à chaque fois que l'on construit ports, digues, jetées ou brise-lames. Les plages représentent de l'argent pour le tourisme, et lorsque la mer emporte le sable ce sont des millions qu'il faut dépenser

pour réensabler la plage avec tout ce qui peut être extrait ou pompé dans les parages. Bien que les structures en dur ou le réengraissement des plages ne constituent pas une bonne solution, ces méthodes peuvent parfois créer de bons spots – mais elles peuvent aussi les détruire.

Access

Access issues often take a back seat on the environmental frontline, but are arguably the most crucial. Without access to the ocean environment, there is no interaction and therefore no surfing. Once again, financial gain is often at the heart of the matter as individuals, corporations and governments annexe coastal land resources and endeavour to restrict access or promote exclusivity. Military land remains off limits, as does much private coastal property, but right of way to the ocean is enshrined in many European country's constitutions. Sea cliffs, mud flats, and wildlife refuges also play a bit part in the access story, along with beach ordinances that only allow surfing in designated areas.

Les problèmes concernant l'accès aux spots sont généralement relégués au second plan, mais ils sont sans doute les plus importants. Sans accès à la mer, pas de surf. Encore une fois, l'argent est au cœur du problème, les particuliers, entreprises ou organismes d'Etat annexant sans vergogne les terrains sur le littoral en faisant tout pour en restreindre l'accès ou en réclamer l'exclusivité. Les terrains militaires restent inaccessibles, tout comme la majorité des propriétés privées sur la côte, mais pourtant la législation actuelle et le droit de passage jusqu'à l'océan figure souvent quelque part dans la Constitution des pays européens. Les falaises, les zones de marais et les réserves naturelles sont des éléments à prendre en compte quant on veut accéder aux spots, sans oublier les zones réglementées pour le surf à certains endroits.

Where does it come from?

1. **Atmospheric pollutants including heavy metals and hydrocarbons**
2. **Traffic exhausts**
3. **Agricultural fertilizers and pesticides**
4. **Sewage effluent**
5. **Primary treatment ocean outfall**
6. **Stormwater and urban runoff**
7. **Industrial waste**
8. **Oil spills**
9. **Ship waste and plastic**
10. **Ballast water**
11. **Oil-rig waste**
12. **Lost or dumped vessels, their cargoes and power plants**
13. **Dumped nuclear and industrial waste**

Between every spot mapped in this guide there are plenty more to discover.

WILLY URIBE

Hazards

Hazards come in many shapes and guises, encompassing a healthy number of natural examples that are elements of or exist in the ocean environment. Sharks, jellyfish, rip currents, extreme cold, sunburn, shallow reefs, motorised traffic and other ocean-users are all on the list. Research shows that natural elements like dangerous sea creatures are not the biggest threat to surfers. In fact, man-made perils such as the humble surfboard are far more likely to inflict injury.

Les dangers peuvent recouvrir de nombreux aspects, en se présentant sous la forme des nombreux éléments naturels qui forment tout ou partie de ce qui peut exister dans l'océan. Requins, méduses, courants, froid extrême, coups de soleil, reefs à fleur d'eau, engins motorisés et autres pratiquants de sports nautiques font partie de la liste. Suivant une tendance générale, les risques naturels comme certains animaux marins dangereux ne représentent pas la plus grande menace pour les surfers, les dangers causés par les hommes comme une simple planche de surf étant nettement plus susceptibles de faire des dégâts.

Hossegor, France

Localism

The transient, fleeting nature of ocean waves and the deeply personal experience of wave riding cultivates a highly selfish pursuit. Violent clashes have been observed for over three decades and as the advent of modern surf forecasting technology puts more people in the right place at the right time, confrontation is set to increase. Localism should be increasing as the numbers bobbing up and down in European line-ups has skyrocketed in recent years. Surfing has a new mainstream image that's being exploited by media and advertisers as it sheds it niche, waster vibe of decades past. However, many emerging surf cultures are showing tolerance, with few acts of violence and verbal abuse that characterise the line-ups of some established surf nations. Pockets of toxic, localised sentiment do exist in a few countries, but Europe fares well in this department compared to the rest of world.

Respect should be shown to locals who tend to catch the better waves through knowledge, experience, superior positioning and hopefully patience, but that respect should be returned to those quietly waiting their turn for a wave. Occasionally, overcrowding reduces localism by bringing anonymity to the line-up and too many targets for the selfish individuals who believe they deserve more waves than the next surfer. The hypocrisy of localism is best illuminated when perpetrators practice their aggressive attitudes whilst surfing locations miles or even time zones away from their local beach. Claiming ownership over the ephemeral resource of ocean waves is misguided at best and the responsibility lies with the individual to not just take but to give something back. Try calling a fellow surfer who has been waiting longer than you into a set wave. Smile, share the stoke and enjoy the rewards of this amazing ocean environment.

La nature éphémère et aléatoire de l'océan combinée à celle fondamentalement personnelle du surf a tendance à développer une approche très égoïste. De violentes altercations se sont produites au cours des trois dernières décennies et avec le développement des techniques modernes de prévisions qui amènent toujours plus de monde au même endroit au même moment, les probabilités de confrontations vont aller croissant. Le localisme devrait s'accroître en Europe vu que le nombre de personnes faisant le bouchon au line-up est monté en flèche ces dernières années. Le surf n'a plus cette connotation de sport de marginal comme durant les décennies précédentes, c'est désormais un sport reconnu dont l'image est exploitée par les médias et la publicité. Mais dans de nombreux pays où le surf vient d'apparaître, la tolérance est de mise, avec peu d'actes de violence ou d'agressions verbales, qui caractérisent si souvent les pays où le surf est établi depuis longtemps. Si des poches de localisme subsistent avec des attitudes négatives dans certains pays, l'Europe n'est pas trop touchée comparée au reste du monde.

Il faut respecter les locaux qui ont tendance à attraper les meilleures vagues grâce à leur connaissance du spot, leur expérience, un meilleur placement et de la patience – il faut l'espérer, mais ce respect doit être rendu à ceux qui attendent tranquillement leur tour pour prendre une vague. De temps en temps, la foule au line-up peut faire diminuer le localisme car il y a soudain trop de cibles anonymes pour certains égoïstes qui pensent qu'ils méritent plus de vagues que les autres. L'hypocrisie du localisme est vraiment démontrée quand on voit des surfers avoir une attitude agressive sur des spots éloignés, situés parfois à plusieurs fuseaux horaires de chez eux. Vouloir s'approprier les choses éphémères de l'océan est une attitude venant au mieux d'une erreur de jugement ; ce qui est en cause c'est souvent la responsabilité personnelle de vouloir tout prendre sans rien donner en retour. Essayez de laisser partir un autre surfer qui a attendu plus longtemps que vous sur une vague de set, souriez, partagez ce moment et profitez de ce que peut vous offrir l'océan.

Top – **Humans are the most dangerous creatures in the sea. Keep an eye out for fins....they're everywhere!**

Bottom – **Surfers are selfish but without mutual respect, violence and anarchy would rule the line-up.**

Mundaka, Spain

Environmental Activism

Human activity is inevitably altering the surrounding land and seascape, unbalancing natural ecosystems through pollution and over-exploitation of resources. Preventing the continued rape and pillage of the environment must centre on raising awareness, education and funding for research that will break the vicious circle of government sanctioned greed that permits mankind to desecrate the oceans. Mainstream organisations such as Greenpeace have the resources and membership to provide international monitoring and response to a wide range of global issues. Surfing orientated environmental activism is still in its infancy and has yet to develop a cohesive, Europe-wide organisation, relying instead on small localised groups, concentrating on local issues. Internationally, the Surfrider Foundation represents the highest profile, largest membership environmental group focused on conservation, activism, research and education, providing an invaluable resource for surfers in North America, Australia, Japan, Brazil and Europe. Some of the challenges facing Surfrider and other groups like Surfers Against Sewage include raising awareness at local, grassroots level, lobbying or advising governments, challenging inappropriate coastal developments, promoting low impact beach access, databasing coastal resources and monitoring pollution, not just for surfers but all water-users. Legislation on water quality has been introduced through the EU Bathing Water Directive, although implementation and enforcement will prove to be both expensive and difficult unless full public support is forthcoming. Without a future plan for sustainable, environmentally sound waste management, erosion control policy, and adequate coastal access, surfers will continue to be denied the right to enjoy a clean, natural ocean environment.

NICOLAS FOJTU

L'activité humaine dégrade de manière inévitable les terres et les zones côtières environnantes, modifiant ainsi l'équilibre des écosystèmes naturels à cause de la pollution et de la surexploitation des ressources. Pour empêcher la destruction et le pillage de notre environnement il faut centrer son action sur la prise de conscience, l'éducation et le financement de la recherche pour casser le cercle vicieux qui permet aux plus cupides de massacrer les océans avec le consentement des gouvernements. De grandes organisations comme Greenpeace ont assez de ressources et d'adhérents pour établir un réseau de surveillance international et traiter toute une palette de problèmes environnementaux à l'échelle de la planète. Les organisations de défense de l'environnement tournant autour du surf n'en sont encore qu'à leurs débuts, avec des associations localisées s'occupant de problèmes locaux, qui doivent développer leur cohésion à l'échelle européenne. Surfrider Foundation est celle qui est la plus connue au niveau international et qui compte le plus grand nombre d'adhérents, dont l'action est basée sur la conservation, la revendication, la recherche et l'éducation, un atout indéniable pour les surfers d'Amérique du Nord, d'Australie, du Japon, du Brésil et d'Europe. Parmi les défis à relever pour Surfrider ou d'autres associations comme Surfers Against Sewage, la sensibilisation à la base au niveau local, le lobbying et le conseil auprès du gouvernement mais aussi combattre les constructions immobilières abusives, minimiser l'impact des accès aux plages, recenser les données sur les ressources côtières et contrôler la pollution, non seulement pour les surfers mais aussi pour tous les usagers de la mer. Une législation sur la qualité de l'eau a bien été introduite suite à une Directive sur la Qualité des Eaux de Baignade de l'UE, mais son application et son contrôle risque de s'avérer à la fois onéreux et difficile tant qu'elle n'aura pas reçu un soutien massif de la part des pouvoirs publics. Sans une politique respectueuse de l'environnement de développement durable, de traitement des déchets, de contrôle de l'érosion et d'accès adéquat aux plages, les surfers se verront spoliés du droit de profiter d'un cadre naturel et propre pour leurs activités.

LOW PRESSURE
1% OF SALES OF THIS BOOK WILL BE DONATED TO SURFING RELATED ENVIRONMENTAL ORGANISATIONS

Support the environmental agencies in the fight to protect our playground and their home.

The Surfrider Foundation

Surfrider Foundation Europe is an environmental NGO aimed at assembling all ocean lovers through awareness, activism, research and education and is dedicated to protecting the world's oceans, waves and beaches for the enjoyment of all people. Surfrider Foundation was founded in 1984 by a handful of visionary surfers near Malibu, California. Today the organisation has grown to nearly 40,000 members in the USA alone with international affiliates across the surfing world. The European affiliate was created in 1990 by 3 time surfing world champion, Tom Curren and is most active in France. At present, Surfrider Europe has more than 3,500 members, with chapters in Spain, Portugal, Italy and Germany as well as the French administered islands of Réunion, Guadeloupe and Tahiti. Current awareness campaigns include the "Waves and Coastline exhibition" which uses modern technology and the fascinating power of surf to educate kids and grown-ups along its itinerary in France. Surfrider has also developed a "multimedia educational briefcase" to be used in schools. Every spring, members organise the biggest beach clean-up in Europe, involving more than 7,700 people at 150 clean-up locations. Throughout summer, Surfrider educates ocean-users on environmentally-friendly behaviour, targeting beach and sport events to deliver information and increase membership.

Surfrider Foundation Europe est une ONG de défense de l'environment dont le but est de rassembler tous les amoureux de l'océan à travers la prise de conscience, la revendication, la recherche et l'éducation, et qui travaille à la protection des océans, vagues et plages à travers le monde pour que chacun puisse en profiter librement. Surfrider Foundation a éte créée en 1984 par une poignée de surfers visionnaires à Malibu, en Californie. Aujourd'hui l'organisation a grossi et regroupe 40 000 membres pour les seuls USA, avec des antennes partout dans le monde où il y a du surf. L'antenne européenne a été créée en 1990 par le triple champion du monde Tom Curren et son action est principalement basée en France. Surfrider Europe compte maintenant plus de 3500 membres, avec des antennes en Espagne, au Portugal, en Italie et en Allemagne, et même dans les DOM-TOM français de la Réunion, Guadeloupe et Tahiti. Les campagnes actuelles de sensibilisation tournent autour de l'Exposition Vagues et Littoral, qui utilise les technologies modernes et le pouvoir de fascination du surf pour éduquer les enfants et les adultes tout au long de sa tournée en France. Surfrider a aussi développé une mallette pédagogique multimédia destinée à être utilisée dans les écoles. Chaque printemps, les adhérents organisent le plus grand nettoyage de plage en Europe, réunissant plus de 7700 personnes sur 150 sites. Pendant l'été, Surfrider tente d'éduquer les utilisateurs de l'océan au respect de l'environnement, en ciblant les compétitions et les événements se déroulant sur les plages pour pouvoir communiquer et augmenter le nombre de ses adhérents.

Current Programmes

In order to improve water quality and prevent pollution, the public need to be informed and ocean-users need to play their part by being vigilant and reporting any incidents of local pollution. Surfrider's goal is to inform the public and authorities about water quality through their programme of collecting and analysing official and independent data, as well as processing water samples in their own lab. It allows the public to get understandable, unbiased information, collated from various sources. Since 1997, Surfrider Europe publishes the annual "Black Flags" list, just before summer. These flags are given to the most polluted beaches on the French coastline. This 12-month study is a synthesis of official analyses and member investigations, substantiated by photos and press articles. What began as a medium to raise awareness on pollution problems has quickly become a true standard for measuring water quality and beach cleanliness and is endorsed and utilised by the general public and the media in France. The media pressure of Black Flags on local councils has contributed greatly to the improvement of sewage treatment systems. Surfrider is currently building a unique website that will be a reference resource for checking out the water quality before going surfing or for anyone who needs credible and understandable information about oceans and coastlines. Users will also be able to contribute to this database by sending alerts of local pollution they may have experienced. Sewage, stormwater, refuse waste, green tides, chemicals, hydrocarbons, etc. will all be reported. The legal aspects of coastal environment protection are paramount to progress so Surfrider lobbies at all levels of government to improve water quality regulations. They continuously apply pressure on a local and regional level (Black Flags), state level (consultancy on labels) and European level (lobbying parliament concerning the EU Bathing Water Directive).

Les campagnes actuelles de sensibilisation tournent autour de l'Exposition Vagues et Littoral, qui utilise les technologies modernes et le pouvoir de fascination du surf pour éduquer les enfants et les adultes tout au long de sa tournée en France. Surfrider a aussi développé une mallette pédagogique multimédia destinée à être utilisée dans les écoles. Chaque printemps, les adhérents organisent le plus grand nettoyage de plage en Europe, réunissant plus de 7700 personnes sur 150 sites. Pendant l'été, Surfrider tente d'éduquer les utilisateurs de l'océan au respect de l'environnement, en ciblant les compétitions et les événements se déroulant sur les plages pour pouvoir communiquer et augmenter le nombre de ses adhérents. Depuis 1977, Surfrider Europe publie une carte des Pavillons Noirs juste avant l'été. Ces pavillons sont donnés aux plages les plus polluées sur le littoral français. Cette étude menée sur 12 mois est une synthèse des analyses officielles et des informations données par les adhérents, complétée par des photos et des articles de presse. Ce qui au départ était un moyen de sensibilisation aux problèmes de pollution est rapidement une véritable référence en ce qui concerne la mesure de la qualité de l'eau et de la propreté des plages, qui est maintenant adoptée et utilisée par le public et les médias en France. La pression médiatique des Pavillons Noirs sur les municipalités locales a d'ailleurs contribué largement à l'amélioration du système d'épuration. Surfrider est en train de faire un site internet qui doit être une référence pour checker la qualité de l'eau avant d'aller surfer ou pour qui veut avoir une information crédible et claire sur les océans et le littoral. Les utilisateurs du site pourront aussi contribuer à la mise à jour de la base de données en signalant les cas de pollution locale dont ils ont été témoins. Les rejets d'eaux usées, les eaux polluées par fortes pluies, les déchets, les marées vertes, les produits chimiques, les hydrocarbures, etc. seront tous mentionnés. L'aspect juridique de la protection de l'environnement étant un paramètre essentiel pour avancer, Surfrider fait du lobbying à tous les niveaux du gouvernement pour améliorer la législation portant sur la qualité de l'eau. Ils font pression sans relâche au niveau local et régional (Pavillons Noirs), national (consultation pour les labels) et européen (en faisant pression sur le Parlement au sujet de la Directive sur la Qualité des Eaux de Baignade de l'UE).

HELP US KEEP THE OCEAN CLEAN

www.surfrider-europe.org

Surfrider
Foundation
EUROPE

France 2006

Route Planner

North Sea Nations   38

France   58

Spain   92

Portugal   122

Mediterranean   151

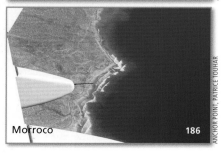

Morroco   186

Distances in km	Agadir	Casablanca	Tanger	Palermo	ROME	Marseille	Barcelona	Faro	LISBON	Porto	La Coruña	Santander	Bilbao	MADRID	Biarritz	Bordeaux	Nantes	Roscoff	Caen	PARIS	Calais	Amsterdam	Göteburg	Bergen	Trondheim
Tromso	6954	6429	6059	5096	3063	4083	4402	5496	5318	5139	5053	4185	4420	4785	4793	4077	3883	4094	4203	3499	3951	3041	2570	1893	1176
Trondheim	5778	5253	4883	3920	2986	2907	3226	4320	4142	3963	3877	3009	3244	3609	3617	2901	2707	2918	3027	2323	2775	1865	1394	717	
Bergen	5196	4671	4301	3872	2938	1534	3178	4272	2888	3915	3829	2961	3196	3561	3035	2853	2659	2870	2445	2275	2193	1817	812		
Göteburg	4384	3859	3489	3060	2126	2047	2366	3460	3282	3103	3017	2149	2384	2749	2223	2041	1847	2058	1633	1463	1381	1005			
Amsterdam	3427	2902	2532	2599	1655	1228	1285	2500	2322	2143	2057	1374	1424	1789	1266	1081	887	1098	728	504	386				
Calais	2646	2121	2267	2650	1717	1069	1329	2238	2385	1872	1977	1109	1153	1527	1001	819	583	715	342	292					
PARIS	3065	2540	2170	2350	1417	1858	1091	2182	1820	1641	1700	1164	922	1430	904	722	1057	1353	224						
Caen	2911	2386	2016	2552	1613	983	1114	2169	1800	1621	1726	858	902	1276	750	568	278	425							
Roscoff	2974	2449	2079	2893	1960	1218	1242	2046	1863	1684	1603	1073	965	1335	813	627	302								
Nantes	2676	2151	1781	2539	1605	1053	945	1744	1567	1388	1301	777	669	1033	515	325									
Bordeaux	2343	1818	1448	2432	1499	648	633	1419	1232	1053	976	442	334	708	182										
Biarritz	2161	1636	1266	2502	1563	707	586	1237	1050	880	794	260	152	526											
MADRID	2063	1538	1168	2953	2019	1163	686	752	658	590	604	393	397												
Bilbao	2030	1505	1135	2614	1681	825	607	1147	907	728	642	108													
Santander	1934	1409	1039	2728	1789	933	693	1051	834	718	536														
La Coruña	2071	1546	1176	3042	2103	1469	1114	1044	628	314															
Porto	1750	1225	855	3333	2400	1544	1167	730	314																
LISBON	1514	989	619	3512	2579	1723	1285	416																	
Faro	1311	786	416	3529	2590	1734	1257																		
Barcelona	2035	1510	1140	2283	1349	493																			
Marseille	2528	2003	1633	1814	880																				
ROME	3408	2883	2513	939																					
Palermo	4347	3822	3452																						
Tanger	895	370																							
Casablanca	525																								

These routes require taking the ferry from Göteburg to Fredrickshaven

For Scandinavia and Great Britain Route Planners see ATLANTIC ISLANDS guide

These routes require taking the Algeciras to Tangier ferry

Morocco and Western Sahara Travel Map   186

NORTH ATLANTIC OCEAN

Spain Travel Map   92

Portugal Travel Map   122

Spanish and French Med T...

Santiago de Co
Ponte
PORTO
Aveiro
Coim
Leiria
Nazaré
Caldas da Rainha
Lisboa
Almada
Setúbal
Odemira
Lagos

Outer Hebrides

Inverness
SCOTLAND
Aberdeen
Perth Dundee
Glasgow
Edinburgh
Ayr
Londonderry
Portstewart
NORTHERN
IRELAND
Belfast
Isle of
Man
Newcastle upon Tyne
Sunderland
Carlisle
Middlesbrough
Lancaster
Scarborough
REPUBLIC OF
IRELAND
Dublin
Leeds
York
Kingston upon Hull
Liverpool
Manchester
Grimsby
Sheffield
Derby
Nottingham
Limerick
Waterford
Birmingham
ENGLAND
Newport
WALES
Coventry
Norwich
Cambridge
Swansea
Cardiff
Oxford
St George's Channel
Wick
Reading
London
Bristol
Bristol Channel

Penzance
Land's
End
Plymouth
Exeter
Southampton
Portsmouth
Brighton
Dover
Calais
English Channel
Strait of Dover

UNITED
KINGDOM

North
Sea

Göteburg
Frederikshavn
Varberg
Borgholm
Ålborg
Halmstad
Växjö
Kalmar
Holstebro
Randers
Kattegat
Helsingborg
Karlskrona
Åland
DENMARK
Århus
København
Malmö
Bornholm
(Denmark)
Esbjerg
Kolding
Odense
Rønne
Flensburg
Kiel
Stralsund
Greifswald
Bremerhaven
Rostock
Wismar
Lübeck
Hamburg
Szczecin
Swinoujście
Groningen
Bremen
Münster
Hannover
Braunschweig
Potsdam
Berlin
Frankfurt an der Oder
NETHERLANDS
Amsterdam
Utrecht
Bielefeld
Magdeburg
Dessau
Cottbus
Rotterdam
Essen
Göttingen
Leipzig
Dresden
Kassel
Freiberg
Zwickau
Antwerpen
Düsseldorf
Köln
Bonn
GERMANY
Praha
Lille
Bruxelles
Liège
Koblenz
Wiesbaden
BELGIUM
Plzeň
CZECH
REPUBLIC
Brno

Waddenzee

Baltic
Sea

LITHUANIA
Šiauliai
Panevėžys
Klaipėda
Vilnius
Kaunas
Lentvaris
Marijampolė
Alytus
RUSSIAN
FEDERATION
Kaliningrad
Lida
Suwalki
Hrodna
Gdynia
Elbląg
Olsztyn
Białystok
Gdańsk
Kobryn
Grudziądz
Toruń
Brest
Bydgoszcz
Warszawa
Siedlce
Zielona Góra
Poznań
POLAND
Łódź
Radom
Lublin
Kalisz
Legnica
Wrocław
Opole
Częstochowa
Wałbrzych
Katowice
Kraków
Rzeszów
Ostrava
Gliwice
Bielsko-
Biała
Olomouc
Žilina
Košice
Trenčín
Zvolen
Miskolc
SLOVAKIA
Wien
Bratislava
Debrecen
Oradea

LUXEMBOURG
Luxembourg
Würzburg
Mannheim
Nürnberg
Regensburg
Metz
Saarbrücken
Karlsruhe
Heilbronn
Ingolstadt
Linz
Dieppe
Amiens
St-Quentin
Reims
Stuttgart
Nancy
Strasbourg
Rouen
Caen
Versailles
Paris
Melun
Troyes
Freiburg
(Donau)
München
Salzburg
Leoben
Győr
Szombathely
HUNGARY
Budapest
Szolnok
Kecskemét
Arad
Timişoara
Szeged
Subotica
Kaposvár
Pécs
St-
Malo
St-Brieuc
Rennes
Le Mans
Chartres
Orléans
Colmar
Mulhouse
Innsbruck
AUSTRIA
Graz
Maribor
SLOVENIA
Roscoff
Brest
Quimper
Lorient
Angers
Tours
FRANCE
Dijon
Besançon
Bern
Zürich
Konstanz
Vaduz
LIECHTENSTEIN
Ljubljana
Zagreb
CROATIA
Beograd
St-Nazaire
Nantes
Bourges
Poitiers
Montluçon
Vichy
SWITZERLAND
Lausanne
Genève
Como
Trento
Bolzano
Bergamo
Udine
Trieste
Venezia
Rijeka
Bosanski Šamac
BOSNIA-
HERZEGOVINA
La Rochelle
Angoulême
Limoges
Clermont-
Ferrand
Lyon
St-Étienne
Grenoble
Milano
Verona
Padova
Ferrara
Banja
Luka
Sarajevo
Mostar
Užice
Bay of
Biscay
Périgueux
Bordeaux
Cahors
Agen
Montauban
Valence
Torino
Parma
Modena
Genova
La Spezia
Bologna
Ravenna
Forlì
Rimini
SAN
MARINO
Ancona
Zadar
Šibenik
Split
Dubrovnik
Podgorica
Shkodër

Avilés
Oviedo
Gijón
Santander
Donostia -
San Sebastián
Bayonne
Biarritz
Pau
Tarbes
Cordillera
Cant-brica
León
Bilbao
Vitoria-
Gasteiz
Pamplona
Ales
Nîmes
Avignon
Aix-en-Provence
MONACO
Nice
Cannes
Ligurian
Sea
Pistoia
Pisa
Livorno
Prato
Firenze
Perugia
Ascoli
Piceno
Bastia
Pescara
Durrës
Kavajë
Lugo
Toulouse
Montpellier
Narbonne
Perpignan
Golfe du
Lion
Marseille
Toulon
Bastia
ITALY
Civitavecchia
Roma
Tivoli
Campobasso
Termi
San Severo
Barletta
Bari
Brindisi
Lecce
León
Palencia
Burgos
Logroño
Soria
Zaragoza
Lleida
Sabadell
Mataró
Andorra
la Vella
ANDORRA
Girona
Corsica
Ajaccio
Porto-Vecchio
La Maddalena
Anzio
Terracina
Latina
Benevento
Caserta
Napoli
Avellino
Potenza
Salerno
Sala
Consilina
Altamura
Matera
Taranto
Otranto
Golfo di
Taranto
Valladolid
Zamora
Medina del
Campo
Segovia
Sierra de Guadarrama
Guadalajara
Alcalá de Henares
Traid
Montalbán
Teruel
Reus
Tarragona
Vilanova i la Geltrú
Barcelona
Porto Torres
Alghero
Sassari
Nuoro
Olbia
Roggiano Gravina
Paola
Rossano
Cosenza
Crotone
Salamanca
Ciudad
Rodrigo
Arévalo
Ávila
MADRID
Cuenca
Alcañiz
Castelló
de la Plana
Sagunto
Alzira
Gandia
Oristano
Sardinia
Baunei
Tyrrhenian
Sea
Catanzaro
Béjar
Plasencia
Cáceres
Trujillo
Toledo
Aranjuez
Alcázar
de San Juan
Tomelloso
Valencia
Alcoy
Oliva
Guspini
Carbonia
Cagliari
Pula
Messina
Milazzo
Reggio di Calabria
Ionian
Sea
SPAIN
Don Benito
Ciudad
Real
Albacete
La Roda
Yecla
Elda
Alicante
Ibiza
Eivissa
Palma de Mallorca
Manacor
Majorca
Minorca
Mahón
Ciutadella
de Menorca
Inca
Balearic Islands
Sicily
Palermo
Bagheria
Trapani
Alcamo
Enna
Adrano
Catania
Merida
Azuaga
Pozoblanco
Linares
Hellín
Murcia
Cartagena
Marsala
Mazara del Vallo
Caltanissetta
Gela
Siracusa
Avola
Zafra
Córdoba
Andújar
Úbeda
Baza
Lorca
Vélez
Rubio
Bizerte
Mediterranean Sea

Italy Travel Map   152

Sevilla
Écija
Jaén
Granada
Almería
Mateur
Béja
Tunis
Kelibia
Korba
Valletta
Rabat
MALTA
Utrera
Lucena
Loja
Motril
Skikda
Annaba
Zaghouan
Monastir
Antequera
Ronda
Málaga
Marbella
Gibraltar
Algeciras
Ceuta
Tétouan
Tangier
Estepona
Alger
Dellys
Bejaïa
Jijel
El Milia
Guelma
Souk
Ahras
M'Daourouch
TUNISIA
Thala
Kairouan
El Jem
Chebba
Tipasa
Blida
Tizi Ouzou
Bouira
Sétif
Constantine
Aïn
M'Lila
Ténès
Oued
Fares
Médéa
El Eulma
Bordj Bou Arréridj
Batna
Tébessa
Sbeïtla
Mostaganem
Relizane
Ksar el Boukhari
M'Sila
Khenchela
Oran
Chahbounia

KELLY SLATER

7X world champ

Quiksilver

QUIKSILVER

QUIKSILVER

INTERVENTION
boardshort

North Sea Nations

The nations of Denmark, Germany, The Netherlands and Belgium are not the most alluring of European surf destinations, yet more and more surfers are hitting the line-ups every year. Since the windsurfing boom of the '80s, people have been dropping their sails and braving the cold North Sea, chilly Kattegat and icy Baltic, to ride the shifting beach and jetty-breaks. Classic days can be had when the wind that brings the swell dies down, but surfing the regular onshore days is all part of the experience. The local surf culture has grown from a tradition of winter travelling, although this is when the hardcore are rewarded with some real North Sea juice.

Les Pays de la Mer du Nord regroupent le Danemark, l'Allemagne, les Pays-Bas et la Belgique. Bien qu'ils ne soient pas parmi les destinations les plus tentantes en Europe au niveau surf, on y trouve chaque année de plus en plus de monde à l'eau. Depuis le boom du windsurf dans les années 80, beaucoup ont laissé leur voile de côté pour braver les rigueurs de la Mer du Nord, le froid de la Kattegat ou les eaux glacées de la mer Baltique, où on trouve des beachbreaks et des vagues formées par les jetées. On peut avoir de bonnes conditions quand le vent qui a amené la houle se met à tomber, mais on surfe d'habitude des vagues onshore, là-bas cela fait partie du surf. Une culture surf est apparue avec des locaux qui voyagent beaucoup en hiver, mais c'est pourtant à cette période que les vrais hardcore peuvent profiter des bons swells de la Mer du Nord.

Sculpted Scheveningen sandbanks stick to the long jetties that help protect the fragile Dutch coast.

The Surf

Denmark

Although small, Denmark is surrounded by three different bodies of water, which divide up the surf zones. The North Sea is the main surf producer and the west coast of Jutland is battered by fierce westerly winds year-round. These winds, especially when they come from the SW, can throw up some head high waves in half a day, while the coastline of small bays and long, rock groynes help clean up the surf nicely. The best conditions occur when a heavy depression is spinning somewhere to the northwest between Norway and Scotland, sending swell lines up to 6ft, hopefully coinciding with calm weather or E winds. These heavenly days are far outnumbered by messy onshore ones and all swells come and go quickly. The Kattegat requires really strong onshore winds from the northerly quadrant to get any rideable action, while the few Baltic spots are even less reliable and need E winds. Spring tides are double the average, hitting 2m near the German border, decreasing to 0.3m at Skagen in the Kattegat. Storm surges are often greater than the tidal range. The Baltic is micro-tidal and barely moves.

The best area is the stretch from Klitmøller to Agger, with the popular Nørre Vorupør situated in the middle. Good windswell can be ridden in breezes from S to NE and the coast is well exposed to occasional groundswells from the SW to NW. It is all beachbreaks except for the mussel covered reef in Klitmøller. Exploring the miles of deserted beaches south of Agger, all the way to Hvide Sande is best done when winds are from an easterly direction. It's less consistent than the Klitmøller area and

the straight coastline is more exposed, with fewer harbour walls and jetties for protection from the wind, but with a good swell and clean conditions the beachbreaks can be punchy and semi-hollow. The Kattegat is the closest place to surf from Copenhagen but the waves are pretty pathetic. It takes at least six hours of 15m/s W or NW winds to kick up some waves to ride between Gilleleje and Aalsgaarde on Zealand's north coast, while Hundested and Liseleje need N/NE. More spots are found on Jutland's east coast north of Ebeltoft, needing very strong Kattegat winds between N and E. The Baltic Sea is surfed around Stevns Klint and Rødvig. Stevns breaks on a moderate onshore E or SE wind and Rødvig needs a stronger E to blow for at least eight hours. Other areas with potential include Moen to the south, but the best Danish Baltic waves are on the island of Bornholm. Countless points and bays facing many different directions with a long fetch from the NE–E makes every windy day surfable. Bona fide surf info about the island is scarce, but rumours say that it gets as good as the west coast of Jutland.

Most swells occur from September to April with the prime *autumn* months of September to November bringing the best waves to the west coast. Winter brings cold, near 4°C water and short daylight hours, but more 6/4 clad surfers are braving the conditions to score the stronger waves. Summer can be really good, depending on the wind patterns and a 3/2 works in the warmest months. Swells are fewer, but the W wind will often provide good rideable windchop. The Kattegat works mainly in autumn northerlies, but wet summers can also bring many messy W wind days. Spring is often a good time for strong E winds in the Baltic, after the ice has gone.

Bien qu'il s'agisse d'un petit pays, le Danemark est entouré de trois mers, qui forment autant de zones de surf. La Mer du Nord crée le plus de houle tandis que la côte O de Jutland est balayée par de forts vents d'O pendant toute l'année. Ces vents peuvent donner des vagues de plus d'1m50 en une demi-journée, surtout quand ils viennent du SO, et on peut alors trouver des conditions propres dans les petites baies ou entre

Nørre Vorupør

BEVIS NICKEL

Baltic Sea

SURF STATISTICS	J/F	M/A	M/J	J/A	S/O	N/D
Dominant swell	NW-N	NW-N	NW-N	NW-N	NW-N	NW-N
Swell size (ft)	2	1-2	1	1-2	2	2-3
Consistency (%)	60	50	20	30	50	60
Dominant wind	SW-NW	SW-NW	SW-NW	SW-NW	SW-NW	SW-NW
Average force	F5	F4	F3-F4	F4	F3-F4	F5
Consistency (%)	51	41	47	52	46	52
Water temp.(°C)	3	3	9	16	12	6
Wetsuit						

Middle – **Nørre Vorupør is the centre of the Danish surf scene and works in onshore winds with enough power for the shortboarders.**

Opposite top – **The new generation may prefer to ride shortboards but a longboard is still a handy thing to have around.**

Danish Surf Culture

History

Surfing in Denmark began around 1980 when windsurfers visiting the west coast found that during the summer, there would often be waves but no wind, so longboards began to appear. Slowly through the '80s, a few Danes that had lived abroad and brought back a surfboard, started exploring the coasts. Until recently, most Danish surfers started surfing while studying or living abroad in warmer climes. These travellers were almost exclusively city surfers from Copenhagen, Helsingør and Aarhus, but now a new generation of homegrown talent are learning on Danish waves, hailing from towns near Klitmøller and Hvide Sande. There are many foreign surfers living in Denmark (the Danish girls are very attractive!), so the line-up is often surprisingly international and provides some inspiration and aspiration for Danish surfers by demonstrating what can be done on a surfboard in these waters. High performance surfing has helped dispel the misunderstanding that only longboards work on Danish waves, and most Danes, especially those that have travelled, ride shortboards. The first Danish Championship was held in the mid '90s and has been held every year since. Volcom have held a couple of Flatfish surf competitions in Klitmøller, which is the most popular competition venue. It can be crowded at certain spots during the warmer months, especially in Nørre Vorupør, a favourite long-stay spot for German campervans. They normally outnumber the Danish surfers by far, sometimes creating a bit of irritation, but there isn't really any localism.

Most problems arise from beginners being ignorant of the rules and line-up etiquette. The Danes are pretty mellow, and surfing is very much in its infancy. Smile, keep the beach and car parks clean and don't be a longboard wave-hog in order to receive a warm Danish welcome! There are two significant surf shops, including Darkblue Boardshop in Helsingør, serving all Zealand surfers along with many from southern Sweden and West Wind Klitmøller looks after the west coast crew. Rental boards and small surf schools are becoming more common. Handy websites like **www.musselreef.dk** (Danish waves and travel stories) or **www.riders.dk** (guide & forum) are where competitions are announced by the Danish Surfing Association.

Le surf au Danemark a débuté vers 1980, lorsque les windsurfers en trip sur la côte O commencèrent à emmener des longboards car ils se rendirent compte qu'en été il y avait souvent des vagues mais pas de vent. Progressivement dans les années 80, certains Danois qui avait vécu à l'étranger ramenèrent une planche et explorèrent les différentes côtes. Jusqu'à récemment, la plupart des Danois apprenaient à surfer lorsqu'ils étaient à l'étranger pour les études ou pour y vivre, dans des climats plus chauds. Ces voyageurs étaient presque exclusivement des surfers vivant en ville à Copenhagen, Helsingoer ou Aarhus, mais désormais une nouvelle génération de surfers locaux venant de la région de Klitmoeller et Hvide Sande apprennent à surfer sur les vagues locales. Il y a beaucoup de surfers étrangers qui vivent au Danemark (les Danoises sont vraiment pas mal !), on sera donc surpris par les nombreuses nationalités au line-up, ce qui inspire et motive les surfers danois, en voyant ce qu'on peut faire en surf sur les vagues locales. Les performances réalisées en shortboard ont réussi à dissiper le malentendu selon lequel les vagues danoises ne

BEVIS NICKEL

Klitmøller provides the most popular contest venue where the mussel reef and bend in the coast gives the waves shape and wind protection respectively.

seraient faites que pour les longboards, et aujourd'hui la plupart des Danois surfent sur des petites planches, surtout ceux qui ont voyagé à l'étranger. Le premier championnat du Danemark a été organisé vers le milieu des années 90 et l'épreuve est reconduite chaque année. Volcom a sponsorisé quelques compets Flatfish à Klitmoeller, qui est le site retenu le plus souvent pour les compets. Il y a deux surfshops principaux: Darkblue Boardshop à Helsingoer qui approvisionne tous les surfers de Zealand et de nombreux surfers suédois du S, ainsi que West Wind Klitmoeller pour les locaux de la côte O. On trouve des planches de location et des petites écoles de surf plus facilement qu'avant. Les compétitions de l'Association Danoise de Surf sont annoncées sur des sites utiles comme www.musselreef.dk (vagues locales et récits de voyage) or www.riders. dk (guide & forum).

Nørre Vorupør

les longs épis rocheux. Les meilleures conditions arrivent lorsqu'une grosse dépression passe au large au NO entre la Norvège et l'Ecosse, envoyant des lignes de houle jusqu'à 6 pieds ; reste ensuite à espérer que cela coïncide avec un temps calme et du vent d'E. Ces conditions idéales sont rares, les jours onshore et en vrac étant de loin les plus nombreux, avec des houles qui arrivent et disparaissent rapidement. Pour avoir quelque chose à surfer sur la Kattegat il faut un vent onshore vraiment fort de secteur N, tandis que les rares spots sur la Baltique sont encore moins fiables et demandent du vent d'E. Les marées de vives eaux ont un coefficient qui fait le double de la moyenne, atteignant 2m près de la frontière avec l'Allemagne, avec un minimum de 0.3 m à Skagen sur la Kattegat. L'élévation du niveau de la mer due aux tempêtes (seiche) est souvent plus grande que celle due aux marées. La mer Baltique a des micro-marées et ne bouge pratiquement pas.

La meilleure région se trouve sur la côte qui va de Klitmoeller à Agger, avec au milieu le spot fréquenté de Nr. Vorupoer. On peut avoir de bonnes vagues par houle de vent de S à NE, et la côte est bien exposée aux houles occasionnelles de SO à NO. Il n'y a que des beachbreaks à part un reef recouvert de moules à Klitmoeller. On peut partir à l'exploration de kilomètres de plages désertes au S d'Agger jusqu'à Hvide Sande, surtout si le vent est de secteur E. Ça marche moins souvent que la région de Klitmoller car la côte est rectiligne et plus exposée, car il y a moins de digues portuaires et de jetées pour la protéger du vent, mais par bonne houle et des conditions propres les beachbreaks peuvent avoir un peu de creux et de puissance. La Kattegat est l'endroit le plus proche pour surfer quand on est à Copenhague, mais les vagues sont assez pathétiques. Il faut au moins 6 heures de vent à 15m/s d'O ou de NO pour avoir quelques vagues entre Gilleleje et Aalsgaarde sur la côte N de Zealand, tandis que Hundested et Liseleje exigent du vent de N/NE. La plupart des spots se situent sur la côte O de Jutland au N de Ebeltoft, mais il faut qu'il y ait un vent très fort sur la Kattegat de secteur N à E. Sur la mer Baltique on surfe entre Stevns Klint et Roedvig. Stevns marche par vent onshore modéré d'E à SE et pour Roedvig il faut que le vent souffle encore plus fort d'E pendant au moins 8 heures. Il y a d'autres régions avec du potentiel, comme Moen au S, mais au Danemark les meilleures vagues de la Baltique se trouvent sur l'île de Bornholm. On peut surfer tous les jours quand il y a du vent grâce aux très nombreuses pointes et baies orientées de façon variée, car elle font face à un long fetch de N-NE. Les informations fiables sur le surf autour de l'île sont rares, mais certains disent que ça peut être aussi bon que la côte O.

La plupart des houles arrivent entre septembre et avril, la meilleure saison sur la côte O étant en *automne*, septembre-octobre. En hiver l'eau descend à 4 degrés et les jours sont courts, mais il y a de plus en plus de surfers en 6/4mm qui bravent ces conditions pour choper les plus grosses vagues. L'été peut être vraiment bien, en fonction du type de vent rencontré, et une 3/2 est suffisante pendant les mois les plus chauds. Les houles rentrent plus rarement, mais le vent d'O donnera souvent une houle de vent clapot agréable à surfer. La Kattegat est surtout bien en automne avec les vents de N, mais les étés pluvieux peuvent aussi donner de nombreux jours de houle de vent d'O. Le printemps est souvent une bonne période pour les vents forts d'E sur la Baltique, une fois que la glace a disparu.

Germany
Although Germany is not as exposed as its northern neighbour, Denmark, the west-facing coast still receives swell from a decent swell window that ranges from the SW round to due N. While N-NW groundswells squeezing through the narrow gap between Scotland and Norway should produce the best surf for all, including the East Frisian (Ostfriesische Inseln) Islands, it is often the SW-W windswells that bring the most waves to Sylt (Nordfriesische). As with all the North Sea Nations, the key to good waves is strong onshore winds to build the swell then a brief period of cross or offshore winds before the short-fetch lines disappear. Timing is everything as good conditions can come and go in a matter of hours. Mid to high tides are favoured as they give more depth over the offshore shoals that filter and reduce the potential power of the swell. Over on the Baltic Sea side of Germany, constant strong winds from a variety of directions are needed to generate any kind of rideable wave and while it is popular with windsurfers, only the desperate

German Surf Culture

History
Surfing in Germany began in the mid '50s, when lifeguards from Sylt started to stand up on their heavy (50kg!), homemade paddleboards. It was 1964 when Uwe Behrens, a lifeguard from Sylt, came back from a trip to France with the first real production surfboard. Shortly afterwards, the first German surf club was born. In 1966, Jack O'Neill visited the island, wondering why his company was selling so many wetsuits to Germany and witnessed first-hand the growing scene on Sylt. During the '70s Sylter lifeguards and surfers started to travel extensively, with France and the Canary Islands becoming the locations of choice for expats. It wasn't until 1988 that a dozen enthusiasts formed a German team to participate in the World Amateurs in Costa Rica. Three years later the German Surfing Federation (DWV) was formed and since then, the German championships have been held in France annually. As the windsurfing boom died down in the mid '90s, surfing's popularity increased and international surfing industries began to target the German market. The first surfing magazine *Surfers* was published in 1995 and now there are six national and international surf magazines in the German language, including multi-lingual *Surf Europe* and insights into the German surfing scene with *Free Magazin*. There are around 200 surf shops in the country, but most will be crossover shops, supplying kite and windsurf equipment to a population forced to accept that local conditions favour a sail. The only German surf festival takes place annually on Sylt and Portuguese-based Marlon Lipke is the country's most successful competitor. Germany has more than 10,000 surfers, including a good percentage of women and most of them travel, especially to France and Denmark.

Le surf a débuté en Allemagne au milieu des années 50, avec des maîtres nageurs de Sylt qui commençaient à se lever sur de grands paddleboards faits maison pesant dans les 50kg. En

Sylt is the epicentre of German surfing.

1964 Uwe Behrens, un maître nageur de Sylt, revint d'un trip en France avec la première vraie planche de surf. Peu après, le premier surf club allemand était né. En 1966, Jack O'Neill se rendit en visite sur l'île, car il se demandait pourquoi son entreprise vendait autant de combinaisons en Allemagne, et il fut un de premiers témoins de la progression du surf à Sylt. Pendant les années 70, les surveillants de baignade de Sylt et les surfers commencèrent à beaucoup voyager, la France et les Iles Canaries devenant des destinations privilégiées pour les expatriés. Ce n'est qu'en 1988 qu'une douzaine d'amateurs formèrent une équipe pour les Championnats du Monde Amateur au Costa Rica. Trois ans plus tard la Fédération Allemande de Surf(DWV) était créée et depuis, les Championnats d'Allemagne se déroulent en France chaque année. Avec la baisse de l'engouement pour le windsurf au milieu des années 90, le surf devint plus populaire et les grandes marques internationales du surf commencèrent à cibler le marché allemand. Le premier magazine de surf appelé *Surfers* fut publié en 1995 et maintenant il y a six magazines de surf nationaux et internationaux en allemand, avec *Surf Europe* en plusieurs langues et des articles sur la scène surf allemande dans *Free Magazin*. Il y a environ 200 surfshops en Allemagne mais la plupart sont des shops crossover avec du matériel de kite et de windsurf, car il faut reconnaître que les conditions locales sont quand même plus adaptées quand on a une voile. Le seul festival de surf se déroule sur Sylt chaque année. Le résident portugais Marlon Lipke est le compétiteur allemand le mieux classé, et l'Allemagne compte plus de 10 000 surfers, avec un bon pourcentage de pratiquantes ; la plupart voyagent souvent, surtout en France et au Danemark.

Damp

and mad should apply to its occasionally ice covered waters. Tidal range is about 2.5m on Sylt and non-existent in the brackish Baltic.

Sylt is the epicentre of German surfing and the gently-curving, sandy, barrier island hosts 35kms of beachbreak from north to south. Much of it consists of open, unstabilised strands, although there are some small jetties and sand-covered boulders to help wave shape around Westerland. It's a big summer scene with beach-goers, many of whom try surfing, but waves are inconsistent and frustrated locals have to wait for better opportunities after the tourists have gone. Further south, there are more shifting sandbars at St Peter Ording, another big resort town on the mainland but better waves can usually be found on the East Frisian Islands of Norderney and Borkum. Norderney sits in the middle of the barrier island chain and picks up any swell with a bit of north in it including NE. Borkum sits at the border with the Netherlands and shares the same surf characteristics – shifting beachbreak peaks and big crowds during the summer vacation period. The Baltic breaks are for dedicated users only, who need thick skins and thicker wetsuits. Constant onshores from the NW for some of the breaks,

After five days of howling E wind the Baltic Sea will push in waist to chest high, onshore waves to the German coast. Damp 2000 crowd.

It

BEVIS NICKEL

d'une bonne couche de gras. Il faut un vent onshore constant de NO pour certains spots ou des vents d'E glacés pour Damp et Pelzerhaken. Il y a aussi quelques endroits où on peut faire un peu de surf de rivière, avec pour centre principal la vague statique de Munich, du printemps à l'automne.

Idéalement, la meilleure saison pour le surf est *la fin de l'été et l'automne*, où la température de l'eau peut atteindre les 16°C (les locaux disent même qu'elle peut monter jusqu'à 20°C!), le mieux étant une dépression sur la Mer du Nord qui peut envoyer de la houle sur les îles. En fait tout est fonction du vent et les rares jours offshore sont répartis tout au long de l'année. Ça peut être vraiment flat l'été, et en hiver l'eau tombe à 2°C et même à 0°C dans la Baltique...mais il y aura toujours des surfers à l'eau.

otherwise strong, freezing E winds supply Damp and Pelzerhaken. There is also a bit of a spring to autumn river surfing scene in a few locations, centred on the standing wave in Munich.

Ideally, the best surfing season is *late summer to autumn* when the water temperatures get up to 16°C (locals claim it sometimes gets as high as 20°C!) and a groundswell from a low pressure on the North Sea hits the islands. It is, however, all about the wind and the rare offshore days are scattered through the seasons. Summers can be very flat and in the wintertime the water temperature gets down to 2°C and 0°C in the Baltic, but there will still be surfers in the water.

Bien que la côte de l'Allemagne ne soit pas aussi exposée que celle de son voisin le Danemark, sa partie orientée O reçoit quand même de la houle avec une bonne fenêtre d'exposition allant du SO au plein N. Pour avoir les meilleures conditions sur les îles de la Frise Orientale comme pour le reste du pays, il faut qu'une houle de N-NO arrive à pénétrer dans le passage étroit entre l'Ecosse et la Norvège, mais il faut s'attendre la plupart du temps à des houles courtes de vent d'O-SO à Sylt. Comme pour les pays de la Mer du Nord, pour surfer il faut un fort vent onshore pour faire monter la houle et ensuite un petit créneau de vent cross-shore ou offshore pour vite profiter de la celle-ci avant qu'elle ne disparaisse, en raison de son fetch assez faible. Un bon timing est indispensable, car les bonnes conditions ne durent souvent que quelques heures. Il vaut mieux surfer de mi-marée à marée basse, car avec plus d'eau la houle est moins freinée par les bancs au large. De l'autre côté sur la mer Baltique, il faut vraiment un vent constant et soutenu d'une direction donnée pour créer des vagues surfables. Bien pour les windsurfers et réservé aux surfers vraiment en manque ou assez fous pour se mettre à l'eau dans une mer quelquefois couverte de glace. L'amplitude de marée est de 2.5m à Sylt et inexistante dans les eaux saumâtres de la Baltique.

Sylt est l'épicentre du surf en Allemagne. Cette île fait partie d'un cordon littoral sableux qui s'incurve doucement du N au S et offre des beachbreaks sur 35 km. La plupart sont exposés et les bancs ne sont pas très stables, bien que du côté de Westerland il y ait quelques jetées et des galets recouverts de sable pour maintenir les bancs en place. C'est très animé l'été avec du monde sur la plage, dont beaucoup s'essaient au surf, mais les vagues sont rares et les locaux ravalent alors leur frustration jusqu'à ce que les touristes soient partis. Plus au S, il y a d'autres bancs de sable similaires vers St Peter Ording, une autre grosse station balnéaire sur le continent, mais les vagues sont mieux en général sur Nordeney et Borkum dans les îles de la Frise Orientale. Nordeney est situé au milieu de ce chapelet d'îles et reçoit tous les swells du secteur N, y compris ceux de NE. Borkum est situé à la frontière avec les Pays-Bas et partage les mêmes caractéristiques au niveau surf : des beachbreaks avec des pics changeants et beaucoup de monde pendant les vacances d'été. Les spots sur la mer Baltique sont réservés aux surfers vraiment motivés, équipés d'une combinaison épaisse

WG Point, Sylt

BEVIS NICKEL

Scheveningen South

GJ DE KONING

The Netherlands and Belgium

The Low Countries of The Netherlands and Belgium have long been wary of the North Sea, hiding behind the large dykes, seawalls and jetties that protect the below sea level countryside. Perfectly situated to pick up the NW-N swells created by low pressure systems off Norway and also able to catch SW windswell, these two nations do have some surfable corners. Like Denmark and Germany, the key is whether the wind will cooperate and switch offshore after producing a swell, but there are many jetties to find some protection behind. Tides exceed 2m, which are magnified by the flat beach slope.

Starting in the north of the Netherlands, The Waddeneilanden are an arc of sandy barrier islands that face almost due north at the German border, before curving round to west-facing on Texel, the southern and most popular island. This aspect translates to maximum swell size and longevity, but the long, open beaches are swept by vicious currents and there are few people around to help. A boat would open up the potential for discovery. The northern beaches of the Netherlands are flat and unremarkable but a few key spots like Petten and Hargen work in SW and NW swells respectively. The huge harbour jetty at Wijk aan Zee is the focus for Amsterdam surfers, but the queen of the coast is undoubtedly Scheveningen where crowds flock to the choice of breaks around the incredibly long inlet jetties. Past the gargantuan Europoort are the shifty peaks of Maasvlakte where construction has destroyed the famed Maasexpress but there are still some good waves in N swells at Blokken and Slufter. Shallow, offshore sandbanks destroy the surf to the south, but things improve around Domburg in Zeeland. Belgium generally receives less swell than the Netherlands and the lack of depth offshore robs the swell of some power. A strong NW swell should see consistent jettybreaks like Blankenberge and Oostende get up to shoulder or even head high, but conditions are rarely clean as the onshores are a necessary evil.

Summer is usually flat but *winter* often sees a mixture of short-lived SW swells from lows crossing the UK and NW-N swells coming down from Norway. A split jet in autumn or spring will also liven up the North Sea, but the most important factor is how quickly a swell disappears after the wind stops. Water drops to a chilly 5°C in February and snow is always a possibility.

La Hollande et la Belgique sont deux pays dont le relief plat est situé pour une bonne part au-dessous du niveau de la mer, leurs habitants se méfient donc depuis toujours de la Mer du Nord, en se protégeant derrière des grands remblais, des brise-lames et autres digues. Ces deux pays ont un vrai potentiel au niveau surf car ils sont idéalement

Top – **Clean conditions occur after a system passes and land breezes blow for a short period before the next westerly flow.**

Middle – **The long jetties around Scheveningen provide good sandbanks, wind protection and paddling out channels, making it the most popular spot on the Dutch coast.**

Bottom – **Sometimes the sandbars can build up over a summer to produce longer rides at a couple of the Sylt spots.**

situés pour recevoir de la houle de N-NO créée par les dépressions au large de la Norvège ainsi que pour prendre des houles de vent de SO. Comme pour le Danemark et l'Allemagne, le facteur-clé est le vent : il faut qu'il daigne passer offshore après avoir généré de la houle, sinon il y a aussi de nombreuses digues pour trouver une protection. Les marées dépassent les 2m d'amplitude, et elles sont amplifiées par la faible déclivité des plages.

Waddeneilanden est un chapelets d'îles sablonneuses en arc de cercle qui s'étend depuis le N de la Hollande et qui est orientée quasiment plein N près de la frontière allemande, avant de s'incurver et faire face à l'O à Texel, qui est l'île la plus au S et aussi la plus fréquentée. Cette orientation se traduit par une exposition maximale au niveau taille et durée de la houle, mais ces longues plages ont des bancs instables et sont balayées par des courants vicieux, sans personne dans les environs pour vous porter secours. Un bateau serait très utile pour explorer la côte. Les plages du N sont plates et sans intérêt particulier mais il y a des spots comme Petten et Hargen qui marchent par houle de SO et NO respectivement. L'immense jetée du port à Nordpier est le point de rendez-vous des surfers d'Amsterdam, mais le spot phare de la côte est sans aucun doute Scheveningen, spots très fréquentés près de jetées d'une longueur incroyable. Après le gigantesque Europoort, on trouve des pics changeants à Maasvlakte où des constructions ont détruit le célèbre Maasexpress, mais il y a toujours des bonnes vagues par houle de N à Blokken et Slufter. Les hauts-fonds au large cassent la houle pour la côte située plus au S, mais ça s'améliore du côté de Domburg sur Zeeland. La Belgique reçoit moins de houle en général que les Pays-Bas et le manque de profondeur au large enlève un peu de puissance à la houle. Une forte houle de NO devrait faire marcher les vagues situées près des jetées jusqu'à 2m, comme Blankenberge et Oostende, qui marchent souvent mais les conditions sont rarement propres, le vent onshore étant un mal nécessaire pour avoir de la houle.

D'habitude en été c'est flat, mais en *hiver* on pourra avoir à la fois des houles de SO, qui ne durent pas et qui sont générées par les dépressions qui traversent le Royaume-Uni, et des houles de NO en provenance de la Norvège. Un courant-jet discontinu en automne ou au printemps va créer de l'agitation sur la mer du Nord, mais le facteur le plus important est la disparition progressive de la houle une fois que le vent tombe. La température de l'eau peut descendre jusqu'à 5°C en février et il peut y avoir de la neige sur la plage.

Scheveningen						
SURF STATISTICS	J/F	M/A	M/J	J/A	S/O	N/D
Dominant swell	NW-N	NW-N	NW-N	NW-N	NW-N	NW-N
Swell size (ft)	3	2-3	1-2	1	2-3	3
Consistency (%)	50	40	30	10	30	50
Dominant wind	S-W	SW-W	SW-W	SW-W	SW-W	SW-NW
Average force	F4	F4	F4	F4	F4-F5	F5
Consistency (%)	52	39	32	41	33	56
Water temp.(°C)	5	6	12	16	15	9
Wetsuit	🏄	🏄	🏄	🏄	🏄	🏄

Blankenberge

SANDER CLAES

When a strong N swell makes it all the way down the North Sea, it hits the heavily fortified Belgian coast for a day or two of jetty surf.

Dutch and Belgian Surf Culture

History

Dutch surf pioneer Jan Nederveen first paddled out in the '30s, making him one of the earliest European mainland surfers, but surfing in the Netherlands got properly started in the mid '60s. The Noordwijk and Scheveningen sailing clubs both had a board donated by travellers and names like Go Klap, Albert van Garderen, Hans Bedijn, Arie Verbaan and Jaap van der Toorn were early test riders taking turns. A friend who had visited the US lent Klap a Harbour longboard at a time when most of the other surfers were riding heavy, homemade planks. After riding his imported board, Klap immediately saw potential in the surf market and helped start the Holland Surfing Association in 1973, began importing boards and accessories for the growing surf population that same year and opened the first Dutch surf

PHOTOGRAPHER UNKNOWN

Hans Bedijn rides one of the shared boards donated to the Scheveningen sailing club.

shop in 1978. During the '80s, a new generation of kids started surfing, and the HSA organised contests that decided who was to go to Eurosurf and the World Surfing Games. While increasing in popularity, there were still very few surfers and line-ups remained empty outside of Scheveningen and Wijk aan Zee. Growth accelerated in the '90s, spreading to all beaches and the HSA organised a surf tour run by Holland's first professional surfer, Victor van der Kleij. There's about a dozen surf shops, and at least six surf schools servicing a population of around 5,000 surfers. A "good" day in Scheveningen sees more than 100 people in the line-up, but the only sign of localism is the graffiti on the boulevard wall.

With less wave resources, Belgians didn't hit the water until 1983, when a well-travelled convert called Kobbe, returned from

an eight-month trip to Morocco with a board. His forays into the North Sea swells didn't go un-noticed and a crew of locals joined him on imported equipment. Surfer numbers have vastly increased since the mid '90s when the paltry figure of 500 was given for both the Netherlands and Belgium's surf population. Now there are National Championships and sponsored riders, like Jordy Defray, are moving into mainstream competition. Industry shops and mags are often divided between board, wind and kite surfing in order to make ends meet. Localism is rarely an issue and aside from a bit of friction with the wind crew during strong winds, it is pretty mellow in the line-up.

To be able to surf the best spots, Dutch and Belgian surfers had to organise legally registered clubs. The Holland Surfing Association (HSA) was formed in 1973 and the Belgian Surf Association (BSA) in the early '90s. Both clubs organise surf events and publish magazines.

GJ DE KONING

This graffiti is merely trying to emulate the sentiment of more established surf cultures, because there is never any aggro in the water.

Le pionnier du surf néerlandais Jan Nederveen commença à se mettre à l'eau dans les années 30, ce qui en fait un des tout premiers surfers du continent européen, mais le surf aux Pays-Bas ne débuta à proprement parler que dans les années 60. Les clubs de voile de Noordwijk et Scheveningen ont tous les deux reçu des planches données par des surfers étrangers, et on retiendra les noms de Go Klap, Albert van Garderen, Hans Bedijn, Arie Verbaan et Jaap van der Toorn pour avoir été les premiers à les avoir essayées à tour de rôle. Un ami de Klap lui prêta un jour un longboard Harbour à une époque où les autres surfaient encore des planches lourdes fabriquées chez eux. Après avoir testé cette planche importée, Klap vit immédiatement le potentiel dans le marché du surf et contribua à la création de la Holland Surfing Association en 1973, commença à importer des planches et des accessoires pour répondre aux besoins d'un nombre croissant de surfers, et ouvrit le premier surf shop hollandais en 1978. Dans les années 80, une nouvelle génération de kids se mit au surf, et le HSA organisa des compétitions pour faire des sélections pour l'Eurosurf et les World Surfing Games. Même si le surf gagnait alors en popularité, il y avait encore très peu de surfers et les spots étaient déserts en dehors de Scheveningen et de Wijk aan Zee. La croissance s'accéléra dans les années 90, toutes les plages étant surfées, et la HSA organisa un circuit dirigé par le premier surfer pro hollandais, Victor van der Kleij. On trouve dans le pays environ une douzaine de surfshops, et au moins 6 écoles de

RAY MAX

Go Klap is one of the original '60s crew of Dutch surfers after Jan Nederveen pioneered the coast as far back as the 1930s.

surf pour une population d'à peu près 5000 surfers. Les « bons » jours à Scheveningen on aura plus de 100 personnes à l'eau, mais le seul signe de localisme est le graffiti sur le mur du front de mer.

Comme les vagues sont plus rares en Belgique, le surf n'a débuté qu'en 1983 avec Kobbe, un surfer ayant beaucoup voyagé qui revint avec une planche d'un trip de 6 mois au Maroc. Ses mises à l'eau en Mer du Nord ne passèrent pas inaperçues et il fut rejoint par des locaux avec des planches importées. Le nombre de surfers a augmenté de façon importante depuis les années 90, où on avançait alors le nombre dérisoire de 500 pratiquants pour la Belgique et la Hollande. Il y a maintenant un Championnat National et des surfers sponsorisés comme Jordy Defray qui suivent les principaux circuits de compétition. Les shops et les magazines sont obligés de proposer aussi du kite et du windsurf pour pouvoir joindre les deux bouts. Le localisme est rarement un problème à part quelques frictions avec les windsurfers quand il y a beaucoup de vent, sinon c'est assez tranquille à l'eau. Pour pouvoir surfer les meilleurs spots, les surfers belges et hollandais ont dû se faire reconnaître en créant des clubs. La Holland Surfing Association (HSA) a été créée en 1973 et la Belgian Surf Association (BSA) au début des années 90. Ces deux clubs organisent des compétitions et publient des magazines…

The Ocean Environment

Pollution

Generally speaking Jutland's west coast is fairly clean and major investments in sewerage systems and sewage treatment plants during the late 1980s, has been a key factor. However, nutrient rich discharges, which exacerbate algae blooms in the Baltic and Kattegat are an issue and studies have been looking at small-scale sewage treatment solutions such as reed beds, composting toilets, nutrient removal, environmental contaminant reduction and rain water harvesting. Heavy shipping traffic in the Kattegat and the Baltic includes a lot of oil being transported in single-hulled Russian or other eastern European ships and oil spills occur every year. Tank cleansing and ballast tank dumping add to the problem. The many industrial plants along the coast also take their toll on marine life. Insufficient oxygen causes the summer algae growth, making it impossible to go in the water for up to two weeks, but it disappears quickly when the wind blows. On the west coast, in Thyborøn and Agger, rumours persist that barrels of toxic waste are buried beneath the dunes and leaking into the ocean, but no surfer has fallen ill and bird life is prolific.

The North Sea's bad reputation for pollution has slowly been improving in recent years. The Frisian Isles in particular benefit from good water quality, which is essential to a summer tourism industry based on the beach and water sports. Oil residues, dumped ruthlessly in the North Sea by ships, are only rarely found on the beaches. Sewage is treated on Sylt and polluted runoff is not that great on these sandy barrier islands that can help filter stormwater. The Baltic side is more industrialised and sees plenty of shipping in the tideless waters that are essentially a big lake. Algae blooms are a common summer occurrence but it is usually flat, so doesn't hinder surfing too much.

The Netherlands has the highest percentage of population served by public sewage treatment in the world. This means lots of sewage treatment plants ranging from primary, through to tertiary and even some experimental phosphate extracting installations. More than 70% of waste water is treated to tertiary level compared to just 10% in some southern European countries. The ultra busy Dutch and Belgian shipping lanes are a source of constant garbage and waste water dumping despite harbour facilities for waste treatment. Oil from ballast tank flushing and unloading is a regular beach blemish and the water quality at the surf spots near the big ports is sub-standard.

BEVIS NICKEL

De façon générale l'eau est assez propre sur la côte O du Jutland grâce aux investissements réalisés à la fin des années 80 dans la construction de systèmes d'assainissement et de stations d'épuration. Cependant, les effluents riches en nutriments (engrais azotés) qui provoquent des marées vertes d'algues dans la Baltique et la Kattegat restent un problème. Des études ont été menées pour trouver des solutions à petite échelle pour le traitement des eaux usées, comme le bio-filtre de roseaux, le recyclage des toilettes comme compost, la suppression des apports en nutriments, la réduction des polluants et la récupération des eaux de pluie. Le trafic maritime sur la Kattegat et la Baltique est important, beaucoup de pétrole est transporté par des tankers à simple coque provenant de Russie ou d'autres pays de l'Est, ce qui engendre des marées noires chaque année, auxquelles viennent s'ajouter les dégazages et autres déballastages. Les nombreuses installations industrielles le long de la côte ont aussi un impact néfaste sur l'environnement marin.

La Mer du Nord a une mauvaise réputation au niveau pollution, mais son état s'est lentement amélioré au cours des dernières années. Les îles de la Frise ont en particulier une eau de bonne qualité, c'est un enjeu important pour une industrie touristique qui repose essentiellement sur la baignade et les sports nautiques d'été. Sur les plages les résidus de pétrole sont assez rares, bien que ceux-ci continuent à être rejetés en mer sans aucun égard par les bateaux traversant la Mer du Nord. A Sylt les eaux usées sont retraitées et les rejets pollués sont assez faibles ; ces îles sableuses peuvent aussi aider à

filtrer l'excédent d'eau en cas de fortes pluies. Le côté Mer Baltique est plus indutrialisé, avec un important trafic maritime, c'est une mer sans marées qui ressemble en fait à un grand lac. En été les marées d'algues vertes sont courantes, mais en général il n'y a pas de vagues

Les Pays-Bas ont le plus fort pourcentage de traitement des eaux usées par habitant, ce qui implique la présence de nombreuses stations d'épuration, effectuant du simple traitement primaire jusqu'au traitement tertiaire, avec même des installations expérimentales de filtrage des phosphates. Plus de 70% des eaux usées font l'objet d'un traitement tertiaire, tandis que certains pays d'Europe du Sud en sont encore à tout juste 10%. Les routes maritimes ultra-fréquentées au large de la Belgique et des Pays-Bas représentent une source constante de pollution (rejets d'eaux usées et de déchets) malgré les équipements portuaires qui leur sont destinés. Les dégazages et déballastages sont responsables de la pollution des plages qui sont fréquemment souillées avec du pétrole. La qualité de l'eau sur les spots situés près des ports est bien inférieure à la moyenne.

Klitmøller

BEVIS NICKEL

Erosion

Of Denmark's 4,605km of coastline, 65% is beach, 13% muddy and 12% is artificial, leaving only 10% of soft rock. All of Jutland's west coast is eroding, accounting for most of the 716km of Danish coastline impacted by erosion. The North Sea's power is graphically illustrated by the fact that the southern island of Romo used be part of the mainland coast, but it is now 30kms out to sea after a 16th century storm surge inundated the coast and left Romo isolated. The present rate of shoreline movement at the Skagen Spit on Jutland is about 6-8m per year, expected to increase to 8-10m and only major artificial nourishments will be able to protect it. The government spends a lot of money each year dredging sand offshore and pumping it back onto the beaches as well as regular groyne construction. New methods of control are being investigated, like the discovery by a north Jutland engineer that sinking poles into the sand along the shoreline every few hundred metres helps build up sandbanks around the poles. Another interesting Danish discovery is that of draining beaches. A drainage pipe under the wet, flat sand below the high tide level collects water, which is then pumped out. By draining the high tide region, the water table is lowered and the sand has a better chance to dry. The onshore sea breezes

Domburg

ARTHUR LAVOOY

Top – **The northern reaches of the North Sea tend to be cleaner than the south and the west coast of Jutland is the prime example.**

Middle – **The busiest shipping lanes in Europe criss-cross the shallow waters of the southern North Sea, where ships dump sewage and garbage plus oil from tank rinsing and unloading.**

Bottom – **Look no further than Zeeland for the largest engineering effort on the planet to hold back the sea and create safe living conditions behind dykes, seawalls and jetties of all sizes.**

then redistribute the sand over a wider area, thereby nourishing the beach. The method is quite simple to implement, requires no visible structures or mechanical transportation of sand, and the sand that is already in the sea and on the beach is used. This method was stumbled upon at Hirtshals, where wind fences were erected, and the sand is now mined at the rate of 20,000m³ per year to renourish other beaches. Excessive sand movement can have a negative impact on the mussel reef in Klitmøller, which was effectively shutdown for a winter recently. The Kattegat coastline is far more stable than Jutland, thanks to small tides and less wave action.

Considering Sylt was once a part of Jutland, erosion and coastal protection is the biggest problem for the Frisian Isles. Every year, millions of euros are invested in sand replenishment projects to artificially nourish the Frisian beaches with imported sand and to plant new beach grass to stabilise the dunes. Germany's coastline is 64% sandy beach, 18% artificial, 13% muddy and only 5% protected by soft rock. This means that 1,077kms of coast are impacted by erosion from a total coastline of 3,524km. Many beaches are left to erode without interference and groynes are far less prevalent than in Denmark, maybe because 20% of the artificially protected coastline continues to disappear, despite intervention.

The lowlands have the ultimate erosion story, considering parts of the Netherlands are below sea level, much of the west coast was reclaimed from the sea and a system of dykes, seawalls and sand dunes work in conjunction with water pumping windmills to create the famous polders and protect the interior from flooding. In 1953 a North Sea storm surge killed 1,836 people prompting the single largest construction effort in human history. 3,000kms of outer sea dykes and 10,000kms of inner, canal, and river dykes have closed off the sea estuaries of the Zeeland province. Country erosion stats are similarly impressive; of the 1,276kms of coastline, 60% is artificial, 35% is beach and the rest is muddy. No rocky coastline of any description. There's 230kms of eroding coastline and 134kms of artificial protection along the beaches. The government is planning to build surfer un-friendly seawalls at existing weak points and the HSA is campaigning against further excessive concrete construction. Zeeland is the most threatened and if global warming raises sea levels, the Dutch and Belgians will be amongst the first to know about it. Of Belgian's short 98kms coastline, one third is artificial coast and half the length is impacted by erosion despite added protection for 46kms of the coast.

Sur les 4605km de côtes que compte le Danemark, 65% sont constituées de plages, 13% de zones marécageuses et 12% sont artificielles, avec seulement 10% de côtes faites de roches tendres. Toute la côte O du Jutland est en érosion, ce qui représente la majeure partie des 716 km de côtes qui sont menacées par l'érosion au Danemark. On peut comprendre de façon visuelle toute la puissance de la Mer du Nord quand on voit que l'île de Romo au S faisait autrefois partie du continent, alors qu'elle se trouve désormais isolée à 30km au large après qu'une tempête au XVIe siècle ait tout inondé

à cause de l'élévation locale du niveau de la mer (seiche). L'importance de l'érosion à la pointe de Skagen Spit sur Jutland est d'environ 6 à 8m par an, avec une augmentation prévue vers 8–10m : seuls des apports massifs en sédiments pourront protéger cette pointe. Le gouvernement dépense beaucoup d'argent chaque année pour prendre du sable au large et le rejeter sur les plages ou pour construire en permanence des épis rocheux. De nouvelles méthodes de contrôle de l'érosion sont en cours d'étude, comme celle d'un ingénieur du N du Jutland qui a conseillé l'enfouissement de poteaux spéciaux tous les 100m, ce qui a pour effet de favoriser la formation de bancs de sable. Une autre découverte danoise intéressante concerne le drainage des plages. Un tuyau de drainage est enterré sous le sable mouillé dans la zone plate recouverte par la marée haute : le tuyau récupère l'eau, qui est ensuite rejetée au large. Ce système entraîne un abaissement du niveau d'eau et le sable a ainsi plus de chance de s'assécher. Le vent d'O onshore va ensuite redistribuer ce sable vers une plus grande zone, ce qui a pour résultat l'engraissement de la plage. Cette méthode est assez simple à mettre en place, ne requiert aucune structure visible ni aucun transport mécanique, de plus on utilise le sable qui est déjà présent sur place. On a appliqué ce système à Hirtshals, où on a placé des palissades contre le vent, et ça marche tellement bien qu'on y prélève maintenant du sable à un rythme de 20 000 m3 par an pour le mettre sur d'autres plages. Trop de

Top – **The Dutch have been harvesting the wind for centuries, but the modern proliferation of kite and windsurfers can be hazardous to surfers in windy conditions.**

Bottom – **Jetties line the Dutch coast, but at rivermouths and harbour entrances, they take on truly gargantuan proportions.**

Scheveningen South

mouvements de sable peuvent avoir un effet néfaste sur les reefs, comme celui qui est recouvert de moules à Klitmøller : récemment pendant un hiver, la vague s'est mise à fermer. La côte de Kattegat est beaucoup plus stable que celle de Jutland, grâce à de plus faibles marées et une action moins forte de la houle.

Vu que Sylt faisait autrefois partie du Jutland, l'érosion et la protection des côtes sont devenues le plus gros problème pour les îles de la Frise. Chaque année, des millions d'euros sont investis dans des programmes de réensablement pour engraisser les plages frisonnes avec des apports extérieurs et remettre de nouvelles plantes adaptées pour fixer les dunes. Le littoral de l'Allemagne est composé à 64% de plages de sable, 18% de côtes artificielles, 13% de vase et seulement 5% de roches tendres, qui aident à protègerles côtes. Ce qui veut dire que sur un total de 3524 km, 1077 km de côtes sont menacées par l'érosion. De nombreuses plages sont laissées telles quelles avec une érosion naturelle et il y a beaucoup moins de digues qu'au Danemark, peut-être à cause du fait que 20% des côtes protégées artificiellement continuent de s'éroder, malgré l'intervention humaine.

Les plaines basses de ces régions sont des témoins extraordinaires de lutte contre l'érosion, vu que des régions entières des Pays-Bas sont sous le niveau de la mer et qu'une grande partie de la côte Ouest a été créée en la soustrayant à la mer grâce à un système de remblais, de digues et de dunes de sable. Celui-ci fonctionne en coordination avec des moulins à vent qui pompent l'eau pour entretenir les fameux polders et empêcher l'intérieur du pays d'être inondé. En 1953 une élévation brusque du niveau de la mer suite à une tempête en Mer du Nord a fait 1836 victimes, obligeant le pays à effectuer les plus grands travaux de l'histoire de l'humanité. 3 000 km de digues en mer ont été construites en même temps que 10 000 km à l'intérieur du pays, le long des canaux et des rivières, ce qui a permis de fermer les estuaires de la province de Zeeland. Les statistiques sur l'érosion sont également impressionnantes : sur les 1276 km de littoral, 60% est artificiel, 35% est constitué de plages et le reste de vase. Aucune trace de rochers sur ces côtes…Il y a 230km de côtes en érosion et 134km de protections artificielles le long des plages. Le gouvernement a prévu de construire des digues aux endroits menacés, ce qui n'est pas bon pour les surfers, le HSA mène d'ailleurs une campagne contre la poursuite de ce bétonnage excessif. Zeeland est le plus menacé et si le réchauffement climatique entraîne la montée des océans, les Hollandais et les Belges seront les premiers à en être informés. Sur le littoral assez réduit de la Belgique, 98 km sont constitués de plages, un tiers est artificiel et la moitié subit les effets de l'érosion malgré l'ajout de 46 km de protections supplémentaires.

Access

The entire coastline of Denmark is public. The only places with difficult access are a few areas on the west coast where the roads do not go close to the shore or on Bornholm Island in the Baltic, where rocks and steep cliffs can make access a problem.

In countries with traditions of German and Scandinavian law (Germany, Sweden, Denmark) coastal land, like any other, may be privately owned. At the same time, there is the right of unimpeded travel through these parcels of land and free-of-charge access to use some kinds of natural resources. In practice this means getting to most German beaches is easy and sticking to the access paths through the dune systems will help reduce erosion.

In the Netherlands and Belgium public access to beaches is good and there are no problems with private landowners denying the public a path to the beach. Dykes, canals and bridges sometimes dictate a long drive to get to the next break along the coast as does skirting the huge Europoort from Hoek van Holland to Blokken. To be able to surf the best spots, Dutch and Belgian surfers had to organise legally registered clubs. The Holland Surfing Association (HSA) was formed in 1973 and the Belgian Surf Association (BSA) in the early 90s. "Unsteerable objects" weren't allowed in the sea so surfers were forced to place a buoy at the take-off zone, display a numbered HSA sticker on their board and to report to the beach patroller before and after every session. Both countries now create designated surfing areas in summer, enforced by the lifeguards.

ARTHUR LAVOOY

Toutes les plages sont d'accès public au Danemark. Les seuls endroits qui posent problème sont sur la côte O car certaines routes ne s'approchent pas assez de la côte ou encore sur l'île de Bornholm sur la Baltique, où des rochers et des falaises abruptes peuvent rendre l'accès difficile.

Dans ces pays de tradition germanique ou scandinave (Allemagne, Suède, Danemark), les terrains en bord de mer, comme n'importe quels autres, peuvent être des propriétés privées. En même temps, il existe un droit de passer librement sur ces parcelles de terrain et d'utiliser sans contrepartie certaines ressources naturelles. En pratique, cela signifie qu'il est facile d'accéder à la plupart des plages en Allemagne. Restez sur les chemins pour traverser les dunes, pour ne pas aggraver l'érosion.

L'accès public aux plages est facile et il n'y a pas de propriétés privées empêchant les gens de se rendre sur la plage. Les remblais, les canaux et les ponts font faire des détours pour aller sur les spots le long de la côte, comme par exemple quand il faut contourner l'immense Europoort pour aller de Hoek Van Holland à Blokken. Pour surfer les meilleurs spots, les Hollandais et les Belges ont dû créer des clubs légalement reconnus. La Holland Surfing Association (HSA) fut créée en 1973 et la Belgian Surf Association (BSA) au début des années 90. "Les engins que l'on ne peut pas gouverner" n'étant pas autorisés en mer, les surfers ont dû placer une bouée au line-up, mettre un sticker de la HSA sur leurs planches et informer le poste de surveillance avant et après chaque session… Les deux pays ont désormais mis en place des zones réservées au surf, sous l'autorité des surveillants de baignade.

Agger

BEVIS NICKEL

Hazards

Every year people die in drowning accidents in the North Sea, often victims of the strong rips and longshore current. Surfing in winter is a hazard in itself and surfing alone can compound the dangers. Leave the water at the first signs of cold before motor function is affected and hyperthermia becomes a possibility. Remember extra energy is needed just to get out of a 6mm wetsuit!

Cold water would be top of the list in winter and spring with serious rubber required to stay out longer than 1-2hrs. Overcrowding in summer occurs at many spots where the surfing area is limited by swimming zones and many in the line-up are beginners who often have no idea of the rules and surfing etiquette. Flying windsurfers and kiteboarders may also prove a hazard in windy conditions.

Apart from the numbing winter cold and rips on the open beaches, there is little to worry about. Some groynes and jetties get covered at mid to high tide and need to be avoided, but it is always sand bottomed.

Des gens se noient chaque année dans la Mer du Nord, souvent emportés par des courants forts sur la plage et des courants parallèles à la côte. Le surf en hiver comporte des risques en soi, et surfer tout seul peut aggraver ce risque. Sortez de l'eau aux premiers signes de refroidissement avant que les fonctions motrices ne soient affectées et que l'hypothermie n'arrive. N'oubliez pas qu'il faut garder un peu d'énergie à la fin pour sortir de sa combinaison de 6mm !

L'eau froide est le principal problème en hiver et au printemps : il faut prévoir une bonne épaisseur de néoprène si on veut rester dans l'eau plus d'une ou deux heures. Sur de nombreux spots où la zone pour surfer est restreinte à cause des zones de baignade, ça peut être vite surpeuplé au line-up, avec beaucoup de débutants qui n'ont souvent aucune idée des règles et du comportement à avoir en surf. Les kites et les windsurfers qui sautent dans tous les sens peuvent aussi présenter un danger quand il y a du vent.

A part l'hiver qui est glacial et les courants sur les plages exposées, il n'y a pas grand-chose à craindre. Certains épis et jetées sont recouverts de mi-marée à marée haute et il faut y prendre garde, mais sinon c'est toujours du sable au fond.

Middle – **While jetties provide some good surf, they also pose one of the few hazards, especially the smaller groynes, which lurk just below the surface at higher tides.**

Bottom – **The multitude of coastal fortifications often provide easier access to the waves if timed right.**

Travel Information

Denmark

Getting There
By Air
There are two international airports, the main one being Copenhagen Airport with links to the Americas and the Far East. Billund Airport in Jutland covers all major European city connections. There's no national carrier but many flights to Greenland and the Faroe Islands.

Il y a deux aéroports internationaux, le principal étant celui de Copenhague qui est desservi par l'Amérique du N et du S et l'Asie. L'aéroport de Billund dans le Jutland est desservi par les principales villes européennes. Il n'y a pas de compagnie aérienne nationale mais on trouve de nombreux vols vers le Groenland et les îles Féroé.

By Sea
With so much water around, there are many ferry companies. DFDS Seaways link Denmark with England, Norway, Sweden, Germany and the Netherlands. Scandlines operates ferries on 20 routes in Danish waters and the Baltic. Stenaline link Denmark and Sweden. Ferries to Bornholm operate from Denmark, Sweden and Germany.

Avec autant de voies navigables autour, il est normal de trouver de nombreuses compagnies maritimes. DFDS Seaways opère depuis le Danemark vers l'Angleterre, la Norvège, la Suède, l'Allemagne et la Hollande. Scandlines effectue 20 liaisons différentes en ferry au Danemark et dans la mer Baltique. Stenaline fait des traversées vers la Suède. On peut aller à Bornholm depuis le Danemark, la Suède et l'Allemagne.

By Train
DSB operates approx. 80% of passenger train services in Denmark, while a few minor routes are run by small private railway companies. Eurail and InterRail passes are valid on DSB rail services and Scan Rail passes are good value for unlimited rail travel in expensive Scandinavia. Unfortunately, baggage is limited to 100x60x30cm, so bodyboards only.

DSB effectue environ 80% des trajets en train au Danemark, et seuls quelques trajets de moindre importance sont du ressort de petites compagnies privées. Les cartes Eurail et InterRail sont valables sur DSB tandis que les cartes Scan Rail sans limitation de kilométrage sont intéressantes pour voyager en Scandinavie où les prix sont élevés. Malheureusement, la dimension des bagages ne doit pas excéder 100cm x 60cm x 30 cm, donc seuls les bodyboards sont autorisés.

Visas
Denmark is a Schengen state and citizens of most EU countries do not need a visa. Citizens of USA, Australia, Canada and New Zealand do not require visas for visits up to 90 days and the latter three can apply for a working holiday visa. All others, including South Africans and those planning to stay more than three months, must obtain a visa from the Danish consulate in their home country.

Le Danemark fait partie de la zone Schengen et la plupart des citoyens européens n'ont pas besoin de visa. Ceux des Etats-Unis, du Canada, de l'Australie et de la Nouvelle-Zélande peuvent rester 90 jours sans visa, et les ressortissants de ces 3 derniers pays peuvent faire la demande pour un visa de travail. Tous les autres, citoyens d'Afrique du Sud inclus, ainsi que ceux qui ont prévu de rester plus de 90 jours, doivent obtenir un visa du Consulat Danois dans leur pays de résidence.

Getting Around
Few people choose Denmark as a surf travel destination, but it's a good idea to take a board if one is going there anyway. Drive time from Copenhagen to Klitmøller is around 5hrs, and about 2.5hrs from Billund. Roads are good with average speed limits (130km/h motorway, 80km/h national roads, 50km/h towns) rigorously policed by radar and all offences attract heavy on-the-spot fines. Motorways are free but the Oresund and Storebaelt Bridges, charge tolls. Many Germans take the relatively short drive up to Jutland and stay for weekends or weeks, but the Danish police won't tolerate freecamping and issue big fines, payable immediately. The Swedes take the ferry over to Frederikshavn (3hrs) and then drive 2hrs out to the west coast, whenever a decent swell is predicted. Rental cars are really expensive and so is fuel. Denmark has a good public transport system with buses and trains covering most coastal towns between them. The X-bus routes connect large towns in Jutland with only a few stops in between. Copenhagen to Thisted (13kms from Klitmøller) takes about 6-7hrs. There are campsites within walking distance of Klitmøller, Agger and Nørre Vorupør, but a car will maximise the chances of being on top of the shifting conditions.

MICHAEL KEW

Peu de surfers choisissent le Danemark comme destination pour les vagues, mais si vous devez y allez de toute façon, emportez votre planche. On met 5h environ pour aller de Copenhague à Klitmoeller en voiture, 2h30 depuis Billund. Les routes sont bonnes avec une limitation de vitesse normale (130km/h sur autoroute, 80km/h sur les nationales, 50km/h en agglomération) mais contrôlée de façon drastique par les radars, toute infraction entraînant une amende importante à payer sur place. Les autoroutes sont gratuites mais les ponts de Oresund et Storebaelt sont payants.

Lorsqu'un bon swell est prévu, les surfers suédois prennent le ferry pour aller à Frederikshavn (3h de traversée) et prennent ensuite la route pour rejoindre la côte ouest (2h). Les voitures de location et l'essence sont chères. Le Danemark possède un bon réseau de transports publics, avec des bus et des trains qui relient la majeure partie des villes côtières entre elles. Les X-bus vont d'une grande ville à l'autre au Jutland avec seulement quelques arrêts. Il faut 6-7h pour aller de Copenhague à Thisted (à 13km de Klitmoeller). On peut aller surfer à pied depuis les campings près de Klitmoeller, Agger et Norre Vørupør, mais vu les conditions très changeantes, une voiture sera bien utile pour optimiser ses sessions.

Currency
Denmark has decided not to join 12 other EU members in the euro and retains the Danish krone. Automatic Cash Machines are plentiful and accept most foreign cards (for a fee!). Banks are plentiful and change cash and travellers cheques.

Le Danemark a décidé de ne pas rejoindre les 12 autres pays européens de la zone Euro et utilise toujours la Couronne Danoise. On trouve des distributeurs automatiques de billets partout et la majorité des cartes étrangères sont acceptées (moyennant une commission !) Les banques sont largement répandues et elles font le change des devises et des travellers cheques.

Germany

Getting There
By Air
There are four international airport hubs including Düsseldorf, Frankfurt, Munich and Berlin (three airports soon to become one) plus dozens of smaller airports receiving EU charter flights. From spring 2006, Air Berlin and HLX fly to Westerland/Sylt from Düsseldorf, Berlin, Frankfurt and Stuttgart, seven days/week. Low rates from 39€ one-way, but boards cost another 25€ each way.

Il y a 4 aéroports principaux : Dusseldorf, Frankfurt, Munich et Berlin (où les 3 aéroports vont bientôt ne faire plus qu'un) et des dizaines d'autres plus petits qui sont desservis par les compagnies charters depuis toute l'Europe. Depuis le printemps 2006, Air Berlin et HLX effectuent des vols vers Westerland (Sylt) depuis Düsseldorf, Berlin, Frankfurt et Stuttgart, 7 jours par semaine. Les prix sont intéressants, à partir de 39€ l'aller, mais on doit payer 25€ par voyage pour les planches.

By Sea
The German ports of Kiel, Puttgarden, Travemünde and Rostock service various ports in the Baltic and Scandinavia. Sylt ferries are run by Syltfaehre from List plus there is a cheaper large vehicle ferry from Römö (Denmark). AG EMS operates to Borkum and Reederei-Frisia service Norderney from Norddeich Mole but most websites are in German only.

Depuis les ports de Kiel, Puttgarden, Travemunde et Rostock en Allemagne, on trouve de nombreuses liaisons vers les ports de la mer Baltique et vers la Scandinavie. Les traversées en ferry pour aller à Sylt sont effectuées par la compagnie Syltfaehre depuis List et il y a aussi un ferry moins cher pour les plus gros véhicules depuis Römö (Danemark). AG EMS fait des traversées vers Borkum et Reederei-Frisia dessert Norderney depuis Norddeich Mole. Attention la plupart des sites internet de ces compagnies sont seulement en allemand.

By Train
The German train system is one of the best in the world. Over 4.5 million people a day use the Deutsche Bahn's 32,000 trains serving over 5,700 stations along 44,000kms of track. There is a train connection to Sylt via the causeway from almost every train station in Germany. To visit Norderney take the train to Norddeich Mole and then the 45min car ferry. Boards are carried if they can be "handled by a single person without harming or disturbing other passengers" and providing there is enough space.

Le réseau ferroviaire allemand est un des meilleurs au monde. Plus de 4,5 millions de personnes par jour utilisent le Deutsche Bahn et ses 32 000 trains qui desservent plus de 5 700 gares grâce à un réseau de 44 000 km de voies ferrées. Il existe une connexion vers l'île de Sylt grâce à la chaussée qui la relie au continent, la rendant accessible depuis quasiment n'importe quelle gare en Allemagne. Pour aller à Norderney il faut prendre le train pour Norddeich Mole et ensuite prendre le ferry pour piétons et voitures (durée 45 mn). Les planches sont acceptées à bord si « elles peuvent être portées par une seule personne sans porter préjudice ou déranger les autres passagers », et s'il y a suffisamment de place à bord.

Visas
Germany is a Schengen state and citizens of most EU countries do not need a visa. Citizens of USA, Australia, Canada and New Zealand do not require visas for visits up to 90 days. All others, including South Africans and those planning to stay more than three months, must obtain a visa from the German consulate in their home country.

L'Allemagne fait partie de la zone Schengen et la plupart des citoyens européens n'ont pas besoin de visa. Ceux des Etats-Unis, du Canada, de l'Australie et de la Nouvelle-Zélande peuvent rester 90 jours sans visa. Tous les autres, y compris les citoyens d'Afrique du Sud et ceux qui ont prévu de rester plus de 90 jours, doivent obtenir un visa du Consulat Allemand dans leur pays de résidence.

Getting Around
The German road network has worldwide, legendary status whereby Mercedes, BMWs, Audis and Porsches can test out the autobahn's unlimited speed policy. Recommended speed limit is 130km/h and some sections are controlled at lower speeds. Being involved in an accident when going too fast can bring partial responsibility from "increased operating danger". All

Germany
Trains
www.bahn.de
Tel: 01805 194195

Coach/Bus Companies
www.eurolines.de
Tel: 01805 7903 03

Tourist Information
www.germany-tourism.de
www.cometogermany.com

Germany has one of the best road and rail networks in the world and will accept surfboards providing there is enough space.

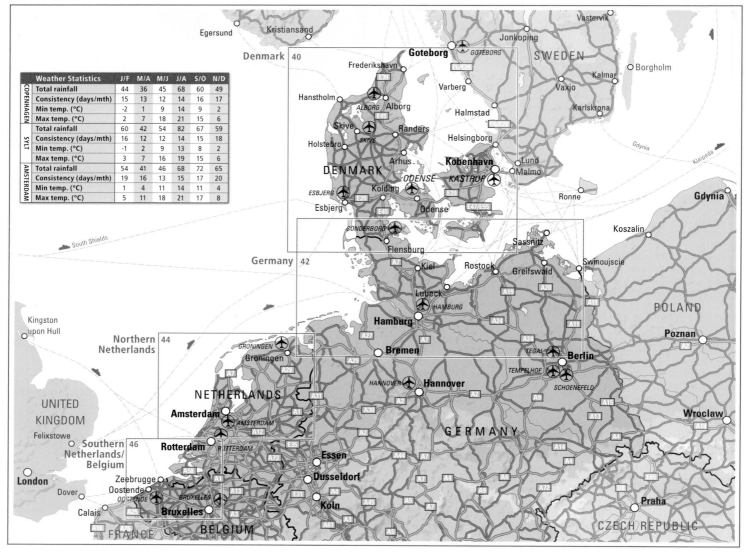

Weather Statistics		J/F	M/A	M/J	J/A	S/O	N/D
COPENHAGEN	Total rainfall	44	36	45	68	60	49
	Consistency (days/mth)	15	13	12	14	16	17
	Min temp. (°C)	-2	1	9	14	9	2
	Max temp. (°C)	2	7	18	21	15	6
SYLT	Total rainfall	60	42	54	82	67	59
	Consistency (days/mth)	16	12	12	14	15	18
	Min temp. (°C)	-1	2	9	13	8	2
	Max temp. (°C)	3	7	16	19	15	6
AMSTERDAM	Total rainfall	54	41	46	68	72	65
	Consistency (days/mth)	19	16	13	15	17	20
	Min temp. (°C)	1	4	11	14	11	4
	Max temp. (°C)	5	11	18	21	17	8

PATRICE TOUHAR

roads are toll free. Police are hot on speeding, using mobiles while driving and not wearing seatbelts. Rental cars are widely available and reasonably priced. Cars are unnecessary on Sylt because most spots are only a short walk from the train station. Freecamping is fairly difficult in summer on the islands, but there are many campgrounds and hotels. Buses are less popular than the efficient rail service and boards can be a problem with Eurolines and local services.

Le réseau routier allemand a une réputation légendaire. Les Mercedes, BMW, Audi et autres Porsche peuvent profiter du fait que les vitesses ne sont pas limitées sur les Autobahn. La vitesse maximale recommandée est de 130km/h et certaines portions d'autoroute sont limitées à une vitesse inférieure. Si on est impliqué dans un accident en allant trop vite, votre responsabilité peut être engagée à cause d' « une dangerosité accrue par la vitesse ». Aucune route n'est payante. La gendarmerie est sévère sur les excès de vitesse, l'utilisation du portable en conduisant et le port de la ceinture. Les voitures de location sont disponibles à peu près partout et les prix sont raisonnables. On n'a pas besoin de voiture sur Sylt vu qu'on peut rejoindre les spots à pied depuis la gare. Faire du camping sauvage est assez difficile en été sur les îles, mais il y a de nombreux terrains de camping et des hôtels. Les bus sont moins utilisés que les trains qui sont plus pratiques, et les planches peuvent poser un problème avec Eurolines et les bus locaux.

Currency
Germany uses the euro, Automatic Cash Machines are plentiful and accept most foreign cards (for a fee!). Banks are plentiful and change cash and travellers cheques.

L' Allemagne utilise l'Euro, on trouve des distributeurs automatiques de billets partout et la majorité des cartes étrangères sont acceptées (moyennant une commission !) Les banques sont largement répandues et elles font le change des devises et des travellers cheques.

Netherlands and Belgium

Getting There
By Air
Schiphol airport in Amsterdam is the main international hub. Rotterdam, Eindhoven, Maastricht-Aachen and Groningen also receive European flights. KLM Royal Dutch Airlines have a very bad reputation for carrying surfboards – avoid if possible.

Schipol est le principal aéroport international à Amsterdam. Rotterdam, Eindhoven, Maastricht-Aachen et Groningen sont aussi desservis par les compagnies européennes. KLM Royal Dutch a une très mauvaise réputation au niveau du transport des planches - à éviter si possible.

By Sea
Ferries ply the North Sea from Rotterdam (the 2nd largest harbour in the world), Hook of Holland, Amsterdam, Oostende and Zeebrugge to the UK, with onward links to Germany, Denmark and Scandinavia. All the big operators have routes including P&O, Stena, DFDS, etc. Ferries to the Wadden Islands run from various small ports and there are island hopper routes in high summer only. Den Helder to Texel is the main surf route (Teso Company) and Harlingen to Terschelling (Doeksen) and Vlieland.

Il y a des ferries effectuant des traversées en Mer du Nord depuis Rotterdam (le 2nd plus grand port du monde), Hook of Holland, Amsterdam, Oostende et Zeebrugge vers le Royaume-Uni, et des liaisons au-delà vers l'Allemagne, le Danemark et la Scandinavie. On trouve toutes les grosses compagnies comme P&O, Stena, DFDS, etc. Les ferries pour les îles Wadden partent depuis différents petits ports sur la côte et il y a aussi un petit ferry qui va d'île en île, en haute saison seulement. Les surfers prennent généralement le ferry de Dan Helder pour aller à Texel (avec Teso) et depuis Harlingen pour Terschelling (avec Doeksen).

By Train
The Netherlands and Belgium are linked to Thalys, TGV, Eurostar and ICE networks for continental wide links. Dutch trains are fast, efficient and service many coastal towns. Bikes are carried outside of peak hour so boards should be OK but a bike ticket may have to be bought. Belgian trains have 'cheap-day-at-the-seaside' tickets and sports equipment is carried for free.

La Hollande et la Belgique sont desservis par le réseau Thalys, TGV, Eurostar et ICE pour les trajets internationaux. Les trains hollandais sont rapides et efficaces, et se rendent dans de nombreuses villes côtières. Les vélos sont acceptés à bord en dehors des heures de pointe, donc il ne devrait pas y avoir de problème avec les planches, mais il faudra éventuellement payer un supplément comme pour un vélo. En Belgique il y a des billets de train spéciaux à la journée pour aller à la mer pour pas cher et le matériel de sport est transporté gratuitement.

Visas
The Netherlands and Belgium are signed up to the Schengen and Benelux agreements. No visa required for citizens of most EU countries, USA, Australia, Canada and New Zealand. All others, including South Africans and those planning to stay more than three months, must obtain a visa from the relevant consulate in their home country.

Les Pays-Bas et la Belgique font partie de la zone Schengen et des accords du Benelux. La plupart des citoyens européens n'ont pas besoin de visa, comme ceux des Etats-Unis, du Canada, de l'Australie et de la Nouvelle-Zélande. Tous les autres, y compris les citoyens d'Afrique du Sud et ceux qui ont prévu de rester plus de 90 jours, doivent obtenir un visa du Consulat approprié dans leur pays de résidence.

Getting Around
Both countries have toll free motorways and almost identical speed limits, which are rigorously enforced by radar and hefty on the spot fines. The limits are 50/80/120km/h for town, open road and motorway respectively. Trams always have right of way. Parking is one of the biggest hassles at the beach and free parking is rare while wheel clamping is not. This means freecamping is difficult so campsites should be used to avoid fines. There is plenty of varied accommodation at the beach, especially out of season. Rental cars are moderately priced. Eurolines do the international coaches, while the six different Dutch bus companies make it a lottery if carrying a board – same deal in Belgium. A bike with a board rack could be the way to go – no hills!

Les deux pays ont des autoroutes gratuites, avec des limitations de vitesse similaires (respectivement 50,80, et 120km/h en ville, sur les nationales et les autoroutes) qui sont rigoureusement contrôlées par les radars, les amendes sont élevées et à payer sur place. Les trams ont toujours la priorité. Le plus gros problème à la plage est de se garer, les parkings gratuits sont rares et les stationnements interdits sont vite sanctionnés par des sabots sur les roues. Ce qui veut dire que le camping sauvage est difficile et qu'il vaut mieux utiliser les campings. On trouve plein de types de logements près de la plage, surtout hors saison. En ce qui concerne le bus, Eurolines effectue les transports internationaux, tandis que six compagnies hollandaises font les liaisons intérieures, mais c'est un peu la loterie au niveau des planches à bord- pareil en Belgique. Se déplacer en vélo avec un rack à board sur le côté peut être la solution car le pays est tout plat !

Currency
This is the heart of Euroland and banks are plentiful. The Dutch word for ATM is Pinautomaat or simply "pin".

On est ici au cœur de la zone Euro et on trouve des banques partout. En néerlandais guichet automatique se dit Pinautomaat ou simplement "pin".

RAY MAX

Top – **German beaches get packed during the summer months, but some protection from the elements is often needed.**

Bottom – **Parking in the Netherlands is expensive.**

Denmark

Klitmøller

MICHAEL KEW

1. Autovaernet

Formerly the best Zealand break, but now seldom works properly. Can get head high and peeling left in strong W or NW conditions. But beware of the rocks very near the break. Always sideshore currents! The jetty break in Aalsgaarde works in the same conditions but will be smaller.

C'était avant le meilleur spot de Zealand, mais il ne marche désormais que rarement. Peut rentrer à plus d'1m50 et dérouler en gauche par houle et vent soutenu d'O ou NO. Attention aux rochers tout près de la vague. Toujours du courant latéral. La vague d'Aalsgaarde près de la jetée marche par les mêmes conditions mais en plus petit.

Hornbaek 2-3
2. Plantage

Small, fun peaks in the plantation. Breaks close to shore in front of the last car park, when the wind is W to NW. Low tide only. Beware of rocks on the inside.

Petits pics sympas près d'une plantation. Casse près du bord en face du dernier parking, par vent d'O ou NO. Marée basse seulement. Attention aux rochers à l'inside.

3. Pier

One of the first Zeeland spots to be surfed with easy access and some wind protection from the pier, which also breaks up the current. Needs onshore NW/N winds for soft rides, perfect for beginners.

Un des premiers spots de Zealand à avoir été surfé, accès facile et un peu abrité du vent par la digue, qui protège aussi du courant. Exige du vent de N-NO, vagues molles, idéales pour les débutants.

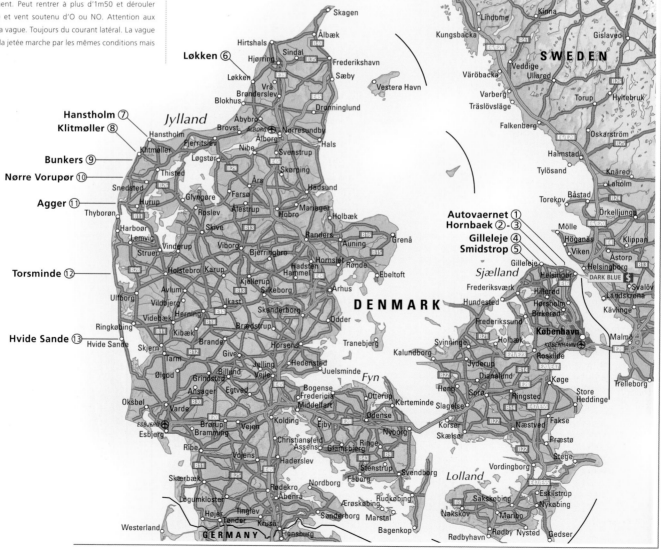

Løkken 6
Hansholm 7
Klitmøller 8
Bunkers 9
Nørre Vorupør 10
Agger 11
Torsminde 12
Hvide Sande 13

Autovaernet 1
Hornbaek 2-3
Gilleleje 4
Smidstrop 5

4. Gilleleje

The most northerly point of Zeeland makes the best of the W-NW windchop with open beach to the west of the large harbour and some W wind protection to the east of the jetty. Best when a strong NW has been blowing for a few hours and then turns west. Constant onshores will cause a high tide storm surge that kills the waves. Further west is Hundested, a little pointbreak that works in strong N winds.

Plage exposée à l'O d'un grand port situé à la pointe la plus au N de Seeland. Vagues abritées du vent d'O du côté E de la jetée, surfable quand on a une houle de vent d'O-NO. Meilleur quand ça a soufflé fort de NO pendant quelques heures et que ça tourne ensuite O. Si c'est onshore pendant trop longtemps, le niveau de la mer augmente et il y a trop d'eau pour que les vagues cassent. Hundested est situé plus à l'O, avec un petit pointbreak qui marche par fort vent de N.

5. Smidstrop

Can get up to shoulder high in W winds. Good for a few hours if the wind then turns SW. Breaks over cobblestones and sand. Always a lot of current and often crowded with longboards, kites and sails.

Peut grossir jusqu'à 1m-1m50 par vent d'O. Bien pendant quelques heures si le vent tourne ensuite au SO. Casse sur des galets et du sable. Toujours beaucoup de courant et souvent pas mal de longboards, des kites et des windsurfers.

6. Løkken

Northern Jutland gets less swell than the coast to the southwest so decent SW winds are needed to create waves. Jetty angle gives some SW protection but expect sloppy, onshore conditions. Rarely crowded – rarely any good. Busy tourist town and plenty of wind rigs.

Le Nord du Jutland reçoit moins de houle que la partie SO de la côte, il faut donc des vents assez forts de SO pour avoir des vagues. L'angle de la jetée abrite un peu du vent de SO mais il faut s'attendre à des vagues molles et onshore. Rarement du monde, mais rarement bon. Ville touristique fréquentée, de nombreuses voiles sur l'eau.

Løkken

MICHAEL KEW

7. Hanstholm

Large port where Jutland meets the Skagerrak and the bend in the coast makes it surfable in howling SW winds. The break close to the port is called Fish Factory due to nasty smells from nearby industry and dubious water quality. Further east is a smaller jetty that grooms lefts in SW cross-offshore conditions. Bunkers has peaks in slack wind conditions. The only spot in Denmark to work in SW-W storms so it is often crowded with all types. Very polluted.

Grand port situé sur le début de la partie du Jutland qui fait face à la Skagerrak, la côte s'incurve et offre une protection des vents violents de SO. Le spot près du port s'appelle Fish Factory en raison de l'odeur nauséabonde due à l'usine de poisson, avec une eau de qualité douteuse. Plus à l'E se trouve une petite jetée qui peut former des gauches par vent de SO, qui est ici cross-offshore. Hanstholm est le seul spot qui marche par tempête d'O-SO au Danemark, donc il y a souvent du monde avec toutes sortes d'engins nautiques. Très pollué. Quand le vent est faible, il y a des pics à Bunkers.

8. Klitmøller

The North Sea's most famous kite and windsurf spot also gets some decent rides on the mussel encrusted reef when winds die or go E. Longer lefts with a whackable wall, plus some peeling rights. WSW swells are best as Klitmøller is on one of the few bends in the coast and has some protection from SW winds. There's a weak beachbreak inside the bay for beginners. Getting waves depends on the wind being too weak to keep the sail crew out there. Consistently breaks so it's often crowded. Strong currents, rocks and flying rigs to avoid. All facilities in Denmark's surf central. No freecamping the car park – police hand out huge fines.

Spot le plus connu de la Mer du Nord pour le kite et le windsurf, peut avoir aussi quelques vagues correctes sur un reef recouvert de moules par vent faible ou vent d'E. Les gauches sont plus longues et offrent de bons murs, il y a aussi quelques droites. Meilleur par houle de O-SO car Klitmoller est situé sur une des rares courbures de la côte et reste protégé des vents de SO. Il y a aussi un beachbreak mou pour les débutants. Pour pouvoir choper des vagues il faut que le vent soit trop faible pour les windsurfers. Marche souvent donc du monde. Courants forts, des rochers, attention aux différentes voiles sur l'eau. Toutes sortes d'installations. Spot principal du Danemark. On ne peut pas passer la nuit sur le parking, sinon les amendes sont salées.

Bunkers

BEVIS NICKEL

9. Bunkers

Probably the best wave in Denmark, when a W swell meets the triangular reef and throws up hollow little rights and left shoulders. There must be no wind or E wind so it rarely works. Loads of messy, exposed beachbreak up and down the coast. Always crowded the rare times that it is on. Beware of boulders close to shore. No overnight parking.

Probablement la meilleure vague du Danemark, quand une houle d'O vient frapper un reef triangulaire pour donner des petites droites creuses et des gauches avec de l'épaule. Le problème c'est qu'il faut pas de vent ou vent d'E, donc ça marche rarement. Il y a plein d'autres beachbreaks exposés mais brouillon le long de la côte. Toujours du monde les rares fois où ça marche dans l'année. Attention aux gros galets quand ça casse près du bord. On ne peut pas passer la nuit sur le parking.

10. Nørre Vorupør

A long jetty provides protection and stability for longer lefts to form on the north side. Handles onshore winds from the SW and W, but is best on easterlies. 300m north of the pier lies Deadmans, which gets hollow and is probably the most powerful break in Denmark. Needs light or SE winds and a clean W swell. The south side can get lined up and hollow when the winds are E with a head high swell, or in strong NE wind. Consistent by Danish standards so there are always plenty of takers, particularly on the north side. Use one of the campgrounds, not the free car park.

Gauches assez longues stabilisées et protégées par une longue jetée côté N. Tient les vents onshore de SO et O, mais marche mieux par vent d'E. Deadmans est un spot à 300m au N de la jetée qui peut être creux, sans doute le spot le plus puissant au Danemark. Exige des vents faibles ou de SE et un swell bien rangé d'O. Le côté S peut devenir clean et creux quand le vent est E avec une houle d'1m50 ou par vent fort de NE. Marche fréquemment comme spot pour le Danemark, donc

Nørre Vorupør

BEVIS NICKEL

toujours beaucoup d'amateurs, surtout côté N. On ne pas rester la nuit sur le parking, mais on peut aller dans l'un des campings.

11. Agger

South of the town, endless numbers of jetties stabilise the fragile barrier between the sea and the Nissum fjord. A long jetty at the entrance can cut some wind and current but it needs SW swell and E winds to be good. A long, peeling righthander after the third pier inside the fjord works in big (4m+) NW conditions. Best for longboards. Strong rips. Not crowded, as spots further north will be better.

Au S de la ville on trouve une succession de jetées qui stabilisent le fragile cordon littoral entre la mer et le fjord de Nissum. La longue digue à l'embouchure peut protéger un peu du vent et du courant, mais il faut un swell de SO et des vents d'E pour que ça devienne bon. Une longue droite déroule à l'intérieur du fjord après la 3e digue par grosse houle de NW (4m et +). Mieux pour le longboard. Peu de monde en général, car les spots plus au N marchent mieux.

Agger

BEVIS NICKEL

12. Torsminde

Jetties protecting the entrance to the estuary provide the footing for some hollower peaks. Smaller jetties to the north of the harbour entrance are usually best. Some banks form beside the long southern jetty, but it really needs light winds to be any good. Strong currents – not for beginners.

Les jetées qui protègent l'entrée de l'estuaire créent une base pour former des pics un peu plus creux. Ça marche mieux en général vers les petites jetées au N du port, tandis que celles du S peuvent avoir de bons bancs, mais il faut vraiment que le vent soit faible. Forts courants – débutants s'abstenir.

13. Hvide Sande

Long, exposed west-facing beach with jetty for limited protection from N winds. Onshore mushburgers are the norm, but if wind switches NE after a storm, nice peeling walls appear. Best on a NW swell without the wind. Strong rips and longshore drift – beginners beware. Very consistent including onshore days; low consistency counting the clean days. Board rentals available. Quiet freecampers tolerated.

Longue plage exposée orientée O, avec une jetée offrant une petite protection des vents du N. Que des rougnes onshore en général, mais si le vent tourne NE après une tempête, on peut voir quelques belles lignes se former. Marche mieux par houle de NO mais sans le vent de même direction. Forts courants près du bord et courant latéral plus au large – débutants s'abstenir. Marche très souvent si on prend en compte les jours onshore, beaucoup moins si on compte les jours où c'est propre. Locations de planches. On peut camper si on reste discret.

Germany

Osteria, Sylt

BRIAN BOSJEN

Baltic Sea

1. Pelzerharken

Although it is offshore in a NW wind, Pelzerharken suffers from a lack of E swell. Cold, onshore slop is the norm.

Bien qu'offshore par vent de NO, Pelzerharken reçoit rarement de la houle d'E. Froid et vagues de clapot onshore la plupart du temps.

2. Weißenhäuser Strand

More Baltic onshore waves that need strong NE winds to kick up anything worth riding. More useful for the kite/wind crew than surfers. Possibility of industrial pollution.

Encore des vagues onshore sur la Baltique, qui demandent un fort vent de NE pour avoir quelque chose à se mettre sous la planche. Plus adapté aux kites et windsurfers. Il peut y avoir de la pollution à cause des industries.

3. Hohwachter Bucht

Needs strong NW winds for anything to show and when it does, waves are weak and crumbly. Low consistency. Close to the cities of Hamburg and Kiel so sometimes crowded.

Demande un fort vent de NO pour créer quelque chose de surfable, et encore ça sera mou et en vrac. Marche rarement. Près des villes de Kiel et Hamburg, donc parfois du monde à l'eau.

4. Damp 2000

Works only after four to five days with strong E wind. Forget about offshores and clean conditions. Weak, messy slop between the jetties for the desperate. Colder than the North Sea. Definitely a low consistency spot, but still gets crowded when it eventually breaks.

Ne marche qu'après 4 à 5 jours de fort vent d'E. Ne comptez pas sur de l'offshore ou des conditions propres. Calpot mou et désordonné entre les jetées pour les plus énervés. Plus froid que la Mer du Nord. Marche vraiment pas souvent, et il y a du monde quand ça se met finalement à marcher.

Baltic Sea

BEVIS NICKEL

North Sea

5. FKK Strand List

The northern-most surf spot in Germany. The outer sandbank at low tide can produce a fun wave for long rides on long boards. More than five people in the water means it's crowded.

Le spot le plus au N d'Allemagne avec un banc de sable au large qui peut donner à marée basse une vague assez fun pour de longs rides en longboards. Considérez qu'il y a du monde à l'eau à partir de 5 personnes au line-up.

6. Buhne 16 Kampen

Directly in front of the famous Beach Bistro Buhne 16, various unstabilised sandbanks can produce lengthy, slow, longboard rides. It's a long walk through the sand dunes for solo surfing. Location for the famous Sylter Longboard Festival in September.

Juste en face du fameux Beach Bistro Buhne 16, on peut prendre des vagues molles assez longues en longboard. Il faut marcher longtemps dans les dunes pour surfer tout seul. Site du Sylter Longboard Festival en septembre.

7. Sturmhaube Kampen

Hollow shorebreak at high tide and mellow waves on the outer sandbank at lower tides. Consistent, uncrowded and an easy wave check.

Shorebreak creux à marée haute et vagues tranquilles sur le banc de sable au large à marée plus basse. Marche souvent, peu de monde et facile à checker.

8. Kartoffelkiste Wenningstedt

A consistent and hollow shorebreak that holds the biggest swell on Sylt. Best at mid tide incoming. Easy access so it's always crowded when it works. Big beach scene in the summertime with camping, surf school and showers. Respect the lifeguards to avoid hassles in the line-up.

Shorebreak creux qui marche souvent et qui tient les plus grosses houles sur Sylt. Meilleur à mi-marée montante. Accès facile donc du monde quand ça marche. Plage très animée l'été avec un camping, une école de surf et des douches. Respecter les consignes des MNS pour ne pas avoir de problèmes à l'eau.

9. Seestraße Wenningstedt

SW swell can produce a hollow, fast wave with long rides. Mid tide only otherwise there is bad backwash. Lack of parking is a problem.

Vague creuse et rapide par houle de SO, avec de longs rides. Mi-marée seulement, sinon il y a un mauvais backwash. Inconvénient : pas de parking.

10. Brandenburger Strand Westerland

Famous for staging the Windsurf World Cup, this beach can handle a big onshore wind and swell up to 2.5m. Two groynes help anchor the sand to the boulders and can produce hollow peaks if the wind goes E. Not recommended for beginners. Only medium consistency and often crowded. All facilities make this a popular spot in the summertime.

Spot connu car c'est le site de la Windsurf World Cup, cette plage peut tenir un fort vent onshore et une houle jusqu'à 2.5m. Deux épis permettent de stabiliser les bancs de sable sur les galets et on peut avoir des pics creux si le vent tourne à l'E. Pas conseillé pour les débutants. Ne marche que moyennement souvent, souvent du monde. Plage bien équipée et du monde en été.

Bandenburger, Sylt

BRIAN BOSJEN

11. Badezeit Westerland

A kink in the shoreline shapes some long lefts and a shorter righthander over sand-covered boulders. During a big NW or SW swell, there are cover ups to be had. From May to September, lifeguards enforce a swimming only policy. Always crowded when it is on.

Une particularité sur le littoral qui forme des longues gauches et une droite plus courte sur des galets recouverts de sable. Quelques petits tubes parfois par gros swell de NO ou SO. De mai à septembre, les MNS autorisent seulement la baignade. Toujours du monde quand ça marche.

12. Campingplatz/ Osteria Westerland

A couple of good sandbanks produce weak, mellow waves, perfect for beginners and cruisers. Good fun on all tides and likes a SW swell. Check out the Osteria Surf Lounge for good food.

Badezeit, Sylt

NEILS GEISELBRECHT

Quelques bancs de sable qui forment des vagues molles et tranquilles, parfaites pour les débutants et ceux qui veulent juste s'amuser. Bien à toutes marées et par houle de SO. Faites un tour à l'Osteria Surf Lounge si vous voulez bien manger.

13. Oase zu Sonne – Rantum

3km of sandy shoreline with plenty of potential to find empty waves. Easy higher tide peaks with the odd performance wall. Easy parking and camping nearby. Use the access tracks through the fragile dune ecosystem.

3km de plage de sable avec pas mal de potentiel pour trouver des vagues désertes. Pics tranquilles à marée haute avec une ou deux vagues à manœuvres. On se gare facilement, camping proche. Prenez les chemins d'accès pour préserver le fragile écosystème des dunes.

14. Samoa Rantum

On a decent SW swell, surprisingly long waves run down the sandbars at mid to high tide. Handles some size and onshore winds. Consistent and rarely crowded, but when it's big there are strong rips. Pay car park.

Par bon swell de SO, on aura des vagues plus longues qu'on pourrait le croire sur des bancs de sable de mi-marée à marée haute. Tient la taille et le vent onshore. Marche souvent, rarement du monde, mais quand c'est gros les courants deviennent forts. Parking payant.

15. K4/Hörnum

Just 15mins drive south from busy Westerland this beautiful nature area offers soft forgiving waves with no crowds. Best from mid tide to high tide, it can hold nice shape but not size. Good place for a group, but look out for the fish traps.

A 15mn seulement au S de la station balnéaire animée de Westerland, cette jolie zone naturelle offre des vagues faciles sans grand-monde à l'eau. Meilleur de mi-marée à marée haute, parfois de jolies vagues mais ne tient pas la taille. Bien pour venir en groupe. Faire attention aux casiers de pêcheurs.

16. Norderney

Januskopf is the most popular break on the island, offering average to good waves when the wind swings from W to E. Weiss Dune is generally weaker but good for longboarding. Plenty of summer facilities like surf shop, surfschool and camping. Short, cheap ferry ride from Norddeich.

Januskopf est le spot le plus fréquenté sur l'île, avec des vagues de qualité moyenne à bonne quand le vent passe de l'O à l'E. Weiss Dune est en général moins puissant mais bien pour le longboard. Il y a de tout près de la plage, surfshop, école de surf et camping. Traversée en ferry courte et bon marché depuis Norddeich.

17. Borkum

Similar conditions to Norderney with long stretches of unstabilised beach and higher tides needed to bring the waves over the shallow outside sandbars. Walking along the beach will find empty peaks in pollution-free water. If flat, there is a new indoor wave park with a FlowRider set up for two riders at a time (RowRider) on bodyboards or the stand-up option for experienced surfers.

Même chose qu'à Norderney avec des longues plages aux bancs changeants, meilleur à marée haute pour que les vagues passent par-dessus les bancs de sable peu profonds au large. On peut trouver des pics déserts dans une eau non polluée en marchant le long de la plage. Si c'est flat, il y a une nouveau wave-park avec une vague statique FlowRider faite pour 2 riders à la fois (RowRider) en bodyboard, et une option debout pour les surfers expérimentés.

Eisbach – Munich's river wave

This so called 'wave', in the middle of metropolitan Munich, is like a natural FlowRider, occurring on a tributary of the River Isar (Eisbach). A waist-to-chest high, stationary wave is created by a fierce current flowing over three rows of box-shaped rocks. The result is a small, open face that's perfect for new school moves like shuvits and aerials performed on short, fat-tailed boards. The speed of the river flow increases any impact with the rocks, which lurk a mere 40cm (1ft) below the surface so care must be taken. Falls can also result in a long hold-down in 'the washing machine', a pool of deep turbulence just downstream. Boards can receive a good hammering on the rocks, with or without a leash. The most consistent time is March to November, but if the water level gets too high, the wave will close out. It's located just where the Isar flows out of a tunnel under the city, on Prinzregenterstr, which is next to the famous art museum, Haus der Kunst.

Ce type particulier de "vague", au milieu de la grande ville de Munich, est une vague statique comme un Flowrider naturel située sur l'Eisbach, un affluent de la rivière Isar. Le courant soutenu forme une vague stationnaire jusqu'à 1m, grâce à un rapide avec trois rangées de rochers en forme de cubes. Le résultat est une petite vague avec une partie redressée parfaite pour les tricks comme les shove-it et aerials avec des planches courtes et larges sur l'arrière. Les rochers sont juste au-dessous à 40 cm sous la surface, il faut donc faire attention car les chocs sont violents à cause de la vitesse du courant. Ça marche mieux de mars à novembre, mais si le niveau de la rivière est trop haut, la vague se met à fermer. Elle se trouve juste à l'endroit où l'Isar sort d'un tunnel passant sous la ville, sur la Prinzregenterstrasse, à côté du célèbre musée Haus der Kunst.

Eisbach

NICOLAS FOJTU

Northern Netherlands

Scheveningen Zuid

RAY MAX

1. Waddeneilanden
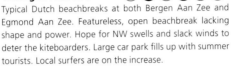

The Wadden Islands are typical low-lying barrier islands with shifting sandbanks along open, unstabilised beaches. They pick up the lion's share of any NW swell but the lack of jetties (with the exception of Vlieland) means it needs groomed sandbars and offshore winds to be any good. Big tides and big currents. Clean by North Sea standards and crowds are non-existent during the surf season. Access to Terschelling and Vlieland via ferry from Harlingen and Texel via ferry from Den Helder.

Les îles Wadden sont typiques de ces îles au relief très bas, avec des plages exposées et instables comme les bancs de sable qui changent souvent. Elles reçoivent de plein fouet les swells de NO mais comme il n'y a pas de digues, il faut vraiment des bancs de sable bien formés et un vent offshore pour que ça soit valable. Marées importantes et forts courants. Eau propre pour la Mer du Nord, très peu de monde pendant la saison de surf. Pour aller à Terschelling et Texel, on prend le ferry de Leeuwarden ou de Den Helder.

2. Petten

This lefthand jettybreak gets hollow and fast on SW swells at mid incoming. Protection from S or SW winds. Inconsistent outside of winter SW swells. In resort town of Petten, which is close to a nuclear facility.

Ce spot casse en gauche près d'une jetée et peut devenir creux et rapide par swell de NO à mi-marée montante. Protégé du vent de S et de SO. Ne marche que rarement en dehors des houles de NO d'hiver. Situé dans la ville balnéaire de Petten, qui est à proximité d'une centrale nucléaire.

3. Camperduin & Hargen

One of the most powerful jettybreaks in Holland, known to even snap the odd board. Breaks outside at low and covers the jetty at high so mid tide on the push is when the barrels happen for a couple of hours. Waves can even run from one jetty to the next in a good NW swell. Rip tides get fierce at high. Many more jetty beaches to surf if it's crowded, including the main beach at Hargen. Summer parking charges apply.

Vague déferlant près d'une jetée, parmi les plus puissantes de Hollande, connue pour avoir même plié quelques planches. Casse au large à marée basse et recouvre la jetée à marée haute, donc il vaut mieux surfer à mi-marée montante, où pendant quelques heures on pourra avoir des tubes. Par bon swell de NO, les vagues peuvent même aller d'une digue à l'autre. Forts retours de courant à marée haute. S'il y a du monde, il y a beaucoup d'autres plages avec des digues à surfer, notamment la plage centrale de Hargen. Parking payant en été.

4. Bergen Aan Zee

Typical Dutch beachbreaks at both Bergen Aan Zee and Egmond Aan Zee. Featureless, open beachbreak lacking shape and power. Hope for NW swells and slack winds to deter the kiteboarders. Large car park fills up with summer tourists. Local surfers are on the increase.

Beachbreak classique des Pays-Bas à Bergen Aan Zee et Egmond Aan Zee. Rien de particulier à signaler sur cette plage exposée, hormis un manque de puissance et de bancs de sable corrects. Reste à espérer une houle de NO et du vent faible pour arriver à dissuader les kitesurfers. Grand parking qui se remplit de touristes en été. On y trouve de plus en plus de surfeurs locaux.

Bergen Aan Zee

GJ DE KONING

5. Wijk Aan Zee

Premier spot closest to Amsterdam. Left and right walls in a NW swell and weaker disorganised corners in SW conditions, when the huge harbour jetty provides some wind protection. Onshore messy conditions are the norm and mid tides incoming are best. Always somebody surfing long after the summer hordes have left. Beware rips closer to the jetty and the many wind/kiters. Stark industrial background including steel mill and commercial shipping. Dubious water quality.

Spot notable le plus proche d'Amsterdam. Des droites et des gauches bien définies par houle de NO, et quelques pics assez mous et désorganisés par rentrée de houle et de vent de SO, mais on peut trouver une protection derrière l'immense digue du port. C'est d'habitude onshore et pas très rangé, meilleur à mi-marée montante. Toujours quelqu'un à l'eau en train de surfer, même longtemps après que les hordes de touristes de l'été soient parties. Attention aux courants en s'approchant des digues et aux nombreux windsurfers et kitesurfers. Paysage industriel assez austère avec une usine sidérurgique et une zone de transport maritime. Eau de qualité douteuse.

6. Zandvoort to Katwijk

Wide open beaches with soft crumblers that can reform and break harder on the inside. SW swells are best and pushing tide around mid. Good for longboarding but beginners should note strong longshore currents. Surfers of all types use the beach but there's loads of room for all. Expensive parking.

Plages très étendues avec des vagues molles qui peuvent reformer et creuser un peu plus à l'inside. Meilleur par houle de SO et à mi-marée montante. Bien pour le longboard mais les débutants devront se méfier du courant parallèle à la côte. On trouve toutes les catégories de surfers sur cette plage mais il y a largement de la place pour tout le monde. Le parking est cher.

Scheveningen

RAY MAX

Scheveningen 7-9

7. Pier

Holds some shape on the north side of the pier in SW winds. Not as big or organised as the main breaks to the south. Surprisingly strong currents keep the crowds down the beach.

Quelques vagues bien formées côté N de la digue par vent de SO. Pas aussi gros ou rangé que sur les spots principaux au S. Peu de monde à l'eau, les gens restent sur la plage en général car on peut être surpris par la force du courant.

8. Scheveningen Noord

The most well-known spot in Holland is a stretch of small jetties flanked by a huge harbour wall that gives SW wind protection and a paddling-out channel. Often lacks in power and closes out, therefore a lot of longboarders. Picks up all swell directions and breaks through the tide but best on a NW at high. Very crowded even on the smallest days with every type of water-user. Isolated localism. Beware the smaller jetties that get covered at high tide. Mad summer scene with metered parking and all facilities. Webcam.

Spot le plus connu en Hollande. Série de jetées avec une immense digue près du port, offrant une protection par vent de SO et un chenal pour aller au line-up. Manque souvent de puissance et a tendance à fermer, beaucoup de longboarders. Prend le swell de toutes les directions, marche à toutes marées mais meilleur par houle de NO à marée haute. Beaucoup de monde même les jours où c'est super petit où on trouve tous les types d'engins nautiques. Quelques cas de localisme. Attention aux petites jetées qui sont recouvertes d'eau à marée haute. C'est un peu le cirque en été, le parking est payant, toutes sortes d'équipements sur la plage. Webcam.

Scheveningen Noord

9. Scheveningen Zuid

Quality peaks on the south side of the harbour jetty in big NW swells and remains rideable in gale force N winds. Hollow at times with defined lefts breaking into the paddling channel by the jetty and long rights wandering down the beach. High tide is best. Plenty of locals on it when it breaks, which isn't as often as Noord. Some currents and pollution issuing from the harbour.

Des pics de bonne qualité côté S de la digue du port par gros swell de NO, reste surfable par très fort vent de N. Peut devenir creux parfois avec des gauches bien définies qui déroulent vers le chenal d'accès près de la digue et des longues droites qui déferlent tant bien que mal jusqu'à la plage. Meilleur à marée haute. Beaucoup de locaux quand ça marche, ce qui est plus rare que côté N. Un peu de courant et de la pollution à cause du port.

10. Kijkduin

Good low tide option to Scheveningen that picks up all swells and gets hollow rights and lefts between short jetties in light winds. Rarely crowded except for local bodyboarders who are attracted by the hollowness of the waves. SW winds cause the currents to increase.

Bonne alternative à Sheveningen à marée basse, prend bien la houle de n'importe quelle direction avec des droites et des gauches creuses par vent faible entre les petites digues. Rarement du monde, mais comme c'est assez creux il peut y avoir des bobyboarders. Plus de courant par vent de SO.

Hoek van Holland

11. Ter Heyde

More low tide jettybreaks that can shape up a few faster waves on a NW swell. Sloppy when onshore. Between big ports and shipping lanes so some pollution is possible.

Encore des vagues entre des jetées, surfables à marée basse, peut former quelques vagues rapides par houle de NO. Mou quand c'est

Ter Heyde

onshore. Situé au milieu de zones portuaires et de voies maritimes donc s'attendre à de la pollution.

12. Hoek Van Holland

On the north side of the entrance to the immense Europoort is a decent beachbreak on NW swells, but the long jetty blocks anything from the SW. Rounder and with more power than the average Dutch beachbreak, it's best around high tide with S winds. Undoubtedly suffers from harbour pollution. Pay parking in summer.

Beachbreak correct par houle de NO, situé côté N de l'entrée de l'immense Europoort, mais la longue jetée bloque toute la houle de SO. Plus creux et plus puissant que les autres beachbreaks hollandais, meilleur vers la marée haute et par vent de S. Pollution marquée à cause du port. Parking payant en été.

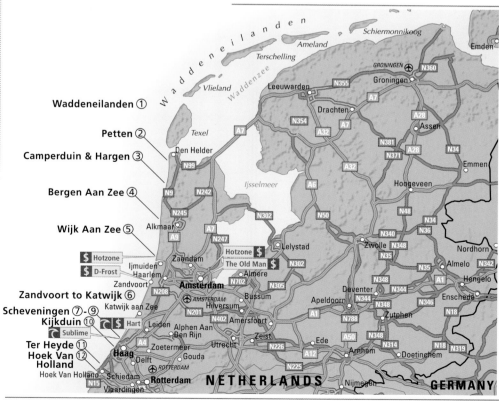

Southern Netherlands/Belgium

1. Blokken

Curving beach in the industrial Maasvlakte area, now the main focus since Maasexpress has virtually stopped breaking thanks to a gas pipe installation. Big, stormy N swells and winds should produce some decent rides. Paddling-out channel by north jetty is a bonus in winter. Park on the sand – but beware the tide. Submerged objects and the inevitable kite/windsurfers in cross-shore N winds.

Plage en arc de cercle dans la zone industrielle de Maasvlakte, devenue la seule option du coin depuis que Maasexpress a quasiment cessé de marcher depuis l'installation d'un gazoduc. Quelques vagues correctes par vent et grosse houle de tempête de N. Chenal d'accès au line-up le long de la jetée N, très appréciable en hiver. Se garer directement sur la plage, mais attention à la marée ! Se méfier des quelques trucs sous l'eau et des inévitables kite et windsurfers par vent cross-shore de N.

2. Slufter

Just south of Blokken, this beach picks up all swells and shapes some hollow, low tide peaks on shallow sandbars. Consistent and uncrowded, there are usually a few peaks to choose from. N winds create strong longshore current.

Cette plage juste au S de Blokken reçoit la houle de n'importe quelle direction et peut produire quelques pics assez creux à marée basse avec peu d'eau sur les bancs de sable. Marche assez souvent avec peu de monde car il y a d'habitude plusieurs pics au choix. Le vent de N crée un un courant parallèle à la côte.

3. Schouwen Duiveland

Below-average beachbreaks on the island of Schouwen Duiveland. Despite a NW aspect, it is often smaller than Domburg due to offshore sandbanks blocking the swell, so high tides are best. Head to Nieuw-Haamstede.

Beachbreaks de qualité inférieure à la moyenne sur l'île de Schouwen Duiveland. Malgré une orientation NO, c'est souvent plus petit que Domburg à cause de bancs de sable au large qui bloquent la houle, donc attendez la marée haute. Prendre la direction Nieuw-Haamstede.

Slufter
NIKAJ DROOP

Domburg
ARTHUR LAVOOY

4. Domburg

The premier surf spot on Zeeland often has hollow and fast waves. The banks are shaped between wooden jetties, accept any swell direction and can handle quite a bit of onshore breeze, but it's best with a N swell and light SE wind at higher tides. The most popular banks are usually just south of Domburg, past the golf course, but there is plenty of space to avoid the locals and weekend groups. Well-stocked surf shop in town. Be aware of the jetty pilings at high tide.

C'est le spot le plus connu de Zeeland, avec souvent des vagues creuses et rapides. Les bancs se forment entre des digues en bois, marche par toutes les directions de houle et peut tenir un vent onshore modéré, mais reste meilleur par houle de N et vent faible de SE, autour de la marée haute. Les bancs les plus fréquentés sont souvent juste au S de Domburg, après le terrain de golf, mais on peut

trouver largement de la place pour éviter les locaux et les nombreux surfers du weekend. Bons surfshops en ville. Attention aux piliers de la jetée à marée haute.

5. Vlissingen

Long righthanders, perfect for longboarders sweep in with really big NW or N swells, accompanied by strong N winds, which are offshore. Only works a couple of times a year and only around the high tide. Along the whole south coast of Walcheren are plenty of high tide waves when Vlissingen is breaking.

Longues droites, idéales pour les longboarders, qui déroulent par houle vraiment grosse de NO ou de N, avec du vent fort de N, qui est ici offshore. Ne marche que quelques fois dans l'année et seulement vers la marée haute. Le long de la côte au S de Walcheren il y a plein d'autres vagues qui fonctionnent à marée haute quand ça marche à Vlissingen.

Vlissingen
ARTHUR LAVOOY

Domburg
ARTHUR LAVOOY

BELGIUM

6. Surfers Paradise

Popular Belgian surf spot when N storm swells hit the sandbars. Usually accompanied by onshore winds, as the swell will disappear quickly if it switches offshore. Big hangout for all water-users, there's a webcam on the beach clubhouse. Follow signs for Knokke-Heist.

Spot fréquenté en Belgique quand une houle de tempête de N vient casser sur les bancs de sable. Souvent surfé par vent onshore, car le swell disparaît rapidement si le vent passe offshore. Endroit très fréquenté par tous les pratiquants de sports nautiques ; webcam sur le local du club de plage. Suivre les panneaux indiquant Knokke-Heist.

7. Blankenberge

The large pier provides stable sandbanks and cuts the howling onshores leaving some decent rights on the east side. Strong rips are common and paddling very close to the pilings or jumping off the end are only for the brave. Apparently there is a right up at the Zeebrugge harbour wall and some busy peaks down at Blankenberge-Oosterstaketsel. Belgium's most consistent spot attracts a crowd and there's a surf club under the pier for rentals and lessons.

Cette grande jetée forme des bancs de sable assez stables et protège des vents violents onshore, ce qui laisse quelques droites correctes côté E. Il y a souvent un fort courant, les plus courageux pourront ramer juste à côté des piliers ou sauter depuis le bout de la jetée. Apparemment il y a aussi une droite près de la digue du port de Zeebrugge et quelques pics fréquentés vers Blankenberge-Oosterstaketsel. C'est le spot qui marche le plus souvent en Belgique, donc du monde en perspective, s'adresser au surfclub sous la jetée pour les locations et les cours de surf.

8. Bredene

Just east of Oostende in Bredene there are average waves in front of Beachclub Twins (Strandpost 1). The beachhouse provides hot showers, food and drinks and rental boards, suits and surf lessons from May-October.

Quelques vagues moyennes juste au S d'Oostende à Bredene devant le Beachclub Twins (Strandpost 1). Le club de plage propose des douches chaudes, des repas et boissons au bar, ainsi que des cours de surf, et des planches et combinaisons en location, de mai à octobre.

9. Oostende

The biggest coastal city in Belgium provides some of the best surfing conditions, especially on either side of the harbour pier at low and mid tide. Needs the onshore winds to drive the swell and mushy close-outs are common, but sometimes it lines up for a few faster walls. Summer surfing restricted to the Outside surf club (lessons, board rental) west of the Thermae Place Hotel. All facilities and shop.

La plus grosse ville côtière de Belgique possède quelques unes des meilleures vagues du pays, notamment de chaque côté du port de marée basse à mi-marée. Il faut un bon vent onshore pour pousser la houle et on a souvent des vagues molles qui ferment, mais parfois ça se met en place avec des vagues plus rapides qui ouvrent. Le surf en été y est réservé pour le Outside surf club (cours & locations de planches) situé à l'O du Thermae Place Hotel. Toutes sortes d'installations et un surfshop.

10. Mariakerke

A popular spot in this small beach town was baptised 'Ollie's Point' after the founder who discovered this 'secret spot' during the '90s. Standard beachbreaks between rock jetties that occasionally turn on after a big N storm when the wind calms down. Rips are common and there can be attitude in the line-up, but there are many more similar waves up or down the beach.

Blankenberge

SANDER CLAES

Spot fréquenté dans une petite ville balnéaire, baptisé « Ollie's Point » en référence à celui qui a découvert le spot dans les années 90. Beachbreaks moyens entre des épis rocheux qui peuvent se mettre à devenir bons après une grosse tempête quand le vent tombe. Souvent du courant, un peu de tension parfois à l'eau, mais il y a beaucoup d'autres vagues similaires en s'éloignant de la plage principale.

11. Westende

More average Belgian jettybreaks in front of the Westende surf club. The club is a removable modular container structure so no hot showers but the big free car park makes this spot very popular. Board rental, surf lessons and memorable post-surf sessions at the small bar.

Beachbreaks moyens entre des jetées, devant le Westende surf club, qui est dans un Algéco mobile, donc pas de douches chaudes mais le grand parking gratuit attire pas mal de monde. Location de planches, cours de surf et des soirées mémorables au petit bar après le surf.

12. Oostduinkerke

South of the long jetty at Nieuwpoort, which provides good NE wind protection, the jetties stop and open, disorganised beachbreaks stretch down to Dunkirke. The newly built beachhouse 'Windekind' is an excellent hangout for local surfers and provides hot showers for members.

Au S de la longue digue de Nieuwpoort, qui offre une bonne protection contre le vent de NE, les jetées s'arrêtent et on trouve des beachbreaks pas très rangés jusqu'à Dunkirke. La nouvelle cabane de plage appelée 'Windekind' est un bon lieu de rencontre pour les surfers locaux avec des douches chaudes pour les adhérents.

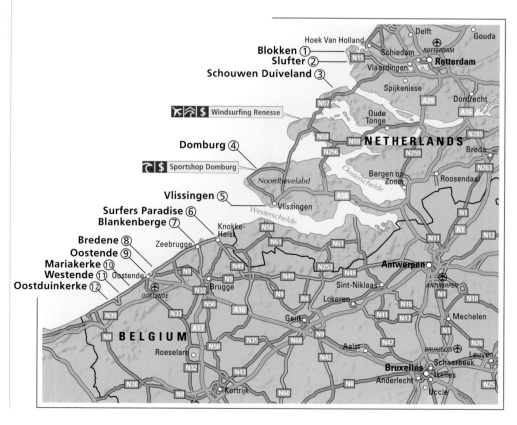

Team O'Neill **CORY LOPEZ**

O'NEILL

France

France sits at the heart of the European surf scene, occupying a geographically central position, which attracts tribes from all corners of the continent. Drawn to an array of surf along an extensive, swell-drenched coastline, travellers are treated to a diversity of waves with regional character as varied as the famous French wines. Ranging from the cool pointbreaks in rocky Brittany coves, through the peerless beachbreak barrels of Biscay to the behemoth waves that unload on Basque bombies, France has it all. Atlantic Europe's warmest water washes the sands of its longest beach, cultivating an unrivalled summer surf culture that oozes style and class, creating a champagne surfing experience.

Avec sa position géographique centrale, la France est au coeur de la scène surf européenne. Alléchés par un éventail impressionnant de spots et des kilomètres de côtes abreuvées de houle, les surfers affluent de tout le continent pour profiter de ces vagues, aussi variées selon la région que les célèbres vins français. On y trouve de tout, des pointbreaks en eau froide dans les petites criques de Bretagne jusqu'aux beachbreaks de Biscaye et leurs tubes incroyables, en passant par les vagues monstrueuses qui viennent s'écraser sur les reefs au large de la Côte Basque. La température de l'Océan Atlantique y est la plus élevée d'Europe, les plages les plus grandes, et il s'y développe en été une culture sans pareil, un mélange entre surf et art de vivre à la française.

Close up cavitation at La Gravière, Hossegor.

ROGER SHARP

The Surf

Of France's 5,500kms of coastline, a large proportion is directly exposed to Atlantic swells from a SW to NW direction. These swells pour into the Bay of Biscay, often unaccompanied by the strong winds that created them thousands of kilometres away in the North Atlantic. Hot summers see morning offshores and afternoon sea breezes that slowly relent through the best surfing months of autumn. While winter produces more NW winds and a maxed-out picture on Biscay's beaches, the flanking reefs of Brittany and Côte Basque rumble into life, offering either protection or swell focusing power, under a range of wind directions. The southern regions are blessed with the perfect underwater topography in the shape of a deep sea-canyon that concentrates and amplifies swells. The macrotides are a big issue, hitting 9m in the Channel and diminishing to about 4.6m on a spring tide down south, so tide tables are an essential tool.

Une grande part des 5500kms que recouvre le littoral français est directement exposée aux houles de l'Atlantique de secteur SO à NO. Elles viennent frapper le Golfe de Biscaye, souvent sans être accompagnées par les vents forts qui ont servi à leur création à des milliers de km de là, dans l'Atlantique N. Le vent est souvent offshore le matin quand il fait chaud en été, avec des brises de mer l'après-midi, qui diminuent progressivement en automne (la meilleure période pour le surf). L'hiver amène généralement plus de vent de NO et ça sature souvent sur les beachbreaks de Biscaye, mais les reefs se mettent alors à marcher en Bretagne et sur la Côte Basque, en offrant une solution de repli ou en concentrant la puissance de la houle, avec différentes orientations selon le vent. Les régions du S bénéficient d'une topographie idéale, avec un canyon sous-marin profond qui concentre la houle et l'amplifie. Il faut bien tenir compte des marées car elles sont importantes, de 9m en Manche aux alentours de 4,6m par vives eaux dans le S : n'oubliez pas votre calendrier des marées!

Northern France

The Channel coastline of Normandy and La Manche requires the biggest W swells or locally produced windswell to create any worthwhile rides. It lacks both power and consistency, but it's the closest surf to Paris and the chalk cliff scenery is a stunningly unique backdrop. The most consistent area is the northern part of the Cotentin Peninsula, which faces due W, while the coast of Normandy works mostly in SW storms. Some of the Channel spots also break on short fetch NW windchop. **Winter** is the best time to score anything decent, but the mega tides, heavy rips and freezing water temperatures challenge even the hardiest surfers.

Brittany, France's most westerly region boasts a wide swell window and should attract the lion's share of Atlantic swells to its 1500km of rugged coastline. Converting this promising aspect into good surf is a bit harder to

guarantee, since tides of up to 14m, swirling currents and offshore islands have a negative effect on the waves. The imposing feel to the surroundings is reflected in many place names, like Baie des Trépassés (Bay of the Dead) and Fromveur (Channel of Great Fear). The high cliffs and indented estuaries of the **North Brittany** coast hide many a fickle reef where local knowledge is indispensable. This jagged coast gives way to larger bays, low lying land and longer stretches of beach in the **South Finistère** area.

The centrally located Crozon Peninsula is the main surfing hub, focusing on some very consistent beachbreaks and a few pointbreaks as well. The SW tip of the département is home to the famous spot La Torche, but consistency quickly drops as the coast swings to face south along the **Morbihan and Loire Atlantique** (part of the Pays de la Loire) coast. Such a contorted coastline means if there is swell, there will be waves somewhere, whatever the wind is doing, but allow plenty of time for navigating the slow roads and fast tides. **Autumn to spring** should be the best window of opportunity, although exposed beaches will often be good in summer with a pushing tide.

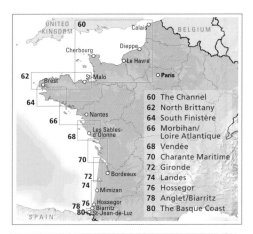

60	The Channel
62	North Brittany
64	South Finistère
66	Morbihan/ Loire Atlantique
68	Vendée
70	Charante Maritime
72	Gironde
74	Landes
76	Hossegor
78	Anglet/Biarritz
80	The Basque Coast

Brittany						
SURF STATISTICS	J/F	M/A	M/J	J/A	S/O	N/D
Dominant swell	SW-NW	SW-NW	NW-NE	NW-NE	SW-NW	SW-NW
Swell size (ft)	7	6	4	2	5-6	6-7
Consistency (%)	60	70	70	60	80	70
Dominant wind	SW-NW	SW-NW	NW-NE	NW-NE	NW-NE	SW-NW
Average force	F5	F4-F5	F4	F4	F4	F5
Consistency (%)	55	56	47	56	63	59
Water temp.(°C)	10	10	13	16	15	12
Wetsuit						

St Malo

KRISTEN PELOU

Middle – **St Malo is tucked into the north Brittany coast and needs bigger winter swells to work.**

Bottom – **One of a couple of shallow rights at Pointe de Lervily that is sensitive to swell direction and plagued by swirling currents.**

Île aux Vaches, Lervily

ERWAN CROUAN

Lostmarc'h

ERWAN CROUAN

Côte de Lumière

The départments of **Vendée** and **Charentes Maritime**, make up the 700km Côte de Lumière. Lumière means 'light' and it's a fact that this region receives the highest sunshine hours on the French Atlantic coast. It's an intriguing mix of Brittany's broken up coastline and Aquitaine's long straight sand dunes, with a good selection of underrated waves. The continental shelf extends out into the Bay of Biscay and there is a bit of a N-NW swell shadow from Brittany, so the beachbreaks don't quite have the power of the more famous spots further south. However, some interesting rocks and flat slab reefs can be found, particularly on the islands in the area. Proximity to some large cities ensures year-round crowds at the best spots, but this coastline is often overlooked by travelling surfers heading south. *Spring to autumn* for the beachbreaks until the winter swells and winds divert the focus to the island breaks and reefs that offer some protection.

Les départements de la Vendée et de la Charente-Maritime couvrent les 700km de la Côte de Lumière. Un nom qui n'est pas dû au hasard, car cette région bénéficie du plus grand nombre d'heures d'ensoleillement de la côte Atlantique. C'est un mélange fascinant qui tient à la fois des côtes tortueuses de Bretagne et des longues étendues rectilignes des dunes aquitaines, avec toute une série de spots qu'on sous-estime souvent. Le plateau continental s'étend assez au large de la côte et la Bretagne bloque un peu la houle de N/NO, les beachbreaks n'ont donc pas la puissance des meilleurs spots situés plus au S. On y trouve néanmoins des reefs et des dalles de rochers plats assez intéressants, notamment sur les îles. Les grandes villes côtières amènent du monde sur les spots toute l'année, mais cette partie de la France reste souvent négligée par les surfers qui descendent vers le S. Les beachbreaks marchent plus du printemps à l'automne, tandis que l'hiver on recherchera plus les îles et les reefs un peu abrités de la houle et du vent.

Top – **The long, west-facing beaches on the Crozon Peninsula are Brittany's most consistent and popular surf location. Lostmarc'h, looking large.**

Middle – **Often overlooked by travellers, Vendée offers some nice reef relief from the sands of Biscay. La Sauzaie right off the peak.**

Bottom – **La Torche attracts all kinds of crowds.**

Pour créer des vagues surfables, les côtes de Normandie et de **la Manche** exigent les plus grosses houles d'O, ou des houles de vent locales. Elles manquent souvent de puissance et de fréquence, mais c'est l'endroit le plus proche de Paris pour surfer, avec des falaises de craie en arrière-plan qui forment un panorama unique. L'endroit où ça rentre le mieux est le N de la péninsule du Cotentin, qui est exposée plein O, alors que la côte de Normandie marche en général plus par tempête de SO. Quelques spots de la Manche reçoivent aussi des vagues courtes de clapot créées par le vent de NO. *L'hiver* est la meilleure période pour surfer des vagues correctes, mais les marées énormes, les courants puissants et la température glaciale de l'eau met au défi les surfers les plus courageux.

La région la plus à l'O de France peut se vanter d'avoir la plus grande fenêtre d'exposition à la houle ; avec ses 1500km de côtes très découpées elle devrait par conséquent avoir la part du lion au niveau surf. Mais la réalité est un peu différente, car les vagues sont souvent perturbées par les marées qui peuvent atteindre 14m d'amplitude, le clapot causé par le courant et des îles au large bloquant un peu la houle. Le cadre est impressionnant, et les noms donnés à certains endroits font froid dans le dos, comme la Baie des Trépassés (morts lors des naufrages) ou Fromveur (le passage de l'effroi). Les hautes falaises et les estuaires qui serpentent le long des côtes de Bretagne Nord dissimulent quelques reefs capricieux, nécessitant une bonne connaissance des conditions locales pour surfer. En allant vers le Finistère Sud, ce littoral en dents de scie laisse la place à des baies plus larges sur une côte basse entrecoupée de plages plus longues.

Située au centre de la région, la péninsule de Crozon possède des beachbreaks qui marchent très souvent avec également quelques pointbreaks, ce qui en fait le centre du surf local. A la pointe SO du département on trouve le fameux spot de La Torche, mais en descendant vers **le Morbihan et la Loire Atlantique** (départements faisant partie des Pays de la Loire) les vagues commencent à rentrer moins bien, car la côte est orientée plus S. Le littoral breton est tellement découpé qu'on trouvera toujours quelque chose à surfer s'il y a de la houle et ce quel que soit le vent, mais il faut s'attendre à passer du temps sur la route et à jongler avec les horaires de marée. *L'automne et le printemps* sont les saisons les plus appropriées pour le surf, bien que ça puisse être souvent bon en été sur les beachbreaks bien exposés, à marée montante.

La Sauzaie

MARC FENIES

Aquitaine

The wide River Gironde divides the rocky coastline of northern France from the endless sands of Europe's longest beach to the south. Encompassing the départements of **Gironde** and **Landes**, the region of Aquitaine stretches in a straight line of sand from Pointe de Grave at the mouth of the Gironde to the long jetty at Boucau, flanking the mouth of the river Adour. This "beach" is on an unrivalled scale, and while each coastal town has its own wave variation, these 230 sandy kilometres represent the best beachbreak barrels in Europe. Bordeaux surfers frequent the waves found at the end of irregular access roads through the pine forests including the consistent and earliest French pro contest venue of Lacanau. Long stretches of beach remain unridden as crowds stay close to the towns and car parks even in summer, when a 20min walk could be rewarded. South of the Basin d'Arcachon, the same applies down to Vieux-Boucau where crowds begin to increase along with the wave size.

The southern part of Landes benefits from the deep submarine canyon that cuts through the continental shelf of the Bay of Biscay, pointing directly at the town of **Hossegor**. Known as the "Fosse de Capbreton" this swell-focusing trench (or 'gouf') is the reason that Hossegor has forged a reputation for being one of the best beachbreaks on the planet. Up to 3m, Hossegor's beaches deliver exceptionally powerful, perfect peaks, often

La Torche

KRISTEN PELOU

very close to shore and invariably hollow. When conditions conspire, spitting barrels can be spied far into the distance in either direction, spreading groups of surfers away from the main access points. On the downside, currents and longshore drift can be brutal, sandbars are constantly shifting, paddling-out channels are scarce at size, tidal ranges are large and wind protection is almost non-existent.

However none of these factors have deterred the ever-growing crowds of riders and surf companies that call Hossegor home, helped by the fact that this corner of Europe's Atlantic coast has the warmest water temps, allowing up to four months of rubberless surfing. Southern Landes is close to being a year-round destination, although big, cold beachbreaks at La Nord are not everyone's idea of fun. **Summer and autumn** are the pick as the W-NW winds are at their lightest and the weather and water at their warmest.

La Nord

GECKO

La Nord handles the bigger swells of autumn and winter.

Surf Culture

History

In 1956, Hollywood scriptwriter Peter Viertel was on the Basque coast shooting an adaptation of Hemingway's novel *The Sun Also Rises*. Amazed by the waves, he sent for a surfboard from California, but he was a strict beginner and shared his apprenticeship with a couple of Biarritz locals, George Hennebutte and Joel de Rosnay. His wife, the actress Deborah Kerr, became the patroness of France's first surf club, 'The Waikiki'. Within a year the sport had grown and Hennebutte, together with Michel Barland and Jacky Rott began to make longboards under Barland's name. Barland himself became a great innovator and has been credited, among other things, with designing the first pre-shape machine in 1981.

Other regions followed with Antoine Vivien and the Mayeux brothers pioneering the Channel area, as they discovered the potential of the Étretat region in the late '60s. With ferry lines opening between Plymouth and Roscoff in 1972, British surfers soon started to cruise Brittany on their way south. It wasn't long before local Bruno Troadec started surfing in Douarnenez, and went on to become a renowned shaper. Windsurfers like European champion Dominique le Bihan or traveller Serge Griesman were quick to adapt to sail-less boards. More surprisingly in Quimper it was members from a judo club that got into surfing after several demonstrations by Vendée pioneer Patrice "le chat" Chatillon in the late '70s.

The surfers of the '60s, who never went anywhere without a handful of guys in the car, were replaced by a generation of individualists, searching the coast for new waves. The first surf films containing European content were shot in southern France, namely *Wave of Change* by Greg MacGillivray and Jim Freeman. Filmed in autumn 1968, it starred Billy Hamilton, Keith Paul and Mark Markinson, but the most famous was the seminal flick *Evolution*, made by Paul Witzig starring Nat Young and Wayne Lynch, shot principally at La Barre. Despite the media

ALEX LAUREL

Jo Moraiz started giving surf lessons in 1966 at Côte des Basques.

attention, surfing in France remained a marginal sport until the end of the '70s. This changed with the Lacanau Pro, created in 1979 and the World Amateurs in 1980. Big names such as Tom Curren, Gary Elkerton and Maurice Cole transplanted to Anglet, Lacanau and Hossegor respectively and helped to put France on the map as a mainstream surfing nation.

En 1956 le scénariste Peter Viertel était sur la Côte Basque pour tourner une adaptation de *The Sun Also Rises*, une nouvelle d' Hemingway. Etonné par la qualité des vagues, il se fit envoyer une planche de Californie, mais il débutait tout juste le surf et dû apprendre avec quelques locaux de Biarritz comme George Hennebutte et Joel de Rosnay. Sa femme, l'actrice Deborah Kerr, devint la marraine du premier club de surf de France, le Waikiki surfclub. L'année suivante, ce sport avait si bien pris à Biarritz que Hennebutte, en collaboration avec Michel Barland et Jacky Rott, commencèrent à fabriquer des longboards sous le nom de Barland. Barland lui-même devint un grand innovateur, et on lui doit entre autres la première machine à shaper en 1981.

Le mouvement fut suivi dans d'autres régions grâce notamment à Antoine Vivien et les frères Mayeux, qui furent les pionniers dans la région de la Manche, car ils découvrirent le potentiel du secteur d' Étretat vers la fin des années 60. Avec l'ouverture de nouvelles lignes de ferry entre Plymouth et Roscoff en 1972, les surfers anglais en partance vers le S se mirent à faire un stop en Bretagne. Il ne fallut d'ailleurs pas attendre longtemps pour que Bruno Troadec commence à surfer à Douarnenez, avant de devenir un shaper reconnu. Les windsurfers s'adaptèrent rapidement à ces planches sans voile, comme le champion d'Europe Dominique le Bihan ou le trippeur Serge Griesman. De façon plus surprenante, ce furent les membres d'un club de judo qui se mirent au surf après plusieurs démonstrations à Quimper faites par un pionnier de Vendée, Patrice "le chat" Chatillon, vers la fin des années 70.

Les surfers des années 60, qui ne se déplaçaient jamais sans leurs copains, ont cédé la place à une génération plus individualiste, qui partit à l'exploration de la côte. Les premiers films de surf montrant l'Europe furent tournés dans le S de la France, dans Wave of Change de Greg Mac Gillivray et Jim Freeman. Filmé durant l'automne 1968, on y voit Billy Hamilton, Keith Paull et Mark Markinson. Mais le film le plus connu (et qui en a inspiré plus d'un) s'appelait Evolution, réalisé par Paul Witzig avec Nat Young et Wayne Lynch, filmé principalement à La Barre. Malgré l'attention des médias, le surf en France demeura un sport marginal jusqu'à la fin des années 70. Mais cette situation changea avec le Lacanau Pro, créé en 1979, et les Championnats du Monde Amateur en 1980. De grands noms du surf comme Tom Curren, Gary Elkerton et Maurice Cole s'installèrent à Anglet, Lacanau et Hossegor respectivement, et contribuèrent à faire de la France un des pays majeurs au niveau du surf.

Today

The number of surfers has increased quickly in recent years to reach 60000, an amount that can double in the summertime if you include all the wannabees floating in the line-ups. Consequently, verbal abuse is common at the most popular spots and tyre slashing still has a few proponents. France represents an important leg of the ASP tour with large summer WQS events in Anglet, Lacanau and Hossegor and a mobile WCT comp, re-scheduled for autumn to enjoy the best conditions. The Biarritz Surf Festival stands as one of the most important stops on the World Longboard Tour, even acting as the venue for the final in 2004.

Local surfers are more than spectators and after WQS warriors Fred Robin, Mickael Picon and Patrick Beven flirted with qualification for a few years, Franco-Brazilian Eric Rebière finally made the 2004 WCT. Moroccan born Mikael Picon has surfed his way through the WQS and has now joined the WCT tour as the only European surfer in the top 44. Marie-Pierre Abgrall had done the same for the women a year earlier. Hopes for the future lie in wunderkind Jeremy Flores.

The 'Pôle France' in Bayonne let other young talents combine training and studies. The French Surf Federation has a technical director and surfers are accepted as top-level athletes. Surf shops and boards are easy to find, and quality is generally high, but prices are among the highest in Europe (around 550€). The southwest has become the home of the European surfing industry with all the big names establishing offices, factories or distribution warehouses between Hossegor and the border, along with some large retail outlets.

ERWAN CROUAN

In Brittany, small independent shapers still thrive.

Le nombre de surfers a rapidement augmenté ces dernières années, pour atteindre les 60000, un chiffre qui peut doubler en été si l'on compte tous les soi-disants surfers qui font la bouée au pic. Les altercations verbales sont par conséquent assez courantes et il y a encore des adeptes du crevage de pneus. La France reçoit chaque année une étape importante du tour ASP avec des compets importantes à Anglet, Lacanau et Hossegor sans parler de la compet WCT mobile, qui a été reprogrammée à l'automne pour profiter de meilleures conditions. Le Biarritz Surf Festival est une des plus importantes épreuves du World Longboard Tour, elle a même été l'étape finale en 2004.

Les surfers locaux ne sont pas en reste, et après que les compétiteurs de WQS Fred Robin, Mickael Picon et Patrick Beven ont flirté avec la qualification pendant quelques années, la Franco-Brésilien Eric Rebière a finalement réussi à intégrer le WCT en 2004. Marie-Pierre Abgrall avait réussi la même chose l'année précédente, et en 2006 le seul surfer européen sur le WCT est Mickael Picon, un surfeur français d'origine marocaine, qui a obtenu sa qualification à l'issue du WQS 2005. Beaucoup d'espoirs reposent maintenant sur les épaules du jeune prodige Jérémy Flores.

Le Pôle France à Bayonne permet aux jeunes talents de concilier l'entraînement et les études. La Fédération Française de Surf a mis en place un directeur technique et les surfers sont considérés comme des athlètes de haut niveau. Les surfshops et les planches sont faciles à trouver et de bonne qualité en général mais les prix sont parmi les plus élevés en Europe (550€ environ). Le Sud-ouest est devenu le QG de l'industrie du surf européenne : toutes les grandes marques ont installé leurs bureaux, usines ou entrepôts de distribution entre Hossegor et la frontière, ainsi que de gros surfshops.

Le grand estuaire de la Gironde marque la séparation entre les côtes rocheuses du N de la France et les immenses étendues de sable au S, qui constituent la plus grande plage d'Europe. Le littoral de la région Aquitaine, qui comprend les départements des **Landes** et de la **Gironde**, est en effet une plage de sable rectiligne depuis la Pointe de Grave, à l'embouchure de la Gironde, jusqu'à la longue digue du Boucau qui borde l'Adour. Cette « plage » est à une échelle démesurée, et malgré quelques variations en qualité le long des petites villes de la côte, c'est sur ces 230km de sable que l'on trouve les meilleurs tubes de beachbreak en Europe. Les surfers de Bordeaux vont souvent à Lacanau, où ça marche souvent et où fut organisé la première compet pro en France, et vont surfer les spots alentours par les routes et les pistes qui traversent la forêt de pins. De longues portions de plage restent désertes, car les gens restent souvent près des villes et des parkings même en été, alors que 20mn de marche à pied suffit pour trouver des vagues avec beaucoup moins de monde. Même topo au S du bassin d'Arcachon jusqu'à Vieux-Boucau, où il commence à y avoir plus de monde et de taille au niveau des vagues.

Le Sud des Landes a l'avantage d'avoir un canyon sous-marin très profond qui cisaille le plateau continental du golfe de Biscaye au niveau d'Hossegor. C'est d'ailleurs grâce à cette fosse (autrement appelée gouf de Capbreton) que la houle n'est presque pas freinée et que **Hossegor** s'est taillé sa réputation d'un des meilleurs beachbreaks du monde. Jusqu'à 3m, on peut y surfer des pics qui peuvent être parfaits et incroyablement puissants, très près du bord et toujours très creux. Quand les conditions sont réunies, on peut apercevoir à une bonne distance des tubes avec le souffle, avec des groupes de surfers loin des accès principaux. Mais il faut dire aussi que les courants parallèles à la côte et ceux de baïnes peuvent être très violents, les bancs de sable changent constamment, il y a peu de passes pour aller au line-up, les marées ont une forte amplitude et il n'y a quasiment aucune protection contre le vent.

Malgré ces inconvénients, cela n'a pas empêché Hossegor d'attirer de plus en plus de surfers et d'entreprises liées au surf, avec comme bonus les températures les plus clémentes de la côte atlantique en Europe, qui permettent de surfer pratiquement 4 mois sans combinaison. Le Sud des Landes est un endroit qui marche quasiment toute l'année, bien que certains aient une autre conception du plaisir que d'aller affronter les gros pics de La Nord en hiver. *L'été et l'automne* sont les meilleures saisons, car le vent de O-NO y est le plus faible, tandis que les températures de l'air et de l'eau y sont les plus élevées.

The Basque Coast

The '**Côte Basque**' shares many characteristics with the north-facing Spanish coast and is blessed with some decent submarine geology. Slabs of reef dot the coast, focusing some of the most organised and unadulterated swell trains into scary, big wave arenas. There are also coves, headlands and a series of jetties in **Anglet**, offering wind protection unseen on the beaches to the north. This short coastline curves from the exposed WNW-facing spots of Anglet to the sheltered, northerly aspect of the beginners' beach at Hendaye, creating cross/offshore conditions when winter south-westerlies blow.

Famous reefs like Guéthary and Lafiténia attract the crowds from far and wide, especially when the beaches are maxed out or onshore. Furthermore, with huge 4m+ spring tidal ranges, the window of opportunity becomes compressed for many spots, adding to the density of surfers in the line-up. The Côte Basque is now recognised as the big-wave venue on mainland

Casernes

Europe since the 2002 discovery and subsequent towing-in at the bombora reef Belharra. Avalanche also handles huge swells, entertaining a dedicated local crew of chargers who usually prefer to paddle-in. Flexibility in aspect and wave type suggests that the Côte Basque is a *year-round* surf destination. From the summer beachies in Anglet to the winter reefs around Guéthary, there is always something to ride and there is always someone to ride it, regardless of the season.

La **Côte Basque** partage beaucoup de similitudes avec la côte N de l'Espagne et bénéficie d'une bonne configuration des fonds. La côte est parsemée de dalles de rochers qui concentrent les trains de houle parmi les plus ordonnés et parfaits qui soient, pour créer des spots de gros très impressionnants. Il y a aussi des criques, des pointes de rochers et une succession de digues à **Anglet**, qui ont l'avantage d'être protégées du vent, ce qui n'est pas le cas sur les plages situées plus au N. Cette portion de côte assez courte s'incurve depuis les spots exposés O-NO d'Anglet jusqu'à la plage protégée d'Hendaye orientée presque N, plus adaptée aux débutants et cross/ offshore quand ça souffle fort du SO.

Les reefs connus comme Guéthary et Lafitenia attirent du monde qui vient de loin lorsque les plages saturent ou sont trop onshore. Il faut ajouter qu'avec des marées de vives eaux de 4m et plus d'amplitude, les bons créneaux sont assez réduits, ce qui engorge les spots un peu plus. La Côte Basque est maintenant considérée comme une destination de gros surf en Europe depuis que le reef de Belharra a été découvert et surfé en tow-in en 2002. Avalanche peut aussi tenir des houles énormes, ce qui ravit les quelques locaux hardcore qui préfèrent y aller à la rame. Les nombreuses possibilités offertes sur la Côte Basque en font une bonne destination *toute l'année*. Des beachbreaks d'Anglet aux reefs du secteur de Guéthary, il y a toujours des vagues à surfer et quelqu'un pour les surfer, quelle que soit la saison.

Hossegor						
SURF STATISTICS	J/F	M/A	M/J	J/A	S/O	N/D
Dominant swell	W-NW	W-NW	W-NE	W-NE	W-NW	W-NW
Swell size (ft)	7-8	6-7	5	3	6	7
Consistency (%)	50	60	80	50	80	70
Dominant wind	W-NW	W-NW	W-NE	W-NE	NE-E	W-NW
Average force	F5	F5	F4	F3	F3	F5
Consistency (%)	36	37	38	39	31	40
Water temp.(°C)	12	13	17	21	18	15
Wetsuit						

Top – Walk up the beach from busy Hossegor access points to hook into some uncrowded barrels.

Bottom – **Avalanche** is the perfect name for this left where local hell men paddle in on their 9'+ pintails and race 7m walls.

Avalanche

The Ocean Environment

Pollution

French inshore water pollution takes many forms, including agricultural, industrial, nuclear and domestic, plus there has recently been two high-profile catastrophic oil spills. The *Erika* shed its load of 14000 tonnes, leaving beaches from Brittany to Gironde with a thick, toxic, blanket of heavy fuel oil #6. More recently, the *Prestige* sinking off Galicia in Spain has devastated coastal environments as far away as Normandy, causing beach closures and severe pollution throughout the Bay of Biscay. Authorities enforced beach closures and a blanket ban on entering the water when the thick deposits appeared or when the media were focused on the problem.

Different regions experience different types and degrees of pollution. The Channel is extremely polluted with petrochemicals, oil and sewage discharges from heavy shipping traffic. Nuclear power stations are sited in Normandy, while Brittany has excess nitrate levels in sea-bound watercourses. The sandy expanse of the Bay of Biscay from Charentes to Landes has long been a region of small coastal villages and holiday homes so when summer crowds arrive, the basic sewage and septic systems struggle to cope. The forestry and timber industries are big, plus France has long used open drains for grey water in rural areas and although legislation is changing, surfing near rivermouths is risking infection. The Basque coast regularly exceeds the bacteria quotas, but things are improving on the Spanish side.

Côte des Basques

Top – **With 230kms of uninterrupted sand, it comes as no surprise that Aquitaine has a huge beach dune stabilisation programme.**

Middle – **Massive shoreline defences at Côte des Basques are trying to slow the crumbling of the sedimentary cliffs around Biarritz.**

Like SAS in the UK, the French-based Surfrider Foundation Europe has increased pollution awareness and is forcing the improvement of coastal water quality through regional initiatives and political lobbying. Convincing local authorities that year-round ocean water users were getting ill more often than non users has led to improving water quality although not to a level beyond that required by European law.

La pollution de l'eau sur les côtes en France provient de nombreuses sources, domestique, agricole, industrielle et nucléaire, sans parler des deux récentes marées noires dont on a beaucoup parlé et dont l'ampleur a été catastrophique. L'Erika a laissé échapper en mer ses 14000 tonnes de fioul lourd numéro 6, recouvrant les plages de Bretagne à la Gironde d'une épaisse couche de pétrole toxique. Plus récemment, en faisant naufrage au large de la Galice, le *Prestige* a saccagé les écosystèmes côtiers jusqu'en Normandie, entraînant des fermetures de plage et une forte pollution le long du Golfe de Biscaye. Les autorités firent appliquer les interdictions d'aller sur la plage sous peine d'amende, et même une interdiction généralisée d'entrer dans l'eau quand il y avait trop de galettes de pétrole ou quand la marée noire attirait trop l'attention des médias.

Le type et le degré de pollution de l'eau varie selon chaque région. La Manche est extrêmement polluée par les produits pétro-chimiques, le pétrole et les rejets en mer occasionnés par le fort trafic maritime. La Normandie compte plusieurs centrales nucléaires, tandis que les taux de nitrate sont excessivement élevés dans les fleuves côtiers de Bretagne. Sur la grande zone sableuse de la baie de Biscaye qui s'étend des

Charentes aux Landes, on trouve surtout des petits villages côtiers et des résidences secondaires, et en été stations d'épuration et fosses septiques ont du mal à s'adapter à la foule des touristes. La sylviculture et l'industrie du bois sont aussi très présentes ici, et la France a longtemps permis aux zones rurales les évacuations à ciel ouvert pour les eaux usées. Bien que la législation soit en train de changer, on risque toujours d'attraper des infections en surfant à l'embouchure des rivières. Les normes bactériologiques sont régulièrement dépassées sur la côte Basque, mais les choses s'améliorent du côté espagnol.

Basée en France, l'association Surfrider Foundation Europe fait de la sensibilisation face au problème de la pollution, tout comme SAS au Royaume-Uni, et contribue à l'amélioration de la qualité de l'eau grâce à des actions régionales et au lobbying politique. En montrant aux autorités locales que les personnes régulièrement en contact avec la mer tombaient malades plus souvent que les autres, certains efforts ont été consentis pour améliorer la qualité de l'eau, bien que ceux-ci s'arrêtent souvent au niveau requis par les directives européennes.

Erosion

There are some scattered jetties and armouring along the Channel, yet Brittany remains largely unadulterated with erosion control constructions, despite some of the biggest tidal ranges on the planet. The sands of Biscay are in a constant state of flux as currents and storms constantly rearrange the shape of the beach. Fortunately, there is little in the way of intervention and where there are jetties, there are usually great waves as well. The entrance to the Capbreton harbour is an example, although recent dredging activities have temporarily starved some breaks of sand and over-fed others. Long-term effects are unknown, but there is legitimate concern over the amount of waste and chemicals in the dredging spoils. Extensive dune stabilisation programmes may be interrupting the natural sand circulation patterns, starving the line-up of sand and contributing to an apparent steepening of the beach at the high tide line.

This means small swell, high tide sessions are more unlikely. The submarine canyon that funnels swell into Capbreton is the result of eons of erosive forces from the flow of the river Adour. During the 18th century, Napolean re-directed the river to Bayonne, in an effort to create a safe harbour from the incessant waves. Armouring the new rivermouth in the late '60s and then further jetty extensions, have altered the world-class La Barre beachbreak, resulting in a rarely breaking, backwashy set of peaks. Anglet bristles with groynes and heralds the beginning of the rocky geology of the Basque coast. Large chunks of sedimentary cliff have recently broken off the Biarritz cliffs, indicating a relentless erosion problem that may have been exacerbated by the armouring to the north.

Il y a quelques digues et autres protections artificielles ici et là le long de la Manche, mais la Bretagne reste largement épargnée par les tentatives de lutte contre l'érosion par des enrochements, malgré des amplitudes de marée parmi les plus importantes au monde. Le sable de Biscaye est en mouvement constant à cause des courants et des tempêtes qui remodèlent en permanence le trait de côte. Heureusement, peu d'interventions ont été réalisées - mais il faut dire que là où il y a des jetées, il y a aussi de bonnes vagues en général. L'entrée du port de Capbreton en est un bon exemple, bien qu'un dragage récent ait enlevé du sable sur certains spots et en ait trop réensablé d'autres. Les conséquences à long terme sont encore mal connues, mais on peut s'inquiéter des quantités de déchets et de substances chimiques présentes dans les boues du dragage. Les programmes de stabilisation de la dune à grande échelle peuvent interrompre le transit naturel de sable, privant les spots de leur apport naturel et contribuant au raidissement du profil de la plage sur la ligne de marée haute.

Cela signifie à terme que les petites houles ont plus de mal à déferler à marée haute. Le canyon sous-marin qui concentre la houle vers Capbreton est le résultat de millions d'années d'érosion exercée par l'écoulement de l'Adour. Au XVIIIe siècle, Napoléon fit détourner la rivière vers Bayonne, pour créer un port plus sûr protégé de la houle incessante de la côte landaise. Avec le bétonnage de l'embouchure à la fin des années 60 et le rallongement les jetées ensuite, le spot worldclass de La Barre disparut pour laisser place à quelques rares pics avec du backwash. Les plages d'Anglet sont elles aussi hérissées d'épis rocheux et annoncent le début du relief plus rocailleux de la Côte Basque. De gros blocs de roches sédimentaires sont tombés récemment des falaises de Biarritz, ce qui témoigne d'un problème d'érosion continu qui semble avoir été aggravé par les protections artificielles réalisées au N.

Access

French coastal access is fairly good, with no private beaches on the Atlantic coast and adequate access paths in most départments. French nuclear submarine bases occupy a large out of bounds area of the Crozon Peninsula in Brittany, and the military use the odd stretch of beach for target practice. Cliffs and private farmland may be an obstacle to getting to the surf in the northern regions. The large managed pine forests of the south are latticed by trails but it is not permitted to drive on them, so long walks along the beach are the safest option. The only other hurdle may be police-enforced surfing bans if fresh oil surfaces from the wreck of the *Prestige* and inundates the Biscay beaches again.

L'accès au littoral est assez facile, car il n'y a aucune plage privée sur la côte atlantique et de nombreux chemins d'accès dans la plupart des départements. Une base militaire de sous-marins nucléaires occupe une grande zone interdite d'accès sur la péninsule de Crozon et utilise de temps en temps une portion de plage pour des exercices de tir. Des falaises en bord de mer et les zones appartenant aux agriculteurs peuvent également empêcher l'accès aux spots dans le N. La grande forêt de pins cultivée dans le S est quadrillée de pistes mais il est interdit d'y passer en voiture, donc il vaut mieux marcher sur la plage pour trouver son spot. Le dernier autre obstacle peut venir d'une interdiction d'aller à l'eau sous peine d'amende si du fioul provenant de l'épave du *Prestige* venait à refaire surface et envahir une nouvelle fois les plages de la côte.

Hazards

Treacherous rips, savage shoredump, extreme tides and some of Europe's biggest waves put France firmly in the heavy water category. While the media portrays warm, sensual, beachbreak barrels during the September competition orgy, mid-winter sees the beaches closed-out and the Basque reefs bombed out by huge Atlantic swells. Cold water, longshore current and some unforgiving reef conspire with hard-core local crews to challenge the off-season visitor. Water-borne hazards include man-o-war, sea lice and occasional red-tide algal blooms. Shark attacks are almost unheard of. Coastal rescue services are widespread throughout the country, but more care should be taken in remote locations.

Courants traîtres, shorebreaks redoutables, marées extrêmes et des vagues parmi les plus grosses en Europe : la France figure sans aucun doute sur la liste des pays où la mer remue beaucoup. Alors que les médias montrent un mois de septembre chaud et sensuel avec une orgie de tubes lors des compétitions, en plein hiver les beachbreaks saturent souvent et les reefs de la Côte Basque sont bombardés par des swells énormes. Le visiteur devra alors à la fois affronter l'eau froide, les courants latéraux, des reefs qui ne pardonnent pas et des locaux hardcore. Il faudra se méfier de certaines méduses urticantes, il y a aussi des puces de mer et des bancs d'algues rouges qui arrivent parfois en masse. Les attaques de requin sont quasiment inexistantes. Les plages sont bien surveillées en général mais il faut faire attention dans les endroits plus isolés.

FRÉDÉRIC LE LEANNEC

Top – **A contorted, rocky coastline in Brittany can make just getting to the water a real mission.**

Middle – **Jetty construction and lengthening has all but killed the famous lefts of La Barre and the heavy pollution hasn't gone away either.**

Bottom – **Strong currents and board-snapping power are a feature of French beachbreaks.**

MARC FENIES
La Barre

KRISTEN PELOU

Travel Information

Getting There
By air
Paris has two international airports, including Roissy-Charles de Gaulle (CDG) and Orly. There are easy internal flight connections to Brest, Bordeaux, Biarritz, or Marseille with national carrier Air France. There is no French low cost airline and budget arrivals from around Europe may use smaller, provincial airports. Always expect surfboard charges.

There are a multitude of ferry crossings linking France with other countries and its offshore islands.

		J/F	M/A	M/J	J/A	S/O	N/D
Weather Statistics							
CALAIS	Total rainfall	41	36	36	60	62	67
	Consistency (days/mth)	14	16	13	12	15	17
	Min temp. (°C)	2	5	7	15	12	5
	Max temp. (°C)	6	9	15	19	15	8
BREST	Total rainfall	115	83	63	70	98	145
	Consistency (days/mth)	16	12	9	11	13	18
	Min temp. (°C)	4	6	9	13	10	6
	Max temp. (°C)	9	12	17	20	17	11
BIARRITZ	Total rainfall	132	126	105	84	130	161
	Consistency (days/mth)	14	13	12	12	14	16
	Min temp. (°C)	5	7	12	16	13	6
	Max temp. (°C)	12	15	20	24	22	14

Il y a deux aéroports internationaux à Paris, Roissy-Charles de Gaulle (CDG) and Orly. On peut rejoindre Brest, Bordeaux, Biarritz, ou Marseille facilement par des vols intérieurs avec Air France, la compagnie aérienne nationale. Il n'y a pas de compagnie low-cost française et celles qui arrivent d'ailleurs depuis l'Europe desservent des aéroports de province plus petits. Attendez-vous à payer à chaque fois pour les planches.

By Sea
Car ferries ply the Channel linking France with England and Ireland. Round the clock, speedy crossings between Dover and Calais are cheap, but leave plenty of driving miles to the Atlantic coast. Slower, expensive, overnight crossings between Brittany and southern England are more relaxing and arrive much closer to the premier surf. Prices are extremely seasonal so peak time bookings from mid July to September should be made early.

Les ferries embarquant les voitures font la navette à travers la Manche entre la France, l'Angleterre et l'Irlande. Il y a des liaisons rapides et pas chères toutes les heures entre Douvres et Calais, mais ça rallonge ensuite pour rejoindre la côte atlantique. Les traversées de nuit sont plus lentes et assez chères entre la Bretagne et le S de l'Angleterre, mais aussi plus relaxantes et on peut surfer dès l'arrivée. Les prix varient énormément selon la saison, pensez à réserver à l'avance si vous partez dans la période de mi-juillet à septembre.

By Train
From Paris, TGV bullet trains are fast and efficient servicing Brest (3hrs), Nantes (2hrs), La Rochelle (3hrs), Bordeaux (4hrs) and Biarritz (5hrs). Thalys is a high-speed rail network connecting France, Belgium, Germany and the Netherlands. Eurostar connects London's Waterloo directly with Paris. There are also services to Spain, Switzerland and Italy. The SNCF national network is all stops – i.e. slow! – but there are also fast and comfortable regional trains (TER). Check when booking about surfboards, which may have to travel in the baggage car and always attract extra charges. Sernam provide a bulky luggage service (sea boards up to 3m), costs €39 and takes 48 hours.

Depuis Paris, le TGV est rapide et efficace, il dessert Brest (3h), Nantes (2h), La Rochelle (3h), Bordeaux (4h) et Biarritz (5h). Thalys est un réseau à grande vitesse reliant la France, la Belgique, l'Allemagne et les Pays-Bas. Eurostar fait la connection directe avec Paris depuis la gare de Waterloo à Londres. Il y a aussi des liaisons avec l'Espagne, la Suisse, et l'Italie. Les trains de la compagnie ferroviaire nationale SNCF s'arrêtent assez souvent – ils mettent donc plus de temps – mais il y a aussi des trains régionaux assez rapides et confortables (TER). Demandez pour les planches au moment de réserver votre billet, car il faudra peut-être payer et les mettre dans un compartiment à bagages. La Sernam propose un service pour bagages encombrants (planches jusqu'à 3m), qui coûte 39€, avec une livraison en 48h.

Visas
France is a Schengen state and citizens of most European countries, USA, Australia, Canada and New Zealand do not require visas. All others, including South Africans and those planning to stay more than three months, must obtain a visa from the French consulate in their home country.

La France fait partie de la zone Schengen, la plupart des citoyens européens et ceux des Etats-Unis, du Canada, de l'Australie et de la Nouvelle-Zélande n'ont pas besoin de visa. Tous les autres, plus les ressortissants d'Afrique du S et ceux qui comptent rester plus de 90 jours doivent obtenir un visa à l' ambassade de leur pays de résidence.

Getting Around
French roads are some of the best in the world. Choose between the high-speed péage autoroutes (toll motorways – 130km/h limit) or RN roads (Routes Nationales – 110km/h limit), which are slower and pass through

town centres. Calais to Bordeaux is roughly 867km, takes 8 hours and costs around €73 for a van. It takes another 1.5 hours to Hossegor (free). For most foreign surfers, travelling by campervan is the only way to go. Campsites are numerous and range from pricey mega-sites to cheap aire de campings offering water and sometimes even electric hook-ups. Free-camping the car parks and forest is frowned upon these days and often attracts the wrong kind of attention. Petrol prices in France are among the highest in Europe especially at the péage pumps. The cheapest place to buy fuel is from the supermarkets. French roads are often congested at the beginning of August and long drives should be avoided at these times. Insurance, license, passport and vehicle registration documents (including a letter of authorisation from the owner if you don't own it) must be carried whilst driving. Police checks are often just after péage booths. A clean appearance and van can help avoid hassles. All the large rental car companies can be found at most airports. Bus services are only useful in urban areas like Biarritz/Anglet and even in Hossegor, but become unreliable outside of July/August. Intercity coaches have a baggage size restriction of 150cm so bodyboards only!

GECKO

Top – **Hossegor is the competition capital of Europe, drawing huge crowds to the beach.**

Bottom – **French péages are expensive and often clogged in summer.**

Le réseau routier français est un des meilleurs au monde. Vous avez le choix entre les autoroutes à péage (vitesse limitée à 130km/h) ou les Routes Nationales (RN) limitées à 110km/, qui sont moins rapides et passent souvent par les centre-villes. Il y a environ 867km de Calais à Bordeaux, il faut à peu près 8 h et cela revient à 73€ environ pour un van. Il faut ajouter 1h et demie pour aller à Hossegor (pas de péages). Pour la plupart des surfers, la solution idéale est le camping-car. On trouve de nombreux campings, depuis les énormes sites quatre étoiles jusqu'aux aires de campings parfois gratuites avec de l'eau et quelquefois des bornes pour l'électricité. Le camping sauvage sur les parkings et dans la forêt est de moins en moins toléré, car il attire une faune peu recommandable qui donne souvent une mauvaise image. Le prix de l'essence est un des plus élevés en Europe, surtout dans les stations d'autoroute, le moins cher est d'aller la prendre dans les super et hypermarchés. Les routes sont souvent bondées début août, mieux vaut alors ne pas envisager de longs trajets à cette période. Pensez à avoir avec vous les papiers du véhicule, permis et assurance (ainsi qu'un document signé par le propriétaire si ce n'est pas votre voiture). Les contrôles de gendarmerie se font souvent juste après les péages. Il vaut mieux être assez clean avec un van bien rangé pour éviter d'attirer l'attention. On trouve toutes les principales compagnies de location de voitures dans les aéroports. Les bus sont une bonne solution dans les zones urbaines comme Biarritz/Anglet et même jusqu'à Hossegor, mais en dehors de juillet et août il n'y en a plus beaucoup. Les bus qui relient les villes entre elles ne prennent pas les bagages faisant plus de 150cm: seuls les bodyboards sont acceptés!

Currency
France uses the Euro although prices are still shown in French francs on most goods. Some Automatic Cash Machines often don't recognise foreign credit cards and only take the French Carte Bleue debit card.

On utilise l'Euro en France bien que les prix en Francs soient encore marqués sur la plupart des produits. Certains distributeurs n'acceptent pas les cartes de crédit étrangères et ne prennent que les Cartes Bleues françaises.

Airports
Paris Roissy-Charles de Gaulle:
www.paris-cdg.com; www.adp.fr
Tel: 01 48 62 22 80; 01 48 62 12 12
Paris d'Orly
www.paris-ory.com; www.adp.fr
Tel: 01 49 75 15 15
www.bordeaux.aeroport.fr
Tel: 05 56 34 50 50
www.biarritz.aeroport.fr
Tel: 05 59 43 83 83
www.brest.aeroport.fr
Tel: 02 98 32 01 00
www.larochelle.aeroport.fr
Tel: 05 46 42 30 26

Airlines
www.airfrance.com
Tel: 08 20 82 08 20
www.ryanair.com
Tel: 08 25 07 16 20; 0892 232 375
Biarritz: 05 59 43 83 93

Ferries
www.poferries.com
Tel: 0825 12 01 56
www.seafrance.com
Tel: 08 03 04 40 45; 03 21 46 80 00
www.hoverspeed.co.uk
Tel: 0800 1211 1211,
(Calais 03 21 46 14 14)
www.transmancheferries.com
Tel: 0800 65 01 00
www.brittanyferries.com
Tel: 08 25 82 88 28
www.condorferries.co.uk
Tel: 02 99 20 03 00
www.irishferries.com
Tel: 01 53 99 56 39

Trains
www.sncf.com
Tel: 01 5342 0000
08 36 35 35 35 (Fr)
08 36 35 35 39 (English)
www.tgv.com
Tel: 08 92 35 35 35
www.thalys.com
Tel: 08 25 84 25 97
www.eurostar.com
Tel: 08 10 63 03 04 (French)
+44 1233 617 575 (English)
www.eurotunnel.com
Tel: 08 10 63 03 04 (French)
08705 353535 (English)

Coaches/Buses
www.eurolines.com or
www.eurolines.fr
Tel: 08 36 69 52 52
Bordeaux: 05 56 92 50 42

Tourist Information
www.francetourism.com:
www.franceguide.com
www.tourisme.fr
www.bordeaux-tourisme.com
www.brittanytourism.com
www.corsica.net
www.normandy-tourism.org

Telephone Information
International code: 33
Dialing out: 00
Emergencies: 15
International directory: 32 12
Directory enquiries: 118 075

YEP

The Channel

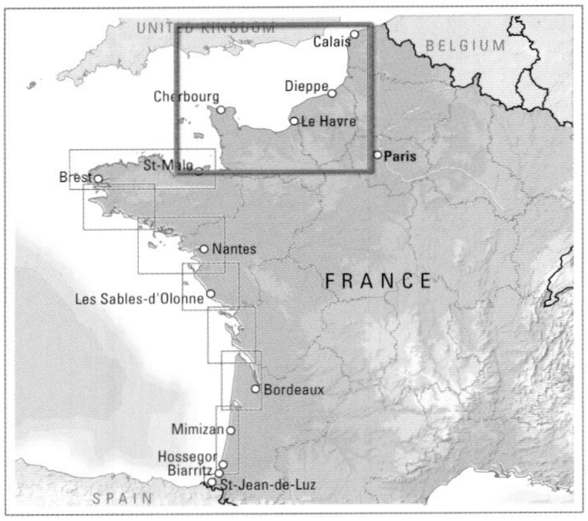

1. Calais

Surf kicks up next to the jetty with strong NE winds. Otherwise ferries can spice up a session at Blériot or Sangatte. NDBC buoy 62304 is located right at the entrance of the port (Sandettie lightship).

Quand ça souffle fort du Nord-Est, on surfe à l'abri de la digue. Sinon les passages des ferries peuvent pimenter une session sur les plages de Blériot ou Sangatte. La bouée NDBC 62304 donne la hauteur de houle à l'entrée du port.

2. Wissant

A long stretch of NW-orientated beach, 20km from Calais. The conditions are best on W/SW swells with a light S wind. Check the webcam set up by windsurfers. Also check Tardinghen.

Longue plage de sable à 20kms de Calais orientée Nord-Ouest. Les conditions sont bonnes par houle d'Ouest Sud-Ouest avec un vent de sud modéré. Matez la webcam installée par des windsurfers. Tardinghen peut marcher aussi.

3. Cap Gris-Nez

Probably the best spot on the entire northern France coastline, this is a rocky-bottomed spot working on big W-SW swells, which can deliver waves up to 3m. It's often good around La Sirène but check other peaks from the top of the cliff. Mid tide only. Rips and occasional crowds.

Par grosse houle d'Ouest/Sud-Ouest ce spot à fond rocheux offre parfois de superbes vagues pouvant aller jusqu'à 2m. Certainement le meilleur spot de l'extrême nord de la France. Ca marche souvent du coté de La Sirène mais la falaise offre un point de vue sur plus de 20km de plage.

4. Wimereux

Average waves break on the main beach with medium swell and light SW winds but Pointe des Oies is the main attraction here. The full W orientation of this little reef makes it a wave magnet on any SW swell, but the strong W winds can often spoil the party (surfable up to 20km/h max). Booties are useful to walk on the mussel-covered rocks.

Plages de sables fonctionnant de mi-marée à marée haute par houle moyenne et vent de Sud/Ouest modéré. Petit reef, la Pointe aux Oies est orienté plein ouest, ce qui lui permet de recevoir parfaitement la moindre houle de Sud-Ouest, même si le spot est très sensible au vent (20km/h maxi). Les rochers sont couverts de moules, mieux vaut s'équiper de chaussons.

5. Dieppe

A high tide break east of the ferry port offers shelter from W winds. Walk on the concrete blocks before jumping in. The ferry wave is actually surfable. Check out the south jetty on rare NE swells. Water quality questionable by the harbour. Mers-les-Bains is a big swell option in Le Tréport area.

Ca surfe à marée haute coté Est de la gare maritime, à l'abri des vents d'Ouest. On se jette à l'eau en marchant sur les blocs de béton, mais c'est casse-gueule. Y'a moyen de surfer la vague du ferry. Matez la jetée Sud si le swell vient du Nord-Est. Eau douteuse aux environs du port. Par gros swell checkez Mers-les-Bains du coté du Tréport.

Etretat

FRANÇOISE VINCE

6. Pourville

Several peaks west of the rivermouth that bisects this boulder beach. The shorebreak and the righthand slab to the east are more suited to bodyboarders. The place to be on a SW wind and it can be perfect on those rare, big glassy days. Turbid, milky water, thanks to the limestone cliffs. Pay to use large car park.

Une plage de galets où l'on surfe principalement du coté de l'embouchure de la Scie. Le shorebreak et la droite à l'Est de la plage sont plutôt typés bodyboard. Le bon plan par vent de Sud-Ouest. Ce spot peut marcher terrible sans vent mais là encore, c'est rare. Patience! Eau trouble à cause du calcaire.

7. Petites Dalles

Like nearby Fécamp, Petites Dalles is mostly a windsurfing spot. This shingle beach can still produce decent reef-like shape at mid tides. Best on big SW but also on NE swells accompanied by onshores. Hazards include rocks and flying kite/windsurfers.

Tout comme Fécamp ce spot est plutôt typé funboard, mais cette plage de galets est aussi un spot de surf correct avec un haut-fond rocheux qui peut lever de belles séries. Favorable par houle de Sud-Ouest mais aussi par Nord-Est.

8. Yport

One of the best spots in Normandy: a nice, long left that wraps around a rocky bottom. A small cliff called Pointe de Chicard keeps the line-up glassy when the SW winds blow. On big days, a smaller right starts rolling on inside the bay. Beware of the rip running towards Fécamp. Less crowded than Etretat, despite easy parking in front of the break.

Un des meilleurs spots de Normandie. Une belle et longue gauche déroule régulièrement sur des fonds rocheux. Une petite falaise appelée Pointe de Chicard protège ce spot des éventuels vents de Sud-Ouest. Par très gros swell, une droite pète au milieu de la baie, mais attention au jus qui vous tire vers Fécamp. Moins de monde qu'à Etretat malgré le parking en face.

9. Vaucottes

Hidden between the legendary cliffs of Normandy, a small shingle beach that ends up with a stretch of rocks. This set-up delivers rather mushy waves, making it a beginner's favourite, but it will hold large swells.

Petite plage de galets, encastrée dans les falaises, se terminant par une dalle rocheuse sur laquelle la houle vient se fracasser. La vague manque parfois de punch, ce qui n'est pas pour déplaire aux débutants, mais peut changer de visage par grosse houle.

10. Etretat

Beneath the world-famous rock formation 'l'Aiguille Creuse' (the hollow needle), Etretat is a consistent mid tide peak that favours lefts. Best on wrapping SW swells but also works on NE windchop. Beware the shallow inside and fierce shorepound. Always crowded on weekends so a little localism is possible. Difficult parking. Webcam.

Le spot le plus célèbre de la région est au pied d'une haute falaise blanche de calcaire se terminant par une aiguille rocheuse: bienvenu sur l'Aiguille creuse! La gauche marche régulièrement à la mi-marée et se termine parfois sur un shorebreak de galets explosif. On peut aussi partir en droite sur un bon petit creux. Surpeuplé quand la houle tombe le week-end. Houle de Sud-Ouest bien sûr mais aussi Nord-Est. Webcam.

11. Sainte Adresse

Just below the Cap de la Hève cliffs, the stretch of Sainte Adresse beachbreak is the closest spot for Le Havre surfers. Mostly lefts, it needs a decent W or NW swell to wrap round the Cotentin peninsula. Weak and inconsistent with very poor water quality.

Au pied des falaises du Cap de la Hève le beachbreak de Ste Adresse lève plutôt des gauches dans une eau parfois dégueu. Cela reste l'option de proximité pour les surfers du Havre.

12. Trouville

Viking Surf Club members gather at the Touques estuary to surf 'Le Phare', a right and left peak where swell size is increased by the river. At high tide a more powerful wave breaks in front of the Aquarium. Webcam in Deauville.

'Le Phare' est le point de rencontre des membres du Viking Surf Club venu surfer ce pic droite/gauche où l'embouchure de la Touques vient faire gonfler la houle. A marée haute une vague plus puissante casse face à l'Aquarium. Webcam à Deauville.

13. L'Anse du Brick

During strong SW wind and swell combos, a 12km drive east from Cherbourg should be rewarded. Peak in the middle of the bay can wall up nicely when it's big, attracting a crowd so expect competition at the narrow take-off zone. Also check nearby Bretteville.

Spot de repli incontournable par grosse houle et vent de Sud-Ouest, très populaire car situé à une dizaine de km de Cherbourg. Ca surfe des 2 cotés de cette jolie petite baie, mais le lineup est restreint et ça bataille vite pour la priorité. Checkez aussi Bretteville.

14. Collignon

The left breaking along the concrete jetty can be one of the finest waves around. Unfortunately it's super fickle and needs a big SW-NW swell and SW winds. A few people are a crowd, so don't count on smiles in the line-up. There's another peak down the beach. Pollution from Cherbourg's massive harbour.

La gauche cassant le long de la jetée peut être parfaite mais elle ne casse que quelques jours dans l'année. La zone de take-off n'étant pas plus grande qu'une pièce de 2 Euros vous ne serez sans doute pas les bienvenus. Un autre pic casse un peu plus à l'Est.

Contentin left

NOAR

Siouville

NOAR

15. Siouville

Vauville has 16km of empty beaches that work on any swell coming from the W. The best bet along this stretch of coast is Siouville, where the locals compare it to Les Landes when it's grinding. Can handle a bit of S wind.

Depuis Vauville en passant par Biville, pas moins de 15km de beachbreaks qui reçoivent la moindre houle d'Ouest. L'embarras du choix pour surfer un pic seul mais le meilleur reste souvent Siouville qui peut rappeler les Landes quand c'est bien creux. Reste valable par vent de Sud.

16. Diélette

With a huge NW swell waves break along the harbour wall while a hollow shorebreak known as 'Le Platé' is on offer for bodyboarders. Word is spreading around about a lefthand reef in the neighbourhood that goes Indonesian every once in a while. Flamanville's nuclear power plant isn't too far.

A voir avec un très gros swell de Nord-Ouest : ça surfe le long de la digue du port et le shorebreak très creux du Platé régale les bodyboarders. On parle également d'une gauche de reef un poil plus au Nord qui devient indonésienne une fois l'an. La centrale nucléaire de Flamanville est toute proche.

17. Le Rozel

This quality Cotentin peak attracts the weekend crowd and holds shape up to 10ft, though it's often blown out. Sciotot, at the north end of the bay is less organised, but a quieter option. Avoid low tide.

Cette longue plage rectiligne, orientée plein ouest, peut offrir les meilleures vagues du Cotentin lorsque le vent on-shore ne souffle pas fort. Ça peut rentrer à 2,5m/3m avec une puissance rare par ici. C'est moins calé au Sciotot, au Nord de la baie, mais moins conflictuel aussi.

Le Rozel

NICOLAS DEJEAN

18. Hatainville

A wide zone of beachbreaks surrounded by sand dunes. Can get way overhead but currents are usually quite strong. Beginners can cross Carteret to check mellow peaks from the boardwalk of Barneville. Uncrowded and unpolluted.

Pas trop de monde sur cette plage entourée de dunes car on peut toujours marcher un peu plus. Ca peut rentrer gros mais attention aux courants ! Les débutants tenteront l'autre coté de Carteret, de nombreux pics sont visibles depuis le front de mer de Barneville.

19. Carolles

Breaks south of Granville start to be even less consistent with only W-NW swells hitting the coast. Check from the top of the cliff if the shorebreak is doing its thing or look for patches of reef shaping the mush.

Les spots au sud de Granville marchent encore moins fréquemment car seule une orientation O-NO peut envoyer un peu de swell. Matez depuis la falaise si le shorebreak est dans un bon jour sinon cherchez un bout de reef améliorant un peu la sauce.

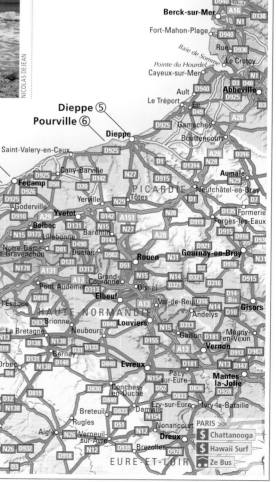

North Brittany

North Brittany Reef

1. Plage du Sillon

St Malo's main beach is surfed on SW storms; best peaks next to la Hoguette groyne. Webcam.

La grande plage de St Malo se surfe surtout par tempête de Sud-Ouest, quand des pics se calent près de l'épi de la Hoguette. Webcam.

2. Les Longchamps

A friendly surfers' hub, the beach is wide and good banks can provide hollow waves. For a change check the capricious Garde-Guerin reefs or the awesome but treacherous Dame Jouanne ledge.

Les surfers du coin se retrouvent sur cette large plage où de bons bancs peuvent créer des vagues creuses. Pour changer tentez la capricieuse Garde-Guerin ou le superbe mais dangereux pic de la Dame Jouanne.

3. Cap Fréhel

Driving up from Sables d'Or towards Cap Fréhel's multi-coloured cliffs will reveal several surf options. La Fosse at Pléhérel beach is quite consistent, but La Grève d'En Bas is much better as long as it's not low tide. Good with S winds but SW makes it messy. Often crowded

Tourner entre les Sables d'Or et les falaises colorées du Cap Fréhel révèle plusieurs options. Le spot de La Fosse à Pléhérel est consistent mais la Grève d'En Bas marche mieux, sauf à marée basse. Tient bien le vent de Sud, mais pas le Sud-Ouest.

4. Trestaou

Perros Guirec locals enjoy a hollow beachbreak right in the city during westerly storms, but it's the righthander of Pors Nevez that's the main attraction. Inconsistent and sometimes crowded, respect required.

Les locaux de Perros Guirec profitent de vagues creuses et puissantes quand ça bastonne d'Ouest, mais c'est la superbe droite de Pors Nevez qu'ils attendent et protègent le plus.

5. Pors Ar Villec

'Porza' is the most consistent spot in the laid-back surf area of Locquirec. Fast and hollow over the sand-covered reef. Heading west are Sables Blancs, then Moulin de la Rive and Poul Rodou, both well sheltered from SW winds.

'Porza' reste le spot le plus consistant de Locquirec, un bled tranquille avec du surf régulier. En allant vers l'Ouest on trouve les Sables Blancs, puis Moulin de la Rive et Poul Rodou, tous deux protégés des vents de SO.

6. Le Dossen

A long sandy beach so exposed to the wind that a sail or kite is recommended. Less sloppy by the river. Go to l'Ile de Sieck just in front for a hollow, hardcore right reef.

Une plage tellement exposée au vent qu'il faut une voile ou un kite pour l'apprécier pleinement. Les vagues sont toujours molles, mais peut-être moins près de la rivière. Si vous aimez le surf hardcore, allez à l'Ile de Sieck, une droite puissante et creuse sur un reef craignos.

7. La Mauvaise Grève

In front of the camping in Moguériec, this inconsistent reef tucked in a bay offers more power than Dossen. Beware of the exposed rocks.

Très encaissé dans la baie dans la baie faisant face au camping de Moguériec, ce reef offre plus de puissance que le Dossen. Y'a aussi plus de chance de trouver un rocher sur sa route.

8. Boutrouilles

Some good higher tide beachbreaks, thanks to patches of reef holding the sand. Friendly atmosphere.

De bonnes vagues de beachbreak grâce aux rochers qui stabilisent les bancs de sable. Atmosphère détendue.

9. St Pabu

Strong NW swell will awaken St Pab's hollow shorebreak, a bodyboarder's delight. The far corners of the beach give some wind and swell shelter. Offshore rocks and oyster

Dame Jouanne

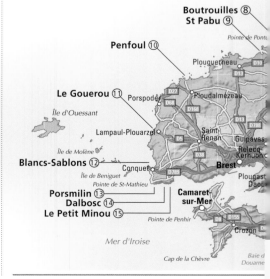

Fréhel

La Chapelle

KRISTEN PELOU

students and workers during their lunch break. Beware of currents, rocks and rising tides.

Spot hardcore réputé pour sa gauche tubulaire et une droite plus longue, bien qu'on ne trouve souvent qu'un gros close-out. Ça surfe aussi à Deolen. Etudiants et surfers de l'Ifremer débarquent pour les grandes marées de midi.

Déolen

FREDERIC LE FANNEC

Le Petit Minou

FREDERIC LE LEANNEC

farms block the swell at low tide so spring highs are a plus. Medium consistency and often crowded.

Les gros swells de NO réveillent le shorebreak tubulaire de St Pab, délice des bodyboarders. Les vagues sont plus paisible de l'autre coté de la plage. Les rochers et parc à huîtres au large bloquent le swell à marée basse.

10. Penfoul

Although the area picks up swell, conditions are usually messy here. It's often better at the nearby reefs of La Chapelle or Le Greb, where currents get really dangerous.

Bien que la zone chope la houle, c'est souvent mou et mal calé ici. Cherchez plutôt les reefs voisins comme La Chapelle ou Le Greb, dangereux à cause de forts courants.

11. Le Gouerou

A hollow, powerful wave breaking close to shore. Tricky exit on the high end of the tide so mid is best. Highly consistent so often crowded. Rips and localism. Follow the signs for Lampaul-Plouarzel.

Vague très creuse et courte cassant près du bord. A marée haute sortie difficile dans les rochers. Prendre Lampaul-Plouarzel.

12. Blancs-Sablons

A large cove offering little else than a sloppy beachbreak that closes out easily. Beginners will enjoy the space. Take the road from Le Conquet – campsite nearby.

Un beachbreak mou qui ferme dans la baie, plutôt un spot pour débuter.

13. Porsmilin

Tucked in at l'Anse de Bertheaume, this lefthand reefbreak and Trez-Hir's beachbreak are both well sheltered from W winds. Unfortunately both take-off zones are really narrow and always crowded when the bigger SW-W swells get in. Trégana's shorebreak is a bit roomier.

Au fond de l'anse de Bertheaume on trouve ce reef de gauches et la vague du Trez-Hir, bien protégée des vents d'Ouest. Les 2 spots souffrent d'une capacité d'accueil limité. Le shorebreak voisin de Trégana est moins convoité.

14. Dalbosc

Pretty hardcore spot known for the tubular left and longer right it can produce although it's often just a big close-out. Deolen is another option nearby. Both attract crowds of

15. Le Petit Minou

A hollow beachbreak with more rocks on the southern part known as 'Les Moules'. Low tide spot. Extreme weekend crowds due to Brest's proximity.

Beachbreak creux, avec plus de rochers coté sud (les moules). La proximité de Brest implique des pics de foule le week-end.

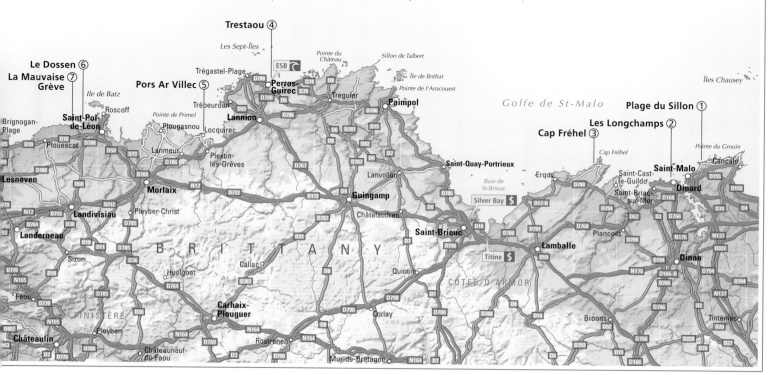

South Finistère

Lostmarc'h

ERWAN CROUAN

1. Anse de Pen-hat

A hollow beachbreak that receives less swell than La Palue, despite good westerly exposure. Rips get strong and crowds are on the rise. Follow signs to Pointe du Toulinguet.

Beachbreak creux exposé plein ouest mais toujours plus petit que La Palue. On y trouve de forts courants et de plus en plus de monde.

2. Kerloch

Large winter swells light up this mellow reefbreak, which remains surfable with W winds. Long rides with cutback walls and a high tide backwash. The currents flow towards the take-off zone. Visible from the road.

Les gros swells hivernaux révèlent cette gauche facile qui supporte bien le vent d'Ouest. Les courants facilitent l'accès au pic. Visible depuis la route.

3. Pointe de Dinan

A scenic spot with a performance right breaking over uneven reef. Protected from N winds, it holds some size and rides can be 200m long. There are some lefts in the bay at the end of the point and some beachbreaks at Goulien. Boils and dry rocks at low tide and slalom skills needed when small. Sometimes crowded at weekends.

Très panoramique, belle droite sur du reef, qui tient la taille et se surfe sur 200m par bonnes conditions. Quand c'est petit on slalome entre les rochers. La gauche plus facile, casse sur du sable à marée haute. spot protégé des vents de nord. Si vous préférez le sable allez voir Goulien.

La Palue
MARC FENIES

4. La Palue

Wide open, west-facing beachbreak that picks up all available swells. Usually messy and weaker at low tide before lining up on the push past mid. Long walls and the odd barrel section make it a fun intermediate spot. The most consistent and regularly crowded spot on the Crozon peninsula. Many campervans and a friendly atmosphere despite the crowds. At low tide check Lostmarc'h, which is rideable up to 3m.

Spot le plus consistent et le plus populaire de la presqu'île de Crozon. Beaucoup de vans et une bonne ambiance malgré le monde. Marche mieux à marée haute, à marée basse Lostmarc'h tient la houle jusqu'à 3m.

5. Cap de la Chèvre

Break out the guns and a long leg-rope when a big W swell hits the headland. Access is quite tough from the steep slippery cliff and swirling currents are guarenteed. Experts only. Seals, dolphins and bus-loads of tourists are frequent visitors to this spot.

Si c'est gros et que vous voulez charger, passez voir ce pointbreak, guns et grand leash obligatoire. L'accès est tout aussi sélectif avec une falaise super friable en pente abrupte. Dauphins et phoques sont souvent de passage.

6. Pors-ar-Vag

A good beachbreak for beginners isolated in Lestrevet. Le Ris is another sheltered spot, just as sloppy but protected from stormy SW winds by high cliffs. Medium consistency, low crowd factor and not that easy to find the first time.

Planqué à Lestrevet, un bon beachbreak pour les débutants et par vents d'ouest. Le Ris est un autre spot de repli, tout aussi mou, mais des falaises le protègent des vents de sud ouest.

7. Pointe Leydé

A very good left aka Roches Blanches, with a rocky take off, followed by a long spinning wall. It needs a big swell and can get perfect in a SW storm. Handles W winds. Very hot locals. Freecamping the car parks around Douarnenez risks a ticket in summer.

Egalement connue sous le nom de Roches Blanches cette très belle gauche pète à raz la caillasse. Nécessite une très grosse houle d'ouest, idéal par tempêtes de sud-ouest. Attention aux locaux.

8. Porz Théolen

The North Coast of Cap Sizun conceals many little-known reefs and beaches. Check the sunken boat off Porz Théolen, plus Pors Péron or Pointe du Millier, before searching the bays for more secret spots. Cap Sizun is a protected area and water quality is great. Campsites nearby.

Les alentours de la réserve du Cap Sizun font effectivement office de réservoir de spots méconnus. Checkez l'épave de Porz Théolen, Pors Péron ou la Pointe du Millier, avant de chercher votre propre secret spot.

9. Baie des Trépassés

A good beachbreak with long rides when the conditions are ideal: low tide and a small W swell. The name translates as 'Bay of Death' and is justified by the coldest water temps in Finistère. Check out Ile de Sein where there are some good reefs (a boat ride from Audierne).

Bon beachbreak, avec de longues vagues dans les conditions idéales de marée basse avec une petite houle d'ouest ou de nord-ouest. Le vent de sud y tourne offshore dans la baie. C'est le spot le plus froid du Finistère. Si vous avez le temps, allez sur l'Ile de Sein, de bons reefs vous y attendent (prendre le bateau à Audierne).

Pointe Leydé
FREDERIC LE LEANNEC

Pointe de Dinan
KRISTEN PELOU

10. Saint Tugen

The best beachbreak around in overhead conditions, delivering stand-up barrels at low tide. Faces straight south, so any N wind will do. Follow signs for La Pointe du Raz and turn off near Primelin in La Chapelle St Tugen.

Sans doute le meilleur beachbreak du Cap Sizun puisqu'à plus de 2m on rentre debout dans le tube. Meilleur à marée basse, la plage est orientée plein sud. Prendre la Pointe du Raz et tourner au niveau de Primelin à La Chapelle St Tugen.

Saint Tugen

GECKO

11. Pointe de Lervily

Two rights break over shallow reef; one close to the Island of Cows and another in the bay. Needs W or SW swell at decent size to break. Inconsistent and sometimes crowded at small take-off spot. Shallow with swirling currents so experts only.

Une longue droite sur un reef craignos. Un pic près de l'Île aux Vaches et un pic dans la baie. Etudiez le spot avant de vous jeter à l'eau.

12. La Gamelle

This reef surprised many boats before being identified by a metallic beacon. When it's huge everywhere else a wave breaks on each side, the right being shorter and hollower. There's also a bodyboard shorebreak at high tide. Low consistency and a 200m paddle offshore.

Ce récif qui a surpris plus d'un bateau arrivant sur Audierne est maintenant marqué par une balise métallique. Quand c'est énorme une vague déroule de chaque coté, la droite est plus creuse mais plus courte. A marée haute il y aussi un shorebreak pour bodyboard.

13. Gwendrez

This Plouhinec beach became famous after pics of bodyboarders charging heavy 10ft barrels appeared in the press, despite it being a close-out most of the time. There are many other mysto breaks around.

Cette plage de Plouhinec est apparue sur le devant de la scène en 2001 quand des photos de bodyboarders dans des bols de 3m apparurent dans la presse, en général ça ferme grave. Il y a plusieurs autres spots mystères dans le coin.

Gwendrez

ERWAN CROUAN

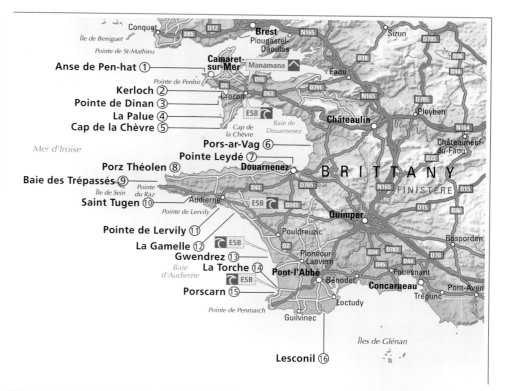

La Torche

KRISTEN PELOU

14. La Torche

Seminal Brittany surfspot with ultra-consistent, walled-up peak breaking beside rocky headland. Shorter but hollower rights break into the rip known as 'the elevator' which flows straight to the peak. Lefts speed down the beach but the paddle back can be gruelling. Many more breaks further north along beach at Tronoën or Penhors and mellow rights at the La Torche point at the end of Audierne Bay.

Beachbreak très populaire donc surpeuplé le week-end. Très belle droite à la Pointe même si ce n'est pas très puissant. Si vous aimez le soul surfing remontez la plage jusqu'a Tronoën ou Penhors. Les vagues peuvent y être aussi bonne, mais sans 'l'ascenseur' qui permet, à toute taille, de remonter au pic sans effort.

15. Porzcarn

Just next to La Torche there's an under-rated beachbreak and a righthand reef at high tide. The offshore big-wave reefs of Les Etocs can provide perfect 3-6m waves for daredevils only. Much quieter than La Torche.

Derrière la pointe de la Torche une meilleure option par vent de Sud-Ouest. Un beachbreak et un reef de droites à marée haute. Au large les reefs des Etocs, idéaux pour les couillus du gros surf, tiennent jusqu'à 6m.

16. Lesconil

This stretch of coast, including nearby Benodet and Beg Meil, requires a rare combination of S swell and N winds to provide anything other than windsurf conditions. When on, a reef close to the harbour offers hollow, powerful, low tide lefts. Low chance of scoring.

Cette partie de la côte, avec des plages comme Bénodet ou Beg Meil, nécessite une rare combinaison de houle de Sud-Ouest et de vents de Nord pour produire autre chose que des conditions de windsurf. Quand ça marche ici, il y a une jolie gauche sur un reef près du port.

Morbihan/Loire Atlantique

Les Kaolins

POULLENOT

1. Le Kérou
The Laïta river marks the limit between Finistère and Morbihan. There are a few spots on the west side, including this mellow beachbreak in Clohars-Carnoët. Inconsistent and uncrowded.

La Laïta marque la limite départementale entre Finistère et Morbihan. On trouve quelques spots côté ouest, comme ce beachbreak paisible situé à Clohars-Carnoët.

2. Plage du Loch
Together with Guidel's main beach this is the most consistent and therefore the most surfed spot around. Fort Bloqué is sloppier but good for beginners while Les Moules or Maeva provide high tide reef action.

Avec Guidel plage, le Loch est la plus surfée du coin car très consistante. Le Fort Bloqué, plus mou, est plutôt à conseiller au débutant. Pour du reef préférez Les Moules ou Maeva à marée haute.

Plage du Loch

FREDERIC LE LEANNEC

Les Moules

FREDERIC LE LEANNEC

3. Les Kaolins
Near perfect, tubular, fast rights breaking over a shallow ledge. Rare thanks to narrow swell and tide windows and wind sensitivity. Only experts can handle the air-drops and boils. Le Couregan is another offshore reef which at low tide can offer much longer rides starting from a large bowl.

Des droites rapides et tubulaires sur peu d'eau. Rare mais parfait! A réserver aux experts. A marée basse, le gros bol de la Pointe du Couregan peut offrir des vagues beaucoup plus longues à ceux qui auront ramé 20mn pour l'atteindre.

4. Toulhars
Larmor Plage hosts this very sheltered spot that is at its best when everything else maxes out. Low consistency but draws a crowd the 15kms from Guidel when it works.

Le spot de repli de Larmor Plage, à voir quand c'est trop gros partout.

5. Gavres
This L-shaped peninsula doesn't pick-up much swell but benefits from different exposures to the wind. The Linès side is more consistent while Grande Plage is well sheltered from west winds. Check the rocks offshore.

Cette presqu'île en forme de L reçoit mal le swell, mais bénéficie de diverses expositions aux vents. Le coté de Linès est plus consistant tandis que la Grande Plage est bien protégée des vents d'Ouest. Matez les rochers aux larges.

6. Etel
Often looks like a close-out, but with offshore winds some tubular sections are makeable. Beware of vicious currents. Check out Magouëro rocks.

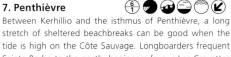

Le Couregan

FREDERIC LE LEANNEC

Ressemble souvent à une immonde barre qui ferme mais parfois quand le vent de terre et les courants infernaux permettent de creuser la vague, les sections tubulaires sont exploitables: le turbo est de rigueur! Y'a du rocher vers Magouëro.

7. Penthièvre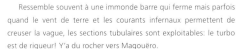
Between Kerhillio and the isthmus of Penthièvre, a long stretch of sheltered beachbreaks can be good when the tide is high on the Côte Sauvage. Longboarders frequent Sainte Barbe to the north, beginners favour Les Crevettes or the always smaller Palissades. Vibes are good, even at the famous Tata Beach.

Entre Kerhillio au Nord et l'isthme de Penthièvre, une longue série de beachbreaks intéressants quand la marée est haute sur la Côte Sauvage. Ambiance détendue et longboards à Sainte Barbe, vagues plus puissantes avec des gens sympa, voire plus si affinité à Tata Beach, toujours du monde aux Crevettes et des vagues plus petites aux Palissades.

8. La Côte Sauvage
A concentration of some of the best spots in Brittany, with some hollow and powerful waves on a 2km stretch. Port-Blanc gets shelter from a cliff, Port Marie breaks far offshore and Port-Rhu is a well-defined, localised peak, while Port-Bara is more accessible. Handles size, when the waves and rips get punishing. Often crowded on weekends. Since 1987 a law states only French Surfing Federation members can surf here.

Certains des meilleurs spots de Bretagne concentrés sur 2km. Vagues puissantes avec une consistance appréciable. Port-Blanc est abrité par une falaise, Port Marie casse au large, Port-Rhu est un pic bien défini où se retrouvent les locaux tandis que Port-Bara est plus accessible malgré le monde. Depuis 1987 la licence de la FFS est obligatoire pour surfer la Côte Sauvage.

9. La Grande Plage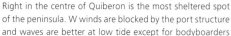
Right in the centre of Quiberon is the most sheltered spot of the peninsula. W winds are blocked by the port structure and waves are better at low tide except for bodyboarders

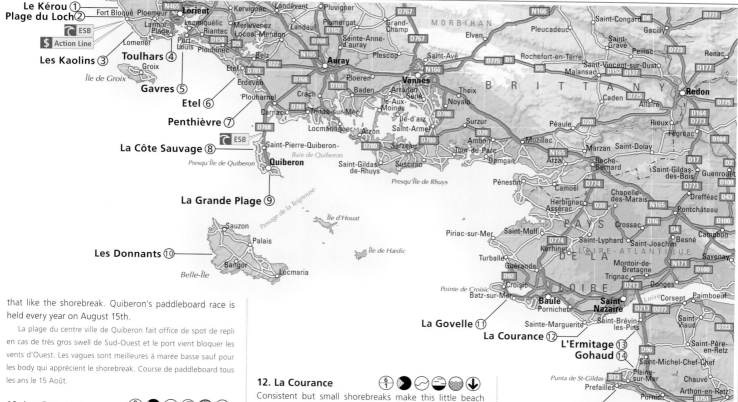

Le Kérou ①
Plage du Loch ②
ESB
Action Line
Les Kaolins ③
Toulhars ④
Gavres ⑤
Etel ⑥
Penthièvre ⑦
La Côte Sauvage ⑧   ESB
La Grande Plage ⑨
Les Donnants ⑩
La Govelle ⑪
La Courance ⑫
L'Ermitage ⑬
Gohaud ⑭
Préfailles ⑮

that like the shorebreak. Quiberon's paddleboard race is held every year on August 15th.

La plage du centre ville de Quiberon fait office de spot de repli en cas de très gros swell de Sud-Ouest et le port vient bloquer les vents d'Ouest. Les vagues sont meilleures à marée basse sauf pour les body qui apprécient le shorebreak. Course de paddleboard tous les ans le 15 Août.

10. Les Donnants
Les Donnants is the most consistent beachbreak on the island of Belle-Île, but there's more surf to the south (in Herlin) and even on the east side, in Port An-Dro. Beware of rocks and summer crowds.

Belle-Île mérite le détour, car outre le beachbreak consistant du port des Donnants ça surfe au sud (à Herlin) et même à l'est, à Port An-Dro.

11. La Govelle
A couple of wind-sensitive reefs that draw significant crowds from La Baule. The rights are usually better lined-up and improve with size. Sharp, mussel-covered rocks are close at low tide. Valentin is another break in Batz sur Mer.

Ces reefs peuvent attirer un max de surfers de la Baule quand les conditions sont réunies. Les droites sont généralement mieux calées, surtout quand ça prend de la taille, mais attention aux rochers en dessous. Valentin est une autre option, toujours sur Batz sur Mer.

12. La Courance
Consistent but small shorebreaks make this little beach popular with bodyboarders and skimboarders. A nice peak can also form by the point. At high tide, check the soft righthanders of Grand Traict to the north. Follow signs to Sainte Marguerite.

Ces vagues cassant près du bord attirent plutôt bodyboards et skimboarders, notamment quand ça se cale à coté de la pointe. A marée haute les droites du Grand Traict, un peu plus au Nord offre une option surf pépère.

13. L'Ermitage
The beachbreaks of St-Brevin represent the first option to surf south of the Loire estuary. Les Rochelets is further north but it's usually a tad better at l'Ermitage. Strong currents are a distinct possibility, as is poor water quality.

Une fois passé l'estuaire de la Loire, on trouve du surf de beachbreak sur les plages de Saint-Brevin. La première est les Rochelets mais c'est souvent un peu mieux à L'Ermitage. Il peut y avoir du jus par contre.

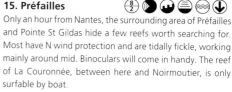
Les Donnants

FREDERIC LE LANNEC

14. Gohaud
It's quite difficult to find quality waves around Tharon Plage, but the tiny bay of Gohaud will appeal to beginners, with easy waves in a nice environment.

On trouve rarement du grand surf du coté de Tharon Plage, mais même quand ça ferme la petite crique de Gohaud permet de travailler les bases dans un décor agréable.

15. Préfailles
Only an hour from Nantes, the surrounding area of Préfailles and Pointe St Gildas hide a few reefs worth searching for. Most have N wind protection and are tidally fickle, working mainly around mid. Binoculars will come in handy. The reef of La Couronnée, between here and Noirmoutier, is only surfable by boat.

A moins d'une heure de Nantes, quelques reefs valables se cachent entre la Pointe St Gildas et Préfailles. A vos jumelles! Y'a même un reef surfable en bateau entre ici et Noirmoutier (La Couronnée).

La Côte Sauvage

KRISTEN PELOU

Vendée

Bud Bud

Sauveterre

1. Ile d'Yeu

Between Noirmoutier and St Jean de Monts, the shallow continental shelf filters even the most powerful swell, but this island benefits from deeper water and a wide swell window. Check between Plage des Vieilles on the south side and La Pulante to the north. Needs a strong swell to get going – often flat in summer.

Faute à un plateau continental qui remonte et filtre mêmes les houles les plus puissantes, y'a pas grand chose qui rentre entre Noirmoutier et St Jean de Monts. C'est un peu mieux sur l'île d'Yeu qui bénéficie d'une belle fenêtre de swell. Ca peut rentrer du Sud, sur la plage des Vieilles au Nord, à La Pulante.

2. Saint Gilles Croix de Vie

City spot with a concrete promenade that ensures a good number of onlookers, but also a nasty backwash at high tide. Usually mushy but rarely closes out close to the jetty when it's big and windy. In summer walk south to find empty peaks. High consistency, often crowded and all facilities including surf shop and school.

Un vrai spot de ville avec une promenade qui assure toujours un max de public, mais cause un méchant backwash à marée haute. C'est plutôt mou, mais ne sature pratiquement jamais puisqu'on peut surfer le long de la jetée quand c'est gros. En été marchez vers le sud pour être tranquille.

3. La Sauzaie

Short but exceptional, seaweed-covered reef offers superb tubular sections and overall brilliant waves. Always bigger and more powerful than surrounding beaches. It's a regular contest site and the crowd is very competitive. The super shallow rights of 'Killer' are immediately to the north.

La 'Sauze' propose toujours d'excellentes vagues, mais surtout des sections tubulaires sur une dalle rocheuse recouverte d'algues. C'est un site de compétition et cela ce ressent au line-up des que ça marche (assez souvent). Y'a aussi la droite de Killer juste à côté, mais les rochers ne sont jamais bien loin.

4. Les Dunes

A mellow beachbreak that has good walls for longboarders around mid tide, but tends to close out when overhead. Works regularly and sometimes has a little crowd including wave-jumpers.

Beachbreak plutôt mou, qui a tendance à fermer au-dessus de 2m. Quand même de bons murs pour le longboard à mi-marée.

5. Sauveterre

In the heart of the Olonne Woods, this exposed beachbreak also has two good reefs with long rights. On a clean, moderate swell, choose between the easy Pic du Phoque that can handle size, and the hollower Pic du Large that requires a 10mn paddle. The beachbreak gets some good waves as well.

Au beau milieu de la forêt d'Olonne, se trouvent pas moins de deux bons reefs et un beachbreak bien exposé. Avec une houle moyenne et bien rangée, vous n'avez plus qu'à choisir entre 2 longues droites. Le Pic du Phoque, facile mais qui tient la taille, ou le Pic du large plus creux à 10mn de rame.

6. L'Aubraie

Another beach with several peaks but this one requires a rather long walk from La Chaume. Worth it for short, hollow lefts that get longer and softer depending on the tide, but always better than the rights. Sharp rocks, except on the poor beachbreak.

Une autre plage avec différents pics, mais cette fois il faudra marcher quelques minutes depuis La Chaume. Ca vaut le coup pour ceux qui aiment les gauches, particulièrement courtes et creuses à marée haute, mais toujours plus intéressantes que les droites. Rochers coupants, sauf sur le beachbreak médiocre.

7. Les Sables d'Olonne

Never awesome but always surfable, the bay of Les Sables remains a good shelter when everything else is maxed or blown out by N winds. Close to the jetty is best at size, while to the south, Tanchet picks up more swell and less close-outs. Often crowded.

Jamais top mais toujours surfable la baie des sables est avant tout un spot de repli quand ça bastonne partout ailleurs. Un peu plus au Sud, Tanchet a moins tendance à fermer, tout en chopant plus de houle.

8. Saint-Nicolas

In a big storm, search for a few secret spots scattered to the south of Les Sables. The long lefthanders of Plage de la Mine, close to Park de la Grange, are amongst them. Favours rising tide and NW swell.

En cas de grosse houle quelques vagues discrètes jalonnent la côte jusqu'aux Sables. Les plus connues sont les gauches de la Plage de la Mine, près du Parc de la Grange. A vous de trouver les autres!

La Sauzaie

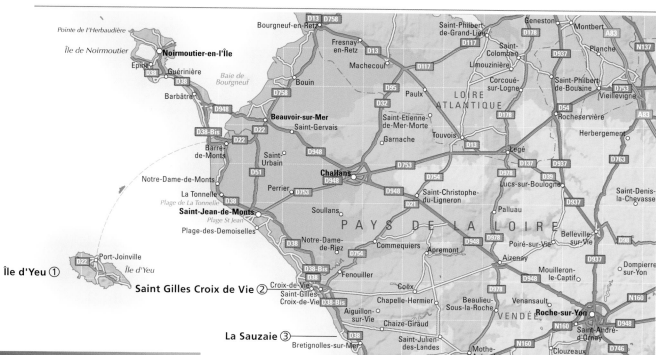

Pointe de l'Herbaudière
Île de Noirmoutier
Noirmoutier-en-l'Île
Épine
D38
Guérinière
D38
Barbâtre
Baie de Bourgneuf
D948
Bourgneuf-en-Retz D13 D758
Fresnay en-Retz D13
Machecoul
D117
Saint-Colomban
Geneston
D178
Montbert
A83
Planche
N137
D937
D117
Limouzinière
Corcoué-sur-Logne
Saint-Philbert-de-Bouaine
D753
Vieillevigne
A83
Bouin
D758
D95
Paulx
D32
Saint-Étienne-de-Mer-Morte
Garnache
D948
LOIRE ATLANTIQUE
Saint-Philbert-de-Grand-Lieu
D54
Rocheservière
Herbergement
D38-Bis
D948
Beauvoir-sur-Mer
Saint-Gervais
Saint-Urbain
D948
Touvois
D13
Legé
D137
D937
D978
Lucs-sur-Boulogne
D39
D937
Saint-Denis-la-Chevasse
D763
Barre-de-Monts
D22
D22
D51
Challans
D948
Saint-Christophe-du-Ligneron
D21
Palluau
Poiré-sur-Vie
D978
D937
Belleville-sur-Vie
D98
Notre-Dame-de-Monts
D38
Perrier
D753
Soullans
Notre-Dame-de-Riez
Commequiers
Apremont
D948
D978
Aizenay
N160
Mouilleron-le-Captif
Dompierre-sur-Yon
D937
La Tonnelle
Plage de La Tonnelle
D38
Saint-Jean-de-Monts
Plage St Jean
Plage-des-Demoiselles
D754
Coëx
Chapelle-Hermier
Beaulieu-Sous-la-Roche
Venansault
VENDÉE
D948
Roche-sur-Yon
N160
D948
Port-Joinville
D22
Île d'Yeu ①
Île d'Yeu
D38-Bis
D38
Croix-de-Vie
Saint Gilles Croix de Vie ②
Saint-Gilles-Croix-de-Vie
D38-Bis
Aiguillon-sur-Vie
Chaize-Giraud
D38
Saint-Julien-des-Landes
N160
Saint-André-d'Ornay
D746
La Sauzaie ③
Bretignolles-sur-Mer
Mothe-Achard
D978
Sainte-Flaive-des-Loups
D747
Aubigny
Saint-Florent-des-Bois
Brem-sur-Mer
Vairé
Les Dunes ④
D80
Chapelle-Achard
Nieul-le-Dolent
Ile-d'Olonne
N160
Saint-Mathurin
Grosbreuil
Champ-Saint-Père
Sauveterre ⑤
Olonne-sur-Mer
Moutiers-les-Mauxfaits
Saint-Cyr-en-Talmondais
L'Aubraie ⑥
D32
D949
Sables-d'Olonne
Pointe de l'Aiguille
D949
Talmont-Saint-Hilaire
D949
Avrille
Saint-Benoist-sur-Mer
Les Sables d'Olonne ⑦
D21
Longeville-sur-Mer
D70
Angles
Moricq
D25
Jard-sur-Mer
D105
Saint-Nicolas ⑧
D105-A
Le Palmier $
Tranche-sur-Mer
Faute-sur-Mer
Grière
Les Conches/Bud Bud ⑨ **Le Phare** ⑩
L'Embarcadère ⑪

Bud Bud

MARC FENIES

9. Les Conches/Bud-Bud ⑧/①

The breaks of Longeville offer hollow, powerful waves quite similar to those found in Landes and likewise depend on sandbanks formation. Most people surf Les Conches because of the parking lot, walk south towards Bud-Bud for a bit more power or to La Terrière to avoid the crowds. Best around mid tide.

Les plages de Longeville peuvent rappeler les Landes, les vagues aussi d'ailleurs puisque creuses et puissantes. Depuis le parking des Conches, lieu de ralliement, marchez vers le sud pour atteindre Bud-Bud plus puissant, ou La Terrière plus tranquille. Meilleur à mi-marée.

10. Le Phare ⑥/②

As the swell wraps around the Pointe du Groin, big, stormy surf can turn into long, mellow rights. It's only safe at high tide, since rocks litter the line-up.

Magie du spot de repli, les grosses conditions hivernales se transforment en longues droites faciles en s'enroulant autour de la Pointe du Groin. Attention il n'y a guère qu'à marée haute que les nombreux rochers sont bien recouverts.

11. L'Embarcadère ⑥/①

The most popular spot during stormy surf, with long mellow rides starting from a pier. The fact that it's never too big, always easy to surf and has the option of walking back to the peak ensure record crowds.

Spot de repli légendaire car long et régulier, jamais trop gros, avec l'option de repasser la barre à pieds. Pas étonnant d'y voir autant de monde les rares jours où ça marche.

L'Embarcadère

VALÉRY JONCHERAY

Charente Maritime

La Côte Sauvage

Île de Ré

1. Le Lizay

A powerful left with a shorter, softer right at higher tides. Can show perfect shape when a W swell hits the shallow rock ledge. Skilled surfers only. If it's huge and onshore, check Rivedoux in the SE corner of the island.

Une gauche puissante et une droite plus courte et molle. Ca peut être parfait mais gaffe à la dalle de rochers, c'est un spot pour surfers avertis. Si c'est très gros et onshore ici, matez Rivedoux au Sud-est de l'île.

2. La Couarde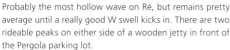

Probably the most hollow wave on Ré, but remains pretty average until a really good W swell kicks in. There are two rideable peaks on either side of a wooden jetty in front of the Pergola parking lot.

Sûrement la vague la plus creuse de l'île mais reste assez quelconque a moins qu'une bonne houle d'Ouest ne rentre. Des pics de part et d'autre d'une jetée en bois devant le parking de La Pergola.

3. Les Grenettes

Soft-breaking peaks in any kind of swell as long as low tide is avoided. Predominantly a left over flat reef but going right is a possibility. It gets crowded, but just north at Gros Jonc, the crowd thins.

Des vagues très accessibles qui marchent par tout type de swell, mais pas à marée basse. On y surfe surtout des gauches et rarement tout seul. Montez à Gros Jonc s'il y a trop de monde.

Chassiron

Île d'Oléron

4. Les Boulassiers

Swells over 3m wrap around the island to produce this long and mellow lefthander, provided the tide is high enough.

Avec une marée bien haute, les plus gros swells viennent s'enrouler autour de l'île pour former cette longue gauche tranquille.

5. St-Denis

Another huge swell option, the port's long lefthander disappeared for a while due to construction works, only to reappear next to the new jetty. More consistant than Les Boulassiers.

Autre spot de repli populaire, la longue gauche du port de St-Denis disparut un temps suite à des travaux, pour réapparaître ensuite le long de la nouvelle digue Est. Marche plus souvent que Les Boulassiers.

6. Chassiron

Peaks break over a rocky, uneven shelf leading into long walled lefts and shorter rights at low tide only. It's Oleron's premier spot and highly consistent but violent rips and shallow rocky bottom should deter the less skilled. Booties protect against urchins on the long walk over the channelled fishing reef.

Probablement le meilleur spot de l'île, la Pointe de Chassiron compte plusieurs reefs qui réceptionnent un max de houle. Courants violents et rochers menaçants réservent l'endroit aux surfers expérimentés.

7. Les Huttes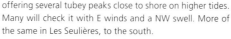

Trois Pierres, aka Les Huttes, is a pounding shorebreak offering several tubey peaks close to shore on higher tides. Many will check it with E winds and a NW swell. More of the same in Les Seulières, to the south.

Trois Pierres ou les Huttes est un shorebreak multipic assez massif, parfois tubulaire. Fonctionne bien sur houle de Nord ou Nord-ouest et avec un vent d'Est mais vous ne serez certainement pas seul à venir voir. Les Seulières plus au Sud est dans le même esprit.

8. Les Allassins

Many surfers stop in Vert-Bois but offshore rocks block some of the swell. Les Allassins, 300m south, always picks up a bit more swell. Probably the most popular surfing area but there's room for everyone.

Ca surfe à Vert-Bois, mais les rochers aux larges bloquent un peu la houle. Les Allassins prennent toujours un peu plus. Un coin très populaire mais avec de la place pour tous.

9. St-Trojan

This large beach offers an ample choice of peaks, always very consistent and accessible, but any wind other than offshore will ruin the session. Low tide rips get stronger towards Maumusson Point.

Saint-Trojan

Chassiron, Île d'Oleron

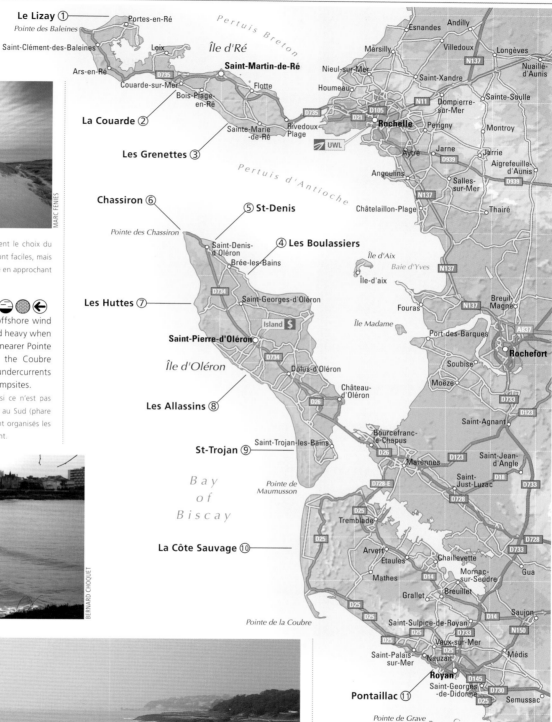

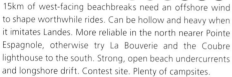

Dune de Maumusson

La grande plage de Saint-Trojan laisse amplement le choix du spot. C'est le coin le plus consistant et les vagues sont faciles, mais sensible au vent. Le jus de la marée basse s'intensifie en approchant de Maumusson.

10. La Côte Sauvage

15km of west-facing beachbreaks need an offshore wind to shape worthwhile rides. Can be hollow and heavy when it imitates Landes. More reliable in the north nearer Pointe Espagnole, otherwise try La Bouverie and the Coubre lighthouse to the south. Strong, open beach undercurrents and longshore drift. Contest site. Plenty of campsites.

15 kms de beachbreak consistant plutôt mou si ce n'est pas offshore. Pics au choix du Nord (Pointe Espagnole) au Sud (phare de la Coubre) en passant par La Bouverie où étaient organisés les championnats de France 2004. Y'a pas mal de courant.

Pontaillac

Map labels:

Le Lizay ①
Pointe des Baleines
Portes-en-Ré
Saint-Clément-des-Baleines
Île d'Ré
Ars-en-Ré
Loix
Couarde-sur-Mer
Bois-Plage-en-Ré
La Couarde ②
Sainte-Marie-de-Ré
Saint-Martin-de-Ré
Flotte
Rivedoux-Plage
UWL
Les Grenettes ③

Pertuis Breton
Pertuis d'Antioche

Esnandes   Andilly
Marsilly   Villedoux   Longèves
Nieul-sur-Mer   Saint-Xandre   N137   Nuaillé-d'Aunis
Houmeau   N11   Dompierre-sur-Mer   Sainte-Soulle
D735   D105   Rochelle   Perigny   Montroy
D21
Aytré   Jarne   Jarrie   Aigrefeuille-d'Aunis
Angoulins   D939   Salles-sur-Mer   D939
N137   Châtelaillon-Plage   Thairé

Chassiron ⑥
Pointe des Chassiron
⑤ St-Denis
Saint-Denis-d'Oléron
④ Les Boulassiers
Brée-les-Bains
Île d'Aix   Baie d'Yves   N137
Île-d'aix
Les Huttes ⑦
D734
Saint-Georges-d'Oléron
Fouras   N137   Breuil-Magné
Île Madame   A837
Port-des-Barques
Island $
Saint-Pierre-d'Oléron   Rochefort
Île d'Oléron   D734
Dolus d'Oléron   Soubise
Moëze
Château-d'Oléron   D733
Les Allassins ⑧   D26   D123
Saint-Agnant

Bourcefranc-le-Chapus   Saint-Jean-d'Angle
St-Trojan ⑨
Saint-Trojan-les-Bains   D26   D123   D18
Marennes   Saint-Just-Luzac   D733
D728-E
Bay   Pointe de Maumusson   D728
of
Biscay   D25   Tremblade   D728
D733
La Côte Sauvage ⑩   D25   Arvert   Chaillevette   Gua
Etaules   Mornac-sur-Seudre
Mathes   D14   Breuillet
Grallet   D25
Pointe de la Coubre   D25   Saint-Sulpice-de-Royan   D14   Saujon
D25   D733   N150
D25   Vaux-sur-Mer
Saint-Palais-sur-Mer   Nauzan   Médis
Royan   D145
Pontaillac ⑪   Saint-Georges-de-Didonne   D730
D25   Semussac
Pointe de Grave   Gironde

Royan secret spot

11. Pontaillac

The tiny bay of Pontaillac offers shelter from large swells and strong winds, right within the city of Royan. If swimmers or beginners crowd the line-up, look for similar options in the area like Nauzan or Suzac.

La Conche de Pontaillac, toute proche du centre de Royan est bien à abri du vent et des swells massifs hivernaux. Celui-ci est très populaire, mais on trouve d'autres spots de repli dans les environs.

Gironde

1. Les Mascarets

As the biggest spring tides push the 120kms down the Gironde, five and a half hours after dead low at the ocean, a slow tidal bore can offer over ten minutes of mellow surf on a bouyant longboard. Best when river levels are low, post summer. St-Pardon is the local hub for dozens of bore-riders who now search for secret river spots. Often a crowd of boards and kayaks jostling on the face of the bigger initial wave of up to 10 in the set. Polluted fresh water, motorised traffic and large rocks and logs to avoid.

Les grandes marées d'équinoxes poussent sur 120km une vague surfable en longboard environ 5h30 après la marée basse. C'est mieux après l'été, quand le niveau d'eau est bas. La célèbre section de St-Pardon maintenant surpeuplé de planches et de kayaks, la quête des secrets spots de rivière a commencée.

Les Mascarets

2. Le Verdon

The construction of Port-Medoc didn't seem to mess with La Chambrette, the ultimate shelter when the Atlantic coast is onshore and out of control. Inside the Gironde rivermouth, it breaks hard with fast tubes on big high tides only. St-Nicolas is another option with S winds, but surfing within the Gironde estuary means gnarly rips and water pollution.

Considéré comme le spot de repli girondin ultime, La Chambrette n'a heureusement pas souffert de la construction de Port-Medoc. On peut toujours y trouver des tubes rapides autour de la marée haute. St-Nicolas reste une option par vent de Sud mais dans l'estuaire de la Gironde, courants et pollution sont au menu.

3. Soulac

With the rivermouth creating offshore sandbanks, waves are always smaller here but hollower than surrounding spots. Beware of the rocks of 'les piscines' to the north and swirling currents.

Lacanau
BERNARD CHOQUET

Avec tout le sable ramené par l'estuaire, c'est toujours plus petit ici mais cela reste le beachbreak le plus tubulaire du nord Médoc. Attention aux rochers des 'piscines' au Nord.

4. L'Amelie

Occasionally fast and hollow waves form up by the blockhaus or the jetty. Undeveloped spot except for a campsite in the dunes. Fairly consistent and sometimes crowded in summer.

Un coin discret, peu aménagé mais parfois une vague creuse et rapide du coté des blockhaus ou de la digue. Coin peu développé à l'exception d'un camping qui peut amener du monde en été.

5. Le Gurp

With a large swell and a bit of luck, long tubing lefts can be on offer. Check the banks at La Négade to the north, or at Dépée next to the Euronat nudist camp. Can be a crowd and some attitude when on.

On y a souvent vu des gauches tubulaires alors que ça sature complètement plus au Sud. Cherchez la plage de la Négade au Nord, ou celle de Dépée près du camp naturiste d'Euronat. Il peut y avoir du monde et une sale ambiance quand ça marche.

6. Montalivet

Nice peaks visible from the central car park, but there's more for those that look around. The surf club sometimes organise night surfing sessions. The south side is a naked tourists' hub.

Bonnes vagues visibles depuis le parking et plus pour ceux qui cherchent un peu. Surf club dynamique qui organise des surfs de nuit. Le coté sud est un haut lieu du naturisme.

7. Le Pin Sec

Just north of Hourtin only one road bisects the 10km long Forêt du Flamand. An endless choice of peaks along this quiet stretch that never gets crowded and has a good campsite nearby. Beginner-friendly but there are some rips.

Pas trop dur d'échapper à la foule, puisque le Pin Sec est le seul accès à la dizaine de km de littoral que couvre la Forêt du Flamand. Choix illimité de pic sur cette zone calme qui ne souffre jamais du monde et compte camping agréable. Accessible pour les débutants même s'il y a du jus.

8. Hourtin

More open beachbreak that can line-up nicely on its day. The alios soft reef helps to shape bowly waves, but high tide will kill it in small swells. During the summer this popular

British hang-out can become packed out. Exploring the mountain biking tracks between the lakes and woods may lead to new spots.

Un beachbreak plus ouvert qui peut bien dérouler. Ca peut également bien tuber sur l'alios mais la marée haute stoppe tout par petit swell. Ce rendez-vous habituel des Britanniques commence donc à trouver quelques pics saturés l'été. Plein de pistes cyclables entre lacs et forêts peuvent donner des idées si c'est le cas.

9. Le Crohot des Cavales

Another large shadow zone west of the Hourtin lake accessible only by bicycle. May not be the hollowest and most lined-up banks around but it is solo surfing. Crohot de France is even more isolated to the north. The UCPA centre of Bombannes has pretty straight access.

Encore une zone d'ombre à l'Ouest du Lac d'Hourtin. On y trouve peut-être pas les meilleurs bancs où les tubes les plus profond, mais on y surfe seul. Les stagiaires du centre UCPA de Bombannes sont les plus proches du Crohot des Cavales. Le Crohot de France est encore plus isolé au Nord.

10. Carcans

Always quieter than Lacanau, but that doesn't mean the waves aren't as good. Often more walled-up than hollow but still plenty of power. Can get rippy.

Alternative paisible à Lacanau, ce qui ne veut pas dire que c'est moins bon. Plus de murs à manœuvres que de véritables tubes, mais ça reste puissant. Le courant peut tirer.

11. Lacanau

ASP contest venue since 1979, this is surf central for the Bordeaux area. The reason? Consistent surf, easily checked from the boardwalk at Plage Centrale before opting for a session at La Nord, La Sud or Super Sud, among 14km of beaches ideal with a medium size W-NW swell. Extremely lively in summer with all surf facilities and good campsites.

Lieu de compétition ASP depuis 1979, Lacanau est le noyau du surf girondin. La raison ? Consistance et qualité du surf le long des 14km de littoral. Checkez en voiture à la Plage Centrale avant de vous choisir le pic de La Nord, la Sud, Super Sud … tous valables par swell moyen orienté Ouest/Nord-Ouest. Beaucoup de monde et d'ambiance dans les campings l'été.

12. Le Porge

This is the closest spot to Bordeaux. That can mean crowds in season, but several parking lots lead to different peaks. Pretty strong currents.

Le Porge

Le spot le plus près de Bordeaux, ce qui ramène du monde. On s'en sort en choisissant le bon parking avant de marcher un peu le long de la dune. Pas mal de jus.

13. La Jenny

Consistent and often hollow peaks in small W swells. Access is north of the nudist camp entrance, but the long walk in means it is never crowded.

Pics creux et consistants meilleurs par petite houle d'Ouest. L'accès se fait au Nord de l'entrée du camp naturiste. Ensuite longue marche ... donc pas de monde.

14. Le Grand Crohot

Lande-esque line-ups with plenty of baines and good shape in peaky summer swells. Can be nice on the outside bars before it closes out at 2m+. Until the ambitious Okahina Project brings (artificial) waves to Andernos, this remains the closest spot to town, so expect weekend crowds. It's quieter towards the nudist beach of Petit Crohot.

Line-ups à la landaise, où les baïnes aident à la formation de vagues bien formées sur les swells estivaux. Outside valable jusqu'à 2m. En attendant que le projet Okahina amène du surf (artificiel) à Andernos cela reste le spot le plus près de la ville. Cela rameute du monde le week-end, mais on peut toujours se décaler sur la plage nudiste du Petit Crohot.

15. Le Truc Vert

Probably the best-known spot on the Cap-Ferret peninsula because of the large camping bearing the same name and the usual good shape of the jetty-influenced sandbanks. Summer crowds are a given in front of the car park. Strong currents and drift.

Un des spot les plus connus sur le Cap-Ferret grâce à un gros camping portant le même nom et des bancs de sables qui ont tendance à se caler comme il faut. On trouve logiquement du monde face au parking l'été, mais le courant aura vite fait de vous décaler.

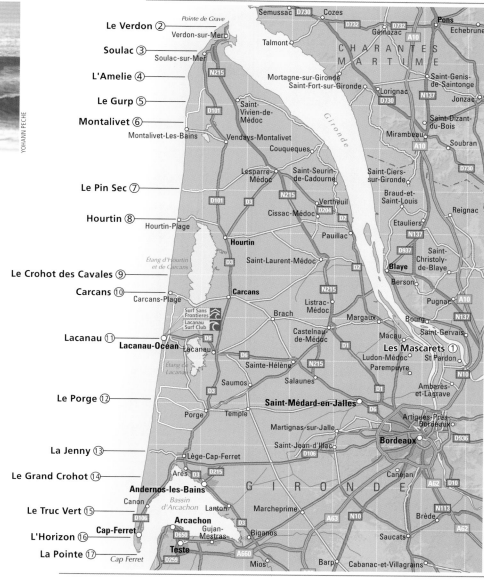

Le Verdon ②
Soulac ③
L'Amelie ④
Le Gurp ⑤
Montalivet ⑥
Le Pin Sec ⑦
Hourtin ⑧
Le Crohot des Cavales ⑨
Carcans ⑩
Lacanau ⑪
Le Porge ⑫
La Jenny ⑬
Le Grand Crohot ⑭
Le Truc Vert ⑮
L'Horizon ⑯
La Pointe ⑰

Cap Ferret

16. L'Horizon

One of a dozen named semi-secret spots on the peninsula that can have great banks on any given day. Better with peaky, summer, W windswells, there should be no reason to surf a crowded peak. Surfers from Arcachon can ride the pinnace across the basin before hopping on the tramway that stops right at this beach. Beach markers are helpful to guage the swift currents.

Les surfers d'Arcachon peuvent traverser le basin en pinasse avant de prendre le petit train qui mène jusqu'à cette plage connue de tous les surfers. Reste à chercher la douzaine de semi-secrets spots environnant. Les bons bancs bougent souvent et avec une houle de vent multipic, rien n'oblige à surfer un pic gavé.

17. La Pointe

Very large swells can wrap around Cap Ferret and break inside the Bassin d'Arcachon, throwing up tubey little rights. W winds are offshore but the hellish currents can make for bumpy rides. Great view of the massive Dune du Pyla in the background. There are more waves on the ocean side of Ferret, which will be smaller than those to the north, but plagued by strong currents.

Spot de repli à l'entrée du bassin d'Arcachon, ce qui génère un max de courant. Des droites creuses se forment en s'enroulant autour du Cap Ferret, mais ce n'est pas toujours glassy. Quelques blockhaus sur la plage et une vue imprenable sur la dune du Pyla.

Landes

Moliets Plage

Biscarrosse-Plage

1. La Salie

Technically in Gironde but an introduction to Landes' surf with sandbars shifting incredibly fast around two access points. The most reliable banks are beside the 800m long wharf, plus some good bodyboard shorebreak just to the north and more banks down the beach at the blockhaus. The wharf outfall pipe discharges stinky, suspicious foam and swimming is theoretically banned. Often crowded, despite the long walk in. If it's flat, surf the highest dunes in Europe at the Dune du Pyla (117m).

Dernier spot de Gironde, La Salie tient bien la taille mais dépend terriblement des bancs de sable qui se détachent du bassin. Deux accès, dont celui du Wharf mène aux spots les plus réguliers. Malheureusement, cette jetée de fer de 800m crache des eaux à l'odeur pas très rassurantes et la baignade y est théoriquement interdite. Parfois de gros shorebreaks pour bodyboarders juste au Nord. Si c'est flat, on peut faire crapahuter sur les hautes Dune du Pyla (117m).

St-Girons Plage

2. Biscarrosse-Plage

Popular summer resort town with typical shifting bars, from high tide thumping shories to outer low tide bars that can be fast and hollow in sections. Often crowded at the bottom of the access points, the northern one leads to a large campsite. Access is restricted by the military zone stretching as far south as Mimizan although some do risk explosive meetings with the army for solitude.

Station balnéaire populaires aux bancs aléatoires. Shorebreak carton à marée haute, puis vagues aux creuses et rapides sur les bancs outsides. Deux accès directs sur la plage, un autre face au camping Le Vivier au Nord. Du monde à l'eau en été, dommage qu'au Sud commence une zone militaire dont l'accès est interdit jusqu'à Mimizan.

3. Mimizan-Plage

Quiet place but with good enough waves to produce bodyboard champ Nicolas Capdeville. Four beaches on either side of the rivermouth that helps sculpt some good sandbars. Highly consistent and changeable so keep checking. Courant de Mimizan brings estuary pollution and offshores bring foul smells from nearby paper factories.

Coin tranquille avec d'assez bonnes vagues pour former le champion de body Nicolas Capdeville. Un front de mer de quelques centaines de mètres, des jetées de bois sur la plage et un courant (rivière) qui donne de bons bancs certaines années. Dommage que le courant de Mimizan soit source de pollution et qu'on sente trop souvent les activités papetières voisines..

4. Lespecier

A small, isolated resort with endless peaks in each direction. Unappealing in onshores and overhead conditions. Plenty of currents and few people around outside of August. One road in from Bias through the Forêt de Mimizan.

Petite station au cœur d'une zone d'ombre d'accès relativement long depuis les villes. On peut arriver de Bias à travers la forêt de Mimizan. Beaucoup de pics mais rien de bien folichon au-delà de 2m ou par vent onshore.

5. Contis-Plage

Saint Julien en Born's mellow beach resort. The lighthouse provides a bird's eye view of the best sandbanks, especially those to the north, close to the bunker or rivermouth. Loads of choice without big crowds. Estuarine pollution.

La station balnéaire paisible de Saint Julien en Born. Débrouillez-vous pour visiter le phare par temps calme et bonne houle et mater les environs avec des jumelles, surtout vers le bunker ou la rivière au nord. Vous verrez facilement les bons bancs. Du choix et peu de monde mais pollution liée à l'estuaire.

Landes secret

6. Cap de L'Homy
Located in the municipality of Lit-et-Mixe, there's not really a cape, just more straight beachbreak that benefits from some swell angle or chopped up summer windswells. More performance orientated waves perfect for beginner/intermediates. Year-round peace, solitude and a few good waves. Summer surf school.

Pas vraiment de cap mais un beachbreak dans cette petite station balnéaire sur la commune de Lit-et-Mixe. On y est tranquille et les bonnes vagues sont parfois au rendez-vous. Débutants et niveaux intermédiaires s'y amuseront avec un swell de vent ou rentrant avec un peu d'angle.

7. St-Girons Plage
With 12km of beachbreak to choose from, this popular place serves up something in between Hossegor barrels and average beachbreak walls. The beach is a favourite of foreign surfers and naturists with good camping in the dunes and surf hire/schools for beginners. The German Surf Championships are regularly held here.

12km de plages désertées en hiver, pleines de nudistes et de surfers étrangers en été. Les vagues servent du tube façon Hossegor ou du mur plus classique. On y trouve campings, écoles et parfois des Allemands y participent à leur championnat national.

8. Moliets Plage
The central beach soaks up the summer crowd on very shifty sandbanks that often shut down. High tide is usually no good. The Huchet rivermouth from Leon Lake can shape some nice lower tide sandbars. All facilities with surfschools for the summer beach party hordes. Similar scene south at Messanges Plage.

On surfe beaucoup au niveau de la plage centrale même si ça ferme régulièrement. La marée haute ne donne rien de bon. Le courant d'Huchet reliant le lac de Léon peut former de meilleurs bancs. On trouve tous les aménagements pour les estivants, et c'est la même chose à Messanges.

9. Vieux Boucau
The D652 gets closer to the coast here, allowing easy checking of several peaks. There are waves on both entrances to the lake. North side has fast, hollow peaks on higher tides, but heavy longshore rips at headhigh plus. Port d'Albret on the south side leads into the Soustons stretch and has good shape for kilometres. Handles more size than the breaks to the north. Locals get twitchy in August as the campsites and holiday apartments fill up.

A partir d'ici, la D652 se rapproche du littoral, ce qui permet donc de checker plus de vagues. Entre les Sablères, la Grande Plage et Port d'Albret au Sud du bassin on trouve toujours un banc de sable qui mérite le détour. Tient souvent mieux la taille que les plages du Nord. Les locaux semblent plus irritables au mois d'Août quand les campings et locations de vacances font le plein.

10. Labenne-Ocean
With a moderate NW swell and offshores, heavy peaks, close to shore provide tube time for the local crew and visitors. More likely shorepound than true barrels and crowds are on the rise because of the N10 proximity.

Avec un swell modéré et de l'offshore, des pics de bord solides forment quelques barrels. On prend plus souvent des branlées dans le shorebreak que de vrais tubes mais la proximité de la N10 attire toujours du monde.

11. Tarnos Plage
The Metro beachbreak is nothing special, unlike Boucau. The extensive jetty helps shape the sandbanks giving point-style lefts with hollow sections and long, powerful walls, but a sunken ship waits for surfers to miss their take-off. There's protection from S winds, but not from the pollution flowing out from the Adour. Depressed, dilapidated industrial area adds to the unfriendly vibe.

La plage du métro n'a rien de transcendant contrairement au Boucau avec sa longue digue qui forme les bancs de sable. Les gauches peuvent être longues et puissantes, mais attention à ne pas se vautrer sur l'épave.. La digue abrite des vents de Nord mais pas de la pollution de l'Adour. Paysage industriel déprimant, mais ne comptez pas sur les locaux belliqueux pour vous réconforter.

Boucau

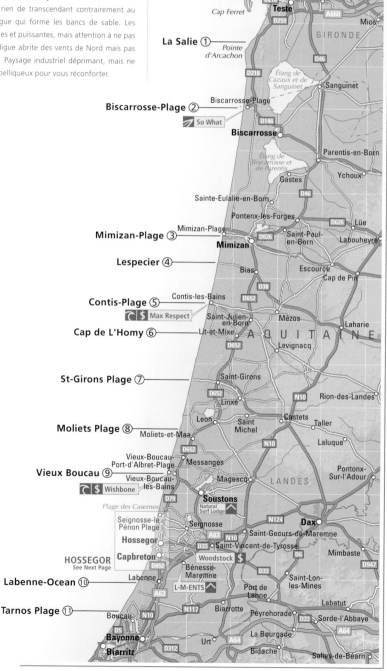

Hossegor

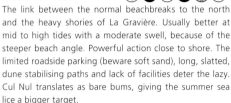

Les Culs Nuls

DAMIEN POULLENOT

1. Le Penon

Worthwhile sandbars can appear along this stretch that used to have a long metal pier that caught the sand. Open and shifty, it often holds some really good higher tide shorebreaks that entertain the sizable crowd of locals and travellers. Closes out before it gets to double overhead. More banks up at Casernes. Attracts huge summer crowds to the water park, fairground rides and tourist shops situated between the dunes and massive free car park. Beware car crime at the north end (L'Agréou), and strong rips. There's a mini skatepark but serious skaters should head to Hall04. All facilities, including good surf school and webcam.

Le vieux wharf métallique a disparu mais les pics continuent à se caler aux mêmes emplacements. Toujours des locaux et des voyageurs pour profiter de shorebreaks valables à marée haute. Sinon la plage s'étend vers l'Agréou et les Casernes, au Nord. Beaucoup de touristes en été dû au large parking bordé de magasins

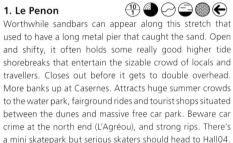

La Gravière right

GECKO

La Gravière left

GECKO

et d'un parc aquatique. Mini skatepark également pour se chauffer avant le superbe Hall04. Attention aux courants et aux vols sur le parking. Ecole de surf et webcam.

2. Les Bourdaines

Good banks regularly form either side of the access path. Often has a very defined channel between peaks and rippy inside sections. Popular with longboarders. Very consistent and crowded and a regular contest site. Holiday apartments make it more difficult to park here in summer.

Souvent de bons bancs de chaque coté de l'accès principal. Une passe généralement bien définie, ce qui semble plaire aux longboarders. Très consistent, toujours peuplé. Les camps de vacances sont des propriétés privées, on ne se gare donc pas aussi facilement qu'ailleurs.

3. Les Estagnots

Top quality peaks when a good W-NW swell hits the sand. Handles a bit more size than Bourdaines and Penon, but expect severe long-shore drift when bigger. High tide inside banks can be hollow and fast. Always a crowd and the odd combative local. Large car park used to be freecamp central but it is now forbidden to park campervans in any Seignosse car park overnight.

Un nom célèbre parce que médiatisé par le Rip Curl Pro et souvent squatté par les voyageurs. Il est maintenant interdit d'y dormir. Reste un accès facile à de jolis pics assez éloignés du bord. Tient sans doute plus de taille que les plages voisines, mais au prix de courants latéraux intense. Les bancs de marée haute, plus à l'inside, donnent des vagues creuses et rapides.

4. Les Culs Nuls

The link between the normal beachbreaks to the north and the heavy shories of La Gravière. Usually better at mid to high tides with a moderate swell, because of the steeper beach angle. Powerful action close to shore. The limited roadside parking (beware soft sand), long, slatted, dune stabilising paths and lack of facilities deter the lazy. Cul Nul translates as bare bums, giving the summer sea lice a bigger target.

Spot de transition, car à partir d'ici, le shore-break devient carton. Souvent meilleur aux marées un peu hautes car la plage est pentue. Vagues puissantes jamais trop loin du bord. Parkings limités, garez-vous en bord de route et traversez la dune en utilisant les accès prévus. Comme son nom l'indique, le maillot de bains n'y est pas indispensable.

5. La Gravière

Sited on an old gravel pit, this is the legendary Hossegor tube spot. Dredging the rivermouth affected wave quality but it is back with a vengance, hosting pro-surfing competitions in huge conditions. Heavy, thick-lipped beasts, break perilously close to shore and often close-out, snapping more boards than just about anywhere. Rips as strong as the lips – experts only. Facilities down beach at Front de Mer. Park along Blvd de Front de Mer (D79) and use slatted access paths through the stabilised dunes.

La légendaire machine à tubes d'Hossegor avait plié boutique avant de fournir les droites monstrueuses du Quik Pro 2003. Quand le banc apparaît soyez prêts à attendre votre tour et à vous faire touiller. On bascule sous une lèvre épaisse, dangereusement près du bord et ça ne peut pas passer à chaque fois. Prévoyez une planche de rechange et méfiez vous du jus. Les aménagements sont au Front de Mer un peu plus au Sud. Il y a des accès aménagés à travers la dune.

6. La Nord

Along with La Sud the only rideable beachbreak north of Capbreton when the swell heads towards 3m on the Biscay buoy. The shifting, outside bank holds triple overhead plus and favours rights into the rip torn paddling channel. Steep drops and fast walls with barrel sections mean extra inches are a good idea. Can work at all tides but mid is often best. Heavy water when the rips are in full flow. Once the vicious shoredump is negotiated there can be a deep trough, allowing the unskilled to get out of their depth. It's always crowded, even when smaller and when the big swells hit, everyone descends on the area, often only to watch.

Généralement le seul beachbreak surfable au Nord de Capbreton quand les bouées dépassent les 3m. C'est un spot de grosses vagues capricieux avec principalement des droites quand les bancs sont là.

Capbreton

Peut marcher à toute marée mais souvent meilleur autour de la mi-marée. Lors du WCT de 2004 les frères Irons ont montré comment le surfer à 4m sans avoir recours aux jet skis. Le shore-break du Front de Mer est suicidaire, ensuite la passe permet à n'importe qui de rejoindre le pic. Mieux vaux être préparé et équipé d'une planche assez longue pour assurer les drops verticaux et passer les sections creuses et rapides.

Calé à la digue sud du port, c'est le spot de repli ultime avec une taille de vague dérisoire par rapport aux plages exposées. Relativement abrité des vents de Nord. Beaucoup de débutants ou autres quand c'est le seul spot surfable. Aménagements complets mais attention aux places de parkings payantes en ville.

9. Le Prévent

Stuck between two groynes and the athletes physiotherapy centre is a tiny beach with hollow bowls on a strong swell. Plenty of close-outs and terrible backwash on high tide. Over-populated on weekends, attracting plenty of bodyboarders. Rips near the southern groyne.

Calé entre 2 épis rocheux face au centre de rééducation des sportifs, on y trouve des bols bien creux par forte houle. Backwash terrible à mare haute et surpopulation de bodyboarders le week-end. Du jus le long de la digue Sud.

10. Le Santocha

The most regularly surfed wave in Capbreton, complete with 30yr old surf club. Picks up swells that close out the open beaches and forms up nice, fat peaks. Good drops followed by slopey walls and close-out inside section. A righthander tends to form along the groyne. Rips are strong and paddle-outs can be long. Many beginners and plenty of rippers. Consistent and crowded winter spot.

Avec un surf club existant depuis plus de 30 ans c'est la vague surfée le plus régulièrement. Elle prend un peu plus de houle que les autres, mais reste surfable avec de la taille. Une droite tend à se former le long de l'épi rocheux. En général le drop est bon et on a un peu de mur avant que la vague ne ferme à l'inside. Les courants sont vicieux et la rame peut-être longue.

11. La Piste/VVF

With blockhaus scattered in the sand, this is one of the most photographed beaches on the coast. Perfect barrels are regularly on offer for those that can handle the packs of gifted locals and tube-hungry visitors. More of the same to the south, towards the VVF. High consistency, always crowded and strong currents.

Délimitée par des blockhaus, on y trouve une des vagues les plus photographiées de la côte. Souvent des tubes parfaits pour qui sait se placer au milieu de locaux doués et de visiteurs affamés. La fête continue sur l'accès du VVF, au Sud. C'est le spot le plus réputé et consistent sur Capbreton, donc logiquement toujours saturé par le monde.

La Piste

La Nord

La Sud

7. La Sud

A sheltered spot for those not willing to tackle La Nord on big days. Favours lefts and gives beginners somewhere to surf away from the rippers. Easy and never too big, but turns into an unsurfable shorebreak on high tide. Water quality can be dubious, being so close to the rivermouth.

Un spot de repli pour ceux qui ne souhaitent pas se frotter à la Nord les jours de gros. Souvent des droites facile et jamais très grosses mais laisse place à un shorebreak insurfable à marée-haute. Qualité de l'eau douteuse due à la proximité de l'embouchure.

8. L'Estacade

Tucked along the port's south jetty, this is the ultimate shelter with laughable size compared to exposed beaches. Handles some N wind. Many beginners and desperados when it's the only option. Centre of town pay car park.

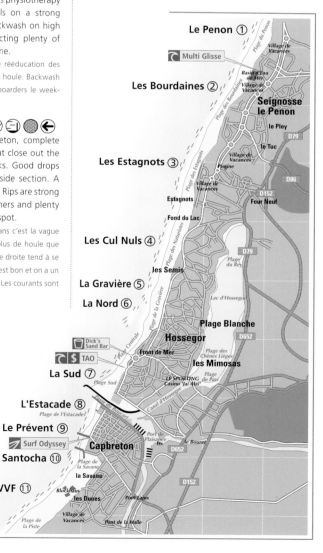

Anglet/Biarritz

Anglet beachbreak

ROGER SHARP

1. La Barre
The famous wave of the '60s disappeared with the Adour jetty construction. Peaks still form between the jetties that filter the swell and somewhat block cross-shore winds. Unfortunately the vicinity of the rivermouth ensures sickening levels of residential and industrial pollution.

La vague légendaire des années 60 a définitivement disparu suite à la construction de la digue de l'Adour. Des pics se forment encore entre les jetées qui réduisent la taille de la houle et protègent des vents cross-shore. Hélas la proximité de l'embouchure entraîne une pollution record, qu'elle soit d'origine naturelle ou industrielle.

Anglet

MARC FENIES

2. Les Cavaliers
Peak summer/autumn season often sees over 100 surfers in the water, looking for tubes rivalling those of Hossegor or simply something to surf when everywhere else is flat. Walking south towards 'Les Dunes' may yield good results. Regularly hosts large international contests.

En saison on voit régulièrement une centaine de surfers à l'eau, cherchant un tube rappelant Hossegor, ou simplement quelque

chose à se mettre sous la planche quand c'est flat partout. Un peu de marche vers 'Les Dunes' peut rapporter dans les 2 cas de figure. Des compétitions internationales y sont régulièrement organisées.

3. La Madrague
With sandbanks constantly shifting around a couple of jetties, it's hard to forecast what this one will be like. Easily overpowered by moderate swell and big high tides kill it off, but can have some crisp, fast walls. Deemed consistent enough to run a women's WCT event so it is often crowded.

Avec des bancs de sables en mouvement constant autour des 2 digues, pas évident de prédire les conditions sur ce spot. On peut y trouver des murs propres rapides si la marée n'est pas trop haute et le swell pas trop fort. On l'a toutefois jugé assez consistant pour y organiser un WCT féminin en mai 2004.

4. Les Corsaires
Like in Madrague, two jetties help shape the banks. As the tide shifts, one peak will replace another. Two big parking lots here but they fill quickly in summer. Can be a bit localised.

Comme à la Madrague, 2 jetées contribuent à la formation de bancs de sables. Au changement de marée un pic vient en remplacer un autre. Deux parkings donnent sur la plage, mais ils se remplissent vite en été. Parfois un peu de localisme.

5. Marinella
Nice peaks and lots of people surfing, but little groms spreading bad vibes here. Busy beach thanks to the proximity of the Youth Hostel and Fontaine Laborde camping.

C'est la plage qui bouge le plus en saison grâce à la proximité de l'Hôtel de Jeunesse et du camping Fontaine Laborde. Des vagues

Marinella

MARC FENIES

sympas et toujours beaucoup de monde à l'eau, mais l'ambiance reste bonne.

6. Sables d'Or
A very central area to check the surf, with waterfront parking spots, surf shops and restaurants. Lifeguards monitor a swimming area along the right jetty in summer, which further reduces the surfing zone. Webcam.

Lieu de rendez-vous incontournable avec un parking en front de mer, et plusieurs surfshops, restaus et sandwicheries. La zone de baignade instaurée le long de la jetée droite réduit la zone surfable en été. Webcam.

Sables d'Or

FREDERIC LE EANNEC

7. Le Club
Members of the Anglet Surf Club seem to sit there all day, waiting for a nice peak to show up. When it works, good tubes are on offer, especially in the bodyboarder-friendly shorebreak. Good luck finding a parking spot around here in the summertime.

Les membres de l'Anglet Surf Club squattent la murette en attendant que le pic se cale. Y'a du tube à choper ici, avec un shorebreak apprécié des bodyboarders. Faut se lever tôt pour trouver une place de parking dans le coin en été.

Les Cavaliers

ROB GILLEY

Le VVF

Anglet line-up

Côte des Basques

déroulant tranquillement à l'abri des vents de Nord. Ca reste mou pour le shortboard, à moins de décaler vers un des reefs plus au Sud. Pas de plage à marée haute.

11. Ilbarritz

Better known for golfing and dining-out, Ilbarritz also hosts a couple of beaches that can produce good waves even though the reefs don't look very appealing. There are heaps of rocks to look out for.

Plutôt connu pour le golf et les soirées animées du Blue Cargo, Ilbarritz possède aussi des plages qui peuvent réserver de bonnes surprises sur des reefs peu séduisants au premier abord. Beaucoup de rochers à surveiller quand même.

8. Le VVF

Since part of the cliff collapsed, the long lefthander below the lighthouse only seems to break on the largest swells. Road above the beach allows for quick checks of the northern ledge and the rest of the beachbreak peaks.

Depuis le dernier éboulement de la falaise, la longue gauche qui démarre sous le phare semble ne réapparaître que par grosse houle. Un passage en voiture permet toujours de checker si la dalle au Nord de la plage lève quelque chose.

9. Grande Plage

The basque coast's chic city beach receives less swell than Anglet but handles a very large variety of conditions. Rocks on the south part of the beach contribute to the beauty of the site while shaping the banks and blocking S winds. On the downside, crowds, bathing zone restrictions and difficult, expensive car parking spoil the experience, unless you surf at night under the boardwalk lights!

Plage chic et frime de la Côte Basque, la Grande prend un peu moins la houle qu'Anglet mais se surfe quasiment dans toutes les conditions. Les rochers comme le Shining ou la Roche Plate contribuent à la beauté du cadre tout en calant les pics au Sud de la plage, à l'abri du vent. L'absence de parking gratuit, le nombre de surfers et la zone de baignade compliquent les sessions, heureusement c'est éclairé la nuit!

10. Côte des Basques

The birthplace of Europe's surfing scene remains popular with longboarders enjoying mellow walls sheltered from northern winds. To the south are some reefs worth checking for shortboarders. No beach on high tide.

Le berceau du surf en France est resté populaire auprès des Tontons surfers et autres longboarders appréciant des vagues

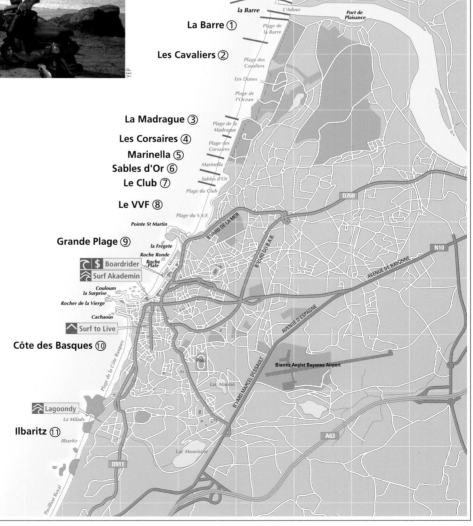

la Barre   L'Adour
La Barre ①   Plage de   Port de
    la Barre   Plaisance

Les Cavaliers ②   Plage des
    Cavaliers

Les Dunes

Plage de
l'Océan

La Madrague ③   Plage de la
    Madrague
Les Corsaires ④   Plage des
    Corsaires
Marinella ⑤   Marinella
Sables d'Or ⑥   Sablès d'Or
Le Club ⑦   Plage du Club
Le VVF ⑧   Plage du V.V.F.

Pointe St Martin   D260

Grande Plage ⑨   la Frégate
    Roche Ronde   N10
    Roche
$ Boardrider   Plate
Surf Akademin
    Couloum
    la Surprise   AVENUE DE BAYONNE
Rocher de la Vierge
    Cachaous
Surf to Live
Côte des Basques ⑩

    Polo
    Biarritz Anglet Bayonne Airport
Lac Mouriscot

Lagoondy
    La Milady
Ilbaritz ⑪
    Ilbaritz   A63

D911

Pavillon Road   Lac Mouriscot

The Basque Coast

1. Erretegia

With mellow waves breaking over a mix of sand and rocks, this remote beach has long been popular with surf schools in the area. A large Roxy contest put it in the spotlight in 2002, but the rather long walk down from the car park still keeps the crowds down.

Une plage isolée prisée des écoles de surf dont les éleves apprécient les vagues molles cassant sur fond de sable et rochers. La Teenie Wahine Contest de 2002 à un temps accru sa popularité, mais la longue descente depuis le parking continue d'en calmer plus d'un.

2. Bidart

The central beach is often crowded with local surf club members and there are some gnarly rocks to contend with. Closes-out in bigger swells but has occasional memorable days. Ouhabia is visible from the N10, but can be badly polluted by the river.

La plage centrale est maintenant facilement accessible et la présence d'un surfclub dynamique fait qu'il y a toujours du monde. Malgré quelques rochers, elle peut réserver de bonnes surprises, contrairement à l'Ouhabia, visible depuis la N10, qui peut en réserver de très mauvaises à cause des rejets de la rivière.

3. Parlementia

The Guéthary terrace gives the best view of this Sunset-like right with a shifting peak and short shoulder that holds up to 5m faces on a clean, NW swell. The inside walls-up at higher tides while the left leads directly to the impact

Parlementia

Avalanche

Les Alcyons

zone. Always deceptively bigger than it appears, longer boards are required to get into the big drops early, so it's often crowded with longboards and pintail guns. Guéthary harbour and village are definitely worth a detour.

La terrasse de Guéthary offre un point de vue idéal sur cette bonne droite puissante et ronde qui tient jusqu'à 4-5 mètres sur une belle houle de Nord-Ouest. La gauche peut être surfable mais on risque de bouffer la série au retour. L'inside peut être creux avec de bons murs à marée haute. Beaucoup de surfers, souvent en longboards et en guns pour avoir un peu d'avance sur le take-off. Le port et le village de Guéthary valent le détour.

4. Les Alcyons

On the other side of Guéthary harbour, a short but powerful left reefbreak, jacks on take-off and barrels across a shallow shelf. A heavy liquid and local current dominates the experts-only line-up. Needs a large N swell and can handle a bit of SW wind. Aka Harotzen Costa.

De l'autre côté du port de Guéthary, une gauche qui jette au take-off et peut tuber sur une dalle rarement bien recouverte. Pas mal de courant en milieu de marée et des habitués dominant le pic. Il faut que ça rentre gros de Nord, mais la vague supporte un léger vent de Sud-Ouest.

5. Avalanche

With the right board, skills and conditions, the outside lefts of Les Alcyons can be ridden up to 7m. This is where a handful of experienced locals paddle into the biggest waves in the country. Others can enjoy the show. Best on low tide.

Pour ceux que le gun de 9 pieds démangent, la vague du fond se surfe jusqu'à 7m, soit les plus grosses vagues du pays. C'est un spot d'initié aussi expérimentés que téméraires. Les autres admireront le spectacle depuis le bord. Meilleur à marée basse.

6. Lafitenia

A beautiful righthand pointbreak, complete with steps in the steep take-off, that leads into a long wall and occasionally hollow inside section. Follow Acotz and park just above Lafitenia Bay. Quiksilver European headquarters are just in front, so no wonder it's crowded any time of the day.

Beau pointbreak de droite qui peut être longue quand la section du milieu de la baie connecte avec le premier pic au niveau des remous. Marche d'escalier au take-off, puis un long mur qui peut bien recreuser à l'inside. Suivre Acotz pour trouver le parking et la baie de Lafitenia. Les bureaux de Quiksilver Europe sont pile en face, ne vous étonnez pas de voir du monde au pic à toute heure.

7. Erromardie

Good waves are rare at this average break. Beginner-friendly lefts will usually break in front of the lifeguard

Erromardie

Belharra

CHRISTOPHE DIMULLE

objet de fantasme avant que les jet-skis viennent changer la donne. Une petite équipe est rentrée dans l'histoire le 22 Novembre 2002 avant de remettre ça le 10 Mars 2003, avec une vague de Seb St. Jean estimée à 66 pieds (20m) en finale du trophée XXL. A regarder du haut de la falaise après Socoa, car pour le commun des mortels cela reste un spectacle.

11. Hendaye Plage
This is the answer when everything else is closing-out. A long stretch of average beachbreaks offers a wide choice of peaks; usually better close to the casino or the south jetty. The place is perfect for beginners, which explains the amazing number of surf schools. The two rocks to the north hold a solid right that requires patience.

L'ultime solution quand tout sature. Longue plage qui offre le choix pour trouver un pic correct selon les marées, plutôt vers le casino ou la jetée Sud. Idéal pour débutants ce qui explique le nombre incroyable d'écoles. Vagues moyennes sauf vers les 'Deux Jumeaux' au nord de la baie: une droite qui demande patience.

Lafitenia

GECKO

hut while the rights to the NE are dangerously close to the rocks. Plenty of campsites nearby.

Les bonnes vagues y sont rares mais quelques gauches faciles cassent en face du poste de secours. En revanche les droites au Nord-Est cassent dangereusement près des rochers. Campings dans le coin.

8. Sainte-Barbe
A long right with a rad take off wraps around the jetty north of the bay. At the end of the wave is 'Les Flots Bleus', a mini wave well-suited to kids and beginners. It's very rare for the fashionable beach of St Jean de Luz to be worth riding.

Cette longue droite déroule depuis la jetée nord de la baie. Le take-off y est radical. Nettement plus à l'inside, la vague des 'Flots Bleus' casse dans la baie et fait le bonheur des gamins. La plage huppée de St Jean de Luz reçoit rarement des vagues intéressantes.

Sainte-Barbe

MARC FENIES

9. Ciboure/Socoa
When it gets huge, several spots work inside the bay from the harbour mouth towards Socoa jetty and pass through 'La Bougie'. Always a few waves, regardless of how strong the wind or swell gets. Downside includes low consistency, always crowded, some localism and roadside meters.

Quand ça rentre très gros, plusieurs spots marchent du port à la digue de Socoa en passant par la Bougie, peu importe la force du vent. Vu que ça rentre au compte-goutte et qu'il y a des locaux, pas facile de rentabiliser le parking payant.

10. Belharra Perdun
A 15m deep, seagrass covered shoal 2.5km offshore creates an A-frame peak on the two or three largest swells of the winter for the European tow-in crew. A small team made history on November 22nd, 2002 before a second session on March 10th, 2003 when Sebastian St Jean towed into a wave estimated at 66ft (20m) during the XXL contest final. Can be watched from the coast road cliffs between Socoa and Hendaye, because riding this place is definitely a spectator sport.

Ce haut-fond (15m de profondeur à 2,5km de la côte) créant un pic droite gauche sur les 2-3 plus gros swells de l'hiver n'était qu'un

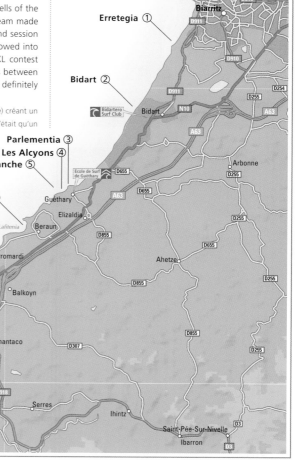

E-
SCA-
PE

5,3

8

6

4

2,8

6,2

4,4

5,5

8

7,5

7

4

STANCE :
REGULAR

PHOTO : TIM MC KENNA / ÉVADEZ-VOUS

RID-
ERS
UNLI-
MI-
TED

OXBOW

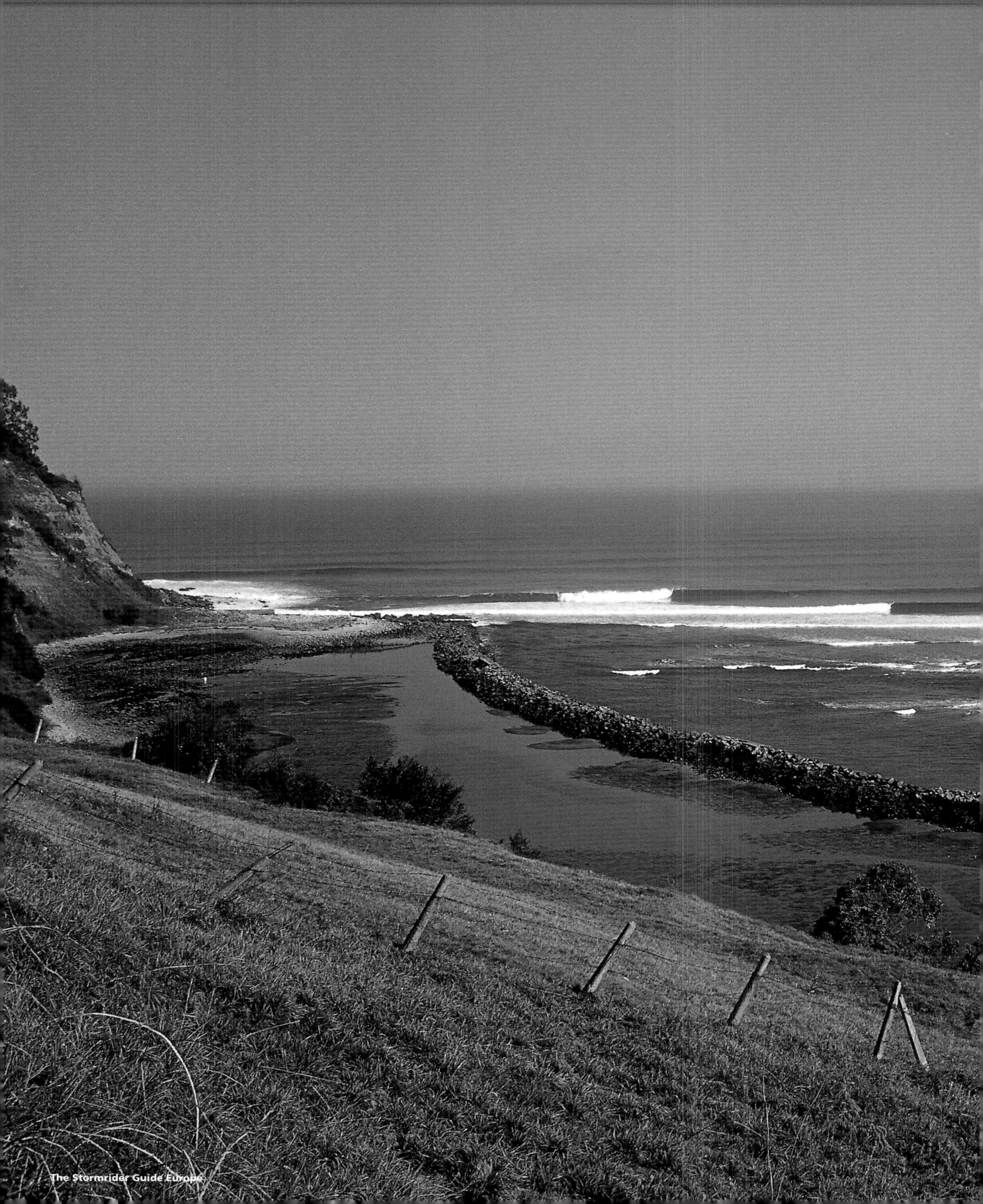

Spain

Spain has a huge variety of surf, including some
of the biggest, longest and most perfect waves
on the planet. Surfing in Spain has been growing
exponentially in the last few years, with a new
generation of toreadors taking on the raging waves.
Despite the obvious bravado, locals tend to be
friendly and sociable and still treat outsiders with
respect and curiosity. Surfers tend to accumulate
at the known breaks, leaving long, empty stretches
of coastline to explore. All in all, Spain offers
a tantalising taste of the true spirit of surfing
continental Europe.

On trouve une très grande variété de spots en Espagne,
avec quelques unes des plus grosses, des plus longues
et des plus parfaites vagues de la planète. Le surf s'y
développe de plus en plus ces dernières années, avec une
génération de toréadors qui viennent défier les vagu es
les plus méchantes. Malgré cet engagement bien réel,
les locaux sont plutôt sympas et sociables, et considèrent
encore les étrangers avec respect et curiosité. Les surfers
ont tendance à s'agglutiner sur les spots connus, alors
qu'il y a de longues portions de côte à explorer. En fin de
compte, l'Espagne donne une irrésistible envie de goûter
au charme du surf sur le continent européen.

WILLY URIBE

**In any other country Rodiles
would be the number one
rivermouth wave.**

The Surf

The wave climate in Spain, like any northern-hemisphere location, tends to have a fairly large seasonal variation, with conditions quite a bit smaller in summer than in winter. Sea breezes, almost always from the NE, are a major factor in summer, which means either surfing before about midday or picking a west-facing beach. In the winter, the wave climate seems to be characterised by periods of two contrasting regimes. The first of these comprises of winds from a northerly quarter, continual passage of frontal systems, heavy rain, low temperatures and bad surfing conditions. The other includes winds from a southerly quarter, dry sunny weather, nice warm temperatures and a constant stream of large, clean swells. The tides on the north coast of Spain are semi-diurnal (two tides a day) and meso-tidal (medium heights) with typical ranges of about 4m during springs and 1.5m during neaps. Tide time differences along the north coast are less than about half an hour.

Les conditions de surf en Espagne ont tendance à varier considérablement selon la saison, comme dans tout l'hémisphère nord, avec sensiblement moins de houle en été qu'en hiver. La brise de mer, quasiment tout le temps de nord-est, est un facteur-clé en été, ce qui signifie qu'il faut soit surfer avant midi, ou choisir une plage orientée à l'ouest. En hiver, les conditions de surf sont caractérisées par deux régimes contrastés. Le premier consiste en des vents de secteur nord, avec un passage en continu de fronts accompagnés de pluies fortes, des basses températures et des mauvaises conditions de surf. L'autre régime se caractérise par des vents de secteur sud, un temps sec et ensoleillé avec des températures agréables et un flux constant de houles consistantes et bien rangées. Les marées sur la côte nord de l'Espagne sont semi-diurnes (deux marées par jour) avec des amplitudes moyennes, en général 4m par gros coefficient et 1m50 par faible coefficient. Les variations d'horaires de marées n'excèdent pas une demi-heure d'un bout à l'autre de la côte.

País Vasco

The Basque country of **País Vasco** contains all types of reefs along with some world-class big wave spots and, of course, a world-class rivermouth called Mundaka. There are plenty of good quality beachbreaks, although these are not as prevalent as those in neighbouring France or Cantabria. The Basque country picks up less swell than the rest of the north coast, particularly if it comes from the west. In winter though, there is rarely any lack of swell. This area has the most spots that can handle big waves; one or two still rideable at 20ft. There is also a host of spots surfable in stormy conditions and sheltered from strong W or SW winds. The worst wind direction is N or NE. With its proximity to France and the highly populated coastal cities of San Sebastián and Bilbao, the Basque country is the most popular surfing area in Spain; it has the highest level of surfing, the most crowds and the largest number of surf shops. Boards range from modern shortboards, of which there are thousands available, to mini-guns and full rhino-chasers. Longboards are also very popular, particularly at certain spots such as La Triangular in Sopelana. Prime spots include the flawless left-hand rivermouth at Mundaka and the big-wave right, Meñakoz. This area probably suffers the most from seasonal variability, with larger differences between summer and winter surf. In general, the *winter* is the best time to visit.

On trouve au **Pays Basque** tous les types de reefs, des spots de gros de classe mondiale, et bien sûr une embouchure de réputation internationale: Mundaka. Il y a beaucoup de beachbreaks de qualité, même s'ils ne sont pas aussi nombreux que sur les côtes voisines, en France ou en Cantabrie. Le Pays Basque reçoit moins de houle que le reste de la côte nord, surtout si elle est d'ouest. Mais en hiver il est rare d'être en manque de swell. La région possède de nombreux spots qui tiennent la taille, certains jusqu'à 20 pieds (6m). Il y a aussi une multitude de spots de repli abrités des forts vents d'ouest ou de sud-ouest. Le pire est d'avoir du vent de nord ou nord-est. Avec la France toute proche et des villes côtières très peuplées de San Sebastian et Bilbao, le Pays Basque reste la zone la plus

94	País Vasco	East
96		West
98	Cantabria	East
100		West
102	Asturias	East
104		West
106	Galicia	East
108		West
110	Andalucia	

Punta Galea

JAKUE ANDIKOETXEA

MARCELO DIAZ

Middle – **País Vasco has the most spots that can handle big waves. One or two are still rideable at 20ft+ and there's a dedicated paddle-in crew plus a few tow-in teams.**

Bottom – **Proximity to France and the coastal cities of San Sebastián and Bilbao, means the Basque country is the most popular surfing area in Spain. However, big swells and a rocky coastline provide plenty of empty waves for the brave and skilled.**

surfée en Espagne, avec le plus haut niveau de pratique et le plus de monde à l'eau ainsi que le plus grand nombre de surfshops. Les planches vont du shortboard moderne, que l'on trouve par milliers, jusqu'aux mini-guns et aux guns pour le gros. Les longboards ont aussi la cote, surtout sur certains spots comme La Triangular à Sopelana. Parmi les meilleurs spots on trouve Mundaka, une gauche parfaite à une embouchure de rivière, et la grosse droite de Meñakoz. Les variations saisonnières sont peut-être le principal problème de cette région, avec de grandes différences entre l'hiver et l'été. En général, *l'hiver* sera la meilleure période pour y surfer.

El Ris

JAKUE ANDIKOETXEA

Cantabria

The coastal geology of **Cantabria** is slightly less abrupt than that of the Basque coast, so it has a multitude of good beachbreaks but a smaller number of good reefs. Therefore, big winter swells are not appreciated here quite as much and the best spots are those that work on small to medium swells. Cantabria also has a number of areas where one can find smaller, cleaner waves in huge storms or strong W to NW winds. There are one or two big-wave spots like the excellent righthander of Santa Marina. The number of surfers per kilometre of coastline is much smaller than in the Basque Country. Unfortunately, however, locals tend to be more aggressive, particularly at a few places such as El Brusco. Surfboards are mainly shortboards, although a medium gun might be required a few days of the year. Star-rated spots include Liencres, a series of excellent and consistent beachbreaks, El Brusco, a hollow beachbreak and Santa Marina, which can be ridden up to around 5m (15ft). **Summer** is a good time of year in Cantabria, with open west-facing coasts west of Santander working well on small swells.

Le relief de la côte en **Cantabrie** est légèrement moins abrupt celui de la côte basque, par conséquent on y trouve une multitude de beachbreaks mais moins de bons reefs. Les gros swells d'hiver ne sont pas ce qu'il y a de mieux ici, les meilleurs spots marchant par houle petite ou moyenne. La Cantabrie possède aussi des bons spots de repli pendant les grosses tempêtes avec des vents forts d'ouest ou de nord-ouest. Il y a aussi un ou deux spots de gros comme l'excellente droite de Santa Marina. Le nombre de surfers par kilomètre de côte est beaucoup plus faible qu' au Pays Basque. Malheureusement, les locaux ont tendance à être plus agressifs, comme à certains endroits comme El Brusco, un beachbreak creux, et à Santa Marina, qui peut être surfée jusqu'à 5m. *L'été* est une bonne période de l'année en Cantabrie, avec à l'ouest de Santander des côtes orientées ouest qui marchent par petite houle.

Rodiles

JUAN FERNANDEZ

Asturias

In **Asturias**, the mountains run close to the coast, which means a much more rugged coastline than both Cantabria and the Basque country. It has steep cliffs and very difficult access. There are many rocky coves with small offshore islets either blocking the swell or causing interference to the waves. These areas are, therefore, not particularly good for surfing. However, there are also some excellent beachbreaks, many of which face west and are unaffected by the NE sea breezes that blow during summer. There are a few spots that only come into their own during the larger swells of winter, including the regional classic Rodiles. These work up to a reasonable size but tend not to handle the largest swells. Crowds are not a major factor in Asturias. Surfing tends to be highly concentrated at a handful of spots such as Salinas, near the heavily populated industrial centre of Avilés, a few areas near the city of Gijón, and at Tapia, which is now a well-known contest site. Outside of these areas you can often find totally uncrowded surf. Surfboards are practically all shortboards, although there is a growing longboard movement in Salinas. There are few surf shops and most equipment is brought in from Cantabria or the Basque country. Notable spots include Rodiles, a rivermouth lefthander in a beautiful setting, similar to Mundaka, El Mongol, a powerful righthander in the centre of Gijón, and the solid beachbreaks at Tapia. Asturias is more consistent than those areas further west and a good place to visit during **spring**, **summer** and **autumn**.

Dans les **Asturies**, les montagnes sont proches de la côte, ce qui se traduit par un littoral plus découpé qu'en Cantabrie ou au Pays Basque, avec des falaises et un accès très difficile. Il y a beaucoup de criques rocheuses avec des petites îles au large, qui soit bloquent la houle soit causent des interférences, donc pas vraiment bon pour surfer. Mais il y a aussi d'excellents beachbreaks, souvent orientés ouest et qui ne sont pas touchés par les brises de NE qui viennent de la mer en été. On y trouve quelques spots qui ne marchent à la hauteur de leur réputation que pendant les gros swells d'hiver, comme l'incontournable Rodiles. Ils fonctionnent jusqu'à une bonne taille, mais tiendront difficilement les plus grosses houles d'hiver. Le monde à l'eau n'est pas un problème dans les Asturies. On trouvera une grande concentration de surfers à quelques endroits comme Salinas, près de la grande ville industrielle d'Aviles, quelques plages près de Gijón, et à Tapia, qui est un site de compétition bien connu. En dehors de ces zones, vous pourrez souvent trouver des spots sans personne. Les planches sont surtout des shortboards, bien qu'il y ait une tendance croissante pour le longboard à Salinas. Il n'y a pas beaucoup de surfshops et la plupart du matériel vient de Cantabrie ou du Pays Basque. Les spots les plus remarquables sont Rodiles, une gauche qui ressemble à Mundaka à une embouchure de rivière dans un cadre magnifique, El Mongol, une droite puissante dans le centre de Gijón, et les beachbreaks puissants de Tapia. Ça marche plus souvent dans les Asturies que plus à l'ouest sur la côte, et ce qui en fait une bonne destination au *printemps*, en *été* ou en *automne*.

Top – **Cantabria has a number of areas like El Ris protected from huge storms and strong W winds.**

Bottom – **Bird's-eye view through the eucalyptus of the classic Asturian rivermouth, Rodiles.**

Northern Spain						
SURF STATISTICS	J/F	M/A	M/J	J/A	S/O	N/D
Dominant swell	SW-NW	SW-NW	NW-NE	NW-NE	SW-NW	SW-NW
Swell size (ft)	6-7	5-6	4	3-3	5	6
Consistency (%)	70	70	60	50	80	70
Dominant wind	SW-NW	SW-NW	NW-NE	NW-NE	NW-NE	SW-NW
Average force	F4-F5	F4-F5	F4	F3-F4	F4	F4-F5
Consistency (%)	69	76	58	62	46	72
Water temp.(°C)	12	13	15	18	17	14
Wetsuit						

Surf Culture

History

Surfing in Spain is acknowledged to have begun around 1962 when Jesús Fiocchi from Santander obtained a surfboard from the Barland factory in France. The first beach to be surfed was probably El Sardinero in Santander, by a group of about twelve individuals, including Jesús. Between then and the early 1980s, surfing in Spain really didn't make a great deal of progress. This was almost certainly due to the isolation imposed by the Franco dictatorship and to the financial difficulties experienced by the majority of the Spanish population. Around this time, most people were still struggling to feed their own families; they were in no position to afford the luxury of a surfboard or a car to get them to the beach.

Throughout the 1960s, one or two isolated groups of surfers sprang up in Cantabria and Euskadi. In 1969, the first Spanish surfboard factory, Santa Marina Surfboards, was set up by local surfer José Merido. Surfing was still struggling to get a grip and, by about the mid 1970s, the surfing population in Spain had still only grown to a few hundred, mostly still centred around Cantabria and the Basque Country. During the 1970s, surfing slowly become known in Asturias, beginning at Tapia de Casariego, then at places like Gijón and Salinas. Surfing started in Galicia at Vigo in 1969 and La Coruña in 1970, with the first contest being held at Nemina. Eventually, surfing came to Andalucía, but it was behind the northern development curve, despite travelling surfers passing through on their way to Morocco.

Then, in the early 1980s, things really started to take off. The improving Spanish economy meant that more people could afford surfing equipment and a car to get them about. Spanish surfers were learning quickly about equipment and picking up techniques from foreign travellers, now a common sight at places like Mundaka and Rodiles. Throughout the 1980s, surfboard factories, wetsuits and clothing brands sprung up everywhere, and the number of surfers in Spain began to sky-rocket. In 1987, the first Spanish surfing magazine *Tres60* was published and, in 1988, the first international surfing contest was held at Zarautz.

Lolis, Cantabrian surf pioneer

On estime que le surf en Espagne a débuté vers 1962 quand Jesús Fiocchi de Santander réussit à obtenir une planche des ateliers Barland en France. La première plage à être surfée était sans doute El Sardinero à Santander, par un groupe d'environ douze personnes, dont Jesús Fiocchi. Entre cette période et le début des années 80, le surf en Espagne ne s'est pas vraiment développé. Ceci s'explique probablement par l'isolement voulu par la dictature de Franco et aux difficultés financières que rencontraient alors les Espagnols. A cette époque, la plupart des gens avait encore du mal à nourrir leurs familles ; ils ne pouvaient s'offrir le luxe de s'acheter une planche ou une voiture pour aller à la plage.

Dans les années 60, un ou deux groupes isolés apparurent tout d'un coup en Cantabrie et en Euskadi. En 1969, le premier atelier de shape, Santa Marina Surfboards, fut installé par un surfer local nommé José Merido. Le surf avait alors toujours du mal à décoller, et à peu près au milieu des années 70, le nombre total de surfers ne dépassait toujours pas quelques centaines, qui restaient centrés sur la Cantabrie et le Pays Basque. Dans les années 70, le surf se fit connaître peu à peu dans les

Asturies, au début à Tapia de Casariego, puis à Gijón et Salinas. C'est à Vigo qu'on commença à surfer en Galice en 1969 et à La Corogne en 1970, la première compétition étant organisée à Nemina. Le surf arriva finalement en Andalousie, mais elle resta en retrait par rapport au développement rapide du Nord, et ce bien que des surfers la traversent allant en trip au Maroc.

C'est alors que dans les années 80 les choses commencèrent réellement à changer. L'économie espagnole en pleine croissance permit aux gens de pouvoir s'acheter du matériel de surf et une voiture pour circuler. Les surfers espagnols se mirent à apprendre rapidement tout ce qui concerne le matériel et les techniques des surfers étrangers de passage, comme c'était déjà le cas à Mundaka ou Rodiles. Au cours des années 80, ce fut partout l'éclosion des ateliers de shape, des marques de vêtements et de combinaisons, et le nombre de surfers en Espagne commença à monter en flèche. En 1987, le premier magazine de surf espagnol vit le jour (Tres 60), et en 1988, la première compétition internationale fut organisée à Zarautz.

Contest at Pantín

Today

Since then, surfing in Spain hasn't looked back, and has rapidly caught up with the rest of the world. Surfboards are now of the highest quality, often shaped by top international shapers at the large Pukas factory. Every kind of surfing equipment is available from surf shops all over Spain although it is often more expensive in Andalucia. A host of international contests are held at a number of Spanish beaches each year, including the prestigious Billabong Pro at Mundaka in October. The number of people in the water is increasing at a greater rate than ever, surfing schools are big business, and second-generation surfers are just beginning to appear. As in other parts of the world, various subcultures have branched out from the surfing culture itself. For example, longboarding, big-wave surfing and bodyboarding are now serious activities in their own right. A number of good-quality Spanish surfing magazines are available, some with a readership of over twenty thousand.

With increasing numbers of surfers, crowded line-ups are obviously becoming more common in Spain. At some spots, the crowd has become so intense that it is now a major factor affecting the quality of one's surfing session. Mundaka is probably the prime example of this. However, the Spanish are used to living in confined spaces with lots of people. They also tend to let off steam continually by shouting and waving their arms about rather than bottling it all up and then resorting to physical violence when things get stressful. As a result, real problems in the water are remarkably few, considering the sheer number of people. This is not to say that the basic rules don't apply – as a visiting surfer one must earn respect by first treating the locals with respect. Also, the hazardous nature of some spots, particularly some big-wave spots in the Basque country, means that the locals won't tolerate inexperienced surfers in the line-up who put themselves and others in danger.

Longboard festival, Salinas

There are still many uncrowded areas of Spain with excellent surf. These often tend to be in small, isolated communities where people are not so used to seeing outsiders. As a travelling surfer you won't go unnoticed, and will more likely be met with a friendly curiosity from the locals. Fortunately, localism is quite rare in mainland Spain, apart from at a few notorious spots such as Rodiles and El Brusco.

Depuis, le surf en Espagne est toujours allé de l'avant et a rapidement rattrapé son retard au niveau mondial. Les planches sont maintenant parmi les meilleures, souvent faites par des shapers de réputation internationale. On trouve tout ce qu'il faut au niveau matériel dans les surfshops en Espagne. Toute une série de compétitions internationales ont lieu sur différentes plages chaque année, dont le prestigieux Billabong Pro à Mundaka en octobre. Le nombre de personnes à l'eau augmente de plus en plus, les écoles de surf prospèrent, et la seconde génération de surfers commence juste à apparaître. Comme ailleurs, des branches différentes ont évolué à partir de la culture surf elle-même. Par exemple, le longboard, le surf de gros ou le bodyboard représentent maintenant des activités à part entière. On trouve de bons magazines de surf espagnols, dont certains avec plus de vingt mille lecteurs.

A cause du nombre croissant de surfers, les line-ups deviennent évidemment de plus en plus encombrés en Espagne. Sur certains spots, le monde à l'eau est devenu un critère de référence pour avoir une bonne session. Mundaka en est l'exemple-type. Mais les Espagnols ont l'habitude de la promiscuité. Ils ont aussi tendance à faire échapper la pression en s'agitant et en parlant fort en permanence, plutôt que d'intérioriser le stress et d'avoir recours à la violence quand les choses deviennent tendues. C'est pourquoi on ne rencontre que très peu de problèmes à l'eau comparé au nombre total de surfers. Ça ne veut pas dire qu'il ne faut pas respecter les règles de base – en tant que surfer de passage, on ne sera respecté que si l'on respecte les surfers locaux. Sur certains spots, en particulier des spots de gros au Pays Basque, les locaux tolèreront difficilement les surfers inexpérimentés, qui peuvent mettre les autres et eux-mêmes en danger.

Il reste encore malgré tout plein d'endroits où on peut surfer tranquille avec du très bon surf en Espagne. C'est souvent le cas dans des régions un peu reculées où on n'a pas l'habitude de voir trop d'étrangers. En tant que surfer de passage vous vous passerez pas inaperçu et serez plutôt accueilli amicalement par les locaux. Heureusement, le localisme est assez rare en Espagne, mis à part sur certains spots connus comme Rodiles ou El Brusco.

Mundaka means big crowds

Galicia

Galicia differs from its neighbours to the east in several ways. Although the coastal rock formations are not particularly good for surfing reefs, there are literally hundreds of beaches facing every different direction. Some of these can produce excellent waves, given the right conditions. Galicia has a wide swell window and one of the highest wave climates in Europe. Unlike Asturias, Cantabria and the Basque country, swells from the W or even SW get in here no problem. However, despite the abundance of swell, most breaks only handle up to medium-sized waves. On the big days one looks for spots that face away from the main swell direction. There is so much open space in Galicia that crowds are not really a factor, even in summer. The only exceptions might be some of the beaches close to the cities of Ferrol and A Coruña – Pantín or Doniños, for example. One factor that keeps down the number of visiting surfers is the temperature of the water. Strong upwelling and the proximity of the southward-flowing Canary Current keeps the water temperature cold throughout the year, particularly on the beaches around Cabo Fisterra and the Costa da Morte, necessitating a 4/3 steamer and boots, even in mid-August. This, combined with its high swell exposure, means that Galicia offers an excellent *summer* alternative to the much more crowded areas such as southwest France.

La **Galice** se distingue des régions voisines situées plus à l'est de plusieurs façons. Bien que la disposition des fonds rocheux ne soit pas particulièrement bonne pour le surf, on trouve littéralement des centaines de plages orientées dans toutes les directions possibles. Certaines peuvent donner des vagues de très bonne qualité lorsque les conditions sont réunies. La Galice est exposée à des swells de directions très différentes, avec une fréquence parmi les plus régulières en Europe. A l'inverse des Asturies, de la Cantabrie et du Pays Basque, les houles d'O ou même de SO rentrent ici sans problème. Pourtant, malgré l'abondance de swell, la plupart des spots ne marcheront pas quand c'est gros, et il faudra alors chercher des portions de côte qui ne sont pas face à la houle. Il y a tellement de place ici que le monde à la houle n'est pas un problème, même en été. Les seules exceptions pourraient se trouver sur les beachbreaks près des villes de Ferrol ou de la Corogne (Pantín ou Doniños par exemple). Un des facteurs qui explique le peu de surfers en trip ici est la température de l'eau. Elle reste froide toute l'année à cause d'un fort upwelling et de la proximité du courant froid nord-sud des Canaries, surtout vers le Cap Finisterre et la Côte de la Mort. Il faut donc la 4/3 et les chaussons, même en plein milieu du mois d'août. Ce qui, combiné avec une très bonne exposition à la houle, fait de la Galice une excellente alternative en *été* aux spots où il y a beaucoup plus de monde comme dans le sud-ouest de la France.

Andalucia

The surf in **Andalucia** is mainly centred on the coastline of La Janda in the province of Cadiz. Extensive, white sandy beaches face west out into the Atlantic, but Portugal's Cabo St Vincent creates a swell shadow, so deep low-pressure systems on southerly trajectories are required to generate Andalucia's surf. These NW swells line up the best but there is potential for Atlantic hurricane swells and S to W swells from more local systems, although these are often accompanied by onshores. Andalucia is famous for windsurfing, thanks to the two gusty, generic wind directions – the winter levante from the east and the summer poniente from the west. These wind patterns occasionally shift, but the coastline has some very useful bends and twists, giving rise to clean waves on most winds. The surfing epicentre really starts in El Palmar and extends all the way down to

WILLY URIBE

Tarifa, where both the swell and the wind are strongest. Highlights include the cluster of Canos de Meca, a long left reefbreak, Hierbabuena, a good right and Barbate's rivermouth lefts. During the winter season a 3/2mm full wetsuit is ample warmth for most, plus optional booties. With over 3000 hours of sunshine per year and relatively calm local weather systems the swells during the *winter* are usually well organised, powerful and perfect.

Le surf en **Andalousie** est centré principalement sur la côte de "La Janda" dans la province de Cadiz. On y trouve de grandes plages de sable blanc orientées plein ouest face à l'Atlantique, mais le Cap St- Vincent bloque un peu la houle, donc il faut donc des dépressions bien creuses placées assez au sud pour que ça marche. Les swells de NO sont les plus propres, mais l'Andalousie peut aussi recevoir les houles de cyclones de l'Atlantique et les swells de secteur sud à ouest, bien que ces derniers soient souvent accompagnés de vents onshore. L'Andalousie est connue pour le windsurf grâce à deux types de vents forts : le levante en hiver qui vient de l'est, et le poniente en été qui souffle de l'ouest. L'orientation de ces vents peut varier mais grâce aux contours sinueux de la côte on peut surfer des vagues propres quasiment par tous les types de vents. El Palmar marque le début de la zone de surf proprement dite, jusqu'à Tarifa où on a à la fois plus de vent et de houle. On retiendra Canos de Meca, une longue gauche de reef, Hierbabuena, une bonne droite, et la gauche à l'embouchure d'une rivière à Barbate. Pendant l'hiver une 3/2 est largement suffisante, avec des chaussons en option. Avec plus de 3000 heures d'ensoleillement par an et un temps relativement clément les houles en *hiver* sont généralement puissantes et bien rangées.

Top – **Galicia's long, open beaches face a variety of directions and pick up small, summer swells with ease. Crowds are never a problem on the wild, west coast.**

Bottom – **Big winter swells are needed to light up the beaches of Andalucia.**

Southern Spain						
SURF STATISTICS	**J/F**	**M/A**	**M/J**	**J/A**	**S/O**	**N/D**
Dominant swell	W-NW	W-NW	SE	SE	W-NW	W-NW
Swell size (ft)	5	4-5	2-3	1-2	3-4	4-5
Consistency (%)	80	70	50	40	60	70
Dominant wind	W-E	W-N	W-N	W-N	W-N	W-E
Average force	F4	F4	F4	F3	F3	F4
Consistency (%)	70	54	65	67	51	72
Water temp.(°C)	15	16	18	21	19	17
Wetsuit						

El Palmar

JUAN FERNANDEZ

The Ocean Environment

Pollution

Unfortunately, Spain is still quite a long way behind most of Europe when it comes to dealing with things like industrial contamination and raw sewage input to the sea. Apart from the Bilbao area, the most contaminated parts of the coast are those near the cities of Torrelavega, Gijón, Avilés, A Coruña and Vigo. Although Bilbao has seen a massive improvement over the last few decades, the water nearby is still very polluted. On the beaches of Getxo, for example, lifeguards stop people going in the water due to the pollution. Galicia's stormy seas and treacherous rocks, next to a major shipping route have claimed many vessels leading to heavy coastal contamination. The *Prestige* sunk off the Costa da Morte in November 2002, resulting in the worst environmental disaster in Spanish history. Less than a month after the ship sank, the oil had spread along the entire north coast of the Iberian peninsular and up into the French Biscay coast. The *Prestige* was a single-hulled supertanker carrying 77,000 tonnes of heavy fuel-oil. Spanish government sources claim most of the remaining fuel was belatedly pumped out from the wreck by submarine robots in June 2004 after 19 months of leaking that dispersed over 50,000 tonnes of heavy fuel into the sea. The catastrophe highlighted many shortcomings in shipping, coastal emergency procedures and environmental disaster management. Three years after the disaster some beaches, particularly rocky coves, still contain a great deal of *Prestige* oil. The type of oil is highly toxic and any contact could mean serious illness. It contains a high proportion of heavy metals, and also what are known as aromatic hydrocarbons. These enter living organisms (such as us) through the respiratory system, the digestive system or the skin, and tend to accumulate in the body. Short-term effects include skin and eye irritation, respiratory problems, nausea and insomnia. Long-term effects include genetic mutations and possible carcinogenic effects. The International Agency for Research on Cancer lists the *Prestige* fuel as "a likely human carcinogen". On the bright side, the oil from the *Prestige* is gradually disappearing. Also, at least in some areas, the problem of industrial pollution is being seriously addressed. Away from the heavily populated and industrialised zones where polluted run-off and under-treated domestic discharges flow into the rivers and the sea, the more rural areas of Asturias and Galicia have water that is just as clean as anywhere in Europe. Despite the vast amount of marine traffic passing through the Straits of Gibraltar and the international maritime importance of the port of Cadiz, the Andalucian beaches manage to remain free of contamination from heavy fuel oils. A problem faced by many southern beaches is the litter that is left by visiting 'domingueros' (weekend warriors), coupled with the bad litter management of the town hall, means it is not uncommon to see rubbish and glass strewn all over the beach car parks down to the low tide mark.

Malheureusement, l'Espagne reste assez en retard pour le traitement de la pollution d'origine industrielle et les rejets d'effluents en mer. A part Bilbao, les zones les plus polluées sont situées près des villes de Torrelavega, Gijón, Avilés, La Coruña et Vigo. Bien que la situation à Bilbao se soit bien améliorée au cours des dernières décennies, l'eau reste très polluée aux alentours. Sur la plage de Getxo par exemple, les MNS interdisent l'accès à la baignade à cause de la pollution. Les tempêtes au large de la Galice et ses rochers traîtres ont coulé bien des navires et sont à l'origine d'une pollution importante des côtes. Le *Prestige* a sombré au large de la Côte de la Mort en novembre 2002, entraînant dans son sillage la pire catastrophe écologique de l'histoire de l'Espagne. Moins d'un mois après le naufrage, le pétrole s'était répandu tout le long de la côte, de la péninsule ibérique jusqu'au Golfe de Biscaye en France. Le *Prestige* était un supertanker à simple coque transportant 77,000 tonnes de fioul lourd. La plupart s'est répandu en mer et sur les côtes (soit environ 50,000 tonnes) malgré des opérations de colmatage tardives, jusqu'à juin 2004, où selon la seule source d'information disponible du gouvernement espagnol, des robots sous-marins ont pu pomper le reste après 19 mois de fuites. Ce naufrage a révélé de nombreuses lacunes tant au niveau du transport maritime que des procédures d'urgence mises en œuvre sur les côtes ou de la gestion de la crise environnementale. Trois ans après le sinistre, certaines plages et en particulier les criques rocheuses contiennent encore une grande quantité de fioul. Ce type de pétrole est très toxique et son contact peut entraîner de graves conséquences pour la santé. Il contient une grande part de métaux lourds, ainsi que des Hydrocarbures Aromatiques Polycliques (HAP). Ceux-ci pénètrent à l'intérieur des organismes vivants (comme nous) via le système respiratoire, digestif, ou la peau, et vont s'accumuler ensuite dans le corps. Les conséquences à court terme sont des irritations de la peau et des yeux, des problèmes respiratoires, nausées, insomnies. A long terme, des mutations génétiques et un potentiel effet cancérogène. L'Agence Internationale pour la Recherche contre le Cancer a d'ailleurs répertorié le fioul du *Prestige* comme "cancérogène probable pour l'homme". La bonne nouvelle est que le fioul du *Prestige* disparaît peu à peu. Il faut aussi reconnaître que, au moins dans certains endroits, on commence à s'attaquer sérieusement au problème de la

Centre – **The *Prestige* sunk off the Costa da Morte in November 2002, resulting in the worst environmental disaster in Spanish history.**

Bottom – **Wave quality around Bilbao far exceeds the water quality and swimming bans are common at surrounding beaches.**

Getxo

pollution. En dehors des zones industrielles ou très habitées, où des rejets pollués et des décharges mal gérées s'en vont directement dans les rivières et la mer, les régions plus rurales des Asturies et de Galice ont une qualité de l'eau aussi bonne que n'importe où en Europe. Malgré l'importance du trafic maritime du détroit de Gibraltar et notamment le port de Cadiz, les plages andalouses arrivent à ne pas être touchées par la pollution aux hydrocarbures lourds. En revanche, de nombreuses plages du Sud sont concernées par un autre problème : les détritus laissés par les 'domingueros' (les fêtards du weekend), et la mauvaise gestion des déchets par la municipalité, ce qui fait qu'il n'est pas rare de voir des déchets avec des bouts de verre répandus du parking jusqu'en bas de la plage.

Erosion
The coastal geology along most of the north coast is comprised of folded sedimentary rock. Most reefs tend to be quite dangerous, with rows of sharp, sawtooth-like rocks sticking out. This softer rock forms 43% of Spain's 6584kms of coastline, while the rounded outcrops of hard granite and basalt of Galicia adds to the 18% of the country's hard rock, leaving only 28% of the total coastline as beach. A sizeable 10% of Spain's coast is artificial, yet these harbours and seawalls can't stop the sea's inexorable march. Of some 214kms of artificially protected coastline, 147kms continue to disappear. This is not a problem for the north coast, where erosion is stable and sediment delivery from the many rivers decending from the Picos de Europa, Cordillera Cantabrica and Pyrenees is constant. Recent dredging of the river at Mundaka may have short-term consequences for the wave's quality, as the current and sandbar appear to have been affected.

Massive urbanisation of coastal zones, the expansion of ports and yacht harbours, and the removal of sand from one beach to replace sand lost from other beaches, are common practices the world over, but they are especially notable in Spain.

La plupart de la côte nord est constituée de roches sédimentaires plissées. Beaucoup de récifs présentent un aspect dangereux, avec des rangées de rochers pointus en dents de scie. Ces roches assez tendres forment 43% des 6584km de côte du pays, tandis que le granite dur et le basalte qui affleurent en Galice s'ajoutent aux 18% de roches dures présentes en Espagne, ce qui ne laisse que 28% du littoral constitué de plages. Il est à noter que 10% des côtes sont artificielles, mais ce ne sont pas ces ports et ces enrochements qui vont arrrêter la marche inexorable de l'océan. Sur les 214km de côte défendue artificiellement, 147km continuent à disparaître. Ce n'est pas un problème pour la côte nord, où l'érosion est stable avec les sédiments apportés constamment par les rivières qui descendent des Picos de Europa, de la Cordillère Cantabrique et des Pyrénées. Le récent dragage de la rivière à Mundaka a modifié les courants et la configuration du banc de sable, ce qui risque dégrader la qualité de la vague sur une période limitée. L'urbanisation généralisée des zones côtières, l'expansion des ports industriels et de plaisance et le ré-ensablement artificiel d'une plage à l'autre sont des pratiques courantes dans le monde, mais particulièrement visibles en Espagne.

Access
Asturias presents the greatest challenge in terms of access, where mountainous terrain meets the sea and severely limits the number of coast roads. Along the main route through Asturias, the coast is only visible a few times. The Basque country also has a mountainous coast, but the fact that it is so much more urbanised means that access is fairly good. There are practically no undiscovered surfing areas in the Basque country or Cantabria. In rural Galicia, beach access is via a maze of tiny roads with practically no signposting, but becomes easier near the cities of A Coruña and Ferrol in the north, and around Vigo and Pontevedra in the south. Private land rarely comes between surfers and the waves and several areas have been designated as nature reserves, such as Urdaibai in the Basque country, which contains Mundaka. Obscure spots that are accessible down dirt roads or cliff top parking lots are infamous for car break ins. There is no discrimination amongst the thieves – a local Spanish car is just as good a target as a foreign van!

Les Asturies restent le plus difficile d'accès, puisque les montagnes tombent directement dans la mer, ce qui limite le nombre de routes côtières. Le long de la route principale qui traverse les Asturies, la côte n'est visible que par endroits. Le Pays Basque présente lui aussi une côte abrupte, mais comme il est nettement plus urbanisé, l'accès est assez facile. Il n'y a pratiquement pas de zones de surf inexplorées au Pays Basque ou en Cantabrie. Dans les zones rurales de Galice, l'accès aux plages se fait par un labyrinthe de petites routes avec pratiquement aucune signalisation, mais il se fait plus

GECKO   **Mundaka**

facilement près de La Coruña ou Ferrol dans le Nord, et autour de Vigo et Pontevedra dans le sud. Les terrains privés font rarement obstacle entre les surfers et les vagues. Plusieurs zones ont été déclarées réserves naturelles, comme Urdaibai au Pays Basque, où se trouve Mundaka. Les spots reculés qui ne sont accessibles que par des routes en terre, ou les parkings en haut de falaises ont mauvaise réputation pour les vols dans les voitures. Les voleurs ne verront pas de différence entre une voiture espagnole et un van étranger!

Hazards
Compared with other parts of the world, surfing in Spain has very few natural hazards. Shark attacks are virtualy unknown with a total of three attacks in the last 150 years and no fatalities. The relatively cold water means that dangerous or poisonous sea creatures are a rarity apart from the odd summer jellyfish. Urchins are present at some reefbreaks, but are easily avoided by wearing booties. From March to September, strong sunshine can result in sunburn and heat exhaustion. In Spain, people still flock to the beaches and lie in the sun all day, unaware or dismissive of the potential skin damage. There is no coral and very little volcanic rock in Spain, but the power of the waves and the unevenness of the reefs mean that serious injuries can and do occur. At spots like Meñakoz and Roca Puta, injuries have included broken ribs, ankles and legs, dislocated shoulders, head, neck and back injuries. Rips are also a major factor at most bigger-wave spots, and careful observation of these is essential before going out, together with tidal and swell movements, and potential exit points. Trafficking of cannabis from Morocco to mainland Europe via the coastline of Cadiz, often sees speed boats whizzing around closely followed by the Guardia Civil. If you find a shipment washed up on the beach while on dawn patrol, think twice about picking it up. You never know who is watching you!

Comparé à d'autres régions du monde, surfer en Espagne ne présente pas de danger particulier. Les attaques de requins sont pratiquement inexistantes avec un total de 3 attaques sur les dernières 150 années et aucun cas de décès. L'eau relativement froide fait que les animaux marins dangereux ou venimeux sont rares mis à part une ou deux méduses l'été. Il y a des oursins sur certains spots, mais avec des chaussons il n'y a pas de problème. De mars à septembre, l'exposition au soleil peut causer des brûlures de la peau ou un coup de chaleur. En Espagne, les gens s'amassent sur les plages et s'exposent au soleil toute la journée, sans avoir conscience ou sans se soucier des dégâts potentiels pour la peau.

Il n'y a pas de corail et très peu de rochers volcaniques en Espagne, mais la puissance des vagues et l'irrégularité des récifs fait que des accidents sérieux peuvent arriver - et il y en a. Sur des spots comme Meñakoz et Roca Puta, il y a déjà eu des côtes, des jambes ou chevilles de cassées, des épaules déboîtées et des blessures à la tête, au cou ou au dos. Les courants sont également assez forts sur les spots de gros, il faut donc bien les observer, connaître les endroits pour rentrer ou sortir de l'eau, ainsi que l'état de la marée et de la houle. La Guardia Civil suit de près les bateaux à moteur qui foncent du Maroc vers l'Espagne du côté de Cadiz pour le trafic de cannabis. Si un matin vous trouvez un paquet sur la plage en allant surfer, réfléchissez avant de penser à le ramasser, on ne sait jamais qui vous regarde!

Top – **Recent dredging of the river at Mundaka messed up the sandbar and river flow but nature soon restored the wave to normality.**

Bottom – **The power of the waves and the unevenness of the folded sedimentary reefs mean that serious injuries can and do occur. At spots like Meñakoz and Roca Puta, injuries have included broken ribs, ankles and legs, dislocated shoulders, plus head, neck and back injuries.**

Meñakoz
JAKUE ANDIKOETXEA

Travel Information

Getting There

By Air

Longhaul flights arrive in Madrid. National carrier Iberia should be avoided – board charges can be as high as €2000 for three boards return to London and the service is appalling. Arrivals from other European cities service airports in Bilbao, Santander, Asturias, Santiago de Compostela, Seville and many Mediterranean destinations. Cut-price airlines such as EasyJet, RyanAir, HLX and others fly to many provincial airports. Flying and hiring a car is much cheaper than it used to be, and is now a viable option for shorter trips to Spain.

Les vols internationaux arrivent à Madrid. Il faut éviter Iberia la compagnie aérienne nationale: pour 3 planches par exemple sur un vol aller-retour depuis Londres il vous

Weather Statistics		J/F	M/A	M/J	J/A	S/O	N/D
BILBAO	Total rainfall	105	82	78	75	125	140
	Consistency (days/mth)	15	13	13	12	14	17
	Min temp. (°C)	7	9	12	16	13	9
	Max temp. (°C)	12	15	19	22	19	14
A CORUÑA	Total rainfall	99	80	50	38	75	130
	Consistency (days/mth)	17	14	11	8	12	18
	Min temp. (°C)	7	8	12	15	13	8
	Max temp. (°C)	13	16	19	23	21	14
CADIZ	Total rainfall	60	50	12	1	35	65
	Consistency (days/mth)	6	6	2	1	3	7
	Min temp. (°C)	9	12	16	20	17	11
	Max temp. (°C)	16	19	24	28	24	18

sera facturé 2000 euros de surtaxe, et le service à bord est lamentable. Les autres villes européennes ont des vols vers les aéroports de Bilbao, Santander (dans les Asturies), St Jacques de Compostelle, Séville et de nombreuses autres destinations sur la côte méditerranéenne. Les aéroports régionaux sont bien desservis par des compagnies low-cost comme EasyJet, RyanAir, HLX, etc. Partir en avion et louer une voiture sur place revient beaucoup moins cher qu'avant, ça devient donc une bonne option pour des séjours assez courts en Espagne.

By Sea

Three ferries operate from the UK to the north coast of Spain, running once or twice a week. Brittany Ferries run between Plymouth and Santander, which takes 24hrs. P&O and Acciona Trasmediterranea ply the Portsmouth to Bilbao route in 36hrs. The Plymouth to Santander ferry is usually taken out of service for a few months during the winter whereas the Portsmouth to Bilbao ferry runs all year. Prices vary enormously according to season. On the Plymouth to Santander ferry the reclining seat option can make things considerably cheaper. Acciona have routes to the Balearics and N Africa from many Spanish ports and also sails to the Canary Islands from Cadiz. Ferry Rapidos del Sur sail from Gibraltar, Algeciras and Tarifa to Tanger.

Deux ferries assurent la liaison entre le Royaume-Uni et la côte nord de l'Espagne, et ce deux fois par semaine. Il s'agit de: Plymouth à Santander, qui met 24h avec Brittany Ferries, et Portsmouth à Bilbao, 36h de traversée avec les compagnies P&O et Acciona. Le ferry de Plymouth à Santander ne fonctionne pas pendant quelques mois en hiver tandis que le Portsmouth-Bilbao est ouvert toute l'année. Les prix varient énormément selon la saison. Sur le ferry de Plymouth à Santander vous pourrez prendre un siège inclinable au lieu de payer une cabine, ce qui vous reviendra beaucoup moins cher. Trasmediterranea Acciona effectue des liaisons vers les Baléares et l'Afrique du N depuis de nombreux ports espagnols, et également jusqu'aux Canaries depuis Cadiz. Le ferry Rapidos del Sur relie les ports de Gibraltar, Algeciras et Tarifa jusqu'à Tanger.

By Train

High speed trains are available from virtually any European city to Madrid and on to major cities like Sevilla and Barcelona. National trains RENFE (plus Eusko Trenbideak and FEVE) service many north coast cities but as usual, surfboards can be a problem. However, Bilbao has an excellent metro system, making commuting to the surf at Sopelana, La Salvaje or Meñakoz easy. There is also the Euskotren that goes from Bilbao to Mundaka and further. Surfboards up to about 8 foot are not a problem on trains in the Basque country.

Il y a des trains à grande vitesse depuis quasiment n'importe quelle ville européenne pour aller à Madrid et d'autres grandes villes comme Séville et Barcelone. La compagnie nationale RENFE (ainsi que Eusko Trenbideak et FEVE) dessert la plupart des villes sur la côte N ; mais comme d'habitude les planches peuvent poser problème à bord. Bilbao possède néanmoins un excellent réseau de métro qui permet de se rendre facilement sur les spots de Sopelana, La Salvaje ou Meñakoz. Il y a aussi l'Euskotren qui va de Bilbao à Mundaka et même au-delà. Les planches de moins de 8 pieds ne posent pas de problèmes sur les trains au Pays Basque.

Visas

Spain is a Schengen state and citizens of most EU countries do not need a visa. Citizens of USA, Australia, Canada and New Zealand do not require visas for visits up to 90 days. All others, including South Africans and those planning to stay more than three months, must obtain a visa from the Spanish consulate in their home country.

L'Espagne fait partie de la zone Schengen et la plupart des citoyens européens peuvent entrer dans le pays sans visa. Ceux des Etats-Unis, du Canada, de l'Australie et de la Nouvelle-Zélande n'ont pas besoin de visa pour les séjours de moins de 90 jours. Tous les autres, y compris les ressortissants d'Afrique du Sud et ceux désirant rester dans le pays plus de 3 mois, doivent se procurer un visa au Consulat d'Espagne de leur pays de résidence.

Getting Around

With drastic and continuing improvements in the roads since Spain became part of the European Community, getting around is a great deal easier than it used to be. Speed limits range from 120km/h on autopista motorways to 50km/h in built up areas. The north coast of Spain from the French border to Bilbao has an expensive toll road. The national routes are free but slower (100km/h) and the roads get steep and winding in Asturias and Galicia. As with most places, having a car is essential or for longer trips a campervan is even better. Spanish law requires all vehicles to carry two warning triangles and a reflective vest for breakdowns. On-the-spot fines are handed out if all licence, insurance and ownership documents are not in order. Rental cars are prolific and the best deals are usually found when booking the flights. Smaller operators may be cheaper but are usually not worth the extra effort. Hirers must be 21 and have held a licence for over one year. Eurolines coaches operate between international cities but surfboards can

WILLY URIBE

be difficult to get onboard. Local bus services in Spain are generally cheap, abundant and comfortable, often with reclining seats, video and meals. Along the north coast, Alsa is the company that runs most of the buses. Surfboards are normally OK as long as the bus is not too full.

Restrictions on freecamping vary from region to region and enforcement is sporadic and summer biased. Avoid built-up areas or major tourist beaches as well as national parks and the police may turn a blind eye. Other options are the summer campsites, which can be large, noisy and expensive. Caravans or small chalets are also available in some of the campsites. In rural areas of Asturias and Galicia, it is almost cheaper to get a room in a small hostel and is often a better option than winter camping.

> Restrictions on free-camping vary from region to region and are usually only enforced in the summer.

Depuis que l'Espagne est devenue membre de la Communauté Européenne, le réseau routier a été amélioré de façon importante et il continue à l'être, ce qui rend les déplacements bien plus faciles qu'avant. La vitesse est limitée à 120km/h sur les autopistas (autoroutes) et à 50km/h en agglomération. Les péages sont chers sur la côte N de la frontière avec la France jusqu'à Bilbao. Les routes nationales sont gratuites mais la vitesse y est limitée à 100km/h, et elles tournent pas mal à cause du relief dans les Asturies et en Galice. Comme dans beaucoup d'endroits, avoir une voiture est essentiel pour pouvoir se déplacer facilement sur les spots. Pour des séjours plus longs, la meilleure option est le camping-car. Ne pas oublier qu'en Espagne vous devez avoir dans votre voiture deux triangles de signalisation et un gilet réfléchissant. Si tous vos papiers ne sont pas en règle (permis, carte grise et assurance), l'amende est à payer sur place. Il y a de nombreuses agences de location de voitures sur place, et les meilleurs prix sont obtenus auprès des agences de voyage en réservant son billet d'avion. Les petites agences situées à l'extérieur de l'aéroport peuvent être moins chères mais en général ça ne vaut pas le coup de passer du temps à les chercher. Le conducteur doit avoir au moins 21 ans et avoir le permis depuis plus d'un an. On peut prendre les bus internationaux avec Eurolines mais les planches ne sont pas toujours acceptées. Les bus régionaux sont généralement bon marché, nombreux et confortables, souvent avec sièges inclinables, films ou repas à bord. Alsa est la compagnie qui dessert la plupart des villes le long de la côte nord. Les planches sont acceptées en général pourvu que le bus ne soit pas trop plein.

La réglementation concernant le camping sauvage varie selon les régions, les contrôles sont plutôt rares et plus fréquents en été. Si vous évitez la proximité des zones urbanisées, les grandes stations balnéaires et les parcs nationaux, la police devrait vous laisser tranquille. Il y a aussi les campings ouverts en été, mais ils peuvent être très fréquentés, bruyants et chers. On peut y louer des caravanes ou des petits bungalows. Dans les zones plus rurales des Asturies ou de Galice, ça revient pratiquement moins cher de prendre une chambre dans une petite pension et en hiver, c'est souvent une meilleure option que le camping.

Currency

Spain uses the euro, most equivalents in Spanish pesetas have all but disappeared. Automatic Cash Machines are plentiful and accept most foreign cards (for a fee!).

L'Euro est en vigueur en Espagne et la plupart des équivalences en pesetas espagnoles ont pratiquement disparu. Les distributeurs automatiques sont nombreux et ils acceptent la plupart des cartes de crédit étrangères (moyennant une taxe!)

Airports
For all Spanish Airports
www.aena.es
Madrid Barajas International Airport (MAD):
Tel: +34 91 393 60 60
Bilbao: 944 869 664
Santander: 942 202 100
Asturias: 985 127 500
A Coruna: 981 187 315
Santiago: 981 547 501
Seville: 954 449 000

Airlines
www.easyjet.com
Tel: 90 229 9992
www.ryanair.com
Tel: 807 220 032
www.flybe.com
Tel: + 44 13 922 685 29

Ferries
www.brittanyferries.com
Tel: 942 36 06 11
www.poferries.com
Tel: 902 02 04 61
Web: trasmediterranea.es
Tel: 902 45 46 45
www.frs.es
Tel: 956 68 18 30

Trains
Web: renfe.es
Tel: 902 24 02 02
www.feve.es
Tel: 944 25 06 15
www.euskotren.es
Tel: 902 543 210

Coaches
www.eurolines.es
Tel: +34 902 42 22 42
www.alsa.es
Tel: 902 42 22 42

Tourist Information
www.tourspain.es
www.paisvascoturismo.net
www.cantabria.es
www.gobcantabria.es
www.infoasturias.com
www.turgalicia.es
www.andalucia.org

Telephone Information
International code: 34
Dialing out: 00
Emergency: 112
Operator: 1009
Information: 11818
Intern'l operator: 1005
Intern'l directory: 11825

Pais Vasco – East

Rocaputa

WILLY URIBE

1. La Zurriola

Consistent, medium-quality beachbreak that can have good peaks depending on the sandbars. A lefthander peels towards the pier at low tide. Best on small swells; anything over about 5ft closes out. Often crowded. Practically in the town centre of San Sebastián. City-type roadside parking with meters, or expensive underground car parks; practically impossible in the summer. Moderately polluted, mainly from residential and stormwater runoff. Beach facilities include toilets, showers, lifeguard and surf school.

Beachbreak moyen, marche souvent, avec plusieurs pics selon les bancs. Une gauche déroule vers la digue à marée basse. Bonne option par petite houle, ferme au-dessus de 1m50. Souvent du monde, pratiquement au cœur de San Sebastián. Parcmètres, parkings de style urbain ou souterrains et chers, quasiment impraticables en été. Pollution moyenne, surtout à cause des eaux usées et en cas de pluies fortes. Plage bien équipée avec toilettes, école de surf, poste de surveillance et douches.

2. Ondarreta

Average-quality beachbreak where shorebreak waves form in storm conditions too big for La Zurriola. Short, semi-closeout waves. OK on strong SW or even W winds. Often crowded when working. Situated at the west end of the famous La Concha beach in the town centre of San Sebastián. Quite near to town centre shops and bars so good beach facilities and terrible parking.

Beachbreak moyen, vagues courtes qui ferment à moitié style shorebreak, quand c'est tempête et trop gros pour La Zurriola. Tient

les vents forts de SO et même O. Souvent du monde quand c'est bon. Situé côté O de la fameuse plage de La Concha au centre ville de San Sebastián. Pas loin des magasins et bars du centre donc plage bien équipée, mais très difficile de se garer.

3. Orio

Average beachbreak that needs a large swell or stormy conditions to work. Sheltered from SW and OK on W winds. The higher the tide, the larger the swell needs to be before it breaks. Sometimes crowded, particularly at weekends. Fairly quiet beach with a pleasant setting. Parking not usually a problem, except peak summer months and weekends. Facilities include showers, lifeguard and nearby camping. Some pollution, mainly from the rivermouth.

Beachbreak moyen. Marche par gros swell ou tempête. Protégé des vents de SO et OK par vent d'O. Plus la marée sera haute, plus il faudra de houle pour que ça puisse casser. Parfois du monde, surtout we weekends. Endroit assez tranquille dans un cadre sympa. Pas de problème de parking à part en plein été et les we. Poste de surveillance, douches et camping pas loin. Un peu de pollution.

4. Zarautz

Very consistent, good quality, beachbreak. Doesn't need much swell to work, although W swells struggle to get in here. A long beach with several peaks, mostly performance orientated. Highly competitive in the water with a very high level of surfing. Almost always crowded, particularly on the main peaks, Zarautz is one of the most popular surfing

beaches in Spain. Parking difficult during the summer and at weekends. Good facilities including lifeguard, showers, toilets, a couple of campsites and surf school. Big surf shops (Pukas) in nearby town centre. Mildly polluted, mainly from residential and stormwater runoff.

Beachbreak de bonne qualité qui marche vraiment souvent, avec plusieurs pics à maneuvres sur une longue plage. Pas besoin de beaucoup de houle, sauf si elle est O. Haut niveau à l'eau et ambiance compétition. Quasiment toujours du monde, surtout sur les pics principaux. Une des plages les plus surfées en Espagne. Difficultés à se garer en été et le we. Ecoles de surf et campings, poste de surveillance, douches. Grands surfshops (Pukas) au centre-ville. Pollution moyenne, surtout domestique et en cas de pluies fortes.

5. Rocaputa

Extremely dangerous big-wave righthander. Take-off is extremely close to the rocks with a critical first section. Difficult entry and exit. Begins to close out at around 18-20ft. Experienced big-wave riders only. Needs a very large, clean swell to work, peak winter months only. Not ridden many times a year. Rarely many people, but a tight line-up. Locals will not tolerate inexperienced surfers. Situated on the east side of beach of Orrua. Limited parking overlooking the break, which is normally packed when the wave is on. Moderately polluted. Hazards include very strong rips, nasty rocks and the power of the waves themselves.

Zarautz

MARCELO DIAZ

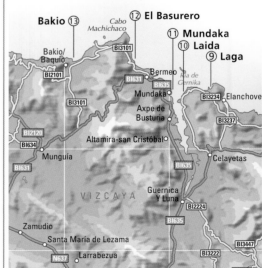

Grosse droite très dangereuse: take-off devant les rochers avec une première section très chaude. Entrée et sortie difficiles. Sature vers 5-6m. Big-wave riders only. Marche par swell très gros et rangé, seulement en plein hiver, et encore pas souvent. Rarement du monde, mais zone de take-off réduite. Les locaux acceptent mal les surfers inexpérimentés. Situé côté E de la plage d'Orrua. Se garer sur le parking délimité en haut, en général plein quand ça marche. Moyennement pollué. Courants très forts, rochers menaçants et vagues violentes.

6. Orrua

Short, fairly poor quality semi-closeout beachbreak near the harbour wall. More swell gets in here at low tide. Moderately consistent spot. Rarely crowded. Some river, stormwater and residential pollution. Parking on the road. Limited beach facilities, summer only.

Beachbreak très moyen avec des vagues courtes qui ferment souvent, près de la digue du port. Ça rentre mieux à marée basse. Fréquence moyenne. Rarement du monde. Pollution domestique, fluviale et en cas de pluies fortes. Peu d'équipements sur place à part en été.

7. Zumaia

Consistent, small-wave beachbreak with good peaks when the banks are right. Best at low tide. Can be crowded at weekends. Some estuarine and stormwater pollution. Beach facilities include summer lifeguard and showers. Parking may be difficult during summer season and weekends.

Beachbreak avec plusieurs bons pics quand les bancs sont bons. Par petite houle. Marche souvent. Du monde quelquefois le we. Meilleur à marée basse. Pollution fluviale et en cas de pluies fortes. Plage équipée avec poste de surveillance et douches. Difficultés à se garer en été et le we.

8. Carraspio

Rivermouth beachbreak forming peaks whose quality depends on shifting sandbars. Provides some shelter from SW winds. Needs fairly large swell to get in there. Moderately consistent. Rarely crowded. Near the picturesque fishing town of Lekeitio. Parking on the road. Can be busy during peak summer months. Beach facilities include summer lifeguards. Camping nearby.

Beachbreak à l'embouchure d'une rivière avec plusieurs pics selon les bancs. Un peu protégé des vents de SO. Marche par swell assez gros. Fréquence moyenne. Rarement du monde. Près du port de pêche pittoresque de Lekeitio. Se garer le long de la route. Endroit fréquenté en plein été. Poste de surveillance en été. Camping.

9. Laga

Consistent, good to excellent beachbreak, sometimes producing barrels. OK on most tides although changes with sandbars. Sometimes crowded, especially at weekends.

Some pollution from the nearby Mundaka estuary. Picturesque spot in a pine forest with impressive cliffs on the east side. Parking normally not a problem except in peak season when packed with beachgoers from nearby Gernika. Freecamping vans will get moved on in summer. Lifeguard, showers and a beach bar.

Bon à excellent beachbreak qui marche souvent, parfois des tubes. Pratiquement toutes marées, selon les bancs. Parfois du monde, surtout les we. Un peu de pollution due à la rivière de Mundaka. Endroit pittoresque entouré d'une forêt de pins et d'une falaise impressionnante côté E. Pas de problème de parking à part en plein été où c'est plein de touristes de Gernika. Poste de surveillance, douches et bar sur la plage. On ne peut pas rester camper en van pendant l'été.

10. Laida

Laida is on the other side of the river from Mundaka. It can be surfed as an uncrowded alternative to Mundaka or Laga on smaller days. Average beachbreak, low to mid tide. Moderately consistent. Easiest access is from Mundaka, paddling across the river. In summer you can take a small boat across. There is also a car park on the Gernika side. Camping nearby at Mundaka.

Laida est située de l'autre côté de la ria de Mundaka. Alternative avec beaucoup moins de monde qu'à Mundaka ou Laga quand c'est petit. Beachbreak moyen, fréquence moyenne. Meilleur de marée basse à mi-marée. Accès le plus facile depuis Mundaka en traversant la rivière à la rame. En été on peut prendre un petit bateau pour y aller. Il y a aussi un parking de l'autre côté. Camping à Mundaka.

11. Mundaka

World-class lefthand rivermouth with endless freight-train walls and deep barrels. Best waves on first swells of the autumn when the bar has been building up all summer. Offshore on S or SW winds, the stronger the better. Always ultra crowded. Moderately dangerous, depending on swell size, wind and crowd. Be careful of the conveyor-belt rip that races out to sea. Fairly consistent although almost never works in summer and only works from low to about mid tide. The wave is accessed from the port of Mundaka, a delightful fishing village apparently unspoilt by its surfing fame. Good facilities in village and friendly local residents. Parking is difficult when the wave is on. Camping and surfshop nearby. Some estuarine pollution.

Gauche de qualité internationale à l'embouchure d'une rivière, qui n'en finit pas de dérouler avec des murs rapides et des tubes profonds. Meilleur quand les premiers swells d'automne arrivent sur les bancs de sable créés pendant l'été. Offshore par vent de S ou SO. Toujours blindé de monde. Assez dangereux, en fonction de la taille, du vent et du nombre de surfers. Attention au courant qui fait ascenseur vers le large. Assez fréquent bien que ça ne marche quasiment pas en été et seulement de marée basse à mi-marée . Accès depuis le port de Mundaka, charmant village de pêcheurs qui semble inchangé malgré sa célébrité dans le monde du surf. Difficultés à se garer quand ça marche. Village bien équipé et autochtones sympathiques. Camping et surfshop pas loin. Un peu de pollution de l'estuaire.

12. El Basurero

Average to good lefthand pointbreak that only works on the very biggest swells of the year when Mundaka closes out. Sheltered from W and NW winds. Low tide better. Some hazardous rocks. Never crowded. Difficult access down a steep path through a pine forest. Parking not a problem. Quite polluted due to a rubbish dump nearby plus some estuarine pollution.

Pointbreak en gauche de qualité moyenne à bonne. Marche que par les plus gros swells de l'année quand Mundaka sature. Protégé des vents de NO et O. Meilleur à marée basse. Quelques rochers dangereux. Jamais de monde. Accès difficile par un chemin en pente raide dans une forêt de pins. Pas de problème de parking. Relativement pollué à cause d'une décharge pas loin et de la pollution de l'estuaire.

El Basurero

WILLY URIBE

13. Bakio

Very consistent, popular beachbreak. Can produce excellent waves with some barrel sections, depending on sandbar formations, which change constantly. People come here from Mundaka when the swell is small, adding to the already large local surfing population. A very popular beach resort in summer. Plenty of parking space with large car parks near the beach, although can be difficult in summer. Good beach facilities. Some river and stormwater pollution. A small degree of localism.

Bon beachbreak qui marche très souvent, avec du monde. Peut donner de très bonnes vagues avec sections à tube, selon les bancs qui changent tout le temps. On y trouve des surfers qui viennent de Mundaka quand c'est trop petit et les locaux assez nombreux. Endroit très fréquenté en été. Pas de problème pour se garer (grands parkings) à part peut-être en plein été. Plage bien équipée. Pollution fluviale et en cas de pluies fortes. Un peu de localisme.

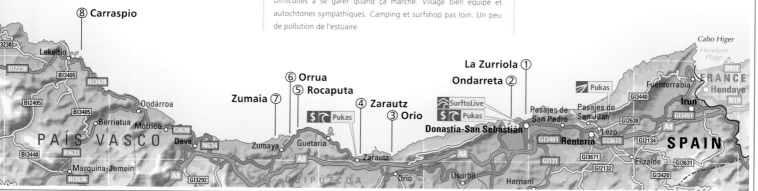

Pais Vasco – West

Meñakoz

1. Plentzia
Sandbar lefthander between a rivermouth and pier. Breaks on large swells only, low to mid tide. Sheltered from W and NW winds. Moderately consistent in the winter. Can be very crowded at weekends. Popular with longboarders. Parking not a problem in winter when the wave is likely to work. Good beach facilities and camping nearby at Gorliz. Estuarine, residential and stormwater pollution.

Gauche sur un banc de sable entre l'embouchure d'une rivière et une digue. Par gros swell seulement. Meilleur de marée basse à mi-marée. Protégé des vents d'O et NO. Fréquence moyenne en hiver. Peut être gavé de monde le we. Pas mal de longboarders. On se gare facilement en hiver (période où ça risque marcher le plus). Plage bien équipée. Camping à Gorliz. Pollution de l'estuaire, domestique et en cas de pluies fortes.

2. Barrika
Consistent beachbreak with several peaks, depending on sandbars. Low to mid tide only. Works best on small NW swells. Uneven submerged rocks can be dangerous. Reasonably uncrowded, friendly locals. Picturesque, relatively quiet spot, despite being near urban areas. Plenty of parking. Not too popular with beachgoers as the beach cuts off at high tide. Facilities include lifeguard, showers and camping nearby at Sopelana. Estuarine pollution from Bilbao and Plentzia, particularly after heavy rains.

Beachbreak qui marche souvent, avec plusieurs pics selon les bancs. De marée basse à mi-marée seulement. Meilleur par petite houle de NO. Attention aux rochers irréguliers sous l'eau. Pas vraiment de monde, locaux sympas. Endroit pittoresque et tranquille, bien que proche des zones urbanisées. Plein de place pour se garer. Pas trop de touristes vu que la plage disparaît à marée haute. Ecole de surf, poste de surveillance, et camping pas loin à Sopelana. Pollution dans l'estuaire à cause de Bilbao et Plentzia, surtout après de fortes pluies.

3. Meñakoz
World-class, highly dangerous big-wave spot. One of the most powerful, regularly surfed waves in Europe. Starts breaking properly at about 12ft. Intense, super-vert drops, leading into boil infested bowls, where thick-lipped barrels await the brave. Hazards include shallow, razor-sharp rocks, very strong rips, shifting peaks, two-wave hold-downs, broken boards and broken bones. The locals won't tolerate people inexperienced in big waves. No tow-ins here either. Natural amphitheatre, ideal for watching the surf. Parking at top of hill. All facilities at Sopelana.

Spot de gros worldclass, très dangereux. Parmi les vagues surfées les plus puissantes que l'on trouve en Europe. Commence à bien

marcher vers 12 pieds. Drops intenses et super verticaux, suivi par des bowls farcis de bouillons, avec des tubes bien épais pour les courageux. Rochers coupants à fleur d'eau, très forts courants, pics mouvants; on peut rester deux vagues sous l'eau et finir avec la planche cassée voire des fractures. Les locaux ne tolèrent pas les surfers sans expérience ici quand c'est fat. Pas de tow-in non plus. Amphithéâtre naturel idéal pour regarder les vagues. Se garer en haut. Vous trouverez de tout à Sopelana.

4. El Sitio
Moderately consistent, medium-quality lefthand reefbreak. Works at low tide only, on small, well lined-up swells. Rarely crowded considering its position. Locals can be a little hostile. This spot is right near a sewage outlet. Parking restricted year-round and metered in summer. At the east end of Sopelana beach, which gets packed in the summer.

Gauche de reef moyenne, fréquence moyenne. Marée basse seulement, par petite houle bien rangée. Rarement du monde vu l'emplacement. Locaux parfois un peu hostiles. Rejets d'eaux usées juste à côté. Parking réglementé toute l'année avec parcmètres en été. Côté E de Sopelana, plage bondée en été.

5. Sopelana
Very consistent beachbreak with several peaks. Good semi-permanent high-tide peak at western end of beach. Works on small to medium swells. One of the most crowded spots in Spain. Highly competitive. Access from either end of the beach, but parking is restricted year-round and metered in summer. Every facility available including surf school. Surf shops and camping nearby. Estuarine and stormwater pollution, particularly after heavy rains.

Beachbreak qui marche vraiment souvent avec plusieurs pics ; bon pic semi-permanent à marée haute côté O. Marche par houle petite à moyenne. Un des spots les plus fréquentés d'Espagne, ambiance très compétition. Accès par chaque extrémité de la plage, réglementé toute l'année avec parcmètres en été. Plage bien équipée avec école de surf, surfshops, poste de surveillance, magasins et bars, douches et camping pas loin. Pollution de l'estuaire et particulièrement en cas de pluies fortes.

La Triangular 6-7

6. Izquierda

Short, bowly lefthander at La Triangular reef. Works at low tide on medium swells. Lined-up W swells best. Small take-off zone and some protruding rocks. Often crowded. At eastern end of La Salvaje beach. Parking OK in winter, including camper vans, but restricted and metered in summer. Good beach facilities plus surfshops and camping nearby. The same Bilbao pollution problems as Sopelana.

Bowl court en gauche à La Triangular. Marche à marée basse par houle moyenne. Meilleur avec une houle rangée d'O. Zone de take-off réduite et quelques rochers qui sortent. Souvent du monde. Au bout côté E de la plage de La Salvaje. On se gare facilement en hiver (même les vans) mais parking réglementé avec parcmètres en été. Plage bien équipée avec surfshops, et camping pas loin. Mêmes problèmes de pollution qu'à Sopelana à cause de Bilbao.

La Galea

WILLY URIBE

La Triangular

JAKUE ANDIKOETXEA

7. Derecha

Excellent long righthand reef/point. Unlike the left, it's best at mid-high tide on medium W swells. Needs to be chest-high to start breaking. Rather slow on smaller swells. Very crowded. Popular with longboarders. Hazards include a strong rip and some submerged rocks. At eastern end of La Salvaje beach.

Excellente droite de reef, longue et qui marche mieux à mi-marée par houle moyenne d'O, contrairement à la gauche. Commence à casser à partir d'un bon mètre. Plutôt mou quand c'est petit. Beaucoup de monde. Pas mal de longboarders. Courants forts et quelques rochers sous l'eau. Au bout de la plage de La Salvaje côté E.

8. La Galea

Highly dangerous right point, breaking into the Bilbao rivermouth. Needs big lined-up NW swell. Works well only a few times a year. Starts to work properly at about 8ft. OK on NE winds. Exposed rocks at low tide. Virtually uncrowded. Parking at top of steep cliff. Tricky access includes very difficult and dangerous entry and exit. Ugly, industrial setting and highly polluted. Apart from razor-sharp rocks, other hazards include boat traffic.

Pointbreak en droite très dangereuse qui casse dans l'estuaire de Bilbao. Ne marche que par gros swell de NO bien rangé, seulement quelques fois dans l'année. Commence à bien marcher vers 8 pieds (2,50m). Vents de NE OK. Rochers découverts à marée basse. Pratiquement pas de monde. Se garer en haut de la falaise. Entrée et sortie de l'eau très difficiles. Cadre industriel horrible et très pollué. Rochers très coupants, faire attention au passage des bateaux

9. Yeffrys

Long, sectioney right point sheltered inside the Bilbao rivermouth. Only works on the biggest swells, a few times a year. Very crowded when on. Urban setting near the town of Algorta. Extremely polluted (bathing still prohibited on nearby beaches). Parking usually OK except summer and weekends. No beach facilities.

Longue droite qui sectionne un peu, abritée à l'intérieur de l'estuaire de Bilbao. Ne marche que par les plus gros swells, seulement quelques fois dans l'année. Beaucoup de monde quand c'est bon. Cadre urbain situé près de la ville d'Algorta. Extrêmement pollué (baignade toujours interdite sur les plages environnantes). Pas de problème de parking à part en plein été et les we. Pas d'équipements sur place.

10. Ereaga

Average quality beachbreak inside the Bilbao rivermouth near the town of Algorta. Sheltered in huge swells and stormy conditions. Both moderately consistent and crowded. Extremely polluted, with a bathing ban still in force. Some submerged rocks at low tide. Urban setting in well-kept, affluent area. Parking restricted in summer. Good beach facilities, bars and shops.

Beachbreak moyen à l'intérieur de l'estuaire de Bilbao près de la ville d'Algorta. Abrité par swells énormes de tempête. Fréquence moyenne et du monde. Extrêmement pollué (baignade toujours interdite). Quelques rochers qui sortent à marée basse. Zone urbaine fréquentée et bien ordonnée. Parking réglementé en été. Plage bien équipée, magasins et bars.

11. La Arena

Long beach with several peaks, depending on sandbars. Works on most tides. Very consistent. Relatively uncrowded, apart from weekends. This beach is right next to a gigantic oil refinery, with extreme levels of highly toxic atmospheric pollution. The water is also quite polluted due to its proximity to Bilbao. Despite this, many beachgoers in summer. Parking OK in winter, difficult in summer. Good beach facilities.

Longue plage avec plusieurs pics selon les bancs. Pratiquement toutes marées. Marche très souvent. Rarement du monde, à part les we. Cette plage est juste à côté d'une gigantesque raffinerie de pétrole, avec des taux très élevés de pollution de l'air. L'eau est aussi assez polluée à cause de Bilbao. Mais malgré cela on y trouve beaucoup de gens en été. Pas de problème de parking à part en plein été. Plage bien équipée.

La Arena

JAKUE ANDIKOETXEA

Cantabria – East

Laredo

La Fortaleza

1. Brazomar

Average beachbreak, last resort when everywhere else is too big and stormy. Breaks more readily on N swells. Sheltered from W and NW winds. Rarely crowded. In town of Castro-Urdiales. Very popular beach resort in summer. Metered parking on the street. Good beach facilities including lifeguard, showers and many bars and shops nearby. Some stormwater and residential pollution.

Beachbreak moyen, dernier recours quand c'est partout trop gros et tempête. Marche mieux par houle de N. Protégé des vents d'O et de NO. Rarement du monde. Situé dans la ville de Castro Urdiales, station balnéaire très prisée en été, parcmètres. Ecole de surf, surfshops, poste de surveillance, douches, plein de bars et de magasins pas loin. Pollution domestique et en cas de pluies fortes.

2. Islares

Righthander off the eastern end of a large bay. Needs big swell to work. OK on W winds and stormy conditions. Moderately consistent during winter. Rarely crowded. Strong rips. Picturesque spot. Parking usually OK, except perhaps the busiest days in summer. Camping at Playa Arenillas. Reasonably clean except after heavy rains.

Droite côté E d'une grande baie, par gros swell. OK par vents d'O et tempête. Marche moyennement souvent en hiver. Rarement du monde. Courants forts. Endroit pittoresque. Pas de problème de parking sauf peut-être en plein été. Camping à Playa Arenillas. Eau assez propre sauf après de fortes pluies.

3. Oriñon

Good hollow lefthander off western end of bay, breaking into the river. Low tide only. Works in big, stormy conditions. OK on strong W or NW winds. Moderately consistent in winter. Rarely crowded. Strong rips. Quiet, beautiful spot with easy parking. Fairly long walk to the break. Some beach facilities including showers.

Bonne gauche creuse côté O de la baie, qui casse à une embouchure. Marée basse seulement. Par gros swell de tempête. OK par forts vents d'O ou NO. Marche relativement souvent en hiver. Rarement du monde. Courants forts. Joli coin tranquille, on se gare facilement. Marche assez longue jusqu'au spot. Quelques aménagements, douches.

4. Laredo

Large, circular bay with several beachbreak peaks. El Espignon is a low tide right, there's a good peak between the middle and western end at high tide, plus a long, speedy left called Los Pinos. Works on large winter swells, offshore on W and OK on NW winds. Often crowded, particularly at weekends. Laredo is a huge summer resort with every facility imaginable, so expect difficult parking. Stormwater and residential pollution, particularly at eastern end rivermouth.

Grande baie circulaire avec plusieurs pics en beachbreak. El Espignon est une droite de marée basse, il y a un bon pic entre le milieu de la baie et le côté O à marée haute, plus une longue gauche rapide appelée Los Pinos. Marche par gros swell d'hiver, vent d'O offshore et OK par vent de NO. Souvent du monde, surtout le we. Laredo est une énorme station balnéaire avec tous les services imaginables, donc difficultés à se garer en été. Pollution domestique et en cas de pluies fortes, surtout côté est près de la rivière.

5. La Fortaleza

Long and perfect but slow lefthand pointbreak. Extremely inconsistent, working only on the very biggest swells (some years it doesn't even break). Offshore on NW wind. Very crowded when on. Includes a strong rip running down the point. Near the fishing town of Santoña. Parking not normally a problem. Fairly polluted from river runoff.

Pointbreak en gauche long et régulier, mais un peu mou. Ne marche qu'exceptionnellement par les plus grosses tempêtes (certaines années ça ne marche même pas). NO offshore. Beaucoup de monde quand c'est bon. Fort courant le long de la pointe. Près du port de pêche de Santoña. Pas de problème de parking normalement. Pas mal de pollution due aux rejets de la rivière.

6. Berria

Longish beach with several peaks, depending on sandbars and state of tide. Needs at least a medium swell to work. Moderately consistent at this quiet, uncrowded spot that's practically deserted in winter. Parking easy, except during the busiest times. Good beach facilities. Camping nearby.

Longue baie avec plusieurs pics selon les bancs et la marée. Il faut un bon swell pour que ça marche. Marche moyennement souvent, spot tranquille pratiquement désert en hiver. Pas de problème de parking à part en plein été. Plage bien équipée. Camping pas loin.

7. El Brusco

Excellent, hollow beachbreak with quality A-frame peaks. Needs fair sized swell and high tide to work. The stronger the offshore wind the better. Occasional, heavy localism. Quiet spot, practically deserted in winter but car crime is prevalent. Slightly polluted

Excellent beachbreak, creux, avec des bons pics en triangle. Bonne taille de houle et marée haute exigés. Plus ça souffle fort offshore et mieux c'est. Fort localisme parfois. Endroit tranquille, pratiquement désert en hiver mais des vols fréquents dans les voitures. Légèrement pollué.

8. Ris

Consistent, quality beachbreak with occasional hollow sections. Offshore on SW winds and just about rideable on a W. Can be crowded at weekends. Some localism. Near the ultra-popular summer resort of Noja. Good beach facilities and nearby campsite.

Bon beachbreak qui marche souvent avec quelques portions creuses. SO offshore et encore surfable par vent d'O. Parfois du monde les we. Un peu de localisme. Près de la station balnéaire ultra-fréquentée de Noja. Plage bien équipée et camping pas loin.

9. Ajo

Very consistent, northwest-facing, swell-magnet beach. Can be good when most other places are too small. Both Playa Cuberris and Antuerta work best at low to mid tide. Some shelter from summer NE sea breezes. Often out of control in winter. Strong rips. Large beach with plenty of space. Parking only a problem in summer. Good beach facilities, camping and shops nearby. Slight river pollution. Nudists at Antuerta.

Bon beachbreak orienté NO très exposé, marche très souvent. Peut faire la différence quand c'est flat ailleurs. Meilleur de marée basse à mi-marée à Playa Cuberris et Antuerta. Un peu protégé des vents du thermique de NE en été. Sature souvent en hiver. Courants forts. Grande plage, plein d'espace. Difficultés à se garer seulement en été. Plage bien équipée avec camping et shops pas loin. Rivière un peu polluée. Nudisme à Antuerta.

10. Galizano

Rivermouth beachbreak that can be excellent, depending on sandbars. Low to mid-tide only. Moderately consistent. Rarely crowded, although when the banks are good the local crew can be on it. Picturesque, quiet spot tucked away down a winding track. Parking can get full at the busiest summer times. Small beach bar. Choice of campsites nearby. Not particularly polluted. Other waves in the vicinity.

Beachbreak à l'embouchure d'une rivière qui peut devenir excellent en fonction des bancs de sable. De marée basse à mi-marée seulement. Marche moyennement souvent. Rarement du monde, mais si les bancs sont bons, les locaux y seront. Endroit pittoresque et tranquille au bout d'un chemin qui tourne en descendant. Difficultés à se garer en plein été. Petit bar de plage. Pas mal de campings autour. Eau relativement propre. D'autres vagues dans le secteur.

Berria

El Brusco

11. Langre

Average beachbreak sheltered from strong SW and moderate W winds. Needs a reasonable swell to work. Low to mid tide only. Rarely crowded. Laid-back and empty except in peak summer. Limited beach facilities. Camping nearby. Cleanish water.

Beachbreak moyen protégé des vents forts de SO et modérés d'O. Demande une bonne houle pour marcher. De marée basse à mi-marée seulement. Rarement du monde. Ambiance relax sans grand-monde sauf en plein été. Peu d'équipements sur place. Camping pas loin. Eau plutôt propre.

Cantabria – West

Playa de Somo

1. Santa Marina

World-class, righthand reefbreak, breaking off the island of Santa Marina. Freight-train walls and barrel sections. Works from about headhigh upwards. Best on the rare combination of a large swell and an E or NE wind, usually only a few times a year. OK on all tides but dangerous rocks in front of take-off at low tide. There's also a dredging left on the east side favoured by bodyboarders. Aggressive local crew. No facilities here, although campsites nearby and fairly close to village of Loredo. Parking on the street, can be difficult when the wave is on. Possible car crime. Some pollution from nearby Santander.

Droite de reef de classe mondiale, cassant près de l'île de Santa Marina. Murs rapides avec des tubes. Marche à partir de 2m environ. Meilleur quand on a la chance d'avoir une grosse houle et du vent d'E ou NE, en général quelques jours dans l'année seulement. Surfable à toutes marées, mais attention aux rochers devant le take-off à marée basse. Il y a aussi une gauche qui suce côté est, fréquentée par les bodyboarders. Locaux agressifs. Pas d'équipements sur place, mais des campings proches et c'est assez près du village de Loredo. Attention au vol dans les voitures. Un peu de pollution venant de Santander.

2. Somo

Consistent beachbreak with good peaks, working during most tides. Best on small to medium swells. Close to city of Santander so can get very crowded. Thriving surf scene in car park and village. Good beach facilities with large carpark, showers, surf school and lifeguards. Several surf shops, campsite, bars and other shops close by.

Beachbreak qui marche souvent avec des bons pics, pratiquement à toutes marées. Meilleur avec de la houle petite à moyenne. Proche de Santander, donc il peut y avoir beaucoup de monde. Communauté très branchée surf sur le parking et dans le village. Plage bien équipée, grand parking, poste de surveillance, école de surf et douches. Plusieurs surfshops, camping, bars et autres magasins pas loin.

3. El Sardinero

East-facing average-quality beachbreak. Works best in big storms with W or NW winds. Good beginner/improver beach that gets crowded at weekends. No (hard) surfboards in summer. Urban, affluent setting, with plenty of parking. Good beach facilities plus bars and shops nearby. Residential, stormwater and some industrial pollution.

Beachbreak moyen orienté E, marche mieux par grosse tempête d'O ou NO. Bonne plage pour débutants ou surfers moyens, du monde le weekend. Planches de surf en dur interdites en été. Cadre urbain animé, avec plein de places de parking. Plage bien équipée, bars et magasins pas loin. Pollution domestique et en cas de pluies fortes, un peu de pollution industrielle.

4. Liencres

Excellent beachbreak with a series of powerful peaks, depending on tide and sandbars. Playa de Canallave has peaks at El Madero and swell sucking rights at La Lastra. Playa de Valdearenas sees spinning lefts at Copacabana and more peaks at El Arenal. Ultra-consistent Santander hot spot so main peaks are often crowded and locals are often aggressive. Protected coastal area. Large car park that fills up during summer weekends. Good beach facilities. Camping nearby. No pollution worries.

Très bon beachbreak avec de multiples pics, selon les bancs et la marée. Playa de Canallave, Playa de Valdearenas et l'embouchure de rivière de Playa de Robayera sont à checker. Marche très souvent. Les pics principaux peuvent être gavés de monde. Zone côtière protégée. Grand parking rempli les we d'été. Plage bien équipée. Camping pas loin. Pas de pollution.

Liencres

5. Playa de Robayero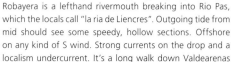

Robayera is a lefthand rivermouth breaking into Rio Pas, which the locals call "la ria de Liencres". Outgoing tide from mid should see some speedy, hollow sections. Offshore on any kind of S wind. Strong currents on the drop and a localism undercurrent. It's a long walk down Valdearenas beach beside the Dunas De Liencres nature reserve from the main car park.

Robayera est une gauche à l'embouchure de la rivière Rio Pas, que les locaux appellent "la ria de Liencres". Sections creuses et rapides en général à mi-marée descendante. Offshore par vent de secteur S. Forts courants au descendant et localisme sous-jacent. Longue marche depuis le parking principal sur la plage de Valdearenas à côté de la réserve des Dunas De Liencres.

6. Los Locos

Excellent, consistent, west-facing beachbreak. Works during most tides and is sheltered from summer NE

Santa Marina

Oyambre

Playa de Robayero

Rarement ou jamais de monde. "Parc Natural" dans un cadre vallonné avec pas mal d'espace. Pas de problème de parking, peu d'équipements sur place. Agua propre.

8. Gerra

Consistent open beachbreak that works on most tides and handles a bit of NE wind. Gets hollow in places and spreads the rare crowd. Beautiful location, near the town of San Vicente de la Barquera. Gets a few nudists in summer. Limited beach facilities apart from a surf school.

Beachbreak exposé qui marche fréquemment, quasiment à toutes marées, et tient un peu le vent de NE. Peut devenir creux par endroits, peu de monde. Superbe coin, près de la ville de San Vicente de la Barquera. Attire quelques nudistes en été. Peu d'équipements sur place à part une école de surf.

9. Meron
Consistent beachbreak with multiple peaks, giving fast walls and the occasional cover-up. Smaller towards western end, where a rivermouth shapes up the banks and there's better W wind protection. Sometimes crowded. Nearest surfing beach to popular summer resort of San Vicente de la Barquera. Parking not a problem. Good beach facilities, shops and campsite nearby. Some estuarine pollution.

Beachbreak qui marche souvent avec des pics variés, produisant des vagues rapides qui tubent de temps en temps. Plus petit côté O, avec une rivière qui forme des bancs de sable et où on est plus abrité du vent d'O. Parfois du monde. Beachbreak le plus proche de San Vicente de la Barquera, ville touristique en été. Pas de problème de parking en général. Plage bien équipée avec magasins et camping pas loin. Un peu de pollution de la rivière.

Playa de Meron

sea breezes by high cliffs. Always crowded and very competitive. Some localism. Near the town of Suances. Gets a little busy in summer and at weekends. Parking OK. Good facilities including surf school, surf shops and camping nearby. Slight industrial pollution from the nearby factories at Torrelavega.

Excellent beachbreak orienté O. Marche souvent. Surfable à toutes marées, protégé de la brise de NE par de grandes falaises. Toujours du monde, ambiance compétition. Un peu de localisme. Proche de la ville de Suances. Pas mal fréquenté en été et les we. Pas de problème de parking, plage bien équipée avec école de surf, surfshops et camping pas loin. Eau légèrement polluée par les usines de Torrelavega.

7. Oyambre
Long beach with several shifting peaks. Works at most tides. Some shelter at western end from SW and W winds. Moderately consistent, although smaller than main exposures. Rarely or never crowded. Country setting with rolling hills and plenty of space. Easy parking, limited facilities. Clean agua.

Longue plage avec plusieurs pics changeants. Surfable à toutes marées. Un peu abrité côté O du vent de SO et O. Marche assez souvent, mais c'est plus petit que sur les plages mieux exposées.

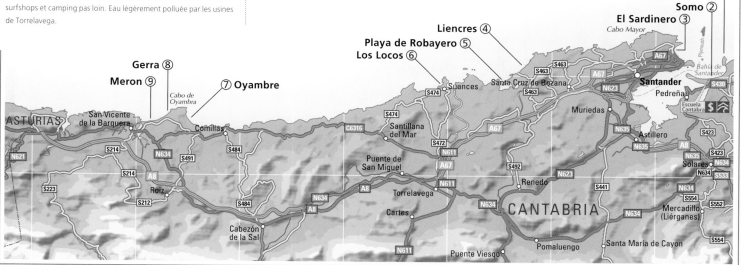

Asturias – East

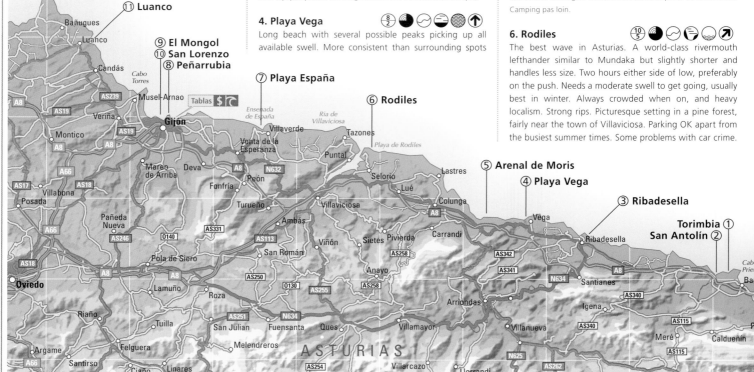

Rodiles

JUAN FERNANDEZ

1. Torimbia
Small bay with average beachbreak peaks, best mid to low tide, outgoing. Rarely crowded at this picturesque spot, even in summer. Parking at top of hill, limited beach facilities. This stretch of coast has no significant pollution.

Petite baie avec des pics sur un beachbreak moyen. Meilleur mi-marée descendante. Rarement du monde à cet endroit pittoresque, même en été. Se garer en haut. Peu d'équipements sur place, ni de pollution sur cette portion de côte.

2. San Antolín
Good beachbreak with rivermouth. Various peaks, working at most tides, depending on sandbars. Fairly consistent, handling both small and moderate swells. There's a left and right at each end of the bay. Offshore on SW winds. Rarely crowded. Beautiful setting close to mountains. Visible from road, attracting a few beach-goers in summer at western end of beach where there are some facilities including a lifeguard. Otherwise empty.

Bon beachbreak avec une embouchure de rivière et plusieurs pics selon les bancs, pratiquement toutes marées. Marche assez souvent, par houle petite ou moyenne. Il y a une gauche et une droite aux extrémités de la baie. Offshore par SO. Rarement du monde. Joli cadre près des montagnes. Visible depuis la route, ce qui attire quelques touristes l'été côté O où on trouve un poste de MNS. Personne sinon.

3. Ribadesella
Average, moderately consistent beachbreak. Works on most tides except high. Occasionally gets crowded on weekends. Close to the town of Ribadesella. Parking not a problem apart from peak summer times. Good facilities on the beach plus close to shops and bars. Slight residential pollution.

Beachbreak moyen, fréquence moyenne. Pratiquement toutes marées sauf plein haut. Parfois du monde les we. Près de la ville de Ribadesella. Pas de problème de parking à part en plein été. Plage bien équipée proche des magasins et bars. Pollution domestique.

4. Playa Vega
Long beach with several possible peaks picking up all available swell. More consistent than surrounding spots due to its NNW orientation. Handles the summer NE winds. Occasionally crowded. Fairly quiet spot although can have a few beach-goers in summer. Parking not a problem. Good beach facilities. Camping near the village. Stream polluted by mining activities.

Longue plage avec plusieurs pics possibles qui prennent très bien la houle. Plus fréquent que les spots alentour puisqu'orienté N-NO. Tient le vent de NE en été. Parfois du monde. Coin assez calme à part quelques touristes en été. Pas de problème de parking. Camping près du village. Plage bien équipée. Cours d'eau pollué par les mines d'à côté.

5. Arenal de Moris
Long, open beach with good, shifty peaks. Quite consistent, so sometimes crowded at weekends. Quiet spot in rural setting. Easy parking and summer facilities include lifeguard and showers. Camping nearby.

Longue plage avec plusieurs bons pics changeants. Assez fréquent, donc du monde parfois en été. Endroit tranquille dans un cadre rural. On se gare facilement. Douche et poste de surveillance. Camping pas loin.

6. Rodiles
The best wave in Asturias. A world-class rivermouth lefthander similar to Mundaka but slightly shorter and handles less size. Two hours either side of low, preferably on the push. Needs a moderate swell to get going, usually best in winter. Always crowded when on, and heavy localism. Strong rips. Picturesque setting in a pine forest, fairly near the town of Villaviciosa. Parking OK apart from the busiest summer times. Some problems with car crime.

Playa España

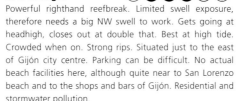

El Mongol

Secret spot

Good beach facilities and camping by the river. Slight estuarine pollution, despite being a nature reserve.

Meilleure vague des Asturies. Une gauche worldclass à l'embouchure d'une rivière qui ressemble à Mundaka en un peu plus court, tient moins bien la taille. Meilleur 2h autour de la marée basse, de préférence au montant. Il lui faut une bonne houle, marche en général mieux en hiver. Toujours du monde quand c'est bon, fort localisme. Courants forts. Joli coin dans une forêt de pins, pas loin de la ville de Villaviciosa. Pas de problème de parking à part en plein été. Quelques vols dans les voitures. Plage bien équipée, campings près de la rivière. Un peu de pollution à cause de la rivière, bien que ce soit une réserve naturelle.

7. Playa España
Small beach that can have one or two good peaks, attracting weekend surfers from Gijón. Surfable during most tides, but best around mid when the shorebreaks start appearing. Moderately consistent, but misses out on the smallest, summer swells. Often crowded, but a mellow vibe at this rural bay, despite being almost in the city.

Petite plage qui peut avoir un ou deux bons pics, où on trouve des surfers de Gijón. Surfable pratiquement à toutes marées, mais meilleur vers mi-marée quand ça commence à casser en shorebreak. Fréquence moyenne, mais ne prend pas les petites houles d'été ; souvent du monde mais l'ambiance est bonne dans ce coin rural, bien que proche de la ville.

8. Peñarrubia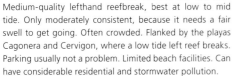
Medium-quality lefthand reefbreak, best at low to mid tide. Only moderately consistent, because it needs a fair swell to get going. Often crowded. Flanked by the playas Cagonera and Cervigon, where a low tide left reef breaks. Parking usually not a problem. Limited beach facilities. Can have considerable residential and stormwater pollution.

Gauche de reef de qualité moyenne. Meilleur de marée basse à mi-marée. Doit recevoir une bonne houle pour marcher. Souvent du monde. Au milieu des plages de Cagonera et Cervigon, où il y a une gauche de reef à marée basse. On se gare facilement en général. Peu d'équipements sur place. Pollution parfois importante (eaux usées et en cas de pluies fortes).

9. El Mongol
Powerful righthand reefbreak. Limited swell exposure, therefore needs a big NW swell to work. Gets going at headhigh, closes out at double that. Best at high tide. Crowded when on. Strong rips. Situated just to the east of Gijón city centre. Parking can be difficult. No actual beach facilities here, although quite near to San Lorenzo beach and to the shops and bars of Gijón. Residential and stormwater pollution.

Droite de reef puissante. Peu exposée, marche par gros swell de NO. Fonctionne à partir de 2m, sature vers 4m. Meilleur à marée haute. Du monde quand c'est bon. Situé juste à l'E du centre de Gijón. Courants forts. Difficultés à se garer parfois. Pas vraiment

d'équipements sur la plage ici, bien que ça soit proche de la plage de San Lorenzo et des bars et magasins de Gijón. Pollution domestique et en cas de pluies fortes.

10. San Lorenzo
Average-quality beachbreak, picks up a limited amount of swell but surfable during most tides. SW wind OK. Often crowded. This beach is right in the centre of the city, making parking difficult year-round, with meters or expensive underground car parks. Good beach facilities including a surf school, plus shops and bars at hand and camping fairly nearby. Residential and stormwater pollution.

Beachbreak moyen pas très exposé mais surfable pratiquement à toutes marées. OK par vent de SO. Souvent du monde. Au centre de la ville, donc parkings remplis toute l'année, avec parcmètres ou parkings souterrains chers. Plage bien équipée avec école de surf, magasins et bars sur place, camping pas loin. Pollution domestique et en cas de pluies fortes.

11. Luanco
East-facing beachbreak and an ultra-hollow, righthand reef that only works on the biggest of swells. OK on W winds. Low tide only. Sometimes crowded when on. Near small town of Luanco. Parking rarely a problem. Easy camping nearby. Residential and stormwater pollution, but much cleaner than Gijón.

Beachbreak orienté E et une droite super creuse sur du reef, qui ne marche que par les plus gros swells. Marée basse seulement. Ok par vent d'O. Parfois du monde quand c'est bon. On se gare facilement en général. Près de la petite ville de Luanco. On peut camper facilement pas loin. Pollution domestique et en cas de pluies fortes, mais bien plus clean qu'à Gijón. facilement en général. Près de la petite ville de Luanco. On peut camper facilement pas loin.

Asturias – West

Verdicio

JUAN FERNANDEZ

1. Verdicio

Consistent, medium-quality beachbreak with several peaks, best at low tide. Some rocky outcrops. Reasonably quiet, uncrowded spot, considering its proximity to the cities of Avilés and Gijón. Easy parking and relatively unpolluted.

Beachbreak moyen, marche souvent avec plusieurs pics. Meilleur à marée basse. Quelques rochers sous l'eau. Endroit assez tranquille sans grand monde vu la proximité d'Aviles et de Gijon. On se gare facilement. Eau relativement propre.

Xago

WILLY URIBE

2. Xago

West-facing, ultra-consistent beachbreak. Surfable here when most other places are too small. Good peaks at all tides, depending on sandbars. Sheltered from summer NE sea breezes. Can be crowded. Check Playa Tenrero to the northeast. Scenic spot, despite close proximity to industrial city of Avilés. Good beach facilities. Busy in summer with beach-goers. Parking OK apart from the busiest summer weekends. Surprisingly little pollution considering location.

Excellent beachbreak orienté O, marche super souvent. A checker quand c'est trop petit ailleurs. Plusieurs bons pics selon les bancs, toutes marées. Protégé du thermique de NE en été. Parfois du monde. Checkez Playa Tenrero au NE. Joli coin, malgré la proximité de la ville industrielle d'Avilés. Plage bien équipée. Du monde en été sur la plage. Pas de problème de parking à part les we en plein été. Etonnamment peu de pollution vu l'endroit.

3. Salinas

Stretching from Playa El Espartal to Salinas, this is one of the most popular surfing beaches in Asturias. Fast, barrelling, consistent beachbreak peaks, working during all tides. Smaller towards western end. Some shelter from summer NE sea breeze. Always crowded. Some localism. Ugly, urban setting with tower blocks and concrete walkways. Residential and stormwater pollution together with industrial pollution from the nearby factories of Avilés.

Good beach facilities including a surfing school. Plenty of shops and bars nearby.

S'étendant de Playa El Espartal à Salinas, c'est une des plages les plus surfées dans les Asturies. Marche souvent.Vagues rapides de beachbreak qui tubent, multi-pics, toutes marées. Plus petit en allant vers le S. Un peu protégé du thermique de NE. Toujours du monde. Un peu de localisme. Cadre urbain assez moche, avec immeubles et promenades en béton. Pollution domestique et industrielle dues aux usines d'Aviles, et en cas de pluies fortes. Plage bien équipée avec école de surf, plein de magasins et de bars pas loin.

4. Santa Maria del Mar

Moderately consistent, medium-quality beachbreak plus a fickle lefthand reef. Best at mid tide. Rarely crowded. In small holiday resort of Santa Maria. Fills up with tourists during summer. Several campsites nearby. Good beach facilities. Some residential and stormwater pollution.

Beachbreak moyen, fréquence moyenne, avec une gauche de reef capricieuse. Meilleur à mi-marée. Rarement du monde. Située dans la petite station balnéaire de Santa Maria. Se remplit de touristes en été. Plusieurs camping-caravanings à côté. Plage bien équipée. Pollution domestique et en cas de pluies fortes.

5. Playón de Bayas

Long, dune-backed beach with plenty of shifting, all tide peaks. Extremely consistent, often bigger than surrounding spots and usually uncrowded. E winds, lower tide and a summer NW swell should line up the banks. There's good lefts at the western end (Los Quebrantos) near the jetty. Limited facilities. Parking not a problem. Some estuarine pollution from nearby San Juan de la Arena and the Ria de Pravia.

Longue plage adossée à des dunes avec plein de pics changeants, toutes marées. Marche vraiment très souvent, souvent plus gros que les spots alentour, et en général peu de monde. Ça déroule mieux à marée basse avec vent d'E et un swell d'été de NO. Bonnes gauches côté O (Los Quebrantos) près de la jetée. Peu d'équipements sur place, pas de problème de parking, eau légèrement polluée par San Juan de la Arena et la Ria de Pravia.

6. Aguilar

Standard beachbreak peaks helped by some large rocky outcrops to shape the sandbars. Works during most stages of the tide, but W swells won't get in. Almost never crowded. Fairly close to quaint tourist spot of Cudillero. Easy parking, beach café and clean water.

Beachbreak normal, avec de grandes plaques de rocher dessous qui forment des bancs de sable et des pics. Marche à peu près à toutes marées, mais la houle d'O ne rentre pas. Presque jamais de

monde. Assez proche de Cudillero, site touristique typique. Pas de problème de parking, café vue sur la plage, eau propre.

7. Cadavedo

Very sheltered, east-facing bay with closeout beachbreak and a lefthand point over sand and cobbles. A good option on huge N swells and howling NW winds, so it's not too consistent. There are also some righthand reefbreaks in the area. Low tide best. Never crowded. Clean water and pristine hinterland. Camping nearby in village of Cadavedo.

Baie très protégée orientée E avec un beachbreak qui ferme, et une gauche sur sable et graviers. Bonne option par houle énorme de N et vents violents de NO, donc pas très fréquent. Il y a aussi un reef en droite à checker dans le secteur. Meilleur à marée basse. Jamais de monde. Eau propre et arrière-pays préservé. Camping pas loin dans le petit village de Cadavedo.

8. Cueva

High quality, west-facing beachbreak with rivermouth rights at the eastern end and lefts at the western end. Very consistent, because it's sheltered from NE sea breezes in summer. Best low to mid tide. Rarely crowded and unpolluted in unspoilt surroundings. Quiet even in summer, when there's easy parking and a lifeguard.

Excellent beachbreak orienté O avec des droites à l'embouchure de rivière côté E et des gauches côté O. Marche très souvent, car protégé du thermique de NE en été. Meilleur de marée basse à mi-marée. Rarement du monde, eau propre dans un cadre préservé. Tranquille même en été, où on se gare facilement et on trouve un poste de surveillance.

Salinas

JUAN FERNANDEZ

9. Otur

Good option for small swells, plus there's some shelter from SW-W winds at the western end. Works on most tides and gets hollower as it drops to low. Rarely crowded. Beach backed by dunes and a valley. Chalets and a busy summer bar on the beach.

Bonne option par petite houle, en plus le côté O est abrité des vents de SO à O. Pratiquement toutes marées, creuse plus à marée basse. Rarement du monde. Plage avec dunes et petite vallée. Bungalows et bar sur la plage fréquenté l'été.

10. Frejulfe

Top quality, consistent beachbreak. Works on most tides – low for the eastern rivermouth and incoming to high for the rocky western end. Rarely crowded. Backed by pine forest in a nature reserve. Parking at top of hill. Facilities include lifeguard and showers. Slight chance of estuarine pollution from Navia, where there is a right reef at Moro and dirty lefts at the town beach.

Beachbreak top-qualité qui marche souvent. Pratiquement toutes marées (basse pour l'embouchure de rivière à l'est et montante pour la pointe rocheuse côté O). Rarement du monde. Forêt de pins dans une réserve naturelle. Se garer en haut. Plage bien équipée avec poste de surveillance et douches. Possibilité de pollution due à l'estuaire de Navia, où il y a une droite de reef (Moro) et des gauches sur le beachbreak en ville.

11. Tapia

Good quality, consistent beachbreak with semi-permanent, hollow lefthander, fed by a stream. Best mid to low tide, outgoing. Some shelter from NE sea breezes in summer, but it is a year-round wave. Popular surfing beach and contest site that's often crowded. La Paloma is a small swell spot west of town. Near to town of Tapia de Casariego.

JUAN FERNANDEZ

Good beach facilities and camping nearby, popular with travelling surfers. Surf shop in nearby town.

Bon beachbreak avec une gauche creuse semi-permanente, créée par une petite rivière. Marche souvent. Meilleur mi-marée descendante. Protégé du thermique de NE en été, mais se surfe toute l'année. Plage connue pour le surf avec des compets et du monde. Près de la ville de Tapia de Casariego. La Paloma est un spot à l'O de la ville, par petite houle. Plage bien équipée, camping à côté fréquenté par les surfers de passage. Surfshop en ville.

12. Peñarronda

Decent beachbreak with several peaks, offering low to mid tide walls and a bit of SW-W wind protection. Rarely or never crowded. Large bay, popular with beach-goers in summer, deserted and windswept in winter. Beach facilities include lifeguard and showers. Camping nearby. No significant pollution.

Beachbreak pas trop mal avec plusieurs pics. Meilleur de marée basse à mi-marée. Un peu protégé des vents de SO à O. Rarement ou jamais de monde. Grande baie, fréquentée par les touristes en été, déserte et balayée par le vent en hiver. Plage équipée avec poste de surveillance et douches. Camping pas loin. Pas de pollution significative.

Galicia – East

1. Reinante
High quality beachbreak with fast, hollow sections. Only moderately consistent because W swell bypasses this stretch. Almost never crowded, except with beach-goers in summer. The coast road overlooks many similar bays in the area. Good beach facilities and several campsites and bars nearby. No significant pollution.

Très bon beachbreak avec des sections creuses et rapides. Ne marche que moyennement souvent puisque la houle d'O passe au large. Presque jamais de monde, sauf sur la plage en été. La route côtière surplombe pas mal de baies de ce type dans les environs. Plage bien équipée, plusieurs campings et bars à côté. Pas de pollution significative.

2. San Cosme
Another long beach with good quality, consistent waves, surfable at all tides. OK on SW wind. Rarely crowded.

Encore une longue plage bien exposée avec des vagues de qualité et surfables quelle que soit la marée. Vent de SO pas gênant.

North coast secret

Galician reef

3. Foz
Excellent quality rivermouth left that only breaks on the biggest swells of the year. It's fast, hollow and shallow and doesn't hold above about 8ft. Low tide only. Crowded when on. Foz has an active surfing population, plus the beaches and car parks get packed in summer. Good beach facilities, shops and bars with campsites fairly nearby. Some estuarine pollution from the Ria Foz.

Excellente gauche à l'embouchure d'une rivière qui ne marche que par les plus gros swells de l'année. Peu d'eau, creux et rapide, sature au-dessus de 8 pieds. Marée basse seulement. Du monde quand c'est bon. On trouve pas mal de surfers à Foz, plages et parkings sont bondés en été. Plage bien équipée, magasins, bars et campings pas trop loin. Un peu de pollution à cause de l'estuaire de la Ria Foz.

4. Nois
Average quality, NE-facing beachbreak. Works on big swells, OK on W winds. Best at mid tide. Quiet spot but often crowded. Pollution no problem. Camping at Foz.

Beachbreak moyen orienté NE. Marche par gros swell, OK par vent d'O. Meilleur à mi-marée. Endroit tranquille mais souvent du monde. Pas de problème de parking ou de pollution. Camping à Foz.

5. A Marosa
Average beachbreak with occasional decent lefthander next to the cliffs at low to mid tide. Moderately consistent, works on W winds and rarely crowded. Nearest beach to busy fishing port of Burela. Plenty of umbrellas in summer so there is a lifeguard and showers.

Beachbreak moyen avec parfois une gauche pas trop mal près de la falaise, de marée basse à mi-marée. Fréquence moyenne, marche par vent d'O, rarement du monde. Plage la plus proche du port de pêche animé de Burela. Plein de touristes en été donc on trouve poste de surveillance et douches.

6. Muiñelos
Open to NW swell, this consistent beach gets good lefts, best at low tide. Sometimes crowded at weekends. Pine forest backdrop. Some beachgoers in summer. Limited beach facilities. No significant pollution.

Orientée face aux swells de NO, cette plage bien exposée donne de bonnes gauches, meilleures à marée basse. Forêt de pins derrière. Quelques touristes l'été. Peu d'équipements sur place. Pas de pollution significative.

7. Bares
East-facing beachbreak that works on the biggest NW storms. Sheltered from W and NW winds. Low to mid tide only. Rarely crowded. Beautiful spot, easy parking and clean water.

Beachbreak orienté E, marche pendant les plus grosses tempêtes de NO. Abrité des vents d'O et NO. Marée basse à mi-marée seulement. Rarement du monde. Joli coin, pas de problème de parking ou de pollution.

8. Esteiro
Consistent, good quality beachbreak, favouring low tide lefts off the peak in the middle of the bay. Sometimes crowded in summer. Can be busy in summer with tourists. No beach facilities or pollution.

Bon beachbreak exposé, avec plutôt des gauches à marée basse sur le pic au milieu de la baie. Parfois du monde en été, dans l'eau et en-dehors. Pas d'équipements sur place ni de pollution.

9. San Anton
Medium quality beachbreak that's OK on SW or W winds. Best at low tide. Inconsistent so rarely crowded and there are options to the east amongst the rocks of Eiron. Small, relatively busy beach. Parking can be difficult in summer. Beach facilities include lifeguard and showers.

Beachbreak moyen, OK par vents d'O ou SO, meilleur à marée basse. Peu exposé donc rarement du monde et possibilité de surfer à l'E vers les rochers d'Eiron. Petite plage relativement fréquentée. Difficultés à se garer en été. Poste de surveillance et douches.

10. Baleo
Consistent beachbreak with several decent peaks at lower tides. Being the second Pantín option, it's sometimes crowded, with a small degree of localism. Strong rips when bigger. Small bay, popular in summer. Parking not normally a problem. Good beach facilities and camping nearby. No significant pollution.

Beachbreak exposé avec plusieurs pics pas mal vers la marée basse. Comme c'est la seconde option après Pantin, il y a parfois du monde, avec un peu de localisme. Courants forts quand c'est gros. Pas de problème de parking. Plage bien équipée, camping pas loin.

11. Rodo (Pantín)
The most popular surf spot in Galicia, home to an annual pro contest. Ultra consistent, Pantín hoovers up W-NW swell and can hold quite a bit of size. Both left and right peaks can line up and spitting barrels are common. Better low to mid but surfable on all tides. Strong rips with paddling channel at northern end. Can get crowded, with some localism. Fills up in summer with beach-goers and travelling surfers. Good beach facilities and a car park freecamp scene. Clean water.

Le spot le plus connu en Galice, où on organise chaque année une compet pro. Super exposé, Pantín attire le swell d'O- NO et peut tenir un peu de taille. Des pics gauche et droite, et souvent des tubes avec le souffle. Meilleur de marée basse à mi-marée mais surfable à toutes marées. Courants forts avec un chenal pour aller au large au nord. Il peut y avoir du monde, avec un peu de localisme. Se remplit de touristes et de surfers de passage en été. Plage bien équipée, le parking sert de zone de campement. Eau propre.

Pantín

Valdoviño

JUAN FERNANDEZ

Doniños

WILLY URIBE

12. Valdoviño

Praia de Frouxeira is a long arcing beach with super consistent, excellent quality peaks along its length. There's a hollow right off a rocky island and a lagoon in the centre. Better at lower tides. Swell and occasional crowd magnet when everywhere else is flat. Eastern (Valdoviño) end fills up with beachgoers in summer, but plenty of space along rest of beach. Good beach and camping facilities.

Praia de Frouxeira est une longue plage en arc de cercle avec de très bons pics très exposés tout le long. Il y a une droite creuse près d'une île rocheuse, et une lagune au centre. Meilleur vers la marée basse. Concentre la houle, et la foule si c'est flat partout ailleurs. La partie est (Valdoviño) est remplie de touristes en été, mais il reste beaucoup de place le long de la plage. Plage bien équipée, camping.

13. Campelo

Challenging, walled-up beachbreak, with regular barrel sections. Very consistent, even on small swells, when low to mid tide is best. Hazards include rips and possible localism, because it's often crowded in summer when parking becomes difficult. Lifeguard and showers.

Beachbreak qui marche très souvent, même par petite houle. Puissant, souvent avec des tubes. Meilleur de marée basse à mi-

marée. Attention aux courants et au localisme possible, à cause du monde en été. Difficultés à se garer. Poste de surveillance, douches.

14. Ponzos

Another consistent, all tides beachbreak that makes the best of a NW swell at low tide. OK on SW winds. Often crowded at south end. Long beach with plenty of space, although parking can get difficult in summer.

Beachbreak qui marche souvent, toutes marées, meilleur par houle de NO à marée basse. Ok par vent de SO. Souvent du monde côté sud. Longue plage avec plein d'espace, même si on peut avoir des difficultés à se garer en été.

15. San Xorxe

Beautiful crescent of west-facing beachbreak, offering some S wind protection for the lefts in the southern corner. Various other peaks along length of beach, best at low to mid tide. Rips. Sometimes crowded. Plenty of space on the beach and in the car park. Lifeguard, showers, camping nearby and squeaky clean water.

Beau beachbreak incurvé orienté O, gauches côté S abritées du vent de S. Des pics tout le long de la plage, meilleurs de marée basse à mi-marée. Du courant. Souvent du monde. Plein d'espace sur la plage et sur le parking, poste de surveillance et douches, camping pas loin et eau super propre.

16. Doniños

Most popular wave in the area, thanks to superior quality and consistency. 2kms of swell sucking peaks that are hollowest at low to mid tide. Can be very crowded with surfers from Ferrol hence a degree of localism. Gets packed in summer, with difficult parking. Good beach facilities including a surf school. Camping nearby. No significant pollution.

La vague la plus fréquentée des environs, à cause de sa qualité et de sa régularité. 2km de pics qui concentrent la houle et qui creusent le plus de marée basse à mi-marée. Parfois beaucoup de surfers de Ferrol donc un peu de localisme. Beaucoup de monde en été, difficultés à se garer. Plage bien équipée avec une école de surf. Camping pas loin. Pas de pollution significative.

Galicia – West

West coast beachbreak

JUAN FERNANDEZ

1. Riazor Orzán

Average quality beachbreak. Moderately consistent. Low to mid tide best. OK on SW winds. Often crowded throughout the year, because beach is right near the city of A Coruña. Difficult parking, particularly in summer. Good beach facilities, plus near to shops and bars. Some residential and stormwater pollution.

Beachbreak moyen, fréquence moyenne. Meilleur de marée basse à mi-marée. Tient le vent de SO. Souvent du monde toute l'année, parce que la plage se trouve juste à côté de la ville de La Corogne. Difficultés pour se garer surtout en été. Plage bien aménagée, située près des shops et des bars. Pollution domestique et en cas de pluies fortes.

2. Sabón

Really consistent summer beachbreak, best at low tide. The right is a swell sponge and handles a bit of SW wind. Rips. Often crowded with surfers and sunbathers from A Coruña, making parking a hassle. Slight pollution.

Beachbreak d'été qui marche vraiment souvent, meilleur à marée basse. La droite est un aimant à vagues et tient un peu de vent de SO. Du courant. Souvent pas mal de surfers + des gens qui viennent de La Corogne : dur de trouver une place de parking. Pollution faible.

3. Barrañan

Average quality beachbreak, with reliable, mid to high tide rides. Sometimes crowded. Still fairly near to city of A Coruña, so gets quite packed in summer. Limited beach facilities. Slight pollution.

Beachbreak moyen, meilleur de mi-marée à marée haute. Il peut y avoir du monde à l'eau. Encore assez proche de La Corogne donc pas mal de monde en été. Peu d'aménagements près de la plage. Pollution faible.

4. Caion

Well orientated to pick up tiny W-NW swells at this quality summer beachbreak. Usually best at mid tide, depending on sandbars. Sometimes crowded. A small bay that can be popular during summer, filling the car park. Beach facilities include lifeguard and showers. No significant pollution.

Bon beachbreak d'été qui prend bien les petites houles d'O à NO. Meilleur en général à mi-marée, en fonction des bancs de sable. Il peut y avoir du mo nde à l'eau. Petite baie fréquentée en été, parking parfois complet. Poste de surveillance et douches. Eau de bonne qualité.

5. Razo

Big, open beachbreak that is surfable when surrounding spots are too small. Excellent quality, fast, walled-up peelers, working on all tides. OK on SW winds, but destroyed by a NW'erly. Rarely crowded. Very long stretch of beach in beautiful setting. A few beach-goers and travelling surfers in summer, practically deserted in winter. Good beach facilities including surf school. Low profile freecamping or site nearby in Baldaio. Clean as a whistle.

Grand beachbreak exposé, reste surfable quand c'est trop petit ailleurs. Très bonnes vagues rapides, avec une bonne épaule, toutes marées. Tient le vent de SO, mais pas le NO. Rarement du monde.

Très longue plage dans un cadre magnifique. Quelques promeneurs et des surfers de passage en été, pratiquement désert en hiver. Plage bien aménagée avec une école de surf. Camping sauvage possible en restant discret ou camping payant à côté à Baldaio. Eau nickel.

6. Malpica

Sheltered from W swells and SW wind, this quality beachbreak needs medium to large swells to work. Low to mid tide is best and it can get crowded when on, sparking isolated cases of localism. Picturesque spot near small fishing village of Malpica. Busy during summer but parking not normally a problem. Good beach facilities. Camping nearby. Slight pollution.

Protégé des vents d'O et de SO, bon beachbreak par moyenne à grosse houle. Meilleur de marée basse à mi-marée. Du monde quand c'est bon, avec une pointe de localisme parfois. Spot pittoresque près du petit port de pêcheur de Malpica, avec du monde en été, mais normalement on trouve à se garer. Plage bien équipée. Camping proche. Pollution faible.

7. Traba

Medium quality beachbreak with several possible peaks, depending on highly changeable sandbars. Strong rips. One of the most consistent beaches in Spain so if it is flat, everywhere is. Uncrowded and unpolluted unless the *Prestige* starts leaking again. Beautiful, long, deserted beach, practically empty all year round. Easy free-camping.

Beachbreak moyen avec des fois plusieurs pics, en fonction de bancs de sable très changeants. Courants forts. Une des plages les plus exposées en Espagne, donc si c'est flat, ça l'est partout. Peu de monde et pas de pollution, sauf si le *Prestige* se remettait à fuir. Belle plage longue et déserte pratiquement toute l'année. Bien pour le camping sauvage.

8. Nemiña

Consistent, west-facing beachbreak and rivermouth. Several good peaks, working at all tides, plus a zipping left at the Ria de Lires. Rips. Rarely crowded. Picturesque, remote spot, quiet most of year. Camping nearby. No significant pollution, however, this and other nearby beaches received the full brunt of the 2002 *Prestige* spill, so expect some oil.

Beachbreak bien exposé avec une embouchure de rivière, orienté O. Plusieurs bons pics, fonctionnant à toutes marées, plus une gauche très rapide à Ria de Lires. Du courant. Peu fréquenté. Spot isolé et pittoresque, tranquille la plupart du temps, mais cette plage comme celles autour a reçu le plus gros de la marée noire du *Prestige* en 2002-2003, donc il reste du pétrole.

North facing beachbreak

DAN HAYLOCK

9. Louro

Good quality, southwest-facing beachbreak. An option on extreme SW swells, large NW swells and/or N winds. Works on most tides. Rarely crowded. Beautiful setting, very quiet even in summer. No parking, pollution or camping problems, but no real beach facilities. Lots of other beaches in the area to check.

Bon beachbreak orienté SO. Bonne option en cas de swell vraiment SO, ou gros swell de NO et\ou vent de N. Pratiquement toutes marées. Joli cadre, très calme même en été. Pas de problèmes de pollution, ni pour camper ou se garer, mais pas vraiment d'équipements autour de la plage. Plein d'autres plages à checker dans les environs.

10. Rio Siera

Also known as Furnas, this is a very consistent, excellent beachbreak. Works on most tides, but is better around low. Strong rips down length of long beach. Rarely crowded. Pristine setting.

Appelé aussi Furnas, très bon beachbreak très bien exposé. Marche à peu près à toutes marées, mais meilleur à marée basse. Courants forts tout le long de cette grande plage. Rarement du monde à l'eau. Cadre préservé.

11. Ladeira

Southwest-facing, good quality beachbreak, that picks up SW or large NW swells and handles N winds. It doesn't break that often so it's rarely crowded. Always quiet.

Bon beachbreak orienté SO, qui prend la houle de SO ou du gros swell de NO et qui tient le vent de N. Ça ne casse pas souvent donc il y a rarement du monde. Endroit tranquille toute l'année.

12. La Lanzada

Average beachbreak that offers a bit of NW wind protection along its curving length. Low to mid tide best. There's also a left reef that can be crowded with a degree of localism. Fairly near the town of Sanxenxo. Can get a bit busy in summer. Easy parking and good beach facilities. Camping nearby and some other good waves at Playa de Montalbo.

Beachbreak moyen, un peu abrité du vent de NO du fait de la courbure de la plage. Meilleur de marée basse à mi-marée. Il y a aussi une gauche de reef où il peut y avoir du monde et un peu de localisme. Pas loin de la ville de Sanxenxo. Peut être assez fréquenté en été. On se gare facilement et la plage est bien équipée. On peut camper pas loin. D'autres vagues à Playa de Montalbo.

Patos

13. Patos

Good quality left and righthand reefbreak. Fairly short rides with some barrel sections. Needs large NW swell and mid to high tide to get going. SW wind OK. Near to the city of Vigo, so always crowded when on, with a degree of localism. Surf shop nearby. Some residential and stormwater pollution.

Bon reef droite/gauche. Assez court avec quelques sections à tube. Marche par gros swell de NO, de mi-marée à marée haute. Tient le vent de SO. Comme c'est à côté de Vigo il y a toujours du monde à l'eau quand c'est bon, avec un peu de localisme. Surfshop pas loin. Pollution domestique et en cas de pluies fortes.

14. Santa Maria de Oia

Excellent, challenging, lefthand reef, throwing up powerful walls with barrel sections. Needs a headhigh NW swell to start breaking, so it's only moderately consistent. Hazards include strong rips and a large rock appearing in the middle of the wave. Only crowded with experienced chargers. Picturesque, rugged stretch of coast. Virtually no beachgoers, no facilities, no parking problems.

Excellente gauche de reef massive, avec de bonnes sections à tubes. Fonctionne à partir de 2m de swell de NO, donc fréquence moyenne seulement. Courants forts et un gros rocher qui apparaît au milieu de la vague. Fréquenté uniquement par les surfers de gros expérimentés. Côte pittoresque et très découpée. Pratiquement personne sur la plage, pas d'équipements, pas de problème pour se garer.

Vigo

Andalucia

Los Caños

1. Playa de Tres Piedras

Beachbreaks that like a bit more W or even SW in the swell. Shorebreak can get hollow at higher tides. Can work on small summer windswells. Similar waves at Playa de Regla in Chipiona. Small beach community but it still attracts a fair few surfers.

Beachbreaks qui marchent mieux avec une houle orientée un peu O ou même SO. Le shorebreak peut devenir creux vers la marée haute. Peut marcher par petite houle de vent d'été. D'autres vagues similaires à Playa de Regla à Chipiona. Peu de locaux mais le spot attire quand même un petit peu de monde.

2. La Muralla

Righthand reefbreak that needs a due SW swell to get into the Bahia de Cadiz. Can be hollow and fast so not for beginners who should stick to the beachbreaks at Las Redes. Only as consistent as the SW swells and crowded when on. Poor water quality from Puerto de Santa Maria.

Droite de reef qui demande un swell vraiment SO pour rentrer dans la Bahia de Cadiz. Peut devenir creux et rapide, donc pas conseillé pour les débutants qui devront plutôt rester sur les beachbreaks de Las Redes. Dépend uniquement des swells de SO pour la fréquence, du monde quand c'est bon. Eau de mauvaise qualité à cause du Puerto de Santa Maria.

3. Santa Maria del Mar

In between two rock groynes, this beach works best on bigger swells. If El Palmar and the surrounding west-facing beaches are maxed out and the winds are howling, this is always a good option. Although not the best wave in the area, there are some whackable walls and the local surfing standard is high. Bad backwash at high tide. Crowds are dense as is the localism. Difficult pay parking. Cadiz is an amazing city with 3000 years of maritime history and an equally ancient sewer/stormwater system!

Située entre deux épis rocheux, cette plage marche mieux par gros swell. Si ça sature à El Palmar et sur les autres plages du secteur orientées O et que le vent est trop fort, il y aura toujours quelque chose à surfer ici. Bien que ce ne soit pas la meilleure vague du coin, il y a quelques sections à manœuvres et le niveau y est élevé. Backwash gênant à marée haute. Pas mal de monde au line-up et du localisme. Parking difficile et payant. Cadiz est une ville surprenante avec 3000 ans d'histoire maritime et un système d'évacuation des eaux usées et d'eau de pluie aussi ancien que la ville elle-même !

4. Playa de la Barrosa

Average beachbreaks that pick up less swell than others to the south. Consequently, the banks can line-up nicely when everywhere else is maxed out. Also works on strong E winds (Levante) due to the shelter provided by the houses and big hotel developments. Often crowded with Chiclana locals who are generally friendly. Some metered parking, urban facilities and camping nearby.

Beachbreaks moyens qui prennent moins bien la houle que ceux situés plus au S. Donc ça peut être joli quand ça sature partout ailleurs. Ça marche aussi par vent fort d'E (Levante) car c'est abrité par des maisons et de grosses constructions hôtelières. Souvent du monde, avec des locaux de Chiclana qui sont sympas en général. Quelques parkings réglementés, divers équipements et camping.

5. Playa del Puerco

Long stretch of sand between La Barrossa and Roche with cliff protection for strong E and a good option to escape the crowds. Similar to Roche with fast, tubular rides and many a close-out at lower tides. Rarely crowded, clean water and no hassles. Dirt track to clifftop between Urb Sancti Petri and Urb Roche.

Longue plage entre La Barrossa et Roche, abritée par la falaise des vents forts d'E, bonne option pour échapper à la foule. Ressemble à Roche avec des tubes rapides et beaucoup de close-out quand c'est bas. Rarement du monde, eau propre, endroit tranquille. Route en terre pour aller jusqu'à la corniche entre Urb Sancti Petri et Urb Roche.

6. Cabo Roche

Swell magnet beachbreak with challenging, hollow, speed peaks. Strong E wind protection from the cliffs. Gets crowded with locals from Chiclana but there are more peaks up the beach. Polite parking amongst the Hollywood style villas of Calle Francia.

Beachbreak qui concentre bien la houle avec des pics puissants, creux et rapides. Protégé des vents forts d'E par les falaises. Du monde (les locaux de Chiclana) mais il y a d'autres pics plus loin sur la plage. Se garer discrètement vers les résidences qui ressemblent à Hollywood de Calle Francia.

7. La Fontanilla

Swell and wind protected beach with lined-up sandbars held in place by nearby reefs. Picks up less swell than El Palmar and Cabo Roche and high tide just dumps onto the beach. A good choice when El Palmar is blowing strong E or is maxed out. Rarely crowded for one of Conil's town beaches. Follow signs for Playa de la Fontanilla – the beach is to the left of the big rocks.

Plage abritée du vent et de la houle avec des bancs de sable bien formés et maintenus en place par les reefs aux alentours. Prend moins bien la houle qu'El Palmar et Cabo Roche. Ça casse directement sur le sable à marée haute. Bonne option quand El Palmar est trop venté par vent d'E ou sature. Rarement du monde pour une plage située directement dans la ville de Conil. Suivre la direction Playa de la Fontanilla, la plage est situé à gauche des gros rochers.

8. Castilnovo

Part of the very long beach stretching from Conil to El Palmar with excellent peaks on a good clean swell. Open beach so beware of rips and longshore drift. Absolutely no crowds as the access is a bit of a long walk from the Torre de Castilnovo. Virgin environment but there are proposals for a hotel at the El Palmar end.

Fait partie d'une très longue plage qui s'étend de Conil à El Palmar avec d'excellents pics par bonne houle rangée. C'est une plage exposée donc attention aux courants de baïnes et au courant parallèle à la côte. Vraiment personne vu que l'accès se fait par Torre de Castilnovo qui est à une bonne distance à pied. Endroit préservé mais il y a des projets de construction d'un hôtel au bout de la plage côté El Palmar.

9. El Palmar

Top class peaks over epic sandbars anchored by underlying rock strata and sculpted by rip currents. Plenty of space for all abilities but it suffers in strong E winds and high tides. Highly consistent and the crowds get spread out. Surf shop, surf school and camping nearby.

Pics d'excellente qualité cassant sur des bancs bien sculptés par les courants de baïnes et maintenus en place par des strates de rochers sous le sable. De la place pour tous quelque soit le niveau mais moins bon par fort vent d'E ou à marée haute. Marche très souvent et le monde est bien étalé sur les différents pics. Ecole de surf, surfshop, et camping dans les environs.

10. Faro Right

Tucked inside the bay of Los Caños is a long, right point breaking beside a ledge just below the Trafalgar Lighthouse. The wave gets more critical closer to the ledge but is generally an easy shoulder that favours longboards. There's a variety of different sections so expect a long paddle on the big days (or jump off the rocks) and clean up sets! Often crowded, inconsistent and urchins line the point. It's also a common landing site for illegal Immigrants and hash smugglers.

Cabo Trafalgar

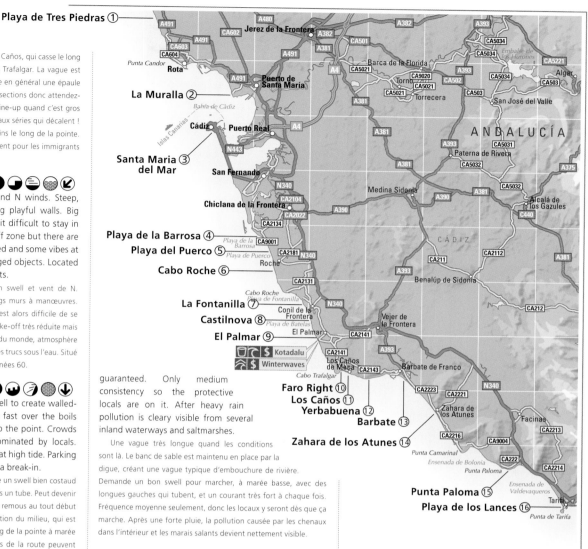

Playa de Tres Piedras ①

La Muralla ②

Santa Maria ③
del Mar

Playa de la Barrosa ④
Playa del Puerco ⑤
Cabo Roche ⑥
La Fontanilla ⑦
Castilnova ⑧
El Palmar ⑨

$ Kotadalu
$ Winterwaves

Faro Right ⑩
Los Caños ⑪
Yerbabuena ⑫
Barbate ⑬
Zahara de los Atunes ⑭

Punta Paloma ⑮
Playa de los Lances ⑯

Longue droite nichée dans la baie de Los Caños, qui casse le long d'une dalle de rocher au pied du phare de Trafalgar. La vague est assez chaude près de la dalle mais elle offre en général une épaule facile adaptée au longboard. Il y a plein de sections donc attendez-vous à une longue rame pour rejoindre le line-up quand c'est gros (ou sautez depuis les rochers), et attention aux séries qui décalent ! Souvent du monde, peu fréquent, des oursins le long de la pointe. C'est aussi un endroit connu de débarquement pour les immigrants illégaux et les trafiquants de hashisch.

11. Los Caños

A classic lefthander in solid swells and N winds. Steep, barreling take-off wrapping into long playful walls. Big swells can close out the bay, making it difficult to stay in position on the left. Very tight take-off zone but there are other waves in the bay. Always crowded and some vibes at the peak. Beware urchins and submerged objects. Located in front of '60s style holiday apartments.

Gauche de très bonne qualité par bon swell et vent de N. Take-off vertical avec des tubes et des longs murs à manœuvres. Ça peut fermer la baie par gros swell et c'est alors difficile de se maintenir en place vers la gauche. Zone de take-off très réduite mais il y a d'autres vagues dans la baie. Toujours du monde, atmosphère parfois tendue. Attention aux oursins et autres trucs sous l'eau. Situé en face d'appartements de vacances style années 60.

12. Yerbabuena

Sectiony pointbreak needing beefy swell to create walled-up rights with the odd tube. Can be fast over the boils on the most critical section furthest up the point. Crowds congregate at the middle section dominated by locals. Strong currents sweep down the point at high tide. Parking in the forest beside the road is inviting a break-in.

Pointbreak avec des sections qui demande un swell bien costaud pour produire des droites tendues avec parfois un tube. Peut devenir rapide sur la section la plus critique avec des remous au tout début de la pointe. Il y a plus de monde sur la section du milieu, qui est dominée par les locaux. Courants forts le long de la pointe à marée haute. Les voitures garées dans la forêt près de la route peuvent tenter les voleurs.

13. Rio Barbate

An immense wave with the correct conditions. The sandbar is set into place by the seawall creating a classic lefthand rivermouth wave. Needs a solid swell and low tide to produce long, barrelling lefts with heavy currents

guaranteed. Only medium consistency so the protective locals are on it. After heavy rain pollution is cleary visible from several inland waterways and saltmarshes.

Une vague très longue quand les conditions sont là. Le banc de sable est maintenu en place par la digue, créant une vague typique d'embouchure de rivière. Demande un bon swell pour marcher, à marée basse, avec des longues gauches qui tubent, et un courant très fort à chaque fois. Fréquence moyenne seulement, donc les locaux y seront dès que ça marche. Après une forte pluie, la pollution causée par les chenaux dans l'intérieur et les marais salants devient nettement visible.

14. Zahara de los Atunes

Miles of empty beachbreak accessed at Playa de Zahara. Picks up far less swell than the Conil stretch. Military bases prevent access to the north.

Des kilomètres de beachbreaks déserts accessibles depuis Playa de Zahara. Prend beaucoup moins bien la houle que la côte de Conil. Une zone militaire empêche l'accès au N.

15. Punta Paloma

A long, peeling righthand point that goes off when everywhere else is huge and blown out. Performance walls and the odd cover-up, especially at low tide. When it's on there are always a few other spots that work so crowding is not a problem. Park in pine forest near military base – ten min walk to point.

Longue droite qui déroule le long d'une pointe et qui marche super bien quand ça sature partout ailleurs avec trop de vent. Vague à manœuvres avec parfois des tubes, surtout à marée basse. Quand ça marche il y a toujours quelques spots ailleurs qui fonctionnent donc pas de problème de monde à l'eau. Se garer dans la pinède à côté de la base militaire et marcher 10mn.

16. Playa de los Lances

The town beach of Tarifa (Los Lances) is tucked away behind the wall joining up Isla de Tarifa to the mainland. Great waves on a very strong groundswell with strong E winds. Low consistency and all the kite and windsurfers can add to the aggressive local crowds. Metered parking and all facilities.

La plage de la ville de Tarifa (Los Lances) est cachée derrière le mur qui rejoint Isla de Tarifa au continent. Super vagues par très grosse houle longue et vent fort d'E. Peu fréquent, en plus tous les kites et windsurfers peuvent venir augmenter le nombre de surfers locaux assez tendus. Parking réglementé, on trouve tout en ville.

El Palmar

JUAN FERNANDEZ

Portugal

Sitting on the western edge of the continent, Portugal
has always been a little bit different. Steeped in
seafaring traditions, it has historically been the
stepping stone for epic exploration. Following these
legendary voyagers, the local surfing population has
long been discovering new watery gold along the
entire Portuguese coast. Its wealth lies in the variety,
power and consistency of cool-water waves that strike
the gnarled, rocky reefs and explosive sandbanks.
Considering the year-round reliability, quality of the
set-ups and sun that just won't quit, it's little wonder
that for many surf travellers, Portugal leaves the
fondest of European memories.

Situé à l'extrême ouest du continent, le Portugal a
toujours occupé une place à part. Tourné vers la mer par
tradition, il a été au cours de l'Histoire le point de départ
de voyages épiques pour explorer le monde. Dans le
sillage de ces aventuriers de légende, les surfers du pays
ont depuis longtemps découvert les trésors liquides de la
côte portugaise: une eau tempérée et des vagues variées,
puissantes et régulières, qui viennent casser sur de solides
reefs et des bancs de sable compacts. Vu la fréquence
des swells toute l'année, la qualité des spots et le soleil
omniprésent, ce n'est pas un hasard si beaucoup de surfers
en voyage en Europe vous diront que c'est au Portugal qu'ils
ont eu leurs meilleurs souvenirs.

**Exploring a new view of the Atlantic
through the Coxos backdoor.**

RICARDO BRAVO

The Surf

Portugal is a small country, yet the extensive, sandy 1793km coastline belies its size. Unlike other European surf countries, the narrow continental shelf means Portugal receives unadulterated swells that break with power and speed on the multitude of beaches and reefs. The main diet of W-NW swells pump in from autumn to spring, plus any summer windswells and weak groundswells are far more likely to show up in Portugal, making it a truly perennial destination.

Le Portugal est certes un petit pays, mais ceci est compensé par ses 1793km de côtes sablonneuses. Contrairement aux autres pays en Europe, le plateau continental étroit permet à la houle de rentrer sans être freinée sur les nombreux reefs et beachbreaks. Le régime dominant de houles d'O-NO est constant de l'automne au printemps, et le Portugal a beaucoup plus de chances de recevoir les houles de vent d'été et les petites houles du large, ce qui en fait vraiment une bonne destination toute au long de l'année.

Northern Portugal

The northern provinces of **Minho and Douro** have largely skipped the attention of visiting surfers, despite having a trove of surf and cultural resources. This super-consistent stretch of coast grabs the maximum from any swell direction and provides a wide range of wave breaking surfaces from gentle beaches and rivermouths to sheer slab reefs. Minho province shares many characteristics with its northern Spanish neighbour, Galicia, meaning lots of hills, lots of greenery and lots and lots of rain. Porto is the capital of Douro province, where it isn't quite as wet, but the bleak industrial landscape combines with the weather to help deter visiting

surfers. However it's the pollution around Porto that might be the biggest turn off in north Portugal. It gets so dirty that the local authorities sometimes put a ban on people entering the sea at all! The best time for a surf trip around here is late *spring through to autumn*. The north winds that plague much of the country don't seem to be as bad here.

While the **Beira Littoral** coast gives the impression that this stretch is one of featureless wind and swell-exposed beachbreak, there is more than initially meets the eye. Figueira da Foz and Nazaré are both high-class wave venues – in fact Nazaré is fast gaining a reputation as one of the finest beachbreaks on the continent and further wave highlights can be found close to the pinstripe candy town of Costa Nova. Away from these three towns the waves are almost totally deserted and kilometres of open beachbreak are mixed up with a scattering of headlands and the occasional forgotten reef. With this coast's swell exposure it can be a good bet in calm *summer* periods, but on the flip side the sea breezes seem to be particularly nasty around here. Winter is a whole different ball game with giant swells maxing out all but a few spots.

Les provinces du Nord de **Minho et Douro** ont été vraiment laissées de côté par les surfers de passage, malgré leurs richesses au point de vue surf et culture. Cette côte très exposée tire le maximum de la houle quelle que soit sa direction et offre une grande variété de spots, du gentil beachbreak à l'embouchure de rivière jusqu'aux reefs les plus méchants. La province de Minho a de nombreuses ressemblances avec sa voisine de l'Espagne du Nord la Galice : beaucoup de collines, de verdure... et vraiment beaucoup de pluie. Porto est la capitale de la province du Douro, où c'est quand même moins humide, mais où le paysage industriel sinistre et le temps en découragent plus d'un. Pourtant c'est la pollution autour de Porto qui est la plus rebutante dans le N du Portugal. L'eau est si polluée parfois que les autorités locales empêchent carrément les gens de se mettre à l'eau ! La meilleure époque pour un surftrip est *du printemps à l'automne*. Les vents du N qui sont une plaie dans la plupart du pays semblent moins gênants ici.

Bien que le **Beira Littoral** donne l'impression d'une côte exposée au vent et à la houle sans aucune particularité, il ne faut pas s'y tromper: Figueira da Foz et Nazaré sont deux spots de grande qualité (en fait Nazaré est maintenant considéré comme l'un des

Nazaré

RICARDO BRAVO

		Minho and Douro 124	Viana do Castelo
Beira Litoral 126		Porto	
Peniche 128		Figueira da Foz	PORTUGAL
Ericeira 130	Peniche		SPAIN
Lisbon 132	Ericeira	Lisboa	
Alentejo & Northern Algarve 134		Sines	
Southern Algarve 136		Sagres	Faro

Northern Portugal						
SURF STATISTICS	J/F	M/A	M/J	J/A	S/O	N/D
Dominant swell	SW-NW	SW-NW	NW-NW	NW-NE	SW-NW	SW-NW
Swell size (ft)	6-7	5-6	4	3-3	5	6
Consistency (%)	70	70	60	50	80	70
Dominant wind	SW-NW	SW-NW	NW-NE	NW-NE	NW-NE	SW-NW
Average force	F4-F5	F4-F5	F4	F3-F4	F4	F4-F5
Consistency (%)	69	76	58	62	46	72
Water temp.(°C)	12	13	15	18	17	14
Wetsuit	🧍	🧍	🧍	🧍	🧍	🧍

Top – **Nazaré** is fast gaining a reputation as a European heavyweight beachbreak, along the windblown Beira Litoral coastline of Northern Portugal.

Bottom – **Ribera d'Ilhas** is a super-consistent right that spreads the crowd along its considerable length. It's also a perennial contest site.

Ribiera d'Ilhas

RICARDO BRAVO

Supertubos

RICARDO BRAVO

Top – **Famous Peniche barrel machine with a reputation for close-outs and a foul stench on the offshore wind from the sardine factory. Hopefully this guy is waving, not drowning!**

Bottom – **Lisbon city beachbreak that's always top to bottom and often rail to rail.**

meilleurs beachbreaks du continent et il y a d'autres vagues de grande qualité près de Costa Nova). En s'éloignant de ces trois villes, les vagues sont à peu près désertes avec des kilomètres de beachbreaks ponctués de pointes et de quelques reefs isolés. Avec une forte exposition à la houle, cette côte est à surfer pendant les périodes de calme en été, mais attention à la brise de mer et qui peut être assez forte ici. L'hiver est totalement différent, avec des houles énormes qui saturent la plupart des spots.

Central Portugal

The little fishing town of **Peniche** is not the prettiest spot on the Portuguese coast, but it's probably the most renowned surfing area in the country. Originally an island, Peniche became one with the mainland due to the silting up of the shallow channel that divided it from the rest of the country. Today that short and narrow spit of land contains an obscene amount of wave variety that can provide the goods in almost any conditions. Most famous is Supertubos, regarded by many as one of Europe's best beachbreaks, but there are plenty of other barrels to pull into around Peniche. A *year-round* destination Peniche has swell exposure on the north side of the town and shelter on the south. The town also sits at the dividing point between the cooler and wetter north and the dry, sunny south meaning that summers are long but tempered by cool sea breezes and the winters mild though occasionally stormy.

Ericeira is the Mecca of Portuguese surf and like Peniche, it offers a truly staggering variety of waves, crammed into just a few kilometres of coast. There's something to suit every standard but unlike Peniche, most of these waves are rock bottomed and there is little wind or swell shelter. Coxos is the best-known wave, a long, hollow world-class right, but sitting proudly next to it in the quality stakes are the barrels of Pedra Branca and Reef. Such high-class waves attract crowds and with Lisbon only a short drive away there is no shortage of surfers wanting a piece of Ericeira action. This lively and attractive town is a *year-round* surf destination with the beachbreaks to the south of town being the best bet in the small summer season and the reefs and points the main event for the remainder of the year.

Travelling surfers tend to skip the **Lisbon** surf zone when faced with the big city hassles of crowded waves, polluted waters, expensive living and traffic nightmares but don't realise what they are missing out on. Lisbon is one of those rare gems – a cultural mishmash of art, history, peoples and lifestyles that just happens to sit smack in the middle of a classic wave zone. It really doesn't matter whether it's 2ft or 20ft, somewhere in the Lisbon area will have a wave worth riding. The west coast and the Costa Caparica offers consistent beachbreaks and, if you know where to look, even a bit of peace and quiet. The Estoril coast offers shelter from booming NW swells and winds, on some reefs, points and beaches that can get epic. Lisbon is a superb *year-round* surf zone, the winters stay delightfully mild and the summers never get too hot. Wave wise it sucks up swells from the south right around to the northwest.

Le petit port de pêche de **Peniche** n'est peut-être pas l'endroit le plus joli de la côte, mais c'est sûrement l'endroit le plus connu pour le surf au Portugal. C'était une île à l'origine, que l'on a reliée à la terre en comblant le chenal étroit qui la séparait du continent. Aujourd'hui cette petite presqu'île regorge de spots, qui peuvent marcher dans presque toutes les conditions. Le plus connu est Supertubes, considéré par beaucoup comme l'un des meilleurs beachbreaks en Europe, mais il y a également plein d'autres tubes à prendre dans les environs. Peniche marche *toute l'année*, avec le côté N exposé à la houle et le côté S abrité. La ville est située à la limite entre le Nord froid et humide et le Sud plus sec et ensoleillé, ce qui donne des étés longs mais tempérés par les brises de l'océan, et des hivers doux malgré quelques tempêtes.

Ericeira est la Mecque du surf au Portugal, et comme à Peniche, on y trouve une variété incroyable de spots, concentrés sur quelques kilomètres seulement. Il y en a pour tous les niveaux mais contrairement à Peniche, la plupart des fonds sont rocheux et il y a peu de protection contre le vent ou la houle. Coxos est la vague la plus connue, une longue droite creuse de classe internationale, mais au niveau qualité les tubes de Pedra Branca et de Reef se situent dans le même registre. Ces spots attirent beaucoup de surfers et avec Lisbonne pas loin, les places sont chères au line-up du côté d'Ericeira. Cette ville animée et attirante

Central Portugal						
SURF STATISTICS	J/F	M/A	M/J	J/A	S/O	N/D
Dominant swell	SW-NW	SW-NW	W-NW	W-NW	SW-NW	SW-NW
Swell size (ft)	6-7	6	4-5	3	5	6
Consistency (%)	60	60	60	50	80	70
Dominant wind	W-E	W-N	W-N	NW-N	W-N	W-E
Average force	F4	F4	F3-F4	F3-F4	F3-F4	F4
Consistency (%)	71	54	65	55	51	73
Water temp.(°C)	13	14	16	18	17	15
Wetsuit	🏄	🏄	🏄	🏄	🏄	🏄

Carcavelos

RICARDO BRAVO

Vila Nova de Milfontes

RICARDO BRAVO

Southern Portugal

The **Alentejo** (& north Algarve) remains relatively undeveloped, where vast, empty acres scattered with olive and cork trees overlook hidden sandy coves with a perfect peak beneath unfaltering blue skies. It's possible to spend days drifting down the dusty lanes, camping out on the beaches and getting to ride an extraordinary variety of waves. The northern half is an unexciting sandy strip of shoredump but after industrial Sines the coves, bays and reefs start and though the swells have lost some size compared to the north of Portugal they have an order that's often missing up there. A *year-round* destination, but at its best from autumn through to spring.

The **Algarve** has been every foreigner's favourite slice of Portugal for decades now and surfers are no exception. It might lack some of the wave quality of Peniche and Ericeira but the laid-back country vibe more than makes up for that, attracting ever-increasing numbers of foreign surfers escaping from the icy winters of northern Europe. Being on the corner of the Iberian Peninsula means the Algarve has the widest swell window in the country and regular offshores on the south coast. SE windswells can get these usually flat beaches pumping, while big winter nor'westers will wrap into the coves beyond Sagres. The Algarve is a *year-round* destination but autumn through to spring is really the peak period because the summer can be stinking hot with long flat spells. Winter can still be warm enough for t-shirts and the water is the warmest in Portugal.

L'Alentejo (et le N de l'Algarve) reste relativement moins développé, avec de grandes étendues vides parsemées d'oliviers et de chênes liège qui surplombent des criques de sable isolées, où peut dérouler un pic parfait sous un ciel bleu immaculé. On pourrait y passer des journées entières en se laissant aller le long des pistes poussiéreuses, en campant sur les plages pour y surfer une variété incroyable de vagues. La moitié N est une longue bande côtière de sable plutôt inintéressante, mais après la ville industrielle de Sines on retrouve des baies, des criques et des reefs, et bien que la houle ici ait perdu un peu en taille par rapport au Nord, elle est plus rangée, ce qui manque souvent là-

Southern Portugal						
SURF STATISTICS	J/F	M/A	M/J	J/A	S/O	N/D
Dominant swell	W-NW	W-NW	SE	SE	W-NW	W-NW
Swell size (ft)	5	4-5	2-3	1-2	3-4	4-5
Consistency (%)	80	70	50	40	60	70
Dominant wind	W-E	W-N	W-N	W-N	W-N	W-E
Average force	F4	F4	F4	F3	F3	F4
Consistency (%)	70	54	65	67	51	72
Water temp.(°C)	15	16	18	21	19	17
Wetsuit						

Left – **The northern Alentejo coastline suffers from steep shoredump syndrome, but things improve past Sines, and the quiet beaches down dusty tracks provide some nice surprises.**

Right – **The Algarve is peppered with reefs facing west and south making it a very flexible destination. The huge growth of surf camps and schools in the area mean former secret spots like this are now fairly mainstream.**

est une destination surf *toute l'année*, avec les beachbreaks au S l'été quand c'est petit, et les reefs et pointbreaks le reste de l'année.

Les surfers en trip ont tendance à zapper la zone de **Lisbonne**, une grande ville avec du monde sur les spots, l'eau polluée, des prix élevés et des bouchons interminables, mais ils ne savent pas ce qu'ils perdent au change. Lisbonne est l'un de ces endroits exceptionnels (un mélange de cultures, d'art, d'histoire, de gens et de styles de vie différents) qui s'avère être au beau milieu d'une super zone de surf. Qu'il y ait 2 pieds ou 20 pieds, il y aura toujours une vague à surfer à Lisbonne. La côte O et la Costa Caparica offrent des beachbreaks qui marchent souvent, avec en plus un peu de tranquillité si vous savez bien regarder. La côte d'Estoril est protégée des swells massifs et vents de NO sur certains reefs, pointes et beachbreaks, qui peuvent devenir parfaits. Lisbonne est une très belle région pour le surf *tout au long de l'année*, les hivers restent délicieusement doux et les étés ne deviennent jamais trop chauds. Question houle, toutes les directions rentrent bien ici, depuis le S jusqu'au NO.

Surf Culture

History

The first surf explorers began their arrival in Portugal back in the '50s, although the first person to ride a Portuguese wave on a surfboard is unknown. The first Portuguese surfers were Olympic pentathlete António Jonet and the sailor Pedro Martins de Lima. Jonet returned from Hawaii in 1953 with a big old koa wood board and hit the waves of the Costa Caparica, just outside Lisbon, but by day two he'd accidentally smashed into a woman with his board and broken both her leg and the board. After that he never surfed again. There was little development through the '60s, with only a handful of locals and the occasional passing foreigner taking up the Portuguese wave challenge. During this period there were no boards or other equipment available in Portugal and everything had to be begged off visiting foreign surfers. However, things were stirring in the rest of Europe, and the tentacles of surf culture were arriving with the first, truly exploratory surfaris through France, Spain and, finally, into Portugal. Despite a few tales of epic Portuguese waves leaking back to the masses waiting in Cornwall and France, it wasn't really until *Surfer* magazine published a story on Portugal in 1976 that was accompanied by shots of giant waves at Guincho that foreign surfers really began to arrive in any number. They found a core of a dozen locals including Nuno Jonet and travellers like Aussie Bruce Palmer, who shaped in Wales and contributed vastly to local board-building knowledge.

By the time of Portugal's first surf contest, in 1977 at Ribeira d'Ilhas, Ericeira, Portuguese surfing was well established, with competitors arriving from Aveiro, Porto, Figueira da Foz and Lisbon. Organised (and won) by João Rocha, Nuno Jonet and Alberto Pais, they recouped the costs with Coca-Cola sponsorship and the town of Ericeira actually threw the after comp party. The second contest, held at Peniche, attracted an international crowd like Al Hunt (ASP director) and was won by Bruce Palmer. Pretty soon Portugal became a standard stop for EPSA (European Professional Surfing Association), WQS (World Qualifying Series), ETB (European Tour of Bodyboarding), IBA

(Bodyboarding World Tour) and, most prestigiously of all, for several years Portugal even hosted a WCT (World Championship Tour) event at Figueira da Foz. This was an interesting contest as it was the only world tour event not sponsored by one of the multinational surf corporations and instead was funded entirely by small local businesses. Unfortunately the event was plagued with bad surf almost every year and then received the final nail in its coffin when, in the aftermath of September 11th, just days before the event was scheduled to run, (and with the sponsoring companies having already forked out most of the huge amount of cash it costs to run a WCT event), the ASP dropped the event, along with the rest of the European leg of the tour.

Les premiers à explorer le surf au Portugal arrivèrent dans les années 60, bien qu'on ne sache pas exactement qui fut la première personne qui ait surfé une vague ici. Les premiers surfers furent António Jonet, un athlète olympique de pentathlon, et Pedro Martins de Lima, un navigateur. Jonet revenait d'Hawaii en 1953 avec une vieille planche énorme en bois de koa, et surfa à Costa Caparica, juste en dehors de Lisbonne, mais dès le 2e jour il percuta accidentellement une baigneuse, lui cassant la jambe, et la planche en même temps. Il ne remit plus les pieds à l'eau après ça. Le surf ne se développa pas beaucoup dans les années 60, avec seulement une poignée de locaux et de temps en temps, des surfers étrangers qui venaient s'attaquer aux vagues portugaises. A cette époque, il n'y avait pas de matériel sur place et il fallait essayer d'en obtenir auprès des surfers de passage. Mais ça commençait à bouger dans le reste de l'Europe, et la culture surf naissante préparait son invasion avec les premiers véritables surfaris pour explorer la côte depuis la France, l'Espagne, et enfin le Portugal. Malgré les échos de quelques sessions épiques filtrant jusqu'aux oreilles des surfers en France et en Cornouailles, il fallut attendre 1976 pour que *Surfer* magazine publie un reportage-photo sur des vagues géantes à Guincho, et que les surfers étrangers se mettent vraiment à venir ici. Ils trouvèrent sur place un groupe de locaux comme Nuno Jonet et des habitués comme le shaper Australien Bruce Palmer, qui avec son atelier au pays de Galles a appris le métier à beaucoup de shapers locaux.

Lorsque la première compétition eu lieu en 1977 à Ribeira D'Ilhas, près d'Ericeira, le surf au Portugal était déjà bien développé, avec des compétiteurs arrivant d'Aveiro, Porto, Figueira da Foz et Lisbonne. Organisé (et gagné) par João Rocha, Nuno Jonet et Alberto Pais, ceux-ci réussirent à faire sponsoriser l'événement par Coca-Cola et la municipalité d'Ericeira paya même la fête après la compet. La seconde compétition, organisée à Peniche, attira une foule internationale dont Al Hunt (directeur ASP), et fut gagnée par Bruce Palmer. Bientôt le Portugal devint un stop régulier pour l'EPSA (European Professional Surfing Association), le WQS (World Qualifying Series), l'ETB (European Tour of Bodyboarding), l'IBA (Bodyboarding World Tour) et, de façon encore plus prestigieuse, une épreuve WCT (World Championship Tour) pendant plusieurs années. C'était une compet particulière dans la mesure où c'était la seule qui ne soit pas sponsorisée par une multinationale du surf business, mais par des petites marques locales. Malheureusement les organisateurs n'ont jamais eu de chances avec les conditions et pour couronner le tout, l'ASP décida d'annuler la compet et le tour WCT en Europe suite aux événements du 11 septembre. La décision fut prise la veille de la compet, alors que les sponsors avaient déjà engagé la majorité des énormes sommes d'argent nécessaires à ce genre d'événement.

Today

Away from the contest scene, the Portuguese surf industry began to emerge in the late '70s. The first commercially available boards were Lipsticks, shaped by Nick Urrichio and António Perira Caldas. When Nick left Lipstick behind he teamed up with Miguel Katzenstein and formed what is today the biggest board company in Portugal, Semente Surfboards. With the increasing ease at which surf products could be found in Portugal, the lifestyle and industry exploded in popularity. Today Portugal is a major market for all of the international surf brands and also supports a healthy home grown industry that includes many board shapers, wetsuit manufacturers, clothing companies and bodyboard related businesses. Today there are an estimated 60,000 waveriders in Portugal and with a population of only 10 million makes it one of the biggest European surf countries per capita. Portuguese surf media is also flourishing with numerous websites and a couple of magazines, led by the long running *Surf Portugal* and, for the huge bodyboard community, *Vert* magazine.

haut. Une bonne destination *toute l'année*, mais meilleure de l'automne au printemps. **L'Algarve** est la partie préféré du Portugal pour les étrangers depuis des dizaines d'années maintenant, et les surfers ne font pas exception à la règle. La qualité des vagues y est sans doute moindre qu'à Peniche ou Ericeira, mais ceci est largement compensé par une ambiance détendue, attirant de plus en plus de surfers qui fuient l'hiver glacial du N de l'Europe. En étant à l'extrémité de la Péninsule Ibérique, l'Algarve

possède la fenêtre de houle la plus large du pays et les vents offshore sont réguliers sur la côte S. Les vents de SE peuvent créer des bonnes vagues sur des plages normalement flat, tandis que les vents forts d'hiver de NO vont venir s'enrouler autour des criques après Sagres. L'Algarve se surfe *toute l'année,* la meilleure période étant de l'automne au printemps, car l'été peut être caniculaire avec des longues périodes de flat. On peut y être en T-shirt en hiver, et l'eau est la plus chaude du Portugal.

WILLY URIBE

Respected Portuguese chargers include guys like Miguel Fortes and Tiago Pires, who *Surfer* magazine once rated as one of the top three up and coming surfers in the world. It's in the bodyboard world that Portugal really shines though – the country seems obsessed with sponging and Gonçalo Fario and Dora Gomes often give the world's best a run for their money in their respective men's and women's world tour contests. Portuguese surfing receives more mainstream coverage than in many other European countries and it's not unknown for the President to even present the prizes at the top contests. Portuguese surfing is in a healthy and lively state and though Portuguese surfers don't travel as much as the Brits and French they are a formidable and valuable player in the European surf scene. Localism in Portugal seems to have calmed down as crowds increase and homogenise the line-ups. There are still a few hot spots but notorious towns like Sagres are no longer the scene for violent clashes. This is mainly due to the explosion in local and visiting surfers numbers, who have dramatically changed the Algarve surf scene. It's no longer the unexplored surf paradise it was portrayed as just a few years ago and crowds

at the most popular beaches can be shocking. On the whole the locals have accepted this annual invasion with a smile and everyone continues to enjoy the beauty and waves of the region that the Romans believed was the end of the world.

Les compétitions mises à part, l'industrie du surf portugaise commença à émerger à la fin des années 70. Les premières planches disponibles à l'achat étaient des Lipsticks, shapées par Nick Urrichio et António Perira Caldas. Quand Nick quitta Lipstick il fit équipe avec Miguel Katzenstein et monta ce qui est aujourd'hui la plus grande marque de planches au Portugal, Semente Surfboards. Le matériel devenant de plus en plus facile à trouver, le style de vie surf et les affaires montèrent en flèche. De nos jours le Portugal représente une grande part de marché pour les marques internationales et soutient une industrie locale dynamique avec de nombreux shapers, des fabriques de combinaisons et de vêtements ou encore des marques liées au bodyboard. Aujourd'hui on estime qu'il y a 60 000 surfers ou assimilés au Portugal sur seulement 10 millions d'habitants, ce qui en fait un des pays où il y a le plus de surfers par habitant en Europe. Les médias portugais se portent également bien avec de nombreux sites internet

NICOLAS FOITU

Middle – **Local sentiment is often paraded but violence is rare. Graffiti in Ericiera.**

et quelques magazines, en tête *Surf Portugal* créé il y a longtemps, et *Vert* magazine pour l'importante communauté des bodyboarders. On trouve parmi les portugais des chargeurs respectés comme Miguel Fortes et Tiago Pires, que magazine a classé une fois dans les 3 meilleurs espoirs mondiaux. Mais c'est en bodyboard que le Portugal brille particulièrement ; le pays semble maniaque de la biscotte et Gonçalo Fario et Dora Gomes donnent souvent du fil à retordre aux meilleurs mondiaux sur le tour masculin et féminin. Le surf portugais est mieux suivi par les médias que dans bien d'autres pays européens, et il arrive parfois au Président de remettre les trophées lors des grandes compétitions. Le surf se porte bien ici, et même si les portugais ne voyagent pas autant que les Anglais ou les Français, ce sont des acteurs majeurs de la scène surf en Europe.

Le localisme semble s'être calmé et dilué avec le monde croissant à l'eau. Il reste toujours des coins un peu chauds, mais on ne voit plus trop de scènes de violence comme dans le temps à Sagres. Ceci s'explique surtout par l'explosion du nombre de locaux et de surfers en trip, qui ont complètement changé l'attitude des surfers en Algarve. Ce n'est plus le petit paradis vierge comme on le disait seulement il y a quelques années, et le monde à l'eau peut être choquant. Dans l'ensemble les locaux ont fini par accepter cette invasion annuelle avec le sourire, et tout le monde continue à apprécier la beauté des vagues, dans une région que les Romains croyaient être la fin du monde.

Crowd pressure – Praia do Baleal

RICARDO BRAVO

The Ocean Environment

Pollution

Despite Portugal's small size, the country spans a number of climatic and geographical regions, yet all these zones suffer from some kind of environmental problem such as soil erosion, air pollution caused by industrial and vehicle emissions plus major water pollution, especially in coastal areas. Blackspots occur at the rivermouths of the two biggest cities, so the beaches around Lisbon, where poor sewage disposal is combined with industrial waste coming down the Tagus, means a session at certain surf spots carries a potential health risk. Another big problem area is around Sines in the Alentejo, where a series of giant petrol refineries pollute not just the scenery but also the waves.

However these two examples appear positively clean compared to the area around Porto. The mouth of the Douro River and the beaches a good way to the north and south are classed as one of the most polluted places in Europe and surfing should be avoided anywhere between Espinho and Vila do Conde. It can get so bad that the local government actually forbids swimming and surfing and several outbreaks of hepatitis have been attributed to the water in Porto. In 1995 only 25% of Portugal's sewage was treated, while the rest flowed directly into its rivers and the sea. Porto now treats 50% of its wastewater through two new treatment plants. EU grants have helped to fund water treatment facilities around Lisbon, but the scramble for tourist development along the Portuguese coast has left many regional systems unable to cope with high-season capacity.

Portuguese coastal waters are better stocked than most around Europe, but blatant over-fishing and the dumping of waste at sea have been taking their toll on fish stocks. The fishing industry is also responsible for all those crates, plastic floats and bottles, rubber gloves, ropes and broken nets that litter the beach after a decent storm. The *Prestige* oil tanker is still sat out there and thanks to the regular N winds, Portugal is in the direct firing line if leaks begin again.

Quercus, the Associação Nacional de Conservação da Natureza, www.quercus.pt, is the leading general environmental action group and the Surfrider Foundation has a Portuguese branch supposedly based in Viana do Castelo.

Poça
RICARDO BRAVO

Malgré sa taille réduite, le Portugal possède une grande diversité de régions climatiques et géographiques, mais elles souffrent toutes de problèmes liés à l'environnement, comme l'érosion des sols et de l'air à cause des transports et des rejets industriels, ainsi que d'une pollution importante de l'eau surtout dans les régions côtières. Les points noirs sont situés près des deux plus grosses villes, près de Lisbonne il peut y avoir des risques pour la santé à surfer sur certaines plages, à cause du faible taux de retraitement des eaux usées et des rejets industriels dans le Tage (problème détaillé plus loin). Un autre gros problème concerne la région autour de Sines et l'Alentejo, où une succession de raffineries pétrolières géantes gâchent non seulement le paysage mais polluent aussi les vagues.

Mais ces deux endroits paraissent relativement propres comparé à la région de Porto. L'embouchure du Douro et les plages situées de part et d'autre à une bonne distance au N ou au S sont classées parmi les endroits les plus pollués en Europe, il faut donc éviter de surfer dans la zone entre Espinho et Vila do Conde. Ça peut devenir si grave que les autorités interdisent la baignade et le surf ; plusieurs cas d'hépatite ont été attribués à la qualité de l'eau à Porto. En 1995, seul un quart des eaux usées était traité au Portugal, le reste partant directement dans les rivières et la mer. Porto retraite maintenant 50% de ses effluents grâce à deux nouvelles stations d'épuration. Les subventions de l'UE ont aidé à financer des équipements de retraitement autour de Lisbonne, mais la frénésie de développement touristique le long de la côte portugaise a mis beaucoup de régions face à des problèmes de sous-capacité en haute saison.

Les eaux portugaises sont plus poissonneuses qu'ailleurs en Europe, mais la surpêche flagrante et les rejets de déchets en mer ont sensiblement fait diminuer les stocks de

Coxos
RICARDO BRAVO

Top – **Lisbon's beaches have suffered from heavy pollution for decades. Things are slowly improving with new treatment plants but Portugal still only treats 50% of its waste water.**

Bottom – **Coxos showing signs of the drought normally associated with the southern regions.**

poissons. L'industrie de la pêche est aussi à l'origine de toutes ces caisses, flotteurs, bouteilles en plastique, gants en caoutchouc, cordes et bouts de filets qu'on trouve sur les plages après les tempêtes. Le pétrolier Prestige est toujours au fond quelque part et avec les vents dominants de N, le Portugal est en ligne de mire directe lorsque la prochaine fuite apparaîtra.

Quercus, l'Associação Nacional de Conservação da Natureza est le principal groupe de défense de l'environnement et Surfrider Foundation a une antenne portugaise normalement basée à Viana do Castelo.

Erosion

Of Portugal's 1187kms of coastline, a 2001 report found 338kms of coast were actually eroding. Coastal armouring, in the form of harbour breakwalls, seawalls and jetties accounted for 72kms of "artificially protected coastline" yet it was found that "eroding coastline in spite of protection" equalled 61kms. This is further evidence that coastal armouring is ineffectual, although it often benefits surfers, such as the jetty breaks of Caparica and Figueira da Foz. Portugal's flora and fauna have been in rapid decline and The Peneda-Gerês national park in north Portugal protects the once ubiquitous holm oaks, as well as the last remaining wolves, but the brown bears disappeared long ago. Magnificent stands of coastal pine forest are confined to the Setúbal peninsula as the imported eucalyptus tree has colonised vast areas. Nowadays this tree is a major problem as it grows rapidly, drinks copiously, provides poor habitats for native wildlife and its leaf litter rots slowly enough to drastically affect the soil ecosystems. This highlights Portugal's biggest environmental problem – lack of water.

Drought was the overriding feature of the weather throughout the 90's and resulted in the forest fires that ravaged Portugal during the ultra-hot summer of 2003. These fires wiped out an area of forest and farmland the size of the Algarve. Tourism is partly to blame as the average 18-hole golf course uses as much water as a town of 12,000. The huge and highly controversial Alqueva Dam in the Alentejo is seen by some as the answer to all of southern Portugal's water problems. The dam, which is now slowly filling with water, is Europe's largest and, when full, will be able to irrigate 250 sq kms of land. However, detractors point to the fact that it could cause rising salinity in the soil, over a million trees will have been drowned by it as well as destroying important habitats for rare animals and plants including the endangered Iberian lynx. This is Europe's only big cat and if it becomes extinct it will be the first cat species in the world to die out since the sabre-toothed tiger. Water from the dam filters into the Sado estuary, where pollution levels are expected to rise and sediment transportation patterns will be altered. The gradual desertification of the south exacerbates erosion when heavy rainfall washes away large quantities of unsecured sediment in sparsely foliated areas.

Un rapport de 2001 montre que sur les 1187 km de côtes que compte le Portugal, 338 km sont en recul. Le renforcement du littoral, sous la forme de brise-lames, digues et enrochements représente 72 km de "côte renforcée artificiellement", mais cependant 61 km étaient "en érosion malgré les protections". C'est une preuve de plus qui montre que le renforcement des défenses est inefficace, bien qu'il puisse profiter dans certains cas aux surfers avec des vagues près des jetées comme à Caparica ou Figueira da Foz. La faune et la flore du Portugal ont diminué rapidement, le parc national de Peneda-Gerês dans le N du Portugal protège le chêne de Holm autrefois répandu, ainsi que les derniers loups, mais les ours bruns ont disparu depuis longtemps. Les magnifiques forêts de pins côtières sont désormais confinées sur la péninsule de Setúbal car l'eucalyptus importé a désormais colonisé de grandes étendues. De nos jours cet arbre pose un gros problème car il croît rapidement, boit beaucoup et n'offre pas un bon habitat pour les animaux de la région, de plus ses feuilles en pourrissant lentement modifient de façon importante l'écosystème du sol. Ce qui rejoint le plus grand problème écologique au Portugal: le manque d'eau.

La sécheresse a été la principale caractéristique des années 90 au niveau météo, ce qui a favorisé les feux de forêts qui ont ravagé le Portugal pendant l'été caniculaire de 2003. Ces incendies ont détruit une superficie de forêts et de champs de la taille de l'Algarve. Le tourisme est partiellement en cause étant donné qu'un golf 18 trous consomme autant d'eau qu'une ville de 12 000 habitants. Le barrage d'Alqueva en Alentejo, aussi énorme que controversé, est considéré par certains comme la solution à tous les problèmes d'approvisionnement du Sud en eau. Ce barrage, qui est en train de se remplir doucement en ce moment, est le plus grand d'Europe, et lorsqu'il sera plein il pourra irriguer 250 km2 de terres. Mais ses détracteurs avancent que cela pourrait augmenter le degré de salinité dans le sol, que plus d'un million d'arbres auront été noyés par lui et des biotopes importants détruits pour certains animaux et plantes rares comme le lynx ibérique. C'est le seul grand félin européen et s'il venait à s'éteindre ce serait la première espèce de félin à disparaître dans le monde depuis le tigre à dents de sabre. L'eau du barrage va filtrer vers l'estuaire du Sado, avec en prévision une augmentation des taux de pollution et une modification du transport des sédiments. La désertification progressive dans le Sud va aggraver l'érosion par lessivage des sols dans les zones à faible végétation.

Access

Generally speaking, access is very good in Portugal, with decent roads leading to the coast in the north and some dirt road access to areas of the Alentejo and Algarve in the south. These roads can become washed out in heavy rains and make checking spots time consuming as there are rarely any link roads between them, so a return to the highway is necessary.

Traditionally, laws provided a national, legal basis for free access to coastal waters for navigation and fishing, however modern tourism has put up barriers to these established rights. Golf courses, hotels, resorts and private landowners often make it as difficult as possible to get to the beach, particularly on the built-up Algarve coast.

En règle générale, le Portugal est très bien équipé, avec dans le N de bonnes routes pour accéder à la mer, et des routes en terre dans l'Alentejo et l'Algarve au S. Ces routes peuvent être submergées par de fortes pluies et prennent du temps pour checker les spots ; comme elles sont rarement reliées entre elles, il faut souvent retourner vers la nationale. Il existe traditionnellement un droit d'accès gratuit à la côte pour la navigation et la pêche, mais le tourisme moderne ne tient plus compte de ce droit établi. Les parcours de golf, hôtels, resorts et propriétés privées rendent l'accès des plus difficiles, surtout sur la côte bétonnée de l'Algarve.

Nazaré

RICARDO BRAVO

RICARDO BRAVO   Cave

Top – **Portugal has easy access to most of its beaches with no barriers from the military or private landowners but coastal overdevelopment is starting to have an impact.**

Bottom – **The waves themselves are the biggest hazard in Portugal, plus all the nasty urchins that are probably hanging out between the boils of this new slab in the Ericiera area.**

Hazards

Shark attacks are unheard of in Portugal but it doesn't take a rocket scientist to work out your chance of meeting a Portuguese man-o-war is high in the summer months. Even more common is the chance of an encounter with a sea urchin at the rocky reefs and points, which are in themselves, the greatest risk to life and limb. Currents can be strong on open beaches. Thievery is a possibility at city breaks and remote car parks.

On n'a jamais entendu parler d'attaques de requins au Portugal ; par contre en été, il n'y a pas besoin d'être un génie en maths pour voir que vous avez toutes les chances de tomber sur une méduse venimeuse (appelée galère). Encore plus de probabilité de tomber sur des oursins sur les reefs et les pointbreaks, qui représentent à eux seuls le plus grand risque. Les courants peuvent être forts sur les plages exposées. Attention au vol sur les spots en ville et les parkings isolés.

Travel Information

Getting There

By Air

The national carrier is TAP Air Portugal, with connections to European capitals and the USA. Lisbon takes the brunt of the scheduled flights and is serviced by most major airlines whereas Faro receives mainly charter flights and increasing numbers of budget airlines; check Easyjet, FlyBe and Ryanair from the UK. Portugalia is good for France – Portugal connections. Last minute package holidays from big tour operators can be laughably cheap and include the flight, hotel and sometimes even a hire car. Expect reasonable surfboard charges with all the charter and budget companies and many of the national carriers – don't choose Iberia to fly to Portugal as board charges are higher than the ticket!

TAP Air Portugal est la compagnie aérienne nationale, avec des vols depuis les capitales européennes et les Etats-Unis. La grande majorité des vols réguliers sur les principales compagnies aériennes arrivent à Lisbonne, tandis que Faro est généralement desservi par les vols charters et un nombre croissant de compagnies low-cost ; depuis la Grande-Bretagne, checkez Easyjet, FlyBe ou Ryanair. Portugalia est bien pour les liaisons avec la France. Les packages de dernière minute proposés par les grands tours operators sont parfois incroyablement bon marché, avec le vol, l'hôtel et même parfois la location de voiture inclus. Attendez-vous à devoir payer une taxe modérée pour les planches sur les vols charters et les compagnies low-cost, ainsi que sur la plupart des compagnies nationales – ne pas prendre Iberia car les taxes pour les planches sont plus élevées que le billet lui-même !

By Train

Travelling by train from the UK, Germany or elsewhere in north Europe to Portugal will cost more than a flight, but is far more environmentally friendly. From the south of France or Spain trains can be a little cheaper. A daily overnight train runs between Biarritz and Lisbon, via Madrid. Once in Portugal the train service is efficient, comfortable and cheap, though not great for exploring the coastline. Trains are best treated as a way of getting

STUART BUTLER

between bigger centres, i.e. Lisbon to Lagos or Porto to Viana do Castelo. For exploring the west coast of the Algarve and all of the Alentejo coastline they are useless as they run well inland and from Lisbon northward to Espinho they can only be used to access a few of the bigger towns. The best places to use trains as transport to the surf are between Lisbon and Cascais and from Espinho to Porto and then northward towards the Spanish border. There is usually an oversize baggage charge for boards.

Le train pour le Portugal depuis le Royaume-Uni, l'Allemagne ou le Nord de l'Europe revient plus cher que l'avion, mais c'est bien mieux pour l'environnement. On peut avoir de meilleurs prix depuis le Sud de la France ou depuis l'Espagne. Un train de nuit fait la liaison tous les jours entre Biarritz et Lisbonne, via Madrid. Une fois au Portugal, les trains fonctionnent bien, sont confortables et bon marché, mais pas vraiment adaptés pour explorer la côte. C'est une bonne option pour aller d'une grande ville à l'autre, par ex. de Lisbonne à Lagos ou de Porto à Viana do Castelo. Inutile de les prendre pour explorer la côte O de l'Algarve et toute la côte de l' Alentejo car ils passent trop à l'intérieur, et de Lisbonne en allant vers le N vers Espinho, car ils ne desservent que quelques grandes villes. Le meilleur endroit pour prendre le train pour aller surfer est la zone entre Lisbonne et Cascais et d'Espinho à Porto, et en allant plus au N vers la frontière espagnole. Les planches sont en général taxées comme objet encombrant.

Visas

Portugal is part of the Schengen visa scheme so euros, Nth Americans and Antipodeans get 90 days and the rest get a visa first. Border checks are less likely than a casual roadside check so keep passports and visas handy.

Le Portugal fait partie de la zone de Schengen donc les Européens, Américains du Nord et Australiens peuvent rester 90 jours, les autres doivent obtenir un visa. Les contrôles à la frontière sont plus rares que sur la route, donc gardez passeports et visas sur vous.

Top – **Lisbon is one of the few European cities that has a train line paralleling the great surf beaches of Estoril.**

Middle – **Portugal is a gastronomic adventure, heavy on seafood.**

Bottom – **Long, dirt roads typify the access to small fishing villages in the Alentejo and Algarve. Curvy Cordoama carriageway.**

ALEX WILLIAMS

Airports
For all Portuguese Airports
www.ana-aeroportos.pt
Lisbon: +351 218 413 500
Faro: +351 289 800 800
Porto: +351 229 432 400

Airlines
Tap Air Portugal: www.tap.pt
Portugalia: www.flypga.com
www.easyjet.com
Tel: 808 204 204
www.ryanair.com
Tel: +353 1 249 7791
www.flybe.com
Tel: + 44 13 922 685 29

Tourist Information
www.portugalinsite.com
www.portugal.org
Portuguese Surfing Fed.
www.fps.pt

Trains
www.cp.pt
Tel: 808 208 208

Coach
Intercentro (Eurolines)
Tel: 213 301 500 / 213 547 300
www.**internorte**.pt
Tel: 226 052 420
www.**eurolines**.com
Tel: +351 225 189 299
www.**eva-bus**.net
Tel: 289 89 97 40
www.**rede-expressos**.pt

Telephone Information
International code: 351
Dialing out: 00
Directory enquiries: 118
Emergency: 112
Intern'l operator: 171
Intern'l directory: 177

DAN HAYLOCK

Getting Around

Portugal has Europe's highest road death rate and erratic driving is commonplace, especially on Sundays. Be careful! Portuguese roads also seem to be full of unmarked obstacles or unexpected changes to the road type or layout. Unless otherwise indicated, vehicles approaching from the right have priority at junctions. Speed limits are 120km/h on the few motorways, 90km/h on national roads and 50km/h in town. Documents and safety equipment must be carried and on the spot demands must be paid by credit card like the €600 fine for using a mobile. Fuel is as cheap as it gets in Western Europe.

A car is often essential and Portugal offers super cheap hire cars (prices as low as €100 a week) that can be picked up in Faro or Lisbon by over 21's. Free-camping in vans at the quieter beaches is normally no problem, otherwise campsites are numerous and cheap, though they fill up quickly in August. A cheap but comfortable room in a guesthouse will cost around €30 in the countryside and €60 in Lisbon. Eating out is cheap compared to much of Western Europe.

Agents for Eurolines serve Lisbon, Porto, Faro and Aveiro and many other towns with departures from almost any large European city, although these are rarely direct and can involve numerous stops and transfers. There are three companies running these services between Oporto (Inter-Norte), Lisbon (Inter-Centro) and Faro (Inter-Sul). Once in Portugal, buses go to virtually every town and village in the country and can be a cheap and reliable way to get between bigger towns. Small coastal villages may only see one bus a day or less. Be warned that there are many different bus companies and they don't always operate from the same terminal and rarely give unbiased advice. Sometimes surfboards can be a source of trouble, check before buying a ticket whether or not they will carry surfboards.

STUART BUTLER

Le Portugal a le taux de mortalité sur les routes le plus élevé d'Europe et les chauffards sont monnaie courante, surtout le dimanche. Soyez prudents ! Les routes portugaises semblent truffées d'obstacles non signalés avec de brusques changements de direction ou de catégorie de route. Sauf indication contraire, la priorité est à droite. La vitesse est limitée à 120km/h sur les rares autoroutes, 90km/h sur les nationales et 50km/h en ville. Il faut avoir papiers et matériel de secours dans la voiture, les amendes sont à payer sur place par carte de crédit (600 pour l'utilisation du portable en conduisant). L'essence est aussi bon marché que dans le reste de l'Europe de l'Ouest.

La voiture est souvent indispensable et on trouve au Portugal des locations pas chères du tout (jusqu'à 100 euros la semaine) à Faro ou à Lisbonne; il faut avoir au moins 21 ans. On peut camper près des plages les plus tranquilles, sinon il y a de nombreux campings pas chers, même s'ils sont vite remplis en août. Il faut compter 30€ environ pour une chambre confortable dans une chambre d'hôte, le double à Lisbonne. Les restos sont relativement bon marché par rapport au reste de l'Europe de l'Ouest.

Les bus Eurolines desservent Lisbonne, Porto, Faro et Aveiro et bien d'autres villes avec des départs depuis la majorité des grandes villes européennes, même si souvent ce n'est pas direct, avec pas mal d'arrêts et de correspondances. Trois compagnies fonctionnent depuis Oporto (Inter-Norte), Lisbon (Inter-Centro) et Faro (Inter-Sul). Des bus circulent entre la majorité des villes et des villages, ils sont bon marché et constituent un bon moyen de transport pour aller d'une grande ville à l'autre. Il n'y a souvent qu'un bus ou deux par jour vers les petits villages sur la côte, voire moins. Il faut savoir qu'il y a de nombreuses compagnies de bus différentes qui ne desservent pas toujours le même terminal et qui donnent rarement des renseignements fiables. Les planches peuvent parfois poser problème, se renseigner avant en achetant le billet.

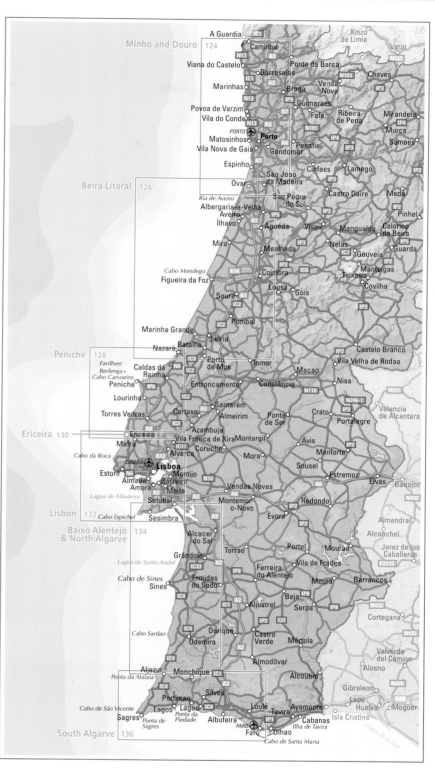

Currency

Like all of coastal, continental Europe, Portugal is part of the Euro zone. Though still the best value west European destination for tourists, prices are continuing to rise quickly. Banks and cash machines are readily available in larger towns.

Comme une grande partie de l'Europe, le Portugal fait partie de la zone Euro. Même si cela reste le pays le plus intéressant pour les touristes d'Europe de l'O, les prix continuent à augmenter rapidement. On trouve facilement des banques et des distributeurs dans les grandes villes.

Weather Statistics		J/F	M/A	M/J	J/A	S/O	N/D
PORTO	Total rainfall	137	120	63	23	77	158
	Consistency (days/mth)	17	15	10	5	13	18
	Min temp. (°C)	5	8	12	14	13	7
	Max temp. (°C)	13	17	21	25	22	16
LISBON	Total rainfall	93	83	31	4	32	100
	Consistency (days/mth)	10	9	5	1	6	10
	Min temp. (°C)	8	11	14	17	15	10
	Max temp. (°C)	15	19	23	28	25	16
FARO	Total rainfall	60	50	12	1	35	65
	Consistency (days/mth)	6	6	2	1	3	7
	Min temp. (°C)	9	12	16	20	17	11
	Max temp. (°C)	16	19	24	28	24	18

Minho and Douro

Aguçadoura

RICARDO BRAVO

1. Moledo do Minho

Moledo is a north Portugal hotspot with some reefs producing sectioney lefts at the uncrowded, southern end of the beach. The river that marks the border of Portugal and Spain forms a sandbar for hollow rights that can be epic when the currents, swells and tides all combine. Always crowded, medium consistency, rips, rivermouth pollution and localism to contend with.

C'est un bon spot du N du Portugal, des gauches avec plusieurs sections sur du reef du côté S de la plage. La rivière qui marque la frontière entre l'Espagne et le Portugal forme un banc de sable avec des droites creuses qui peuvent être parfaites quand les courants, la marée et le vent sont bons. Toujours du monde, fréquence moyenne, du courant, pollution de la rivière et localisme.

2. Vila Praia de Âncora

A huge beach that produces fun, consistent sandbar peaks. The south end picks up more swell – NW is best. There are enough waves to ensure that crowds aren't really a problem.

Beachbreak sur une plage immense avec des pics sympas. Marche souvent. Le côté S prend mieux la houle, de NO de préférence. Il y a assez de vagues pour tout le monde.

3. Afife

Afife has been likened to Supertubos but without the crowds. Consistent and very fast, hollow peaks spit surfers out of barrels all over the place. SW swell and low to mid tide is best – the southern end is usually bigger. It's one of the busiest spots in the north but compared to down south it's empty. With the power comes strong currents.

Afife a été comparé à Supertubos mais sans le monde à l'eau. Marche souvent, très rapide avec des tubes creux qui vous recrachent avec le souffle. Meilleur de marée basse à mi-marée et houle de SW. C'est souvent plus gros du côté S. C'est un des spots les plus fréquentés au N mais comparé au S, c'est désert. Courants forts quand ça cartonne.

4. Viana do Castelo

Beautiful Cabedelo beach is reached by ferry from town and is worth checking on a decent NW swell when the jetty can provide some hollow, sheltered waves. On smaller days take a look down at the southern end of the beach. Often crowded, a bit inconsistent and too close to a rivermouth. Viana town is a tourist highlight.

La belle plage de Cabedelo est accessible par ferry depuis la ville et vaut le détour par houle de NO. Une jetée y crée des vagues creuses et abritées. Quand c'est plus petit, checker le côté S de la plage. Souvent du monde. Marche moyennement souvent, et situé un peu trop près d'une embouchure de rivière. Viana est une ville très touristique.

5. Esposende

Very consistent west-facing beachbreaks stretch away to the north of town and crowds are minimal. Won't handle much size and the water is about the coldest in Portugal.

Bon beachbreak au N de la ville, orienté O, et qui marche vraiment souvent, avec très peu de monde. Ne tient pas trop la taille et l'eau y est pratiquement la plus froide du Portugal.

6. Fão

A series of jetties keep the sandbars stable and a decent peak can normally be found somewhere around this little tourist village. Crowds are not an issue, but pollution, from the small river unloading at the northern end of the beach, is. Good beginners spot.

Une série de digues maintiennent les bancs de sable en place et on y trouve un pic correct quelque part autour de ce petit village touristique. Pratiquement pas de monde, mais de la pollution venant d'une petite rivière qui se déverse au N de la plage. Bon spot pour les débutants.

7. Aguçadoura

A seemingly endless stretch of beach that gathers any swell going, but is easily maxed out. Different banks work at different stages of the tide and when the conditions are good it would be hard to go wrong here. Crowds are rare and the water is super-clean.

Une plage qui s'étend à perte de vue et qui concentre très bien la houle mais qui sature assez vite. Des bancs différents qui fonctionnent à différents stades de la marée: par bonnes conditions on peut être à peu près sûr que ça va marcher. Pratiquement pas de monde et de l'eau super propre.

8. Póvoa do Varzim

A large rock in the centre of the beach can provide a high-class left. It's short, sharp, shallow and full of open barrels. Outgoing tide and SW swell will attract many to this high calibre wave and the tight take-off zone makes things a little tense.

Un gros rocher au centre de la plage peut produire une gauche de grande classe, courte, avec peu d'eau et plein de barrels bien ronds. Meilleur à marée descendante et swell de SO, avec du monde et une zone réduite pour partir, donc risques de tensions.

9. Vila do Conde

A decent left breaks off a bunch of rocks on the town centre beach. It's a short and hollow ride that gets busy. To the north is a hefty shorey that needs a solid swell to come to life. A popular place for the people of Porto to come for a bit of sun and surf.

Une gauche correcte qui casse sur une zone de rochers sur la plage du centre de la ville. Court et creux, avec du monde. Au N, un shorebreak costaud qui demande une grosse houle pour marcher. Fréquenté par les gens de Porto qui viennent ici chercher leur part de soleil et de surf.

KRISTEN PELOU

10. Azuara

Just to the south of Vila do Conde, on the beach of Azuara, are a few mediocre, but consistent beach peaks. The shorebreak is a hit with spongers. The first spot north of Porto with genuinely clean water.

Juste au S de Vila do Conde, sur la plage d'Azuara, pics en beachbreak médiocres mais qui marchent souvent. Les moreys kiffent le shorebreak. Le premier spot au N de Porto avec de l'eau véritablement propre.

Porto 11-15

11. Perafita

These average beach peaks are worth avoiding thanks to the intense pollution around Porto. Seafront factories are filling the water with all sorts of crap and the rocks surrounding the beach are hot to the touch!

Beachbreak avec des pics moyens, mais à éviter à cause de la forte pollution autour de Porto. Les usines près de la mer déversent dans l'eau toutes sortes de saletés et les rochers de la plage sont même chauds au toucher!

12. Leça

The harbour helps to shape up good sandbars and if it's flat here then it's flat everywhere. An extremely consistent wave, but few takers. The ridiculous pollution could be the reason.

Des bons bancs de sable créés par la sortie du port. A checker quand c'est trop petit ailleurs. Marche vraiment très souvent, mais peu de candidats, sans doute à cause du niveau de pollution très élevé.

13. Matosinhos

Two different spots, one is a beach sheltered by a large breakwater, which makes it a good option in massive swells. The other is a much more consistent wave and best at lower tides. Is it worth the pollution risk though?

Deux spots différents: une plage protégée par une grande digue, bonne option par grosse houle, et un spot qui marche plus souvent et meilleur autour de la marée basse. Mais est-ce que ça vaut le coup avec une telle pollution?

Matosinhos

MALCOLM MILLAIS

Moledo do Minho ①
Vila Praia de Âncora ②
Afife ③
Viana do Castelo ④
Esposende ⑤
Fão ⑥
Aguçadoura ⑦
Póvoa do Varzim ⑧
Vila do Conde ⑨
Azuara ⑩
Perafita ⑪
Leça ⑫
Matosinhos ⑬
Luz ⑭
Barra do Porto ⑮
Miramar ⑯

14. Luz

Semi-sheltered sandbar waves that prefer rights and can never be described as Portugal's best wave. It's dangerously polluted.

Beachbreak semi-protégé favorisant les droites, loin d'être le meilleur spot du Portugal. Pollution excessive.

15. Barra do Porto

It's very inconsistent and probably the most polluted wave in Portugal, but once in a blue moon the Douro River forms perfect sandbars. Fast, hollow, leg-burning rights and short lefts happen a few times a year for the lucky crowd. Incoming tide and NW swell. Rips and thick-skinned locals.

Marche très rarement. Probablement la vague la plus polluée du Portugal, une fois tous les 36 du mois la rivière Douro crée des bancs de sable parfaits. Des droites rapides et intenses, des gauches courtes pour les chanceux quelques fois dans l'année. Meilleur au montant avec un swell de NO. Du courant, et des locaux qui ne sont pas là pour vendre des cravates.

16. Miramar

The island sitting just offshore has an occasional hollow, fast and high quality right barrelling off the shallow reef. The stream depositing fluorescent red water straight into the line-up controls the crowd.

De temps en temps une très bonne droite de reef creuse et rapide, qui tube dans peu d'eau sur l'île juste en face. Il n'y a jamais foule vu que le cours d'eau déverse une eau rouge fluo jusqu'au line-up.

Beira Litoral

Buarcos

1. Espinho

The best known surf spot in north Portugal breaks off a jetty and runs through to the inside as a fast, walled-up right that finally dies as a close-out over shallow rocks. Plenty of tubing moments with swells of up to 3m+. The busiest spot in the area hence the localism attitudes. Very polluted.

Le spot le plus connu du N du Portugal, droite rapide avec une bonne épaule qui casse le long d'une jetée jusqu'à l'inside où elle ferme ensuite sur des rochers dans peu d'eau. Ça tube bien et tient jusqu'à 3m. Spot le plus fréquenté de la région, donc il faut s'attendre à du localisme. Très pollué.

Espinho

2. Furadouro

One of a series of similar jetty-divided beaches that stretch south of Espinho. This is probably the best of them with the jetties creating a good right breaking into a deeper channel and a shorter left opposite it. No crowds and the water quality is rapidly improving.

De toutes les plages uniformes séparées par des digues au S d'Espinho, c'est sans doute la meilleure, avec une bonne droite cassant dans un chenal plus profond qu'ailleurs, et une gauche plus courte de l'autre côté. Peu de monde à l'eau et la qualité de l'eau est en rapide voie d'amélioration.

Furadouro

3. Torreira

A rarely surfed jettybreak in a dull tourist town. It's very consistent and the jetties keep the banks relatively stable but it's not epic. Easily blown out and maxed out.

Une vague rarement surfée près d'une jetée dans une ville touristique sans intérêt. Marche très souvent, les jetées maintiennent un peu les bancs en place, mais rien d'extraordinaire. Vite venté et sature facilement.

4. Praia da Barra

Well known, quality Beira Litoral set-up with long breakwater. Requires a bit more swell than nearby spots but it also organises the waves and shapes some great sandbars. Best of all it is still slightly offshore on a N wind. Large but friendly crowd.

Bon spot qui est connu sur le Beira Littoral, avec une longue digue. Demande un peu plus de houle qu'ailleurs mais du coup c'est plus rangé, avec de très bons bancs de sable. En plus c'est légèrement offshore par vent de N. Du monde mais ambiance détendue.

5. Costa Nova

The candy stripe buildings make Costa Nova one of the prettier towns in north Portugal and the series of jetties lining the beach hide super-consistent waves. These jetties also help to take the edge off the swells and keep currents down, but on a solid swell it's still a massive effort to surf.

Les bâtiments bariolés de Costa Nova en font une des villes les plus jolies du N du Portugal. La série de jetées sur la plage cachent très souvent de bonnes vagues, elles cassent aussi un peu la houle et le courant, mais quand c'est gros, c'est quand même du sport.

6. Praia de Mira

Wind-exposed sandbar waves that hold little swell. High tide is better and offers steeper shorebreak style waves whereas at low tide the waves mush out on sandbars 100m offshore. Close to this summertime resort village are several other similarly consistent, uncrowded and clean spots.

Beachbreak exposé au vent qui ne tient pas trop la houle. Meilleur à marée haute avec des vagues style shorebreak, alors qu'à marée basse ça casse en vrac à une centaine de mètres au large. Il y a d'autres spots qui marchent pareil aux alentours de cette petite station balnéaire, avec une eau propre et qui sont peu surfés.

7. Buarcos

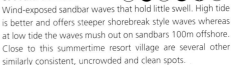

A long, high-quality, right point that is more of a carving wave than a tube-riding experience. It needs to be over 1m to wake up and it holds a decent swell. Rides can be several hundred metres long. It's not badly damaged by N winds and is surprisingly quiet.

Pointbreak en droite de qualité, plus pour les courbes que pour les tubes. Il faut qu'il y ait au moins un bon mètre pour que ça marche, et ça tient bien la taille. Des rides de plusieurs centaines de mètres sont possibles, c'est assez protégé des vents de N et étonnamment peu fréquenté.

8. Cabedelo

Just to the south of Figueira town and an ex-WCT contest site. This excellent right wedges off the side of a long jetty and results in fast and hollow waves. NW winds are funnelled offshore and it works best on a NW swell and incoming tide. There are pollution issues from the river, rips can aid getting

Cabedelo

Nazaré tow-in

RICARDO BRAVO

out by the jetty and there are plenty of takers. Camping, surf shop, and surf school nearby.

Juste au S de la ville de Figueira, ancien site de compet WCT. Excellente droite rapide et creuse, qui marche par réfraction près d'une longue jetée. Les vents de NO deviennent offshore ici, marche mieux par houle de NO et marée montante. Problèmes de pollution avec la rivière. Courant qui fait ascenseur le long de la jetée, beaucoup de surfers. Camping, surf shop, et école de surf dans le secteur.

9. São Pedro do Moel

Stretching 80km from Figueira da Foz right down to Nazaré is a patch of almost virgin coast that offers great summertime surf potential. The coast consists of long open beaches interspersed with a few headlands and coves to keep things interesting. São Pedro do Moel is the best-known wave – a consistent and exposed beachbreak. Free camping in the forest shouldn't present any problems.

Une portion de côte pratiquement déserte de 80 km s'étend de Figueira da Foz jusqu'à Nazaré, qui offre un grand potentiel en été. De grandes plages séparées ça et là par quelques criques et pointes rocheuses pour casser la monotonie. São Pedro do Moel est la vague la plus connue, un beachbreak exposé qui marche souvent. Normalement on peut camper dans la forêt.

Nazaré

RICARDO BRAVO

10. Nazaré

People are only just beginning to wake up to the potential of Nazaré. A finger of deep water points directly at the beach to the north of town and the result is similar to La Nord in Hossegor. Huge, heavy and hollow beach peaks for the brave. Be warned – currents can be strong, and giant clean-up sets are guaranteed when it's on, which isn't that often as it's wind exposed. The main town beach offers a sheltered little wedge on big swells.

Les gens commencent juste à prendre conscience du potentiel de Nazaré. Un canyon sous-marin se trouve juste en face de la plage au N de la ville et le résultat est semblable à La Nord à Hossegor: d'énormes pics, massifs et creux, pour les plus téméraires. Attention: les courants peuvent être puissants, et vous ne serez pas épargnés par les séries énormes qui décalent au large quand ça marche, ce qui n'est pas si souvent car c'est exposé au vent. Un petit wedge abrité par grosse houle casse sur la plage principale.

Espinho ① — Granja — Espinho
Praia de Espinho
IC1 · A1
Praia de Cortegaça
Surfivor · IC2
N109 · Santa Maria da Feira
Furadouro ② — Furadouro
Praia de Furadouro · Ovar
Monte · Avanca · A1
Torreira ③ — Pardilho
Estarreja · IC1 · IC2
São Jacinto · Albergaria a Velha
Praia da Barra ④ — Gafanha da Nazaré · N16 · IP5
Praia da Barra · Aveiro · IC1 · IC2
Costa Nova ⑤ — Costa Nova
Ílhavo · N235 · A1 · IC2
Vagos
Palhaça
Barra de Mira
Praia de Mira ⑥ — Praia de Mira · Mamarrosa
Cabeço · IC1 · Curia
Mira · Covoes
BEIRA LITORAL · Mealhada
Praia de Tocha · Ermida · N234 · A1
Tocha · Cantanhede · IC2
Arazede · A14
Praia de Quiaios · IC1 · N234-1 · IC2
Quiaios · São Martinho do Bispo
Buarcos ⑦ — Buarcos · A14 · A1 · Coimbra
Cabedelo ⑧ — N111 · IC2 · N110
Figueira da Foz · COIMBRA · IC2
Gala · IC1 · Abrunheira · IC2 · IC3
Praia de Leirosa · Carvalhais · A1
Leirosa · Soure · IC2
Marinha das Ondas · IC3
Carrico · Lourical
Grau
Pedrógão
Coimbrao · Monte Redondo · IC8 · Pombal
Praia da Vieira · Vieira de Leiria · A1 · IC2 · IC8
Pedras Negras · Monte Real · Varzeas · LEIRIA · IC3
São Pedro de Muel ⑨ — São Pedro de Muel · Barracao
Praia Velha · Gandara
Agua de Madeiros · Marinha Grande · ESTREMADURA E RIBATEJO
Predra do Ouro · N242 · Leiria · IC3
Polvoeira Vale Furado · Martinganca · Padrao
Légua Falcã · Pataias
Nazaré ⑩ — Batalha · N113 · SANTARÉM · N238
Nazaré · N242 · IC1 · IC9

Peniche

Lagide · ALEX WILLIAMS

1. Foz do Arelho

This huge beach to the north of Peniche picks up absolutely anything in the Atlantic but it's very wind exposed. A couple of small rivermouths dot the beach and help form good banks with minimal crowds.

Cette plage immense au N de Peniche reçoit absolument le moindre swell qui traîne sur l'Atlantique mais elle est très exposée au vent. Quelques petites embouchures de rivières ça et là créent de bons bancs avec très peu de monde.

2. Ferrel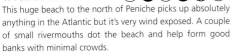

Another super-consistent beach that stretches for miles to the north of town. Sandbars shift all the time and any kind of N wind makes a mess of it. Somewhere along its length you will find a decent wave on small swells no matter what the tide is doing.

Beachbreak qui marche très souvent et qui s'étend sur plusieurs km au N de la ville. Les bancs de sable bougent tout le temps et ça devient vite pourri dès que le vent de N se lève. Vous pourrez y trouver une vague correcte quelque part le long de la plage par petite houle, quelle que soit la marée.

Lagide · ALEX WILLIAMS

3. Lagide

The best spot on the north side of town is this consistent lefthand reefbreak that is offshore with a S wind. It's a mellow but long ride and crowds are certain. Low tide is sharp and shallow and high tide a little bouncy. Beware of urchins.

Meilleur spot du côté N de la ville, une gauche de reef qui marche souvent, offshore par vent de S. Un peu mou mais assez long, du monde tout le temps. Peu d'eau à marée basse et quelques rebonds dans la vague à marée haute. Attention aux oursins.

4. Praia do Baleal

A long curving, scallop-shaped beach with plenty of potential on offshore S winds. The centre of the beach gathers plenty of swell whilst the corners are good on big and windy days.

It can get busy, but the scene is relaxed. Surf school, surf shop and camping in Peniche

Une longue plage incurvée en forme de coquillage avec du potentiel par vent offshore de S. Le centre de la plage concentre bien la houle tandis que les extrémités marchent bien quand c'est gros et venté. Il peut y avoir du monde, mais c'est tranquille. Ecole de surf, surfshop et camping à Peniche.

Molho Leste · RICARDO BRAVO

5. Molho Leste

To the north of Supers is this excellent righthand wedge that some people rate above Supertubos! The thick barrels require expertise to manage the air drops and speed to beat the crunching lip. N winds are no bother here, but it needs an even bigger swell than Supers. It's only medium consistency, there are rips and a bit of pollution, plus it is the most localised spot in the area.

Situé au N de Supertubes, c'est une excellente droite qui jette et que certains classent devant Supertubes! Il faut avoir un bon niveau

pour réussir le drop vertical et assez de vitesse pour rentrer dans le tube avant la lèvre assassine. Le vent de N n'est pas gênant ici, mais il faut encore plus de houle qu'à Supers. Ne marche pas super souvent, du courant et de la pollution, et en plus c'est le spot des environs où il y a le plus de localisme.

6. Supertubos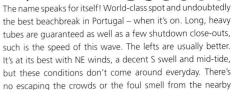

The name speaks for itself! World-class spot and undoubtedly the best beachbreak in Portugal – when it's on. Long, heavy tubes are guaranteed as well as a few shutdown close-outs, such is the speed of this wave. The lefts are usually better. It's at its best with NE winds, a decent S swell and mid-tide, but these conditions don't come around everyday. There's no escaping the crowds or the foul smell from the nearby fish factory. Easy parking in front of the break.

Le nom parle de lui-même! Spot worldclass, sans aucun doute le meilleur beachbreak du Portugal (quand ça marche bien). Des tubes longs et massifs mais aussi quelques méchants close-outs vu que c'est rapide. Les gauches sont généralement mieux, avec des vents de NE,

Supertubos · SULLY

Supertubos · SULLY

Consolação

KRISTEN PELOU

Santa Rita, secret spot

KRISTEN PELOU

un bon swell de S à mi-marée, mais ces conditions sont assez rares. Pas la peine d'essayer d'échapper au monde à l'eau ou à la puanteur de l'usine de poisson d'à côté. On se gare facilement devant le spot.

7. Consolação

A long, fat right that gets seriously big breaks to the south of Consolação headland while to the north is a much more fickle but hollow left. Both waves are very heavy and the right has good N wind shelter. Heavy rips and rocks – longer boards are a good idea.

Une longue droite de reef pas très creuse qui casse au S de la pointe de Consolação qui peut vraiment tenir le gros, et une gauche plus capricieuse, mais plus creuse. Les deux vagues envoient vraiment et la droite est bien protégée du vent de N. Courants forts avec des rochers, prenez une grande planche.

8. Praia Areia Branca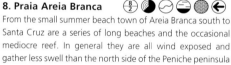

From the small summer beach town of Areia Branca south to Santa Cruz are a series of long beaches and the occasional mediocre reef. In general they are all wind exposed and gather less swell than the north side of the Peniche peninsula but more than Supertubos. Crowds aren't an issue.

De la petite station balnéaire d'Areia Branca jusqu'à Santa Cruz au S, on trouve une succession de longues plages avec de temps en temps un reef très moyen. En général elles sont toutes exposées au vent, et prennent moins de houle que la péninsule de Peniche (mais plus que Supertubes). Pas grand-monde à l'eau.

9. Santa Cruz

The beachbreaks surrounding Santa Cruz offer a tonne of potential on small to moderate swells. The town peaks can get a little crowded in the summer but a walk to the north of town will reveal plenty of empty waves working throughout the tide. Wind exposed.

Les beachbreaks autour de Santa Cruz offrent un potentiel incroyable par petite à moyenne houle. Il peut y avoir un peu de monde sur les pics près de la ville mais en marchant vers le N on trouve plein de vagues désertes et surfables à toutes marées. Exposé au vent.

10. Praia Azul

A quiet and very consistent beachbreak of high quality with some wind shelter. At the northern end of the bay is a slab reef with hollow, but fickle lefts and a regular right. Mid-tide is best. Water quality is marred by agricultural runoff.

Beachbreak tranquille qui marche très souvent, offrant de très bonnes vagues et un peu de protection du vent. Il y a un reef qui envoie au N de la baie, avec des gauches creuses mais capricieuses et une droite plus régulière. Meilleur à mi-marée. Des effluents d'origine agricole viennent gâcher la propreté de l'eau.

Ericeira

Reef

1. São Lourenço

This heavy right is one of Portugal's best-known big wave spots that can hold up to 6m of shifting, powerful and hollow surf. Be careful of big clean-up sets sweeping in from the west! Clean NW swells are the best, plus a big board to get in early. Surprisingly it doesn't suffer much wind damage – or crowds.

Cette droite costaud est un des spots de gros les plus connus au Portugal et peut tenir jusqu'à 5-6m. Vagues changeantes, puissantes et creuses, avec des grosses séries d'O qui décalent. Meilleur par houle propre de NO. Grande planche conseillée pour l'entrée en vague. Bizarrement le spot n'est pas trop pourri par le vent – ni le monde!

São Lourenço

2. Coxos

This European pointbreak gem peels down a series of rocky shelves and outcrops into a small bay. Coxos is long, fast and hollow when it hits the slabs just right. Power is the key word as swells unload out of deep water. It can handle big waves if the swells are clean and from the NW. When all the conditions come together you will see why this is Portugal's best wave. Entry and exit over the razor sharp rocks is tricky, getting caught inside is harrowing, the rips are brutal and urchins love the place – as do the large local crew. Respect.

Super joli pointbreak, parmi les meilleurs en Europe, qui déroule sur une suite de dalles de rocher et de patates dans une petite baie. Quand ça vient taper sur le reef avec un bon angle, c'est long, rapide et creux. Beaucoup de puissance comme c'est profond juste devant. Peut tenir le gros si la houle est rangée avec des vents de NO. Si les conditions sont réunies vous comprendrez pourquoi c'est la meilleure vague du Portugal. Entrée et sortie difficiles; se faire prendre par une série peut devenir un cauchemar, les courants sont très forts et les oursins sont en nombre ici, comme les locaux, qui sont à respecter.

3. Crazy Left

Breaking off the point directly opposite Coxos but much less consistent is this suitably-named shallow, left reef. It only works on SW swells at high tide, but when it does it's about the hollowest left around and is full of hot bodyboarders.

Une gauche de reef bien nommée qui casse dans peu d'eau juste de l'autre côté de Coxos, mais qui marche beaucoup moins souvent. Ne marche que par houle de SO à marée haute, mais si c'est le cas c'est quasiment la gauche la plus creuse des environs, avec plein de bodyboarders qui envoient à l'eau.

4. Ribeira d'Ilhas

Essentially this wave is two waves in one. Pontinha is the northern and less frequently ridden outside section of Ribeira D'Ilhas. A very versatile set of reefs that normally have something worth getting wet for and it can be a superb long right. It can handle a bit of wind, most swell sizes if NW, and breaks throughout the tide. Consistent, crowded (contest site), some rips, urchins and the water is none-too clean. Easy access and good car park café.

Il s'agit en fait de la même vague. Pontinha est la section du large de la vague de Ribeira D'Ilhas, située plus au N et moins souvent surfée. Une succession de reefs très variés qui valent le coup de se mettre à l'eau en général et qui peuvent donner une jolie longue droite. Ça tient un peu le vent et la taille si c'est houle de NO, à toutes marées. Marche souvent, du monde (c'et un site de compet), un peu de courant, des oursins, et l'eau n'est pas tellement propre. Accès facile, bon café près du parking.

5. Reef

Swells come crashing out of deep water onto this barely submerged, urchin-infested rock shelf and produce the hollowest wave in Ericeira. It's a fickle and very short right that needs gentle offshores and perfectly clean 1-2m NW swell. When it's on, it's impossible to avoid getting seriously tubed. Crowds.

La houle surgit des grands fonds et s'écrase sur une dalle à peine recouverte d'eau et infestée d'oursins : c'est la vague la plus creuse d'Ericeira. C'est une droite capricieuse et très courte qui demande un offshore léger et un swell de NO parfaitement rangé de 1 à 2m. Quand ça marche, il est pratiquement impossible de ne pas prendre de gros tubes. Du monde à l'eau.

6. Backdoor

Normally a summer break, this works best on N-NW swells. It holds some very hollow sections and is sketchy on low tide. Maxes out at double overhead. Experts only, and often crowded when it works.

Généralement, un spot d'été qui marche par N/N-O avec des sections ultra-creuses. Casse-gueule à marée basse.

7. Pedra Branca

Sparring with the long rights of Coxos for the title of best wave in Ericeira, Pedra Branca (White Rock) is a very different kind of beast. This is a short, sharp and very sweet left reef that can get hideously hollow and is suicidal at low tide. It's best on a SW swell with E winds and breaks up to

Coxos

Ribeira d'Ilhas

São Lourenço ①
Ribamar
Coxos ②
Crazy Left ③
N247
Ribeira d'Ilhas ④
Reef ⑤
Backdoor ⑥
Praia Sao Sebastiao
Pedra Branca ⑦
Ericeira
Praia do Norte ⑧
N116
Praia do Peixe ⑨
Furnas ⑩
Ninth Beach
Praia do Sol
N247 N9
Praia de Foz do Lizandro
Foz do Lizandro ⑪
São Julião ⑫

double overhead. When it's good, which isn't that often, it's packed. Be aware of the carpet of spiky sea urchins. The main campground is across the road.

Prétendante pour le titre de la meilleure vague du coin avec les longues droites de Coxos, Pedra Branca est un genre de vague qui n'a rien à voir. C'est une très bonne gauche courte et intense qui peut devenir horriblement creuse et même suicidaire à marée basse. Meilleur par houle de SO avec un vent d'E, jusqu'à 4m. Beaucoup de monde quand c'est bon, ce qui n'arrive pas si souvent. Attention au tapis d'oursins bien piquants. Le terrain de camping est de l'autre côté de la route.

8. Praia do Norte

A short walk from the town centre is one of the most reliable waves in Ericeira. Handles swells of almost any size and from any direction. Primarily a right reef at the north end, it's often sectioney, plus there can be a left further up and peaks down by the harbour wall. Close to all the town's amenities including surf shops and surf schools.

Une des vagues qui marchent le plus souvent, à deux pas du centre ville. Tient à peu près toutes les tailles, de n'importe quelle direction. C'est d'abord une droite de reef au N, qui sectionne souvent, parfois une gauche plus loin et des pics près de la digue du port. Près de tous les services qu'on peut trouver en ville avec des écoles de surf et des surfshops.

9. Praia do Peixe

A sheltered spot inside the harbour that is only worth a look on the biggest, stormiest days. Low tide is best for these shifty, uninspiring beach peaks. The water quality is suspicious thanks to residential sewage and harbour scum.

Spot abrité à l'intérieur du port à ne checker que par grosse tempête. Meilleur à marée basse. Des pics changeants et peu engageants, sur du sable. Eau douteuse à cause des rejets urbains et de la mousse dans le port.

10. Furnas

Another spot that won't win any awards for its quality but when the swell is too much for everywhere else, then Furnas will have some rights off the breakwall and shifty peaks. The cliffs shelter it from the worst of the strong N winds. Pollution and rips can be an issue.

Encore un spot pas top, mais quand ça sature partout, on y trouve des pics qui bougent et des droites qui cassent le long d'une digue. Les falaises coupent le vent de N, même violent. Il peut y avoir de la pollution et du courant.

11. Foz do Lizandro

Much of the time this rivermouth spot is deserted and a good place to go for lower quality, empty waves. Occasionally, the sandbars line up properly and then this wave turns into a classy affair with long and hollow lefts. Best from mid-low tide on a small to moderate SW swell with light E winds. The water can be gross if there has been a lot of rain up-river.

La plupart du temps cette embouchure est déserte : bonne option pour surfer des vagues de moins bonne qualité mais sans personne. Parfois les bancs de sable se mettent en ordre et produisent une jolie gauche, creuse et longue. Meilleur de marée basse à mi-marée par houle petite à moyenne de SO et des vents faibles d'E. L'eau peut devenir sale s'il a beaucoup plu.

12. São Julião

This long and beautiful beach is the swell magnet of Ericeira, but it's easily maxed out and is also wind exposed. At least one sandbar is certain to be working whatever the tidal state. Easily blown-out and on small summer days is likely to be busy.

Cette longue et belle plage est l'endroit qui concentre le plus la houle vers Ericeira, mais elle sature vite et reste exposée au vent. Il y aura au moins un banc de sable qui marchera quelle que soit la marée. Facilement pourrie par le vent et du monde en général les petits jours en été.

Pedra Branca

Lisbon

1. Praia das Maçás

A low tide only beachbreak, with wedgy lefts off the cliffs that help to boost up the swell. It doesn't hold much size and has a devoted, but friendly, local crew who don't leave many waves to share. Picks up any swell going.

Beachbreak qui ne marche qu'à marée basse, avec des gauches formées par réfraction contre la falaise qui concentrent la houle. Ça ne tient pas trop la taille ; les locaux sont motivés et sympas, mais ne laissent pas trop de vagues. Prend la moindre houle.

2. Praia Grande

One of the most consistent breaks in the Lisbon zone. This is a very versatile beachbreak with long, but often slow waves at low tide and faster, shorter shorebreaks when the tide starts pushing up. The rocks at the beach's northern end shelter a few rarely ridden rights. Doesn't like a lot of wind and is busy whenever it's on. Very clean water.

Un des spots qui marchent le plus souvent dans la région de Lisbonne. Beachbreak très varié avec des vagues longues mais souvent assez molles à marée basse, et un shorebreak plus rapide et court quand la marée monte. Près des rochers au N, quelques droites rarement surfées. Ne tient pas trop le vent, du monde à l'eau quand c'est bon. Eau très propre.

Praia Guincho

3. Praia Guincho

Better known for its windsurfing conditions Praia Guincho is actually one of the better beachbreaks in the Lisbon area and certainly one of the most consistent. When it's good, wedgy, powerful rights break off the cliffs at the northern end. Mid-low tide on a NW swell is better, but it gets blown out very easily. City crowds but user-friendly enough.

Plus connue pour le windsurf, c'est pourtant un des meilleurs beachbreaks de la région de Lisbonne et certainement un de ceux qui marchent le plus souvent. Quand ça marche, des droites puissantes

---

Carcavelos

sont renvoyées par les falaises au N. Meilleur de marée basse à mi-marée par houle de NO, mais très vite clapot si le vent se lève. Du monde vu la proximité de la ville mais ce n'est pas trop gênant.

4. Monte Estoril

A sectioney and uncrowded righthander that holds big swells as well as gathering up the best of the smaller days along the Costa Estoril. It breaks off a jetty and is exposed to W winds, but is usually fairly quiet. Residential sewage mixes with the generally poor Lisbon water.

Une droite avec plusieurs sections, qui tient la taille et marche bien aussi quand c'est petit le long. Casse près d'une digue, pas grand monde, exposé au vent d'O, mais d'habitude assez calme. Pollution domestique mélangée à de l'eau en général polluée de Lisbonne.

São João 5-7

5. Bolina

The town of São João is an uninspiring continuation of the Lisbon suburbs, whose main attractions are the three nearby reefs. The most westerly is Bolina, a high-quality, fast and hollow right reef that breaks with power over a shallow bottom. Busy, localised and not suitable for beginners. Mid tide only.

La ville de São João est un juste un prolongement sans intérêt de la banlieue de Lisbonne, mais il y a trois reefs dans le secteur. Le plus à l'O est Bolina, une très bonne droite de reef rapide et creuse, qui casse avec puissance dans peu d'eau. Du monde, des locaux, débutants s'abstenir. Mi-marée seulement.

6. Poça

A fairly consistent, popular mid tide reef with a sometimes hollow take-off leading into a mellower wall. It's more user-friendly than Bolina.

Reef de mi-marée fréquenté, marche assez souvent, avec des fois un take-off assez creux suivi d'une section plus molle. Plus facile à surfer qu'à Bolina.

7. Azarujinja

The most easterly of the São João spots is this sheltered and classy lefthander. The wave is protected from west winds and is good to check in a big winter storm. There's a low tide right, but it's all about the mid tide left that can get epic but is often busy. Some localism and water quality issues.

Belle gauche, la plus à l'E des spots de São João. Abritée des vents d'O, bien par grosse tempête d'hiver. Il y a une droite à marée basse mais c'est plutôt la gauche à mi-marée qui peut devenir parfaite, mais avec souvent du monde. Localisme à gérer et pollution.

São Pedro 8-9

8. Bica

The suburb of São Pedro has two right pointbreaks. Coming from the west the first is Bica, a fat, but super-long right ideally suited to longboarders. It's one of the more consistent Costa Estoril spots but it usually looks much better than it actually is. Always crowded.

Il y a deux pointbreaks en droite dans la banlieue de São Pedro. En arrivant par l'O le premier est Bica, une droite rapide et très longue, idéale pour le longboard. C'est un des spots qui marchent le plus souvent sur la Costa Estoril mais ça paraît souvent beaucoup mieux que ça n'est en réalité. Toujours du monde.

9. Bafureira

Another low tide point situated right next to Bica. It's a bit shorter and doesn't get as much swell, which should ideally come from the SW. It's quite consistent and only sometimes crowded. Both points suffer from the full cocktail of residential and commercial pollution.

Encore une droite de marée basse juste à côté de Bica. Un peu plus courte, reçoit un peu moins la houle, qui sera de secteur SO de préférence. Marche assez souvent. Du monde seulement de temps en temps. Les deux pointbreaks baignent dans un bon cocktail de pollution domestique et industrielle.

10. Parede

Only the very, very lucky or the locals will ever ride this elusive right point, touted as the best wave in the Lisbon region. A world-class, leg burning, freight-train barrel when it's on. Needs a due W swell to line up and emulate J-Bay. As a visitor, don't expect too many waves.

Il faut vraiment être très, très chanceux ou être un local pour pouvoir surfer cette rare droite de pointbreak, qui passe pour la meilleure vague de la région de Lisbonne. Tubes worldclass très longs et rapides quand ça marche. Il faut un swell plein O pour que ça rentre en imitant J-bay. En tant que surfer de passage, ne comptez pas trop dessus.

11. Carcavelos

The original and still one of the best Portuguese surf spots, Carcavelos is an awesome beachbreak. Beside the fort at the eastern end, cylindrical lefts roll over shifting sandbars, attracting seemingly every surfer in the city and most of the foreign surfers on the Costa Estoril. Best on a SW swell, when power intensifies and the occasional right appears. Highly consistent, always crowded, rips, some localism, pay to park and all facilities. The water is filthy and used needles are often found on the beach. The beach is not safe at night.

Ce super beachbreak est connu depuis longtemps comme un des meilleurs spots portugais. A côté du fort à l'E, des bancs changeants créent des gauches cylindriques qui attirent tous les surfers de la ville et la plupart des surfers en trip sur la Costa Estoril. Plus de puissance par houle de SO avec des droites qui apparaissent. Marche très souvent. Toujours du monde, du courant, du localisme. Parking payant, plage bien équipée. L'eau est très sale et on trouve souvent des seringues usagées sur la plage qui n'est pas sûre la nuit.

12. Santa Amaro

The first spot on the train line out of Lisbon city centre needs a huge swell to break, but when it does it's a sick, long right pointbreak with fast tubular sections on a SW swell and incoming tide. Low consistency, always busy, rips, rocks, locals and the worst water quality in Lisbon.

C'est le premier spot que l'on atteint par le train en partant du centre de Lisbonne, qui ne marche que par houle énorme. Pointbreak costaud en droite, long avec des sections à tubes rapides par houle de SO et marée montante. Marche rarement. Toujours du monde. Du courant, du localisme, des rochers et l'eau la plus polluée du Portugal.

Costa Caparica

RICARDO BRAVO

13. Costa Caparica

Stretching away to the south of the Tejo River is a 30km strip of coast that is the most consistent zone for Lisbon's surfers. The northern section of this coast is built up and a number of jetties provide variety and stability to the sandbars. Look for the low tide lefts at Covo do Vapor and Rio plus the seven jetties referred to as CDS. Further south, check Praia da Rainha for average, open beachbreak. Polluted, crowded, rippy, locals at Vapor and parking charges apply.

C'est une côte qui s'étend sur 30 km au S du Tage, et qui marche le plus souvent pour les surfers de Lisbonne. La partie N est assez construite avec une succession de digues qui créent des bancs de sable variés et stables. Checkez les gauches à marée basse à Covo do Vapor et Rio, ainsi que les 7 digues que l'on appelle CDS. Plus au S, checkez Praia da Rainha, beachbreak moyen et exposé. De la pollution, du monde, du courant, des locaux à Vapor, et des parkings payants.

14. Largoa de Albuferia

This far down the Costa Caparica the vibe becomes very mellow and Lisbon feels a long way away. Set in beautiful countryside and 'parques de campismo' this is one of several beach access spots that all provide quiet waves. A small rivermouth helps to form better than average sandbars. NW swell and outgoing tide. Consistent and sometimes crowded in summer, cleanish water and camping nearby.

On commence à sentir ici qu'on est assez éloigné de la ville de Lisbonne et l'ambiance devient beaucoup plus détendue. C'est un des accès à la mer vers des spots plus tranquilles dans un joli cadre avec des 'parques de campismo'. Une petite rivière crée des bancs de sable meilleurs qu'ailleurs, par houle de NO et marée descendante. Marche souvent. Parfois du monde en été, eau propre et camping pas loin.

Santo Amaro

RICARDO BRAVO

15. Bicas

A high quality left reefbreak that can hold a solid bit of W-NW swell. It breaks fast and hollow off cliffs at the far end of the Costa Caparica, but is a fickle little number and is rarely surfed. Rocks and rips to contend with.

Gauche de reef de très bonne qualité qui peut tenir un bon swell d'O- NO. Rapide et creuse au pied d'une falaise tout au bout de la Costa Caparica, c'est une vague rarement surfée qui ne sort pas souvent de sa tanière. Attention aux rochers et au courant.

16. Sesimbra

Not an area known for its surf, but the beautiful coastline around Sesimbra shelters a couple of very rarely breaking spots that require massive swells and N winds.

Pas très connue pour le surf, la côte autour de Sesimbra abrite quelques spots dans un joli cadre qui marchent seulement par houle énorme et vent de N.

Alentejo and North Algarve

Odeceixe

1. Sesimbra to Sines

Not the best surf zone in Portugal, this long stretch of open beach is a windy, little-known and often bleak stretch of coast. The northern half contains a few mediocre sandbars that need a big swell, whilst closer to Sines you will find dumping shorebreaks that might appeal to the occasional bodyboarder happy to throw himself onto dry sand.

Ce n'est pas la meilleure zone de surf au Portugal: une longue portion de côte ventée, peu fréquentée et un peu austère. La partie N a des bancs de sable médiocres qui demandent une grosse houle, tandis que vers Sines c'est plus du shorebreak qui tape sur le sable pour bodyboarders kamikazes.

2. São Torpes

A friendly, versatile and popular beach. The northern part, beside the jetty and huge petrol refineries has some swell shelter and is well protected from N winds. Fun, performance beach peaks that get bigger further south, where the first rocks and coves give some variety. Heavy industrial pollution.

Une plage sympa assez fréquentée. A côté de la jetée et des immenses raffineries de pétrole, la partie N est un peu protégée de la houle et bien abritée des vents de N. Bons pics à manœuvres, plus gros au S, où la côte devient plus rocheuse et donne un peu plus de variété. Pollution industrielle importante.

3. Porto Covo

A small, pretty tourist town with a range of options for the passing surfer. To the north of the town centre are a couple of little cove beaches that give some fun sand-bottom rides on a moderate swell. To the south of town, at Ilha do Pesseguiero long and slow lefts and rights can be found breaking on a deep-water reef between the island and mainland. Easy camping.

Jolie petite ville touristique avec plusieurs options. Au N de la ville des beachbreaks assez fun dans de petites criques par houle moyenne, au S de la ville à la Ilha do Pesseguiero vous trouverez gauches et droites, longues et assez molles, qui cassent sur un reef entre l'île et le continent. Camping facile.

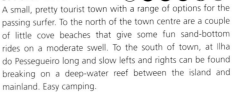

Porto Covo

Above and Below – **Vila Nova de Milfontes**

4. Malhão

The most consistent wave in the area can be found on this long beach whose decent sandbars are broken up by several huge rocks. It breaks throughout the tide and, though a popular spot, there are more than enough waves to go around.

Vague la plus régulière du coin, sur une longue plage avec des bancs de sable corrects entrecoupée de plusieurs rochers énormes, à toutes marées. Spot fréquenté, mais il y a largement assez de vagues pour tous.

5. Cogumelo

Vila Nova de Milfontes is the star attraction of the Alentejo. An idyllic beach town with a wide range of waves including the bowly left reef of Cogumelo, which packs a punch and needs a bit of swell to turn on. Next to it is another slab-style left reef that is hollow, shallow and inconsistent. Longboarders might also enjoy the long left that meanders up the rivermouth on decent swells and there are plenty more waves to be found by trekking across the fields.

Vila Nova de Milfontes est la principale attraction de l'Alentejo. Une ville côtière idyllique avec plein de vagues différentes, comme le bowl de Cogumelo, une gauche bien puissante sur du reef, qui exige une bonne houle. A côté un reef creux qui envoie avec pas beaucoup d'eau, mais qui ne marche pas souvent. Les amateurs de tronc apprécieront la longue gauche qui déroule à l'embouchure par bonne houle, et il y a plein d'autres vagues à découvrir dans le secteur en marchant à travers les champs.

Cogumelo
DAN HAYLOCK

6. Zambujeria do Mar
Right at the bottom of the Alentejo is this small seaside town with a left wedge breaking off the cliffs at the southern end of the beach. It favours mid-low tide and cannot take much swell. S wind shelter and few crowds apart from the free-campers.

Tout au S de l'Alentejo, petite ville côtière avec une gauche qui marche par réfraction sur la falaise au S de la plage. Meilleur à marée basse, ne tient pas trop la houle. Abrité du vent de S, peu de monde à part des campeurs.

7. Odeceixe
A very mediocre but consistent and empty beachbreak can be found in this popular hippy town. It only breaks at the lower stages of the tide and the sandbars move constantly thanks to the river outflow.

Beachbreak très médiocre mais qui casse souvent et sans personne, dans une ville hippy fréquentée. Ne marche que vers la marée basse avec des bancs qui changent constamment à cause de la rivière.

8. Carriagem
Carriagem is a long drive down a dirt road to an isolated, exposed beachbreak. It's frustratingly fickle and usually best at mid tide, on a NW swell with slack or E winds. Hike down a steep cliff face to get to the beach.

Beachbreak exposé mais assez frustrant tellement il est aléatoire, au bout d'une longue route en terre. Meilleur en général à mi-marée par houle de NO par vent faible ou d'E. Accès à la plage en descendant le long d'une falaise raide.

9. Amoreira
A rivermouth break, favouring rights at lower stages of the tide. The currents can be horrendous and the wave itself is very fickle. Wind exposed, but gets lots of swell, preferably from the SW. Only medium consistency and rarely crowded.

Beachbreak à l'embouchure d'une rivière, plutôt des droites vers la marée basse. Les courants peuvent être atroces et la vague elle-même très capricieuse. Exposé au vent mais prend bien la houle, de préférence de SO. Marche moyennement souvent. Rarement du monde.

10. Monte Clérigo
An average stretch of rarely ridden beachbreak scattered with rocks. It breaks throughout the tide – high tide offers more shorey-style waves, whilst low tide gives longer and mushier waves. It always seems to be windy here.

Beachbreak moyen parsemé de rochers. Surfable à toutes marées, plus en style shorebreak à marée haute, plus long et moins bon à marée basse. Très exposé au vent.

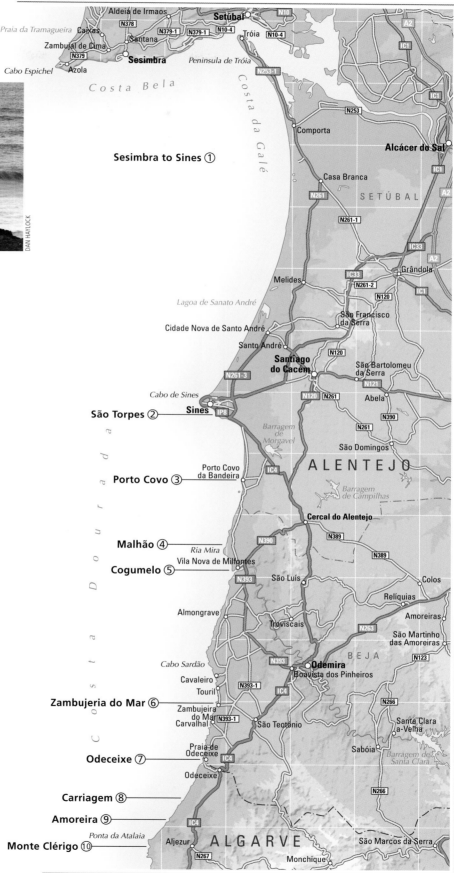

South Algarve

Looking north from Cordama

1. Arrifana

Beneath the white-washed village and massive cliffs is a busy and very ordinary beachbreak that works throughout the tide, picks up most swell and has wind shelter. The real reason to visit Arrifana is the world-class, right pointbreak at the beach's northern end. Waves here are long, fast and very heavy with shallow boils and barrel sections. It needs to be at least 2m to start breaking and holds up to triple overhead. Be careful of the two large rocks on the inside, urchins, rips and locals. Not a beginner's wave. Easy parking, showers, lifeguard (for the surf schools), a surf shop (in Aljezur) and camping nearby.

Beachbreak moyen surfable à toutes marées, au pied d'une village blanchi à la chaux et d'une falaise imposante, exposé à la houle et protégé du vent. La vraie raison de venir ici est pour surfer la droite worldclass en pointbreak au N qui offre des vagues longues, rapides, avec des boils dans peu d'eau et des sections à tube très chaudes. Il faut au moins 2m de houle pour que ça casse et ça peut tenir jusqu'à 5-6m. Attention aux deux gros rochers à l'inside. Oursins, courants et des locaux. Débutants s'abstenir. On se gare facilement. Plage bien équipée avec douches, poste de surveillance (pour les écoles de surf), surfshop (à Aljezur), et camping pas loin.

2. Praia da Bordeira

One of the best, as well as one of the most beautiful, beaches in south Portugal. At low tide a long left winds off the Carrapateira cliffs below the car park and from mid-

Praia da Bordeira

high tide the beach turns on the goods with often fast and hollow rights into the rivermouth. The left gets busy but the beach contains enough peaks to thin the crowds. Consistent but easily blown out.

Une des meilleures et des plus belles plages du Portugal S. A marée basse une gauche casse le long des rochers de Carrapateira en contrebas du parking, et à partir de mi-marée ça s'améliore avec souvent des droites rapides et creuses à l'embouchure. Du monde parfois sur la gauche mais la plage est assez grande pour trouver d'autres pics. Marche souvent mais exposé au vent.

3. Praia do Amado

Along a winding track to the south of Carrapateira village, this consistent beach has more shelter than Praia da Bordeira and a right breaking off a large rock from mid-low tide. Average peaks break further down the beach. Popular with Algarve surf schools, despite the odd rip.

Au d'une piste sinueuse au S du village de Carrapateira, beachbreak qui marche souvent et plus protégé du vent que Praia da Bordeira avec une droite qui pète près d'un gros rocher de marée basse à mi-marée. Des pics de qualité moyenne le long de la plage. Fréquenté par les écoles de surf bien qu'il y ait du courant parfois.

4. Praia da Cordama

More isolated beachbreak with a sprinkling of rocks below impressive cliffs. Small summer swells in glassy conditions will provide plenty of peaks but the N winds will destroy it. Summer crowds will be spread out. Strong currents.

Beachbreak plus isolé parsemé de rochers en bas d'une falaise impressionnante. Plein de pics par petite houle glassy, mais vite pourris par le vent de N. Du monde en été mais dispersé. Courants forts.

5. Praia Castelejo

A remote and beautiful beach with plenty of different options. It gathers maximum swell and is normally better in the autumn than spring as the sandbars tend to get destroyed over the course of the winter by big storms. Very wind exposed. Check the nearby coastline!

Belle plage isolée avec plein d'options différentes. Prend très bien la houle et normalement meilleur en automne qu'au printemps car les bancs de sable ont tendance à être en vrac après les grosses tempêtes d'hiver. Très exposé au vent. Checkez la côte alentour!

6. Beliche

The best beach in the Sagres area. It needs a hefty NW swell or a standard S to work and is offshore on N winds. When good it's a classy left wedge that handles up to double overhead. It's very hollow and fast and overrun with hot locals.

Meilleur beachbreak dans la région de Sagres. Il lui faut un swell de S correct ou bien de NO mais costaud. Offshore par vent du N. Quand ça marche c'est une très bonne gauche réfléchie par la falaise qui tient jusqu'à 3-4m. Très creux, rapide et farci de hot locals.

7. Tonel

The most consistent of the Sagres beaches is generally pretty average. Lower tidal stages on the push are better as is a W swell. It doesn't pick up as much swell as the west coast so it is a popular place for beginners/intermediates and the many local bodyboarders. Highly consistent, often crowded, currents and localism, but the water is clean, and amenities include showers, lifeguard, bodyboard surf school, surf shop and camping in town.

Beachbreak qui marche le plus souvent à Sagres mais en général de qualité assez moyenne. Meilleur à mi-marée montante par houle d'O. Ne prend pas aussi bien la houle que la côte O donc on y trouve souvent les débutants ou surfers moyens et les nombreux bodyboarders

Beliche

Arrifana ①
Praia da Bordeira ②
Praia do Amado ③
Praia da Cordama ④
Praia Castelejo ⑤
Beliche ⑥
Tonel ⑦
⑧ Mareta
⑨ Zavial
Praia da Luz ⑩
⑪ Praia Meia
⑫ Praia da Rocha
Ilha de Tavira ⑬

$ Surf Planet
Low Pressure/ Surf Experience
$ Algarve Surf Camp
$ Surf Planet
Algarve Surf Camp

South coast secret
WILLY URIBE

locaux. Marche très souvent. Souvent du monde, du courant et du localisme, mais l'eau y est propre et la plage bien équipée avec poste de surveillance, douches, école de surf et de bodyboard, surfshop et camping en ville.

8. Mareta

This perfect but very rare wave needs a monster W-NW swell or a decent S. Also picks up a little windslop on the summertime Levante winds. It's a hollow, bowly wave that gets very busy and is a little localised.

Beachbreak qui peut être parfait mais ne marche que rarement par swell énorme d'O-NO ou bonne houle de S, ou encore de la houle courte de vent de Levante en été. Creux avec des bowls, très fréquenté et un peu de localisme.

9. Zavial

The most famous of the Algarve south coast spots and also the busiest with a local crew who are on it at the slightest sniff of a wave. It's a fast, hollow and powerful right wedging up off the cliffs at the far end of the beach. It can be a mission getting a wave off the locals. Needs a moderate SW or big W-NW swell to break and mid tide to avoid closing out. If the scene here is too hectic then a drive around might reveal further goods. Medium consistency in slightly warmer water temps than the west coast.

Spot le plus connu sur la côte S de l'Algarve, mais aussi le plus fréquenté, avec des locaux dessus dès qu'il y a la moindre vague. Droite rapide, creuse et puissante réfléchie par la falaise au bout de la plage côté S. Quelquefois difficile d'avoir des vagues avec les locaux. Il faut une houle de SO ou gros swell d'O-NO, à mi-marée pour éviter que ça ferme. Allez checker aux environs en voiture, si c'est trop gavé de monde, ça peut marcher ailleurs. Fréquence moyenne, température de l'eau légèrement plus élevée que sur la côte O.

10. Praia da Luz

This curve of beach is flanked by a right and left pointbreak, which get good on any S or big W-NW swells. The left is particularly shallow and fast while the right, known as Rocha Negra, is a bit more manageable. The sandbanks benefit from a rivermouth that also brings stormwater to the line-up.

Cette plage incurvée est flanquée d'une droite et d'une gauche de chaque côté, bien par swell de S ou gros swell d'O-NO. La gauche est rapide et casse dans vraiment peu d'eau, la droite appelée Rocha Negra étant plus accessible. La rivière forme des bancs de sable mais charrie aussi des eaux teintées en cas de pluies fortes.

11. Praia Meia

On big S storms it's worth taking a look at Lagos' town beach, which can produce some fun and hollow little beach peaks. The eastern end of the beach picks up way more swell and a W wind is offshore. Best on a SE windswell. Great beginners zone. Tourist zoo in summer, all facilities including a surf shop.

Ça vaut le coup de checker à Lagos par grosse tempête de S, on peut y trouver des petits pics assez fun et creux. La partie E prend bien mieux la houle et le vent d'O est offshore. Meilleur par houle de vent de SE. Bien pour les débutants. Foule de touristes en été, on trouve de tout sur place dont un surfshop.

12. Praia da Rocha

A hollow and inconsistent left breaks off the jetty in the heart of the major tourist resort of Portimão. It's renowned for its tubes but gets very busy. Needs a big swell to work. Pay to park.

Gauche creuse qui casse près d'une digue au cœur de la grande station balnéaire de Portimão. Connue pour ses tubes mais très fréquentée, ne marche que par grosse houle. Parking payant.

13. Ilha de Tavira

The beautiful sandy beaches tucked up at the far eastern end of the Algarve do actually get a little windslop during the strong E/SE Levante winds of the summer. It never gets above 1.5m, is always going to be onshore and is never going to win any quality awards. Low consistency, low crowds and no pollution worries.

Les belles plages de sable qui bordent l'extrémité E de l'Algarve reçoivent un peu de houle de vent par fort Levante d'E-SE en été. Ne monte jamais au-dessus d'1m20, toujours onshore et très moyen quand ça marche, ce qui est rare. Pas de monde ni de pollution.

Zavial
MARC FENIES

Mick FANNING 🌊 F✗☠⚡◎ing my leg uf cost me one season...

ripcurl.com/mysearch

...but it didn't cost my career.   ...my search

RIP CURL

Mediterranean

It could be called a big lake, an enclosed sea or a mini-ocean but the fact remains that the Mediterranean holds its fair share of quality surf. Although Peter Troy first surfed Genova in 1963, it is only recently that surfers have become a regular sight along the tideless shores of Spain, France, Italy and beyond. Here in the cradle of European civilisation, a new culture is hitting the warmer water to ride the beaches, reefs and points that benefit from the surprisingly regular pulses of Mistral-driven swell. These multi-directional windswells may not be huge, and are often all too short, but they sure can be sweet.

On peut dire que la Méditerranée n'est qu'un grand lac, une mer fermée ou encore un mini-océan, mais il faut bien reconnaître qu'on y trouve quantité de bonnes vagues. Bien que Peter Troy ait surfé à Gênes dès 1963, ce n'est que récemment que le surf s'est développé sur les côtes de cette mer sans marées, en Espagne, en France, en Italie et ailleurs. Ici, dans le berceau de la civilisation européenne, le surf a créé une nouvelle culture dans les eaux tièdes des reefs, pointes et autres plages, qui reçoivent plus régulièrement qu'on ne le croit les poussées de houle générées par les coups de Mistral. Ces houles de vent peuvent arriver de toutes les directions, et bien qu'elles ne soient jamais énormes et souvent un peu éphémères, elles peuvent vraiment donner de jolies vagues.

EMI MAZZONI

Patience is a necessary virtue in the azure waters of the Med, rewarding those who wait. Elba Island, Central Italy.

Swell Forecasting

Based on climatic data, it is estimated that a minimum of 76 storms per year form in the Mediterranean Sea. 52 are spawned in the western Mediterranean, 14 arrive from northern Africa and only seven come from the northern Atlantic. These Mediterranean weather systems are notoriously difficult to forecast and even small depressions can produce strong local winds, ramped up by the Coriolis effect. These low-pressure systems generate decent swells from a variety of directions, mainly from the E-SE, SW-W and NW-NE. Depressions can form around the Balearics or in the Gulf of Lion and generally head towards Northern Italy or take a more southerly path to Sicily before weakening. Occasionally, a system will form over North Africa and kick into the sea off Tunisia. Far more reliable is the ever-present Mistral wind, which is the major wave producer in the western Mediterranean. Otherwise, windswells from all points of the compass, bring waves to a diversity of shores from southern Spain to eastern Italy and beyond. Wave heights rarely exceed 3m and peak wave period typically ranges from 7-9 seconds.

Weather and Swell Patterns

SW-W Poniente Pattern

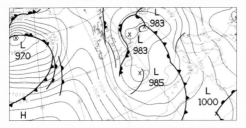

Typical winter pattern (1/11/03) of SW-W winds from a low latitude Atlantic depression in the Bay of Biscay. These Poniente winds are especially strong in the southern area (Alboran Sea), pushing solid SW swell to the south-facing Spanish coasts from Almeria to Catalunya and the Balearic Islands, plus Corsica, Sardinia, eastern France and northern Italy.

Situation typique d'hiver (1/11/03) avec des vents de O-SO, créés par une dépression sur l'Atlantique assez basse en latitude sur le golfe de Gascogne. Le Ponant est fort notamment sur les régions du S (mer d'Alboran), envoyant un swell solide de SO vers les côtes espagnoles orientées S de la région d'Alméria à la Catalogne. les Iles Baléares, l'E de la France, la Corse, la Sardaigne et l'Italie du N.

Classic Mistral NW Pattern

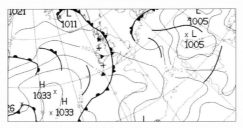

A strong Mistral (NW) will flow when high pressure west of the Iberian peninsula is combined with a low in Scandinavia that follows a SW path heading for Greece. A leading cold front usually crosses the western Mediterranean north to south and the large pressure gradient between the Gulf of Lion and Genoa increases windspeed.

Un fort vent de Mistral (NO) va se lever puisqu'un anticyclone situé à l'O de la péninsule ibérique est associé à une dépression sur la Scandinavie qui se déplace vers le SO vers la Grèce. Un premier front froid traverse la Méditerranée de l'O du N au S en général, et le fort gradient de pression entre le Golfe du Lion et celui de Gênes accentue la force du vent.

Low Pressure Forming in the Western Med

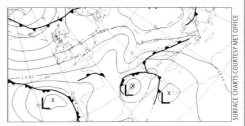

Heavy autumn storms often form in the western Mediterranean as high sea surface temperatures (21-23°C) around the Balearics and the first cold air masses collide, causing great atmospheric instability. A large high pressure dominates eastern Europe, while a low-pressure system develops in the western Mediterranean, strengthened by the presence of a cold air mass about 5,000 metres above sea level.

De grosses dépressions se forment souvent en automne sur le côté O de la Méditerranée lorsque les premières masse d'air froid rencontrent des températures de surface de la mer élevées (21-23°C) vers les Baléares, entraînant une grande instabilité atmosphérique. Un gros anticyclone est installé sur l'Europe de l'E, tandis qu'une dépression se creuse sur le côté O de la Méditerranée en se renforçant grâce à la présence d'une masse d'air froid à environ 5000m d'altitude.

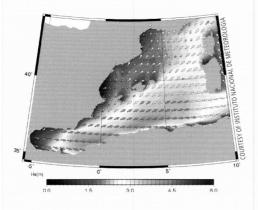

Wave prediction chart for the western Mediterranean based on the Wavewatch III model, showing the significant wave height (Hs) in metres. Strong or very strong W and SW winds (green arrows) send swell (white arrows) to the Mediterranean coasts of the Spanish peninsula, the Balearic Islands, southern France, Corsica, Sardinia and on to Italy.

Carte de prévision de houle pour la Méditerranée de l'O basée sur le modèle Wavewatch III, avec la hauteur significative des vagues (Hs) en mètres. Des vents forts à très forts d'O à SO (flèches en vert) créent une houle (flèches en blanc) sur les côtes méditerranéennes de la péninsule ibérique, les Îles Baléares, le Sud de la France, la Corse, la Sardaigne et l'Italie.

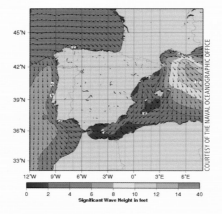

Matching swell prediction for 7/8/02 shows very strong NW winds sending swell up to 14ft to Corsica, Sardinia, Italy, and the northern coasts of the Balearic Islands, mainly Mallorca and Menorca. With more N in the wind, some swell hits north and northeast-facing Spanish peninsula spots.

Les prévisions de houle correspondantes pour le 7/8/02 montrent un fort vent de NO générant une houle jusqu'à 14 pieds vers la Corse, la Sardaigne, l'Italie et la côte N des Iles Baléares, surtout Majorque et Minorque. Si le vent est un peu plus N, il y aura de la houle sur les spots d'Espagne orientés N ou NE.

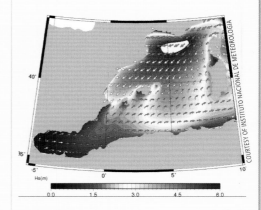

Strong or very strong NE winds (green arrows) send swell (white arrows) to the Spanish coast, especially Cataluña and the Balearic Islands. The swell is usually cleaner further south, due to the effect of radial dispersion and offshore winds (green arrows), while in the north, stormier conditions include disorganised, short fetch swell and onshore winds.

Des vents forts à très forts de NE (flèches en vert) créent une houle (flèches en blanc) sur les côtes de la péninsule ibérique, surtout en Catalogne et vers les Iles Baléares. Le swell est généralement plus rangé en allant vers le S, à cause de la dispersion radiale et des vents offshore (flèches en vert), alors qu'au N on a des conditions moins propres avec des vents onshore et une houle courte.

Selon les statistiques climatologiques, il se forme au minimum 76 tempêtes par an sur la Méditerranée. 52 d'entre elles naissent du côté O, 14 arrivent du N de l'Afrique et seulement 7 proviennent de l'Atlantique N. En Méditerranée le temps est connu pour être difficile à prévoir, et même les petites dépressions peuvent créer du vent fort localement avec l'aide de la force de Coriolis. Ces dépressions génèrent des houles de taille correcte venant de directions très variées, principalement de l'E-SE, O-SO et NO-NE. Les zones de basses pressions se forment au-dessus des Baléares ou dans le Golfe du lion. Elles se déplacent ensuite vers le Nord de l'Italie ou bien suivent une trajectoire plus S vers la Sicile, avant de s'affaiblir. De temps en temps une dépression peut se former au-dessus de l'Afrique du Nord et poursuivre sa course en mer au niveau de la Tunisie. Mais le vent le plus fiable pour avoir de la houle est le Mistral omniprésent, qui crée la majorité des vagues dans la partie O de la Méditerranée. Sinon on peut surfer des houles de vent de directions très variées sur de nombreux spots, depuis le Sud de l'Espagne jusqu' en Italie du Nord et au-delà. La taille des vagues excède rarement 3m et les plus grandes périodes oscillent généralement entre 7 et 9 secondes.

Seasonal Variations

The **winter** pattern with a straight jet stream that so favours the Atlantic coasts will usually see the low-pressure systems head to the NE as they approach the continent, missing the Med altogether and allowing high pressure to dominate the southern regions. If a strong depression comes in on a low enough latitude, then decent period groundswell will come from the SW-W, lighting up eastern France, northern Italy, Corsica and Sardinia. This is also the time for the cold, dry NE Bora wind in the Adriatic to whip up some size for Italy's east coast.

Most of the Med coast prefers the in-between seasons of **autumn and spring** to bring in the katabatic winds and smaller systems often associated with a split jet stream. The strong N (Tramontana) or NW winds (Mistral), result when a cold front has crossed France and northern Spain (north to south) or whenever pressure is high over northern France or Biscay. This NW air flow is often enhanced by a low forming in either the Gulfs of Lion or Genoa. Once established these strong winds often last for days (three days in folklore!) pushing N swell out from the bottom of the Rhone Valley and then bending NW towards Sardinia and mainland Italy. The Balearics get due N while a bit of easterly dispersal will send something to the Spanish east coast. Strong NE-SE winds will bring good waves to eastern Spain if a low forms in the Gulf of Lion and drops south a bit.

Sea breezes can be strong on the eastern coast of Spain during the **summer** heat (typically 10-15 knots) but they are weaker on the southern Costa del Sol. Both W (Poniente) and E (Levante) winds can ply the Gibraltar Straits but it is the occasional dust-laden Sirocco from Africa that brings nice waves from the E-SE for the Costa Blanca, Balearics, Sicily, Calabria and occasionally the Adriatic as well. The Azores high can sometimes extend all the way to Central Europe so that long-fetch E winds blow over the western Med.

En **hiver** le courant-jet est continu et favorise plutôt la côte atlantique. Les dépressions remontent en général vers le NE lorsqu'elles approchent du continent et épargnent la Méditerranée, ce qui permet à des hautes pressions de s'installer sur les régions du Sud. Si une dépression est assez basse en latitude, une houle de taille correcte d'O-SO va se former et va faire marcher les spots en France, en Italie du N, en Corse et en Sardaigne. L'hiver est aussi la bonne saison pour la Bora, un vent froid et sec de NE qui va faire grossir la houle sur l'Adriatique et faire marcher la côte E de l'Italie.

Les saisons intermédiaires (**automne** et **printemps**) restent les plus favorables en Méditerranée pour profiter des vents catabatiques (descendant des montagnes) et des petits systèmes dépressionnaires souvent associés à un courant-jet discontinu. La Tramontane et le Mistral, soufflant respectivement du N et du NO, sont des vents forts qui se lèvent lorsqu'un front froid traverse la France et le Nord de l'Espagne (du N au S), ainsi qu'à chaque fois que les pressions sont élevées sur le Nord de la France ou la Biscaye. Ce flux de NO est souvent renforcé par une dépression se formant sur le golfe du Lion ou de Gênes. Une fois établi, le vent souffle fort pendant plusieurs jours (3 jours d'après la sagesse populaire …) et crée ainsi de la houle de N à la sortie de la vallée du Rhône. Il tourne ensuite NO pour aller vers la Sardaigne et l'Italie continentale. Les Baléares prennent de la houle lorsqu'elle est plein N tandis que la côte E de l'Espagne profitera un peu de la dispersion de la houle vers l'E. Mais c'est surtout quand le vent est fort de NE ou SE que cette côte aura de bonnes vagues, lorsqu'une dépression se forme sur le golfe du Lion et descend un peu vers le S.

Les brises de mer peuvent être fortes sur la côte E de l'Espagne avec la chaleur de **l'été** (10-15 nœuds d'habitude) mais elles sont plus faibles au S vers la Costa del Sol. Les vents d'O (Poniente) ou d'E (Levante) peuvent souffler continuellement dans le détroit de Gibraltar mais c'est le Sirocco, parfois chargé de poussières venant d'Afrique, qui enverra les meilleures vagues d'E-SE vers la Costa Blanca, les îles Baléares, la Sicile, la Calabre et parfois sur la mer Adriatique. L'anticyclone des Açores peut aussi quelquefois s'étendre jusqu'en Europe centrale, créant ainsi des vents d'E soufflant sur une assez longue distance.

The Surf

Eastern Spain

Most weather systems in Europe move from west to east, so the surf tends to be more consistent and bigger on the western shores of the Mediterranean coastlines. However the Spanish coast and Balearic Islands do get some semi-consistent waves from three main sources. The most common are the regular northerly 'Tramuntana' winds, which after a few days blowing, can generate decent windswells breaking on northeast-facing breaks. These legitimate swells are interspersed with countless sloppy, windy days, which keep the locals in shape for the better days. The second are the less consistent, warmer southerlies that blow with some force and generate surprisingly solid swells quite quickly. Lastly are the more potent gales from the east that are usually accompanied by wind and rain. These Levantada gales generate waves along the mainland coast and east-facing Balearic spots, but good local knowledge is needed to find the best break.

Along the **Eastern Spain** mainland coast, there are thousands of kilometres of beachbreaks of below average quality. Hidden amongst all this dross are a few standout spots, which local riders are tuned into like a radar beacon. In the Med, one minute it's there and the next it's gone, so surfers must be able to drop everything and go. Most of these spots are not mentioned in these pages so talk to the friendly locals and wait for an invitation. The Costa del Sol is the most unlikely of Med surfing coasts but does occasionally break on the rarer S and E winter swells. Most local surfers head to the Atlantic coast of Andalucia to supplement the lack of rideable days. Murcia and Valenciana on the Costa Blanca can pick up NE swells but the Balearics block and cut the fetch a lot. Pockets of locals surf the Cartagena and Benidorm areas and probably mission to some reefs near the Cabos de Palos and de la Nao. Jucar rivermouth is the name spot closer to Valencia, but it's basically just more, soft beachbreak. It's then empty miles up to the Costa Brava and the busy breaks around the metropolis of Barcelona. The quality of surf and quantity of surfers is surprising as NE/E swell brings waves right into the city and to a bunch of other breaks in the vicinity.

Naturally, **winter** is surf time and in a good year, there are waves every week. **Autumn and spring** are also reliable and the beautiful weather can make surfing a real pleasure. Summer is hell for the Med surfer. Just about every beach is packed out with tourists and the sea is famously flat. The odd windswell will throw up some fun longboarding conditions and good conditions to teach kids.

The Balearic Islands are usually associated with package tourists and nightclubs but there is some decent wave action for the patient surfer. Formentera is a small, quiet, exclusive island with one main, south-facing spot but with some potential to the north, despite the other islands blocking most of the N swell. Ibiza has a small surf population who regularly ride the N/NE swells, but keep a close eye on the spots that work in a S swell. The

FRANCE
Marseille 160 Corsica
162
Zaragoza Barcelona
Madrid
SPAIN *Balearic Islands* *Sardinia*
Valencia
158
156
Málaga 154
MOROCCO ALGERIA

154 Eastern Spain – South
156 Eastern Spain – North
158 Balearic Islands
160 Southern France – West
162 Southern France – East

If the wind blows long and hard enough from an easterly direction then waves this big are possible on Spain's Costa Blanca.

Alicante

GECKO

Eastern Spain Surf Culture

History

Surfing on the Spanish Med coast was virtually unheard of through the '70s and the windsurfing boom of the '80s, apart from a few isolated individuals and the occasional cross-over windsurfer. The next decade saw surfing explode across Europe and little groups took to the water in Barcelona and beyond as locals realised that with enough patience, even the Med has some great waves. The generally small waves are perfect for beginner surfers and the popularity and ease of use of bodyboards has helped expand numbers.

Des années 70 jusqu'aux années 80 avec l'explosion du windsurf, quasiment personne ne savait qu'on pouvait faire du surf en Espagne côté Méditerranée, mis à part quelques rares individus et certains windsurfers faisant aussi du surf. Ce fut ensuite au tour du surf d'exploser en Europe pendant les dix ans qui suivirent ; les locaux comprirent qu'avec un peu de patience même en Méditerranée on peut surfer de bonnes vagues, et de petits groupes de surfers se formèrent à Barcelone et ses environs. La petite taille des vagues en général est parfaite pour les débutants, et la popularité et la facilité d'accès du bodyboard ont permis l'augmentation du nombre de pratiquants.

Today

The whole mainland coast is now well served with surf associations, surf shops and excellent websites, which can really help in the process of being in the right place at the right time and meeting other surfers. Cataluña has the most surfers and most developed surf scene and the Asociacion Catalana de Surf organises contests, concerts, surf films and parties. Localism at a few spots is just starting to be a concern but travellers with a good attitude will find locals friendly and encounter very few problems. The island surf communities are small and close knit, with plenty of protection given to secret spots, but a generally easy-going vibe is the norm in the line-ups. Meeting other surfers still has a buzz about it compared to the often 'too cool' surfer vibe along the Atlantic shores.

Toute la côte est maintenant bien équipée de surfshops et de clubs avec d'excellents sites internet, très utiles pour être au bon endroit au bon moment, ou pour rencontrer d'autres surfers. C'est en Catalogne que le surf est le plus développé, l'Asociacion Catalana de Surf organisant des compétitions, des concerts, des films de surf et des soirées. Le localisme sur certains spots commence juste à apparaître mais les surfers en trip avec un bon état d'esprit trouveront les locaux accueillants et ne rencontreront pas de problèmes particuliers. Les locaux sur les îles sont de petits groupes bien soudés entre eux, qui ne divulguent pas facilement leur spots secrets, mais la bonne ambiance est de mise au line-up. Y rencontrer d'autres surfers reste quelque chose d'authentique par rapport à l'ambiance souvent trop stéréotypée de la côte atlantique.

---

north coast is cliffy with deep water in places, cutting the options but there are plenty of junky beachbreaks to ride around the island. Mallorca is the biggest in terms of just about everything including surf spots and surfers yet still preserves some secrets along the N swell exposed coasts. Menorca is definitely the most swell-exposed island and Platja de Cavalleria is the centre of the rugged north coast surf scene. There are fewer tourists and more dramatic coast to explore, with more power and size to be found than the other islands. Despite a bit more exposure than the mainland, it is still a **winter** destination, with luck needed to get it good in spring or autumn.

La plupart des dépressions circulent d'Ouest en Est en Europe, par conséquent ce sont les côtes exposées O qui reçoivent le plus de houle en Méditerranée. Pourtant, la côte espagnole et les îles Baléares ont des vagues de façon semi-régulière, et ce grâce à trois sources de swell. La plus fréquente est la Tramontane qui souffle du Nord, et qui après quelques jours d'action peut envoyer des swells de vent corrects sur les spots exposés NE. Ces houles bien définies sont entrecoupées d'un grand nombre de jours de clapot avec du vent, ce qui permet au moins aux locaux de rester en forme quand une nouvelle houle rentre. Il y a ensuite le vent chaud du S, moins fréquent, mais qui peut souffler fort et créer de façon surprenante un bon swell assez rapidement. La troisième source vient des coups de vent plus violents venant de l'E, en général accompagnés de pluie et de vent. Ces coups de « Levantada » créent des vagues sur le continent et les spots exposés E des îles Baléares, mais il faut une bonne connaissance du terrain pour trouver le spot qui va marcher.

On trouve des milliers de kilomètres de beachbreaks le long de **la côte Est** de l'Espagne, de qualité assez médiocre. Mais parmi tout cet amas de beachbreaks se cachent quelques spots remarquables, que les locaux connaissent sur le bout des doigts. En Méditerranée, la houle arrive aussi vite qu'elle disparaît, il faut donc être très disponible pour pouvoir surfer. La plupart de ces spots ne sont pas mentionnés dans le guide ; discutez avec les locaux et peut-être serez-vous invités à les découvrir. Les vagues sont plus rares sur la Costa del Sol qu'ailleurs, sauf quand elle reçoit un swell de S ou d'E en hiver (peu fréquent). La plupart des locaux vont surfer en Andalousie côté Atlantique pour pallier aux nombreux jours de flat. Murcia et Valenciana sur la Costa Blanca peuvent avoir des houles de NE mais les îles Baléares bloquent la houle et réduisent beaucoup le fetch. Quelques locaux surfent vers Carthagène et Benidorm, et font probablement quelques expéditions vers les reefs près de Cabos de Palos et de la Nao. Jucar est le spot le plus connu près de Valencia, à l'embouchure d'une rivière, et encore ce n'est qu'un beachbreak comme les autres, pas très puissant. On trouve ensuite des kilomètres sans personne jusqu'à la Costa Brava et les spots fréquentés de la métropole, Barcelone. On sera surpris par la qualité du surf et le nombre de surfers car il y a des vagues au beau milieu de la ville et sur pas mal d'autres spots aux alentours avec les houles d'E /NE.

L'hiver est bien sûr la meilleure période pour le surf et certaines fois on peut avoir des vagues toutes les semaines. L'automne et le printemps peuvent être également de

bonnes saisons, avec le beau temps qui rend le surf très agréable. L'été est à bannir pour le surfer de Méditerranée. La moindre plage est surchargée de touristes et la mer est réputée pour être flat. De temps en temps, une houle de vent peut faire des vagues fun pour le longboard ou pour faire débuter les gamins.

Quand on parle **des Iles Baléares** on pense surtout au tourisme de masse et aux boîtes de nuit, mais il y a aussi des vagues correctes pour les surfers qui sont patients. Formentera est une petite île tranquille assez sélect, avec un spot principal orienté S, mais avec du potentiel au N, bien que les autres îles bloquent la majorité de la houle de N. Il y a un petit groupe de surfers à Ibiza qui surfent régulièrement quand ça rentre du N/NE, mais il faut surveiller les spots qui marchent par swell de S. La côte N est plutôt abrupte avec des endroits où c'est trop profond, ce qui limite les options, mais il y a plein de beachbreaks un peu trash à surfer autour de l'île. Majorque a le plus de tout à tous les niveaux, valable aussi pour le nombre de spots ou de surfers, mais il reste des spots secrets à découvrir sur les côtes exposées aux swells de N. Minorque reste l'île qui reçoit le mieux la houle et Platja de Cavalleria est le centre du surf sur cette côte N très découpée. On y trouve moins de touristes et une côte plus spectaculaire à explorer, avec plus de taille et de puissance que sur les autres îles. Même si c'est un peu mieux exposé que sur le continent, cela reste une destination **d'hiver**, et il faudra avoir un peu de chance pour scorer en **automne ou au printemps**.

Southern France

Surfing in the Mediterranean has grown significantly and the French coast is no exception. Windswell, often built by the reliable Mistral breezes, can produce short period waves of surprising size, providing the wind has sufficient strength and fetch. This means eastern regions have a better chance of picking up swell as the Mistral funnels down the mountain ranges from the north, then turns towards Italy and blows W/NW. Tramontane is a NW-N variation of the same phenomenon, while it's called Ponente when it blows from a straighter W direction in Corsica. Other sources of swell include the Grecale (NE), Levant (E-SE), Sirocco (SE-S) and Libeccio (SW). As soon as the wind drops, so does the swell and an offshore will flatten it very quickly. The Med requires a constant vigil and the ability to drop everything and surf when the waves do appear, because they probably won't be there tomorrow.

The **Southern France – West** map includes the extremely inconsistent coast from Perpignan to Marseille where the wind is usually offshore and swells from lows passing between Spain and Corsica are rare. The best conditions usually happen just when the wind shifts back to the offshore Mistral after sending swell from a more southern direction. This sudden change of wind is known as 'la renverse'. Marseille

Top – **On the Balearic Islands, many reefs are hyper-sensitive to swell direction so local knowledge is needed to score.**

Bottom – **Barcelona provides a striking city backdrop for surfing occasional NE swells.**

Barcelona

Sausset les Pins						
SURF STATISTICS	J/F	M/A	M/J	J/A	S/O	N/D
Dominant swell	W-SW	W-SW	W-SW	W-SW	W-SW	W-SW
Swell size (ft)	2	1-2	1	0-1	1-2	2
Consistency (%)	50	30	20	10	40	50
Dominant wind	NW-NE	SW-NW	SW-NW	SW-NW	W-N	W-N
Average force	F4-F5	F4-F5	F3-F4	F3-F4	F3-F4	F4
Consistency (%)	45	43	47	46	41	48
Water temp.(°C)	13	14	19	23	21	16
Wetsuit						

La Couronne

GECKO

starts to benefit from the westerly airflow and has a few quality reefs that work in SE to W winds and swells, however onshore conditions are the norm. ***Winter*** only and even then, it can be flat for weeks.

E or S winds can kick up some waves for the **Southern France – East** area, especially on the Côte d'Azur, but the best swells are courtesy of Atlantic lows that track into the Med. Once again the 'la reverse' gives the perfect scenario for clean waves. There are some sharp reefs in protected bays that fire on a handful of days a year, with surprising quality for a coast more associated with expensive boats than surfing. Corsica has the best orientation to pick up whatever swell is around and the west coast hides some powerful beachbreaks and right points tucked into headlands that work on NW Mistral conditions. Without doubt, ***winter*** is the time to go, but don't discount Corsica in spring and autumn.

North Corsica secret

MARC MICELI

Le surf s'est beaucoup développé en Méditerranée et les côtes françaises ont leur part de vagues. Le Mistral y souffle fréquemment et, pourvu qu'il soit assez fort et qu'il ait assez de fetch, crée souvent des houles courtes de vent d'une taille surprenante. Les zones situées à L'E sont donc mieux exposées car le Mistral souffle du N, canalisé par les montagnes, pour ensuite virer l'O/NO vers l'Italie. La Tramontane est une variante N-NO du même phénomène, appelée Ponente quand ça souffle plus O en Corse. D'autres types de vent sont générateurs de houle, comme le Grecale (NE), le Levant (E-SE), le Sirocco (SE-S) et le Libeccio (SO). La houle diminue dès que le vent tombe, et un vent offshore l'aplatit très rapidement. Surfer en Méditerranée demande beaucoup de disponibilité, car les vagues disparaissent aussi vite qu'elles sont venues.

La carte France Sud – partie Ouest comprend la côte de Perpignan à Marseille, où le vent est en général offshore mais ça marche vraiment très rarement, car les houles des dépressions passant entre l'Espagne et la Corse sont peu fréquentes. Les meilleures conditions sont d'habitude quand le Mistral repasse offshore après avoir envoyé de la houle de secteur un peu plus S. On appelle ce changement brusque de direction « la renverse ». A Marseille on commence à bénéficier du régime de vent d'O, et on trouve quelques reefs de qualité qui marchent par vent et houle de SE à O, mais le vent est quand même en général onshore. Ça marche seulement l'hiver, et encore ça peut rester flat pendant des semaines entières.

Le vent d'E ou de S peut produire quelques vagues pour la France Sud -partie Est, surtout sur la Côte d'Azur, mais les meilleures houles proviennent des dépressions de l'Atlantique qui continuent leur trajectoire sur la Méditerranée. Ici encore, la renverse est le meilleur moment pour avoir des conditions propres. Il y a des reefs à fleur d'eau dans des baies protégées qui se mettent à envoyer quelques jours dans l'année, avec une qualité surprenante pour une côte plutôt associée aux yachts de luxe qu'au surf. La Corse a la meilleure situation pour prendre tous les types de houle, et la côte O recèle des beachbreaks et des droites de pointbreak puissants derrière les pointes, qui marchent par Mistral de NO. L'hiver est sans aucun doute la meilleure période, mais ne pas sous-estimer le printemps et l'automne pour la Corse.

Southern France Surf Culture

History

The Med was known as a windsurfer's heaven for a long time, but in the late '70s, surfers such as Jacques and Christophe Righezza decided to lose the sail and enjoy the occasional waves. With other pioneers including Fred Mayol from St Cyr les Lecques, they started exploring the coast searching for spots and soon found what they were looking for at Cap St Louis. In Corsica, pioneers in the '80s gathered in Capo di Feno. First names in the water there were Gilles, Martin Manocci and Johnny Bongo.

The '80s saw growing awareness and the increasing availability of proper equipment, as surfers gathered in surf clubs such as Marseille's Shark Club, founded by Marc Miceli. Other clubs followed and have played their role in the development of surfing on this coast. Today's leaders include the GAS Surf Club of La Ciotat and the Palus Avis Surf Club in Palavas with 60 members. Active associations, like 100deck, was formed in Nice in 2001 and works to unify surfers from the Alpes Maritimes.

Cela faisait longtemps que la Méditerranée était connue comme un paradis pour le windsurf, mais vers la fin des années 70, des gens comme Jacques et Christophe Righezza décidèrent de laisser leur voile de côté pour profiter des vagues quand il y en avait. Avec d'autres pionniers comme Fred Mayol de St Cyr les Lecques, ils commencèrent à explorer la côte en quête de spots et trouvèrent finalement ce qu'ils cherchaient à Cap St Louis. En Corse, les premiers surfers des années 80 se rassemblaient à Capo di Feno, les précurseurs étant Gilles, Martin Manocci et Johnny Bongo.

Les surfers prirent de plus en plus conscience du potentiel dans les années 80, et le matériel devint de plus en plus facilement

accessible avec la création de surfclubs comme le Shark club à Marseille, fondé par Marc Miceli. D'autres clubs lui emboîtèrent le pas et contribuèrent au développement du surf dans la région. Les plus gros sont actuellement le G.A.S. surf club à La Ciotat et le Palus Avis Surf Club à Palavas, qui compte maintenant plus de 60 membres. Les associations sont actives, comme 100deck, qui fut créé en 2001 à Nice et qui s'efforce de réunir les surfers des Alpes Maritimes.

Today

Med surfers tend to travel more than others to fuel their dreams and will regularly drive to the ocean or fly abroad, which explains the presence of one of the largest French surf tour operators in Marseille. Some of the most gifted surfers like Tim Boal or the Delpero brothers seem to have fled to the Atlantic shores for good, but others such as Thomas Buchotte and Vincent Chasselon from Marseille or Thibault de Nodrest from La Ciotat still contribute to elevate the level of local surfing. *Flat Country*, a video mostly shot in Bouches du Rhône and Var by two girls from Sausset, showcases the talent and the waves of the area.

Les surfers de Méditerranée voyagent beaucoup en général pour satisfaire leurs rêves de vagues, soit en voiture pour aller jusqu'à l'océan, soit en prenant l'avion pour d'autres destinations ; un des plus grands tour operators spécialisé surf est d'ailleurs basé à Marseille. Quelques-uns des surfers les plus doués comme Tim Boal ou les frères Delpero se sont établis sur la côte atlantique pour de bon semble-t-il, mais d'autres comme Thomas Buchotte et Vincent Chasselon de Marseille ou encore Thibault de Nodrest de La Ciotat sont toujours sur place pour élever le niveau local. On peut voir les riders du coin dans Flat Country, une vidéo tournée principalement dans les Bouches du Rhône et le Var par deux filles de Sausset.

Italy

With its 7600km of coastline, easy-to-forecast conditions and great room for exploration, Italy has enough waves to keep its 30,000 surfers entertained. With over 320 known surf spots, there is plenty of variety across the regions, which are as diverse as the waves. Although the surf is often weak and windy, fun pointbreaks and hollow reefs can come to life in a surprising range of weather conditions. Mediterranean surf conditions depend on the low pressure fronts arriving from the north, west or south and generating enough wind for surfable waves around the Italian peninsula.

Avec ses 7600km de côtes, des conditions météo faciles à prévoir et encore un grand potentiel à exploiter, l'Italie possède assez de vagues pour contenter ses 30 000 surfers. Avec plus de 320 spots répertoriés, on trouve une aussi grande variété de vagues que de régions. Bien que les vagues soient souvent molles et ventées, des pointbreaks sympas et des reefs creux peuvent se mettre à marcher avec des conditions étonnamment variées. Celles-ci dépendent des fronts dépressionnaires qui arrivent du N, de l'O ou encore du S, qui créeront assez de houle de vent pour avoir des vagues surfables sur la péninsule de l'Italie.

West Coast

The Mistral is the driving force for surf in **Northern Italy** as the W winds have enough fetch to build decent size swells that unload on the Ligurian reefs. Varazze and Levanto hold some of the biggest waves on the mainland, but consistency is not too high with about 120 rideable days a year and most of them are small and onshore. Flexibility is the key as it is necessary to follow the swell and wind patterns as they swing from SW round to NW. Like most of the more northern reaches of the Med, winter can suffer from cold, continental high pressure that produces snow not surf, so *autumn and spring* are often the best times. Water temps for all western Italy range from 12-26°C.

The same wind drives the swells into **Central Italy** where the classy spots along the Tuscan coast attract surfers from far afield. Forte Dei Marmi, Viareggio, Livorno and Lillatro are all swell and people magnets.

Forte di Marmi
ALESSANDRO DINI

The Tuscan beachbreaks are often first to show the swell and Livorno's exposed reefs are great in the post weather-front glass-off. Offshore, Elba Island presents an opportunity to ride some hollow, empty reefs in rare SE to SW swells. *Spring* is often the best time, but a little wave can appear at any time of the year.

We called this area **Southern Italy** for ease of naming, (despite Sicily and Calabria being further south) and it includes Lazio and Campagnia, plus Puglia Molise. It has a few hotspots around the crowded reefs of Santa Marinella, close to the ancient city of Rome, including the famous peaks of Banzai. The swell window opens up to include SE swells driven in by the warm Sirocco swells, but once again consistency is low (50 days/yr) and long summer flat spells of weeks are not uncommon. *Autumn to Spring* is the best bet.

Way down south, **Calabria & Sicily** are perfecly exposed to African weather fronts and offer (to the very few locals) some of the sweetest left points in the Mediterranean. They rely on the less frequent, harder to forecast S/E wind (Sirocco), which only hits this corner of the Med on about 50 days of the year. The north coast of Sicily does pick up NW swells and the biggest scene is around Palermo. Picking a time of year for SE swells is tricky but *winter* should be most likely to produce some swell.

Le Mistral est le moteur principal des houles en **Italie du Nord**, avec des vents d'O qui ont assez de fetch pour créer des vagues de taille correcte pour casser sur les reefs de Ligurie. Varazze et Levanto peuvent avoir les plus grosses vagues sur le continent, mais avec 120

Varazze
NICOLAS FOITU

Sardinia						
SURF STATISTICS	J/F	M/A	M/J	J/A	S/O	N/D
Dominant swell	SW-NW	SW-NW	W-NW	W-NW	SW-NW	SW-NW
Swell size (ft)	3	2-3	2	1	2-3	3
Consistency (%)	60	60	30	20	50	70
Dominant wind	W-N	W-NW	W-NW	N-E	W-NW	W-N
Average force	F5	F4	F4	F3	F3-F4	F4
Consistency (%)	59	61	59	51	54	56
Water temp.(°C)	13	14	19	24	22	16
Wetsuit	🏄	🏄	🏄	🏄	🏄	🏄

Top and middle – **The Ligurian Sea hosts some of mainland Italy's biggest and most powerful winter surf.**

Bottom – **Finding organised line-ups is crucial in the short fetch and period conditions of the Med.**

Pantano
EMILIANO CATALDI

jours surfables par an, la fréquence n'est pas très élevée, et encore la plupart du temps c'est petit et onshore. Il faut pouvoir bouger rapidement pour suivre les changements de direction du vent et de la houle qui tournent en général du SO au NO. Comme les autres régions situées au N de la Méditerranée, l'hiver et ses hautes pressions sur le continent peuvent apporter du froid et de la neige au lieu de créer des vagues, donc *l'automne et le printemps* sont souvent les meilleures périodes. L'eau varie de 12 à 26°C sur toute la façade Ouest.

Le même vent continue de pousser la houle vers le **Centre de l'Italie**, et on trouve de très bons spots le long de la côte de Toscane, que les Italiens viennent de loin pour surfer. Forte Dei Marmi, Viareggio, Livourne et Lillatro concentrent très bien la houle et sont surfés régulièrement. Les beachbreaks de Toscane reçoivent en général la houle en premier et les reefs de Livourne marchent bien ensuite lorsque le front est passé et laisse derrière lui des conditions glassy. Au large, l'île d'Elbe peut offrir des vagues de reef creuses sans personne par houle de SE à SO, mais c'est rare. *Le printemps* est souvent la meilleure période, mais il peut y avoir des petites vagues à n'importe quel moment de l'année.

On a nommé cette partie **Italie du Sud** pour plus de facilité, bien que la Sicile et la Calabre soient encore plus au S, et on y a inclus le Latium et la Campagnie, plus Puglia Molise *(voir Côte Est)*. Il y a quelques bons spots de reefs avec du monde vers Santa Marinella (connu pour les pics de Banzai) près de l'antique cité de Rome. La fenêtre de houle est plus large ici car les swells de SE créés par les vents chauds du Sirocco peuvent rentrer, mais encore une fois la fréquence est faible (50 jours/ an) et il n'est pas rare d'avoir des périodes de flat de plusieurs semaines en été. La meilleure période est de l'automne au printemps.

A l'extrême S, **la Calabre et la Sicile** sont parfaitement exposées aux fronts venant d'Afrique, et offrent parmi les plus jolies gauches de pointbreak en de Méditerranée (pour les quelques rares locaux). Ils dépendent des vents de S à E (Sirocco), qui sont plus difficiles à prévoir et peu fréquents : ils ne soufflent dans ce coin de la Méditerranée qu'environ 50 jours par an. La Côte N de la Sicile reçoit les swells de NO et c'est autour de Palerme que ça marche le mieux. Même s'il est assez difficile de choisir un moment de l'année pour avoir des houles de SE, *l'hiver* semble être quand même la meilleure période.

Ionian Sea secret

EMILIANO CATALDI

East Coast

Italy's **East Coast** on the shallow Adriatic, is the least consistent surf area yet it remains quite densely surfed. The few decent spots around Ravenna and Ancona attract surfers by the hundreds during the rare SE swells and frequent NE storms. This area can rely on 60-100 surfable days/year but this count includes also the many gutless NE windswell days. There are slow and easy righthand points in Marche and Abruzzo that continue to break in strong onshore winds. Puglia Molise offers more challenging reefs in NE to SE swells with fewer people in the water. The Adriatic can have waves in summer when the descent of cold air currents from the former Soviet block triggers a gusty E to NE wind producing poor quality surf for many east coast spots. Otherwise it's those tricky SE and E windswells that can appear from autumn to spring but remember water temps can drop to 7°C from the summer bath-like comfort of 30°C.

La côte Est de l'Italie, qui borde la mer Adriatique peu profonde, est la zone où il y a le moins de vagues mais cela n'empêche pas qu'il y ait du monde à l'eau. Les quelques spots corrects du côté de Ravenne et Ancône attirent les surfers par centaines pendant les rares swells de SE et les fréquentes tempêtes de NE. On peut compter sur 60 à 100 jours surfables par an, mais en y incluant les nombreux jours de clapot par petite houle de vent de NE. Il y a des droites de pointbreaks assez molles et faciles à surfer dans les Marches et les Abruzzes, qui continuent à marcher par fort vent onshore. La Puglia Molise a des reefs plus consistants par houle de NE à SE, avec moins de monde à l'eau. L'Adriatique peut avoir des vagues en été, quand des masses d'air froid descendant de l'ancien bloc soviétique génèrent un vent d'E à NE avec des vagues assez médiocres sur la plupart des spots de la côte E. Autrement ce sont ces houles capricieuses de SE ou E qui peuvent se former de l'automne au printemps, mais il faut signaler que l'eau peut tomber à 7 degrés en hiver, alors qu'en été c'est une eau de lessive à 30°C.

Sa Mesa

GECKO

Sardinia

Sardinia is able to pick up swells from a full 360° swell window and host the largest, most challenging and consistent waves in the Med. Sardinia is blessed with some great reefs and points on the west coast where the NW winds blow hard but don't necessarily destroy the southwest-facing spots. The peninsula at Putzu Idu is the focus with the 'Capos' but Alghero in the north and Chia in the south are also hotspots. Winter is guaranteed some regular action while autumn and spring can also be good.

La Sardaigne peut recevoir des houles de vraiment toutes les directions et possède les vagues les plus grosses, les plus puissantes et les plus régulières de Méditerranée. Cette île a la chance d'avoir de beaux reefs et pointes sur la côte O où le vent souffle souvent fort de NO, mais où les spots orientés SO sont plus ou moins abrités. La péninsule de Putzu Idu est l'attraction principale avec les "Capos", mais il ne faut pas oublier Alghero au N et Chia au S. On peut compter sur du surf régulier en hiver, mais il peut y avoir aussi de bonnes vagues à l'automne et au printemps.

Top – **Many Italian waves that face into the NW Mistral remain surfable under onshore conditions. Unfortunately, this exposed Capo Mannu A-frame is not one of them.**

Middle – **The sole of Italy's 'boot' hides many points and reefs that come to life in Sirocco winds from the south or east, on approximately 50 days of the year.**

Italian Surf Culture

History

The history of Italian surfing is a puzzle of episodes starting with Peter Troy (the famous Australian surf explorer) catching the first documented Italian wave in Genova (Liguria) in 1963. His pioneering rides were a bit premature for the local population and it was not until the late '70s to early '80s that the first generation of surfers appeared. Pushed by cult movies like *Big Wednesday* and by first trips to ocean waves (mainly Biarritz), several small communities simultaneously popped up all over the peninsula. Viareggio in Tuscany was the main scene and that's where the first club (Italia Wave Surf Team), the first shop (Natural Surf) and the first contests started up. This area was pioneered by Michele and Alessandro Dini, while up in Genova the Fracas brothers were enjoying Bogliasco's sucky waves. The east coast push came from Andrea Tazzari, Lodovico Baroncelli and Angelo Manca who were surfing the S/E exposed breaks around Ravenna and would later start *SurfNews* Magazine (1994). Carlo Piccinini and Fabio Gini were the early starters around Rome, while Maurizio Spinas, Diddo Ciani and Giuseppe Meleddu were already exploring Sardinia's long points. Initially numbers were small, equipment had to be bought in France and communication between scenes non-existent.

On peut voir l'histoire du surf en Italie comme les pièces d'un puzzle à des moments et des endroits différents, avec au début Peter Troy (le célèbre surf explorateur australien) qui fut officiellement le premier à surfer à Gênes en Ligurie en 1963. Ses premières tentatives étaient un peu trop en avance par rapport aux mentalités locales, et ce n'est que vers fin des années 70 - début 80 que la première génération de surfers vit le jour. Motivés par des films cultes comme *Big Wednesday* et par les premiers trips pour aller surfer des vagues à l'océan (surtout à Biarritz), plusieurs petites communautés apparurent simultanément partout sur la péninsule. Viareggio en Toscane était le spot principal, et c'est là que fut créé le premier club (Italia Wave Surf Team), le premier surfshop (Natural Surf), et que les premières compétitions furent organisées. Les pionniers de cette région furent Michele et Alessandro Dini, tandis que plus au N à Gênes les frères Fracas profitaient des vagues creuses de Bogliasco. Le début du surf sur la côte E vint avec Andrea Tazzari, Lodovico Baroncelli et Angelo Manca qui surfaient les spots exposés S/E vers Ravenne, et qui lanceraient plus tard *SurfNews* Magazine (1994). Carlo Piccinini et Fabio Gini furent les premiers à surfer vers Rome, pendant que Maurizio Spinas, Diddo Ciani et Giuseppe Meleddu étaient déjà en train d'explorer les longs pointbreaks de Sardaigne. Au début il n'y avait pas grand-monde, le matériel devait être acheté en France et il n'y avait aucune communication entre les différents pôles de surf.

Today

Now (2006) there are an estimated 30,000 surfers in Italy, a figure increasing at a steady +15% yearly. Since the early '90s the number of surf shops has gone from four to over 300, specialised magazines from one to two. The surfing federation, Surfing Italy, organises official competitions together with the many surf-related brands. Italian semi-professional riders participate in EPSA and WQS competitions. *SurfNews* magazine publishes a detailed spot guide in Italian and is directly involved in many surf exploration projects inside and outside of the Mediterranean.

De nos jours (2006) on estime à 30.000 le nombre de surfers en Italie, un chiffre en augmentation régulière de 15% par an. Depuis les années 90 le nombre de surfshops est passé de 4 à plus de 300, les magazines spécialisés de 1 à 2. La Fédération de surf, Surfing Italy, organise des compétitions officielles avec le soutien des nombreuses marques de surf. Des surfers italiens semi-pros participent aux compétitions EPSA et WQS. *SurfNews* magazine publie un guide des spots détaillé en italien, et s'est lancée dans de nombreux projets d'exploration surf, en Méditerranée et ailleurs.

The Ocean Environment

The Mediterranean surfing environment is highly variable, ranging from heavily industrialised and polluted ports, through grotesque mega-tourist developments to classic picture-perfect traditional villages and empty beaches with sparkling azure water. This extensive 46,000km coastline is shared by 20 countries and almost 200 million people. Warmer and saltier than the Atlantic that feeds it, it takes 90 years to renew its waters, so whatever gets dumped, stays there a long time. Almost 60% of the pollution input into the Mediterranean comes from Spain, France and Italy yet more than 46% of the Med population does not have water treatment plants. About 60% to 70% of all the oil pollution is due to discharges during routine unloading. The Mediterranean, which only represents 0.7% of the world's surface of seas and oceans, is the site of 35% of the world's trade in hydrocarbons, 15% of the chemical's trade and 17% of total world trade.

L'environnement dans lequel on surfe en Méditerranée est très variable, on peut y trouver des ports très industrialisés et très pollués, des infrastructures touristiques démesurées, mais aussi des villages traditionnels type carte postale avec des plages désertes où scintille une mer bleu azur. Cet immense littoral de 46 000 km de long est partagé par 20 pays et presque 200 millions d'habitants. Plus chaude et plus salée que l'Atlantique qui l'approvisionne en eau, cette mer met 90 ans pour se renouveler, donc tout ce que l'on y déverse y stagne longtemps. Près de 60% de la pollution de la Méditerranée provient de la France, de l'Espagne et de l'Italie, et pourtant plus de 46% de la population du bassin méditerranéen ne possède pas de stations d'épuration. Environ 60% à 70% de la pollution due au pétrole vient de la pratique courante du dégazage. La Méditerranée, qui ne représente que 0.7% de la surface mondiale des mers et des océans, regroupe 35% du commerce mondial d'hydrocarbures, 15% de celui des produits chimiques et 17% de l'ensemble du commerce mondial.

Pollution

Spain suffers from widespread pollution from both raw sewage and effluents from the offshore production of oil and gas. The overcrowded shipping lanes bring oil and ballast tank discharges, especially to the southern regions near the Gibraltar Straits and the big ports of Cartagena, Valencia, Tarragona, and Barcelona. The water quality in big cities has improved a lot over the last decade, however, after rain and on big days, the line-ups turn brown and the stormwater drains deliver trash and polluted run-off. Balearic water quality is remarkably good compared to urban mainland black spots.

There is huge pressure on the coastal waters of Mediterranean **France** coming from massive urbanisation, industrialisation and heavy shipping. Marseille is France's second largest city and the large port is yet to provide adequate waste management for ships, so illegal dumping is commonplace. Dredging is regular and stormwater pollution at the city beaches can be

KRISTEN PELOU

heavy. Other sources of water pollution come from urban wastes and agricultural runoff plus there can be big forest fires in summer to add to the air pollution from industrial and vehicle emissions. All these problems associated with the overdeveloped, crowded coastline dissolve away in the natural Corsican landscape where there is no industrial waste and all municipal waste is treated, however it is not immune from the oil pollution that blights the Mediterranean as a whole.

With 20% of the world's oil trade passing by, it's no surprise the water quality in **Italy** is generally poor. Thick oil can be seen on the rocks of many southern regions as a result of uncontrolled ballast and holding-tank washing. Industrial pollution is also visible in areas like Lazio, Tuscany, Campania and Sicily where big harbours and petrol-chemical industries dot the coast. In fact around 400km (5%) of the Italian coastline is currently described as being "not suitable for bathing" by the Ministry of Health. Campania and Lazio suffer the most from beach closures and bathing bans with 18% and 12% respectively of total coastline affected. The situation improves outside of city centres in Liguria, Basilicata, Sardinia and also along the eastern regions of Emilia-Romagna and Friuli Venezia-Giulia where nearly all beaches have acceptable water quality.

L'**Espagne** souffre d'un vaste problème de pollution dû aux rejets non traités et de ceux provenant des installations offshore de gaz et de pétrole. Les routes maritimes surfréquentées causent de la pollution à cause des dégazages et des déballastages, surtout dans les régions du S près du détroit de Gibraltar et des grands ports de Carthagène, Valence, Tarragone et Barcelone. La qualité des eaux de cette métropole s'est bien améliorée ces dix dernières années, mais les jours de pluie ou de grosse houle, l'eau devient marron au line-up et les conduits d'évacuation d'eau de pluie charrient des déchets et des effluents pollués. Les eaux des Baléares sont nettement plus propres que celles situées près des zones urbaines sur le continent.

En **France**, les côtes de la Méditerranée subissent une forte pression sur l'environnement de la part des industries, de l'urbanisation massive et de l'important

Top – **The Med represents less than 1% of the earth's marine surface, yet carries 20% of global oil tanker traffic. Consequently, 635,000 tonnes of oil are spilled, mostly during routine unloading.**

Bottom – **With a staggering 250 million visitors a year (and rising), it's no surprise that the coastline is grossly overdeveloped in many regions.**

La Ciotat

MARC MICELI

trafic maritime. Marseille est la deuxième plus grande ville de France, c'est un grand port qui n'est pas assez équipé pour récupérer les déchets des tankers, et les rejets en mer illégaux sont donc largement répandus. Les dragages sont fréquents, et les évacuations d'eau de pluie de la ville peuvent fortement polluer les plages. Les autres sources de pollution proviennent des rejets agricoles et urbains, auxquels peuvent s'ajouter de grands feux de forêt qui aggravent la pollution de l'air déjà présente à cause des industries et du trafic routier. Tous ces problèmes liés à une côte surpeuplée et surdéveloppée se font oublier en Corse, où la nature semble préservée des rejets industriels et où toutes les déchets municipaux sont retraités. Mais l'île n'est pas épargnée par la pollution due au pétrole, qui dans l'ensemble reste un fléau en Méditerranée.

Avec 20% du trafic pétrolier mondial qui passe au large des côtes, il ne faut pas s'étonner que la qualité de l'eau en **Italie** soit en général assez mauvaise. On peut voir des galettes épaisses de pétrole sur les rochers dans beaucoup de régions du S suite aux dégazages et autres déballastages sauvages. La pollution industrielle est aussi visible dans des régions comme le Latium, la Toscane, la Campanie et la Sicile, avec une succession de grands ports et d'industries pétrochimiques sur la côte. D'ailleurs 400km (5%) du littoral italien est actuellement déclaré « impropre à la baignade » par le Ministère de la Santé. Les régions du Latium et de la Campanie sont les plus concernées, avec respectivement 18% et 12% de leurs côtes qui font l'objet de mesures d'interdictions de baignade. La situation est meilleure en dehors des centres urbains, en Ligurie, Basilicate et Sardaigne ainsi que le long des régions orientales de l'Emilie-Romagne et de Frioul Vénétie-Julienne, où l'eau est d'une qualité acceptable sur la grande majorité des plages

renforcement des protections sur les côtes espagnoles n'a pas stoppé l'érosion, ce qui est surtout visible entre Valence et Barcelone.

Mis à part le côté O de la côte méditerranéenne, la majorité des côtes **françaises** est un mélange de roches dures et tendres, alors que l'ensemble de la Sardaigne est constituée de roches plutoniques très dures. Ceci n'a pas empêché le renforcement artificiel des côtes ni la construction de marinas et de ports en tous genres pour accueillir l'énorme masse des bateaux de plaisance. Près de 50% des côtes protégées artificiellement dans le pays continuent à s'éroder, ce qui fait de la France un des pays qui a le moins bien réussi dans la lutte contre l'érosion. Malgré les ports et les digues, il y a relativement peu de vagues valables crées par ces constructions.

Il y a de gros problèmes d'érosion en Italie, vu que 50% de la côte est constituée de plages, et seulement 15% par des roches dures. Malgré plus de 1000 km de défenses artificielles, environ la moitié de celles-ci continuent à s'éroder et 2350 km au total subissent actuellement les assauts de la mer. La destruction de l'environnement dunaire, l'urbanisation côtière et la canalisation des rivières font reculer le trait de côte avec des conséquences directes pour de nombreux spots. Depuis le début des années 80, des digues, brise-lames immergés et autres jetées ont été construits partout dans le pays, notamment dans les régions dont les revenus dépendent du tourisme estival. Ces mesures anti-érosion ont détruit des spots dans le Latium (vers Ostia et Santa Marinella), la Toscane (Idrovora), la Romagne (Quattro Venti, à Punta Marina) et la Ligurie (Pegli), et bien d'autres ont été modifiés de façon importante suite à l'interruption du transit naturel de sable.

Erosion

The Med coast of **Spain** is mainly soft, sedimentary rock that is susceptible to erosion and this is the case in the Golfo di Valencia and parts of the Costa del Sol. More worrying is the lack of sediment reaching the sea from increasingly depleted rivers that are being sucked dry by intensive farming methods which may affect rivermouth breaks like Jucar. Construction of marinas, harbours and jetties continues despite evidence that Spain's coastal armouring is not halting the erosion, especially between Valencia and Barcelona.

Apart from the sandy western end of the Med coast, most of the Southern **France** coastline is a mix of soft and hard rock while just about all of Sardinia is ultra-hard plutonic rock. This hasn't stopped coastal armouring and the construction of harbours, ports and marinas to cater for the huge of number of pleasure vessels. Almost 50% of the artificially protected coastline of the country continues to erode, making France one of the least successful countries at controlling erosion. Despite all the harbours and jetties, there are relatively few good waves that are reliant on these structures.

Erosion is a major problem for **Italy** considering 50% of the coast is beach and only 15% is hard rock. Despite over 1000kms of coastal armouring, almost half of that coastline continues to erode and a total of 2350kms are currently feeling the effects of the sea. Destruction of the dune environment, coastal urbanisation and the canalisation of rivers are causing water levels to rise with direct consequences for a variety of surf breaks. Since the early '80s, piers, submerged rock barriers and jetties have appeared around the country, especially in areas relying on summer tourism. Theses anti-erosion measures killed breaks in Lazio (Ostia and Santa Marinella area), Tuscany (Idrovora), Romagna (Quattro Venti, in Punta Marina) and Liguria (Pegli), plus many others have been seriously affected as the natural flow of sand has been interrupted.

La côte méditerranéenne de l'**Espagne** est principalement constituée de roches sédimentaires tendres facilement attaquées par l'érosion, ce qui est le cas dans le Golfo di Valencia et à certains endroits de la Costa del Sol. Ce problème est aggravé par la diminution de l'apport en sédiments par les rivières, qui sont de plus en plus asséchées par le pompage agricole intensif, ce qui peut menacer certains spots comme Jucar. On continue à construire des marinas, des ports et des jetées alors qu'il est évident que le

Bova
EMILIANO CATALDI

Access

There are no private beaches in **Spain** and everyone has the right to walk the entire coastline. Recent laws prohibit construction too close to the coast, as the lessons of the rampant coastal over-development that took place in previous decades are learned. Cliffs often bar access, especially on the north coasts of Ibiza and Menorca and some of the wilder parts of Almeria and the Costa Blanca. More areas of natural beauty are now being protected by the government to prevent the developers from continuing their coastal sprawl.

Most of the surf breaks along **France's** Mediterranean coast have easy, public access. There are some private beaches associated with big hotels and exclusive properties but these are usually far from the surf zones. Parking is one of the biggest problems especially at some of the better reefbreaks that only work occasionally and see a surf vehicle invasion on good days. Be prepared to fork out for meters that are year-round in the cities and towns. On Corsica, the mountainous terrain and lack of roads often means getting to some stretches of the coast can be a mission with long travelling times.

Italy offers a wide variety of seascapes, ranging from the broad, flat beaches of Tuscany and Romagna through the steep cliffs of Sardinia to the eroded limestone of Sicily and the south. Since tourism is big business in Italy, coastal areas are all well served by roads that only require a two wheel-drive car. Access to the water is only a summertime problem in Tuscany, Lazio, Liguria and Emilia-Romagna. Long stretches of beach are fenced off for private use and controlled through day and night. Do not climb or cross fences and ask politely for access to the waves. Most beach bars offer shower, locker, toilets, etc., for a small fee, plus post surf drinks and pasta. Red flags or no-surf zones are not implemented in Italy yet. Local

Palavas les Flots
JEAN LOUIS BERNARD

Middle – **Parking isn't always this easy, especially in summer when restrictions hit most Mediterranean coastal towns.**

Bottom – **There are many jetties, canals and marinas in the French Med but few create really good waves.**

Capitanerie di Porto (coastal authorities) deal with water sports regionally and can force surfers out of the water if they are a danger to bathers and swimmers. During the very rare summer swells, simply avoid surfing the crowded beaches.

Il n'y a pas de plages privées en **Espagne** et tout le monde a le droit d'accéder au littoral. De nouvelles lois interdisent de construire trop près des côtes, tirant ainsi les leçons des excès du développement anarchique des décennies précédentes. Des falaises empêchent souvent l'accès à la mer, surtout sur la côte N d'Ibiza et de Minorque ou d'autres régions plus sauvages de l'Alméria et de la Costa Blanca. D'autres zones naturelles d'intérêt sont maintenant protégées par l'Etat pour les soustraire au développement tentaculaire des promoteurs.

La plupart des spots en Méditerranée **françaises** sont faciles d'accès. Il y a aussi des plages appartenant à de grands hôtels et des propriétés privées, mais elles sont en général situées loin des zones de surf. Un des plus gros problèmes est de se garer devant les spots, surtout les reefs qui marchent assez rarement et qui sont rapidement envahis de voitures quand c'est bon. Soyez prêts à mettre la main au porte-monnaie pour les parcmètres quelle que soit la période de l'année dans les villes, grandes ou petites. En Corse, il peut parfois assez long de rejoindre certaines parties de la côte à cause du relief montagneux et du manque de routes.

L'**Italie** offre une grande variété de paysages littoraux, depuis les plages larges et plates de Toscane et de Romagne jusqu'aux falaises escarpées de Sardaigne en passant par les reliefs érodés de calcaire de Sicile et du Sud. Comme le tourisme est très important en Italie au niveau économique, les régions côtières sont bien desservies par des routes qui ne nécessitent pas de 4X4. L'accès à la mer ne pose problème qu'en été en Toscane, Latium, Ligurie et Emilie-Romagne. Il y a des propriétés privées sur de longues portions de plage, surveillées nuit et jour et délimitées par des barrières. N'essayez pas de passer par-dessus et demandez poliment le chemin d'accès à la mer. La plupart de bars situés sur la plage proposent des douches, casiers, toilettes, etc. pour pas cher ; on peut aussi y manger des pâtes en buvant un coup après le surf . Il n'y a pas encore de drapeaux rouges ou de zones interdites au surf en Italie. La Capitanerie di Porto (Affaires maritimes) est responsable localement des activités nautiques ; elle peut faire sortir les surfers de l'eau si elle estime qu'ils représentent un danger pour les baigneurs ou les nageurs. Essayez simplement d'éviter de surfer sur les plages où il y a beaucoup de monde pendant les rares swells d'été.

Levanto

found year-round along Italian shores. Bluebottles (Physalia physalis) are more dangerous but can only be found in the west Mediterranean around June-July. Weever fish (Echiichthys vipera) with their poisonous dorsal fins are frequent in summer beachbreaks. Coastal rescue services are widespread throughout the country but active mainly during the tourist season (summer) so more care should be taken in remote locations during winter months. In case of need, Capitaneria di Porto's 1530 is the toll-free number to dial.

Localism is generally not a problem in Italy but with good waves being a limited resource, some spots like Lilatro, il Sale (in Tuscany), Varazze (in Liguria), Capo Mannu (in Sardinia), Adria (in Romagna) and a few well-kept secrets along south shores are jealously guarded by the locals. If visiting these breaks, travel in small numbers and talk to the locals. Italians are warm and friendly to foreign surfers but their mood can change drastically if drop-ins and disrespect takes place. French Mediterranean surfers visiting Liguria under big Mistral swells have a few stories to tell.

Le principal problème que l'on rencontre sont les courants quand ça devient gros. On pense en général que la Méditerranée est une mer tranquille, mais les nageurs non expérimentés et les surfers débutants peuvent être abusés par un faux sentiment de sécurité. Le vent est un autre problème : les vagues se lèvent par fort vent onshore, donc on surfe souvent en Méditerranée dans une mer bien chahutée. Il faut aussi faire attention aux windsurfers et aux kitesurfers qui passent à toute vitesse au line-up, sans parler de tout un tas d'engins aquatiques, du bateau à moteur bien flashy aux bananes gonflables chargées de touristes. Des bancs entiers de méduse peuvent arriver en été, rendant le surf quasi-impossible.

On peut dire qu'avec seulement 4 attaques de requin et un seul décès depuis le début des statistiques, il est vraiment très peu probable d'avoir des ennuis de ce côté-là. Les meilleurs spots cassent souvent dans peu d'eau, attention également aux courants. Il y a aussi souvent des bancs de méduses, mais c'est surtout en été quand c'est flat.

Les vagues italiennes sont en général petites et tranquilles, mis à part la Sardaigne et les reefs sur le continent par conditions optimales. Les courants côtiers et de surface créés par le vent, qui peuvent être dangereux, sont plus fréquents quand c'est onshore. Les surfers n'ont pas conscience en général que l'Italie est l'endroit le plus sharky en Europe, avec 14 attaques de requins sur une période récente, dont 4 fatales (toutes sur des plongeurs). Grands blancs, requins-tigres, makos, requins-marteaux et plusieurs autres de leurs collègues aux dents pointues passent au large des colonnes d'Hercule (Gibraltar) pour venir se nourrir et se reproduire dans les eaux de la Méditerranée. Bien que de gros requins-tigres soient souvent pris accidentellement par des pêcheurs au large de la Sardaigne et de Puglia, aucun accident sur des surfers n'a été signalé jusqu'ici. Il faut aussi signaler qu'une méduse marron (Pelagià noctiluca), légèrement urticante, est présente toute l'année sur les rivages italiens.

Hazards range from shallow reefs and strong currents (top) to sharing crowded line-ups with all kinds of watercraft (middle), **but fortunately localism is rare and isolated** (bottom).

Menorca

Hazards

In **Spain** rip currents are the most common problem when there is sizable surf. Most people expect the Med to be placid so inexperienced swimmers and beginner surfers can be lulled into a false sense of security. The wind is another problem as strong onshores are needed to generate waves, so stormy, rough conditions are part and parcel of many Med surf sessions. Other dangers include wind and kite-surfers flying through the line-ups, as well as a multitude of watercraft from flashy speedboats to bouncing inflatable bananas loaded with tourists. Swarms of jellyfish can float in on summer days, making surfing nearly impossible.

It's safe to say with a total of four shark attacks and one fatality since records began, getting bitten in the **French** Med is highly unlikely. A lot of the better waves are over shallow reefs and currents can be a factor as well. Swarms of stinging jellyfish are regular visitors to these shores, but usually in summer when it's flat.

Italian waves are generally small and mellow, except for the reefs under prime conditions. Hazardous long-shore currents and wind-induced rips are most frequent under onshore wind conditions. Surfers may not realise that Italy is the sharkiest place in Europe with 14 shark attacks in recent history, four of them (all on divers) were fatal.

Great whites, tiger sharks, makos, hammerhead and several other toothy friends glide past the Columns of Hercules (Gibraltar) to feed and breed in Mediterranean waters. While large tigers are often accidentally caught by fishermen off Sardinia and Puglia, no shark/surfer encounters have ever been reported. Mildly irritating brown jellyfish (Pelagia noctiluca) can be

Bova

Travel Information
Eastern Spain and Southern France

Getting There

By Air

The mainland Mediterranean coast of **Spain** and the **Balearic Islands** were the original package-tour destinations so airports and cheap flights from other European cities are regular and cheap. Barcelona is Spain's second international airport and with many flights transiting there. The other main Med coastal airports are Valencia, Alicante and Malaga. Each of the Balearic Islands has a very busy airport flying millions of tourists in and out each year. In summer direct flights are the norm but out of peak season most flights stop in Barcelona or Madrid before heading to the islands. Expect board charges – avoid Iberia!

In **France** Montpellier, Marseille, Toulon, Nice, Cannes and Ajaccio are the major hubs with a mixture of international, European charter and internal flights. So many people holiday on the French Riviera that the choice of airline and airport is huge.

La partie continentale de l'Espagne côté Méditerranée et les îles Baléares sont depuis longtemps des destinations prisées des tour operators, ce qui fait qu'on y trouve des vols réguliers et pas chers depuis l'Europe. Barcelone est le deuxième plus grand aéroport d'Espagne avec un fort trafic aérien. On peut également atterrir à Valence, Alicante ou Malaga. Chacune des îles Baléares possède un aéroport d'où arrivent et partent des millions de touristes chaque année. En été on trouve des vols directs mais en dehors de la pleine saison la plupart des vols font escale à Barcelone ou Madrid avant d'aller vers les îles. Les planches sont taxées (évitez Iberia!)

Montpellier, Marseille, Toulon, Nice, Cannes et Ajaccio sont les principaux aéroports de la région, on y trouve des vols internationaux, des charters venant d'Europe et des vols intérieurs. La Riviera française est tellement recherchée par les touristes que le choix est immense en ce qui concerne la compagnie ou l'aéroport de destination.

By Sea

The **Balearic Islands** can be reached via car and passenger ferries from a number of ports, with wildly fluctuating ticket prices and timetables depending on departure point and season. High speed ferries are quick and easy but those extra few hours on the water can almost double the cost. Trasmediterranea, Balearia and Iscoma ply the routes from Barcelona, Valencia and Denia to the various islands so pick the best option for your needs…price competition between the different companies keeps it reasonable. For summer sailings book early as the boats get full.

With as many as 15 different routes to **Corsica** from France, Italy and Sardinia, serviced by up to eight different operators, there is plenty of choice with the ferries. SNCM have the most routes to Ajaccio from Marseille, Toulon and Nice, plus an express service and links to Sardinia. Check the websites for availability and vehicle charges. Booking early, making midweek and morning or night departures will help keep costs down.

On peut aller aux îles Baléares depuis de nombreux endroits grâce aux ferries acceptant piétons et voitures, avec des horaires et des tarifs très fluctuants selon le point de départ et la saison. Le ferry à grande vitesse est la solution de facilité et de rapidité, mais les quelques heures de gagnées sur la traversée peuvent faire doubler le prix du billet. Trasmediterranea, Balearia et Iscoma partent depuis Barcelone, Valence et Denia pour les différentes îles, choisissez le meilleur trajet en fonction de ce que vous avez prévu…la concurrence entre les différentes compagnies maritimes maintient les prix à un niveau raisonnable. Pensez à réserver en été à l'avance car les bateaux sont souvent complets.

Le choix est grand parmi les 15 liaisons en ferry entre la France, l'Italie et la Corse, qui sont effectuées par 8 compagnies différentes. La SNCM fait le plus de traversées vers Ajaccio depuis Marseille, Toulon et Nice, auxquelles il faut ajouter un service express et des liaisons vers la Sardaigne. Checkez sur internet pour la disponibilité des places et les prix pour les voitures. On aura de meilleurs tarifs en réservant assez à l'avance, en milieu de semaine ou avec des départs le matin ou dans la nuit.

Airports

For all Spanish Airports
www.aena.es
Barcelona: 932 983 838
Valencia: 961 598 500
Alicante: 966 919 000
Malaga: 952 048 838
Ibiza: 971 809 000
Palma de Mallorca: 971 789 000
Menorca: 971 157 000

Airlines

www.easyjet.com
Tel: 90 229 9992
www.ryanair.com
Tel: 807 220 032
www.flybe.com
Tel: + 44 13 922 685 29

Ferries

Web: **trasmediterranea**.es
Tel: 902 45 46 45
www.**balearia**.com
Tel: 902 160 180
www.**iscomarferrys**.com
Tel: 902 119 128
or 34 971 43 75 00

Tourist Information

www.spain.info
www.illesbalears.es

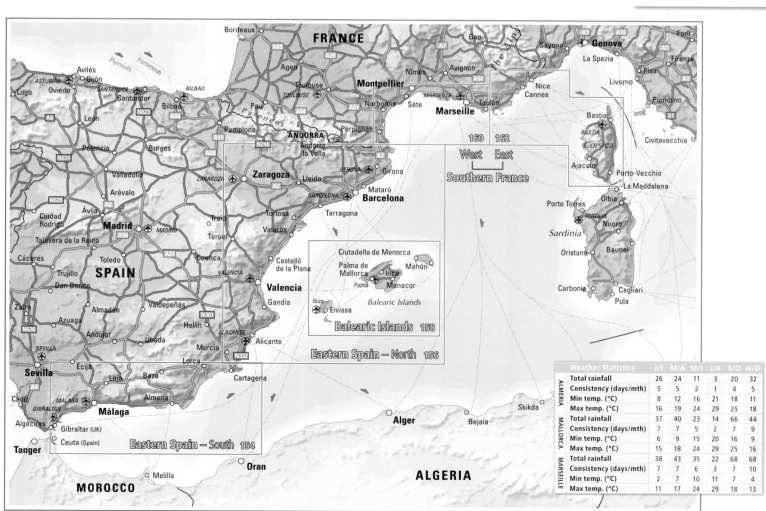

Weather Statistics		J/F	M/A	M/J	J/A	S/O	N/D
ALMERIA	Total rainfall	26	24	11	3	20	32
	Consistency (days/mth)	5	5	2	1	4	5
	Min temp. (°C)	8	12	16	21	18	11
	Max temp. (°C)	16	19	24	29	25	18
MALLORCA	Total rainfall	37	40	23	14	66	44
	Consistency (days/mth)	7	7	5	2	7	9
	Min temp. (°C)	6	9	15	20	16	9
	Max temp. (°C)	15	18	24	29	25	16
MARSEILLE	Total rainfall	38	43	35	22	68	68
	Consistency (days/mth)	7	7	6	3	7	10
	Min temp. (°C)	2	7	10	11	7	4
	Max temp. (°C)	11	17	24	29	18	13

By Train

The whole Spanish and French Med coast is well serviced by trains. Mallorca has a tourist train from Palma to the surf break at Port de Soller as a last resort. In **France** The TGV services all the main cities on the Med coast, but drifts inland between them. SNCF fills in the gaps.

Toute la côte méditerranéenne est bien desservie par les trains. Il y a un train pour touristes à Majorque qui va de Palma jusqu'au spot de Port de Soller, comme solution de secours. En **France** le TGV dessert toutes les villes principales sur la côte méditerranéenne, mais s'éloigne dans l'intérieur du pays entre celles-ci. La SNCF s'occupe des autres villes (voir les chapitres France et Espagne pour plus d'infos).

See also Travel Information for France (p.58) and Spain (p.92)

MARC MICELI

Getting Around

The mainland Med coast has a comprehensive road network with smaller slower roads and fast but expensive autopistas. Overall it's pretty easy moving around except for city peak hours and in summer holiday traffic jams. In the Balearic Islands, rental cars are cheap (especially in a pre-booked package) and the best way to explore the islands. There are several inter-island car ferries and moving from island to island is easy. The road systems get heavily clogged in summer. Drink or drugged driving by locals and tourists is commonplace and it's as dangerous a place to drive as anywhere in the world. Whacked-out holiday-makers on mopeds are the first to drop!

On the islands local buses and hitchhiking are both reasonable choices. Carrying a surfboard with your thumb out will most times get you a ride very quickly. Surfboards on buses are all about how crowded the bus is and the mood of the bus driver … smile a lot. Bodyboards will have no problem.

In **France** Motorway péages shadow the coast from Marseille to Toulon and from Cannes to Nice with decent Route Nationale roads in between. Because the coast is so built up in places, finding safe freecamp parking spots for a van near the coast is more difficult, so using the often expensive campgrounds is the only option. Look for the cheaper aire de campings in towns or use the motorway aires. City buses are an option for bodyboarders. See France Getting Around for more info.

Le réseau routier est bien développé, des petites routes jusqu'aux autopistas rapides mais chères. En général c'est assez facile de bouger sur place, sauf pendant les heures de pointe en ville, ou pendant les vacances d'été avec les bouchons. Louer une voiture ne revient pas cher aux îles Baléares (surtout si on a réservé un package) et c'est la meilleure solution pour explorer les spots. On peut aller facilement d'île en île avec sa voiture avec plusieurs ferries. Le réseau routier est facilement saturé en été. Alcool et drogue au volant sont monnaie courante du côté des locaux comme des touristes, c'est donc un endroit assez dangereux pour conduire. Les vacanciers bien émêchés en scooter sont les premiers sur la liste des victimes!

On peut soit prendre le bus soit faire du stop sur les îles. La plupart du temps, on est pris très facilement si on tend le pouce sur le bord de la route avec une planche de surf. Celle-ci sera acceptée dans le bus s'il n'est pas trop bondé. Ça dépend aussi de l'humeur du chauffeur…et ça passe mieux si vous gardez le sourire. Les bodyboards ne posent pas de problème.

Les autoroutes à péages suivent la côte de Marseille à Toulon et de Cannes à Nice, les nationales étant de bonne qualité entre celles-ci. Comme la côte est très construite à certains endroits, il est difficile de trouver un emplacement pour camper avec son van près de la côte, la seule solution étant alors les campings, qui sont souvent chers. Essayez de trouver des aires de camping en ville, moins chères, ou utilisez les aires d'autoroutes. Les bodyboarders pourront emprunter les bus de ville. Voir la rubrique France – Sur place pour plus d'info.

Sausset les Pins

MARC MICELI

Italy

Getting There
By Air

Rome's Leonardo da Vinci airport (in Fiumicino) and Milan's Malpensa are the key long-haul airports. Milan's Linate airport as well as Venice, Bologna, Naples, Pisa and Palermo, are European hubs. Internal flights (operated mainly by Alitalia) fly everywhere but are not cheap (expect minimum €180 one way) and charge for boards. Ryanair is a cheap alternative but needs to be booked well in advance. Finding flights during peak holiday times can be a nightmare.

L'aéroport Leonardo de Vinci à Rome (à Fiumicino) et celui de Malpensa à Milan sont les principales destinations des avions long courrier. Pour les vols à l'intérieur de l'Europe, vous avez le choix entre Linate à Milan, Venise, Bologne, Naples, Pise ou Palerme. Les vols intérieurs (en général avec Alitalia) desservent toutes les régions mais sont assez chers (attendez-vous à €180 minimum par aller) et il faut payer pour les planches. Ryanair est une alternative moins chère mais il faut réserver longtemps à l'avance. Trouver un vol en pleine période de vacances peut être très difficile.

Top – **The Med coast is more renowned for expensive pleasure craft than pleasure seeking surfers.**

Middle – **Planes, trains, ferries and auto-mobiles are in abundance throughout the Mediterranean.**

By Sea

Italy's large network of ferries services the numerous offshore islands, plus the rest of Europe and North Africa. Ferries for Sardinia leave from Civitavecchia (north of Rome), Livorno and Genova. Sicily can be reached from Naples, Reggio Calabria and also Ravenna.

Ferries run from major Sicilian ports (Palermo, Trapani) to the Egadi and the Aeolian archipelago. Elba Island, off the Tuscan coast, can be reached from Piombino. The beautiful islands of Capri and Ischia are connected with frequent ferries from Naples. Rome's offshore Pontine Islands (mainly Ponza) can be reached with daily departures from Anzio (near Rome). Not all smaller ferry-lines can load cars.

Un important réseau de ferries dessert les nombreuses îles ainsi que le reste de l'Europe et de l'Afrique. Les ferries pour la Sardaigne partent de Civitavecchia (au N de Rome), Livourne et Gênes. On peut rejoindre la Sicile en partant de Naples, Reggio di Calabria et Ravenne. Les ferries partent des principaux ports siciliens (Palerme, Trapani) vers les archipels d'Egadi et des îles Eoliennes. L'île d'Elbe, au large de la côte de Toscane, peut être rejointe depuis Piombino. Les magnifiques îles de Capri et Ischia sont reliées fréquemment par des ferries depuis Naples. Il y a des départs journaliers pour aller aux îles Pontine (principalement Ponza) au large de Rome depuis Anzio (à côté de Rome). Certains petits ferries ne prennent pas les voitures.

By Train

Reasonable fares and a modern fleet of Eurostar fast trains that link all major towns like Turin, Milan, Genova, Florence, Rome and Naples make rail travel a real option. Reservations are required for the Eurostars (issued on same day of departure from train station and travel agencies) but bulky luggage that does not fit in the overhead bag-compartment (like longboards) can be refused aboard. Smaller towns are served by regional intercity trains (no problem with boards on those). Tickets valid up to 250kms can be also bought in machines, news-stands and tobacco stores. All tickets must be validated in the specific yellow machines before boarding.

C'est une bonne option car les billets sont à des prix raisonnables et les trains Eurostar sont rapides et nombreux entre les villes principales comme Turin, Milan, Gênes, Florence, Rome et Naples. Il faut néanmoins réserver pour l'Eurostar (le jour du départ, à la gare ou dans les agences de voyage) mais les bagages encombrants qui ne rentrent pas dans le compartiment à bagages au-dessus des sièges (comme les longboards) peuvent être refusés. Il n'y a pas ce type de problème dans les trains régionaux qui relient les petites villes entre elles. Des billets valables pour faire jusqu'à 250 km peuvent être achetés aux distributeurs, chez les marchands de journaux et les tabacs. Tous les billets doivent être compostés dans les machines à composter jaunes avant de prendre le train.

Visas

Italy is a Schengen state and citizens of most European countries, USA, Australia, Canada and New Zealand do not require visas. All others, including those planning to stay more than three months, must obtain a visa from the Italian consulate in their home country.

L'Italie fait partie de la zone Schengen. Les citoyens européens et ceux des Etats-Unis, du Canada, de l'Australie et de la Nouvelle-Zélande peuvent entrer dans le pays sans visa. Tous les autres, y compris ceux désirant rester dans le pays plus de 3 mois, doivent se procurer un visa au Consulat d'Italie dans leur pays de résidence.

Italy's trains service many coastal areas.

Getting Around
Transport

Fuel and highway tolls are quite expensive, but driving a car remains the most practical way to reach many of the spots. Italy has a good network of motorways, though many have a total of only four lanes, often leading to congestion. The busiest highways are the A1, linking Milan, Bologna, Florence and Rome and the Salerno Reggio-Calabria toll-free highway (a true nightmare even by Italian standards). The A12, coming from France gets packed during holidays. Tune to Isoradio (FM:103.30) for traffic updates in Italian and English.

Southern regions rely more on national roads known as Strade Statali (marked SS on maps) that vary enormously in quality. There are two north to south "surfers trails": the SS1 (known as Statale Aurelia) passes every west coast spot from the French border down to Rome and beyond while the SS16 (known as Statale Adriatica) does the same along the east coast from Venice through Ravenna to the extreme southern tip of Puglia. All national roads are toll-free but slow. Try to avoid central areas of medieval towns where traffic is heavy and parking is nearly impossible. To visit towns like Florence, Venice, Rome, Genova, Naples, leave your car outside town and use public transportation to reach the tourist attractions. Renting a car is quite expensive in Italy and should be booked in advance. Drivers must be over 21, and non-EU citizens require an international licence (in theory).

If the surf's flat, the Mediterranean has unrivalled cultural pedigree.

L'essence et les péages sont assez chers, mais la voiture reste le moyen le plus pratique de rejoindre la plupart des spots. L'Italie a un bon réseau d'autoroutes, bien que beaucoup d'entre elles n'aient que 4 voies au total, ce qui entraîne souvent des ralentissements. Les plus fréquentées sont l'A1, reliant Milan, Bologne, Florence et Rome et l'autoroute gratuite de Salerne Reggio-Calabria (un vrai cauchemar de l'avis-même des Italiens). L'A12, qui rejoint la France, est bondée pendant les vacances. Ecoutez Isoradio (FM: 103.30) pour les infos sur le trafic routier, diffusées en italien et en anglais. Les régions du S sont desservies par des routes nationales appelées "Strade Statali" (marquées S.S sur les cartes) et leur qualité varie énormément. Pour aller du N au S de l'Italie, les surfers emprunteront la SS 1 (appelée Statale Aurelia) pour checker tous les spots de la côte O depuis la frontière française jusqu'à Rome et au-delà, tandis que la SS 16 (appelée Statale Adriatica) suit la côte E en descendant de Venise jusqu'à Ravenne et la pointe de Puglia au S. Toutes les routes nationales sont gratuites mais lentes. Essayez d'éviter le centre des villes historiques à cause des embouteillages et du fait qu'il est très difficile de se garer.

Pour visiter des villes comme Florence, Venise, Rome, Gênes ou Naples, laissez votre voiture à l'extérieur et prenez les transports en commun pour aller voir les principaux centres d'intérêts. Les locations de voiture sont assez chères en Italie et il faut réserver à l'avance. Le conducteur doit avoir plus de 21 ans, et les personnes étrangères à l'UE doivent être en possession d'un permis international (en théorie).

Currency

Italy uses the Euro and prices have gone up a lot in the last 4 years; expect to spend €30-40 for a decent meal, 100 for a 3 star hotel room and €1.20/litre for unleaded! All automatic teller machines recognise foreign credit cards (VISA, Master), which can be used to pay highway tolls, restaurants, hotels and supermarket bills.

L'Italie utilise l'euro et les prix ont bien augmenté depuis 4 ans; comptez 30-40 pour un bon restaurant, 100 pour un hôtel 3 étoiles et 1.20 le litre de sans-plomb! Tous les guichets automatiques acceptent les cartes de crédits étrangères (VISA, Mastercard), et elles sont acceptées également pour les péages, restaurants, hôtels et supermarchés.

Airlines

Alitalia: www.alitalia.it
Info line: +39 06 2222
www.ryanair.com
Info line: 899 67 89 10

Ferries

www.traghettitalia.it
For details on all routes.
Civitavecchia (Rome) – Cagliari:
www.sardiniaferries.com
Tel: +39 0766 50 0714
Naples – Palermo:
www.tirrenia.it
Tel: +39 091 602 12 14
Piombino – Elba Island:
www.mobylines.com
Tel: +39 0565 225211

Trains

www.trenitalia.it

Car Rentals

www.europcar.it
Tel: +39 02 70399700
www.hertz.it
Tel: +39 06 542941
www.e-sixt.com
Tel: +39 06 659651

Tourist Information

www.italiantourism.com

Telephone Information

International code: 39
Dialing out: 00
Emergency and
helicopter ambulance: 118
Police: 113
Coast Rescue: 1530
Fire Brigade: 115
Yellow Pages (telephone directory, bookings, any travel info): 892424
International operator: 892412

Embassies (all in Rome)

USA
Via Veneto 119/a, 0187 Rome
Tel: 064821776
www.usembassy.it
Australia
Via Alessandria 215, 0198 Rome
Tel: 06 852721
France
Piazza Farnese, 67 – 00186, Rome
Tel: 06.686011
Britain
Via XX Settembre 80, 00187 Rome
Tel: 06 4220 000106
www.britishembassy.gov.uk

	Weather Statistics	J/F	M/A	M/J	J/A	S/O	N/D
VENICE	Total rainfall	42	68	67	60	68	79
	Consistency (days/mth)	6	8	8	7	6	9
	Min temp. (°C)	1	7	16	19	15	5
	Max temp. (°C)	7	15	23	27	22	10
ROME	Total rainfall	67	54	42	18	81	111
	Consistency (days/mth)	9	7	5	2	7	11
	Min temp. (°C)	5	8	15	20	15	7
	Max temp. (°C)	12	17	25	30	24	15
PALERMO	Total rainfall	57	50	14	10	59	67
	Consistency (days/mth)	10	7	3	1	6	9
	Min temp. (°C)	8	10	16	21	18	11
	Max temp. (°C)	16	19	25	30	27	20

Eastern Spain – South

Playa de Los Álamos

ANDALUCIA

1. Faro de Calaburra

One of the better spots in the area with decent waves giving some power and good shape on E swells. Shallow and rocky so take care. Bright street lights mean you can also surf at night. Roadside parking and the occasional crowd.

Un des meilleurs spots du coin, vagues correctes assez puissantes par houle d'E. Attention : peu d'eau, des rochers. La promenade est suffisamment éclairée pour surfer la nuit. Se garer sur le bord de la route. Parfois du monde.

Calaburra

Playa de la Carihuela

2. Playa de la Carihuela

One of the most famous spots in the area because of the consistent and good quality waves. A long beach split by the port at Benalmádenas. The northern stretch is usually better. Full of hotels and bursting with tourists in season. Pay to park. The surf can be crowded all year. Pollution, jellyfish and some localism.

Un des spots les plus connus dans le secteur car ça marche souvent, bonnes vagues sur une longue plage séparée en deux par le port de Benalmádena's. La plage N marche mieux en général. Plein d'hôtels et gavé de touristes en été. Parking payant. Il peut y avoir du monde à l'eau toute l'année. De la pollution, des méduses et un peu de localisme.

3. Playa de Los Álamos

Only recently surfed but has become very popular and crowded due to the short, hollow, performance peaks. Needs onshores to keep breaking. A long beach, north of Torremolinos. The most popular access point is in front of the Hotel Costa Lago

Spot surfé depuis peu mais qui est vite devenu très fréquenté, bons pics à manoeuvres, creux et assez courts. Il faut du vent onshore pour que ça marche. Longue plage, au N de Torremolinos. On y accède en face de l' Hôtel Costa Lago.

4. Playa del Dedo

Typical urban beachbreak popular with Málaga surfers who don't want to surf the more crowded and polluted city breaks of Misericordia and Malagueta. Just east of Málaga,

Playa del Dedo

near El Candado's port. Locally known as 'El Tintero' after the famous fish restaurant.

Beachbreak classique de zone urbaine, surfés par les locaux de Málaga qui ne veulent pas aller sur les spots plus fréquentés et pollués de Misericordia et Malagueta. Juste à l'E de Málaga, près du port d'El Candado's. Les locaux l'appellent 'El Tintero' du nom d'un restaurant de poisson connu.

5. Playa de Carchuna

Good righthander over rocks. Rarely surfed. Also a long beach that bends round from east to south giving wind and swell options. Head for Calahonda.

Bonne droite sur du rocher. Rarement surfée. Il y a aussi une plage qui s'étend de l'E au S, donnant différentes options selon le vent et la houle. Suivre la direction de Calahonda.

6. Playa de los Genoveses

Small beachbreak waves in beautiful surroundings. It receives plenty of swell, is usually crowd-free and the water quality is good. Also check San Jose to the north and Cabo de Gata to the south. Occasionally, Almeria has a wave in town.

Petites vagues de beachbreak dans un joli cadre. Reçoit bien la houle, peu de monde en général, eau propre. Checker aussi San Jose au N et Cabo de Gata au S. Il peut y avoir aussi des vagues à Almeria.

Secret spot

⑨ La Manga del Mar Menor

⑧ La Mojonera

⑦ Playa Cueva del Lobo

⑥ Playa de los Genoveses

⑤ Playa de Carchuna

④ Playa del Dedo

③ Playa de Los Álamos

② Playa de la Carihuela

① Faro de Calaburra

Secret spot

VICTOR GONZALEZ

The Box

VICTOR GONZALEZ

7. Playa Cueva del Lobo

Long stretch of grey sand beachbreaks picking up plenty of swell. Rarely surfed but well worth a look. There can be a good sandbar left in front of Pueblo Indalo.

Beachbreaks sur une longue plage de sable gris, bien exposée à la houle. Rarement surfée, mais à checker. Il peut y avoir un bon banc en gauche en face de Pueblo Indalo.

Secret spot

VICTOR GONZALEZ

MURCIA

8. La Mojonera (El Mojón)

Probably Murcia's best wave but fickle winds mean it is rare to catch it firing. A vertical take-off is followed by a wall and then into a faster, hollower section. The bigger it gets the longer the wave. Gets crowded. Located to the right of the beach of El Mojón.

Sûrement la meilleure vague de la région de Murcia, mais c'est rare d'avoir le vent bien orienté. Take-off vertical, bonne épaule et dernière section rapide et creuse. Plus c'est gros et plus c'est long. Du monde. A droite de la plage d'El Mojón.

9. La Manga

A long, thin peninsular with occasionally hollow, peaky beachbreaks along its whole length. It picks up more swell than La Mata (Valencia). Serves as surf central in Murcia and La Playa de Galúa attracts the biggest crowd when it's breaking. Head north to find some space.

Beachbreaks sur une longue péninsule étroite avec parfois des pics creux tout le long. Reçoit mieux la houle que La Mata. Centre du surf dans la région de Murcia. Playa de Galúa est bondée quand ça marche. Moins de monde plus au N.

Eastern Spain – North

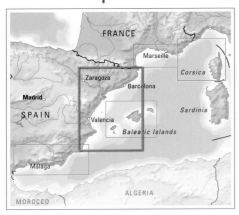

Alicante secret

VICTOR GONZALEZ

VALENCIA

1. La Mata

Long open, west-facing beach north of Torrevieja. Surfers concentrate in the south where some rocks help to stabilise the sand. Medium consistency and sometimes crowded.

Longue plage orientée O au N de Torrevieja. On surfe plus le côté S à cause des rochers qui stabilisent les bancs de sable. Plutôt des droites. Fréquence moyenne, parfois du monde.

2. Platja de San Juan

Long beach north of Alicante works best with some south in the swell. The north side of Cabo Huertas has a couple of reefs worth checking, otherwise there's ample space despite the large local crew.

Longue plage au N d'Alicante qui marche mieux avec une houle plutôt S. Quelques reef à checker côté N du Cabo Huertas, sinon il y a de place pour tout le monde malgré les nombreux locaux.

Alicante

GECKO

3. Jucar

The long jetties by the rivermouth focus and shape the sandbars, producing one of the best waves in the area. Peaky, even hollow beachbreaks with a long right and shorter left back into the jetty. There can also be a left and more peaks on the other side but it's not as consistent or well-shaped. Easy to find and always crowded. Water can be dirty due to river and urban pollution.

Les longues jetées situées à l'embouchure de la rivière forment parmi les meilleurs bancs de sable de la région. Pics creux avec une longue droite et une gauche plus courte déroulant vers la jetée. Il peut aussi y avoir une gauche + d'autres pics de l'autre côté, mais c'est moins bien et moins fréquent. Accès facile, toujours du monde. L'eau peut être polluée à cause de la rivière et de la pollution de la ville.

4. Playa de Levante

The main beach in Valencia to the north of the port. Its small swell window is further reduced by the Balearics.

Nothing special surf-wise but it's popular with city locals. Water quality can be bad after rains.

Plage principale de Valence, au N du port. Mal exposée, avec en plus les Baléares en face qui bloquent la houle. Rien d'exceptionnel mais les locaux y surfent souvent. L'eau peut être polluée après les pluies.

5. Sagunto

Variable peaks along the extensive beaches. Below-average quality but can be fun for learner/improvers. Jetties help sandbar formation south of the large port. Lots of space so no crowds.

Multi-pics le long de grandes plages. Qualité très moyenne, bien pour niveaux débutants ou intermédiaires. Meilleurs bancs au S du grand port. Plein de place donc pas trop de monde.

CATALUÑA
6. Sitges

A popular stretch of beaches with various shifting peaks. Quality varies from mushy slop to sweet barrels. In S swells a righthander situated close to the Aiguadolc port can be good. Sitges has a long surfing tradition. Parking is tough at weekends. Tourist town nightlife and good seafood.

Plusieurs plages fréquentées, multi-pics. Qualité variable, petit et mushy ou bien de jolis tubes. La droite près du port d'Aiguadolc peut être bien par houle de S. Sitges a une longue tradition surfistique. Difficile de se garer les weekends. Ville bien animée le soir, bons restos de fruits de mer.

7. Barceloneta

Barcelona's most popular surf beach with peaky rights and lefts over shifting sandbars. Best when the Tramuntana N/NE wind has been blowing for a few days. Always crowded whenever there are waves. The water quality has improved but stormwater is filthy after rain. Great atmosphere, especially in the old part of the city (Barrio Gótico and Borne). Metered parking can be very difficult and car break-ins are not uncommon.

Plage la plus surfée de Barcelone, pics droite-gauche sur des bancs de sable changeants. Mieux quand la Tramontane de N/NE a soufflé pendant quelques jours. Toujours du monde quand il y a des vagues. La qualité de l'eau s'est améliorée mais reste sale après les pluies. Ambiance agréable, surtout dans la vieille ville (Barrio Gótico et Borne). Parking payant et inaccessible parfois, attention aux vols dans les voitures.

Badalona, Barcelona

SERGI ARENAS

Alicante

GECKO

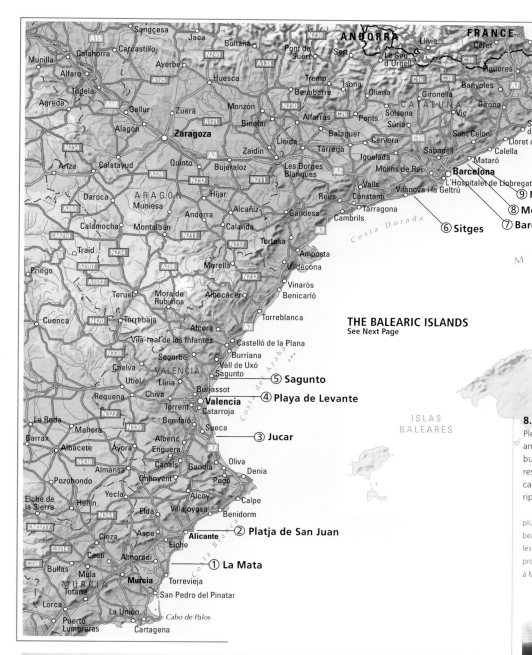

THE BALEARIC ISLANDS
See Next Page

⑤ **Sagunto**

④ **Playa de Levante**

③ **Jucar**

② **Platja de San Juan**

① **La Mata**

⑨ **Masnou**

⑧ **Montgat**

⑦ **Barceloneta**

⑥ **Sitges**

ISLAS
BALEARES

8. Montgat

Plenty of beachbreak peaks including a short hollow right and a longer sectioney left. Rotonda is usually the best, but it gets crowded with Catalan surfers when on. Be respectful to the local riders as crowding is increasingly causing problems. Parking is normally okay but beware of rip-offs. Surf shop in Masnou.

Beachbreak avec plein de pics, une droite courte et une gauche plus longue qui sectionne. Rotonda est en général meilleur, mais beaucoup de Catalans viennent surfer ici quand c'est bon. Respectez les locaux car la surfréquentation du spot cause de plus en plus de problèmes. Facile pour se garer mais attention aux vols. Surfshop à Masnou.

Montgat

9. Masnou

Probably the longest wave in the area and it can handle any size when the Med gets rough. Only starts working at waist high. Left walls sweep down the beach – timing needed to jump in off the jetty. Can get crowded but it's worth it when it's firing. Easy parking. Great sunset views over Barcelona.

Probablement la plus longue vague de la région, ne sature pas. Commence à marcher quand il y a plus d'1m. Gauche déroulant le long de la plage - il faut un bon timing pour sauter depuis la jetée. Il peut y avoir du monde mais ça vaut le coup quand ça marche bien. On se gare facilement. Beaux couchers de soleil sur Barcelone.

Masnou

MARC GASSO

Balearic Islands

Mallorca

DAVID SERI

FORMENTERA

1. Platja Migjorn

Normally a classic Med beach with not a wave in sight but out of the summer season, the long beach can have reasonable and endless empty peaks when a strong S windswell hits. Very rarely surfed apart from the odd holidaymaker on a boogieboard. Beautiful and pristine. Lots of different access points. Elsewhere on Formentera the potential for a quiet surf with some decent quality is high.

Plage méditerrannéenne typique, normalement flat mais en dehors de l'été on peut y trouver une succession de pics sympas et déserts par forte houle de vent de S. Très rarement surfée hormis quelques touristes en morey. Très joli cadre préservé. On peut y accéder par plein d'endroits. D'autres endroits tranquilles avec des vagues correctes sur Formentera.

IBIZA

2. Can Pujols

Very sectioney righthander breaking off some rocks. The sections can connect but it's rare. N swells mean waves here or Aguas Blancas. A few surfers but rarely crowded. Some residential pollution.

Droite devant des rochers, sectionne beaucoup. Ça peut connecter mais c'est rare. Par houle de N, ça marche ici ou à Aguas Blancas. Quelques surfers mais rarement plein de monde. Un peu de pollution domestique.

3. Playa Jondal

Long, pebble beach with average waves after strong S winds. It can have a bit more juice than the beachbreaks in the north. Very few surfers. Easy access and easy parking outside of the summer months.

Vagues moyennes sur une longue plage de galets après un fort vent de S. Peut être plus puissant que les beachbreaks au N. Très peu de surfers. Accès facile. On se gare facilement à part en été.

4. Cala Nova

One of the most consistent spots on the island but wave quality is generally poor. Some sand-covered rocks can help

Cala Nova

OLLIE FITZJONES

to stabilise a peak in the centre of the southern part but it is still very shifty. Nice beach and a fun place to surf with the handful of friendly locals. Also check for waves at Cala Llenya to the north. Small car park overlooking the waves at southern end. Roadside parking where possible in summer.

Un des spots les plus exposés sur l'île, mais les vagues ne sont pas terribles en général. Au centre de la partie S, des rochers recouverts de sable forment parfois un pic, mais qui bouge beaucoup quand même. Belle plage, surf assez fun, les quelques locaux sont sympas. Checker aussi Cala Llenya au N. Petit parking surplombant le spot côté S. On peut essayer de se garer sur le bord de la route en été.

5. Aguas Blancas

The best spot on the island when the swell is very N. Various sloppy waves that see the odd surfer in winter and holiday bodyboarders in summer. On a rare, big winter day a heavyweight right breaks over a rock ledge that's only been ridden a couple of times. More consistent than Cala Nova. Cool, hippy, semi-nudist beach popular with local islanders. There are a couple of rough steep roads down to the sea with limited parking, otherwise park at the top and walk.

Meilleur spot de l'île quand le swell est très N. Différentes vagues un peu molles, quelques rares surfers en hiver et des touristes en bodyboard en été. En hiver une droite bien costaud casse par grosse houle (rare) sur une dalle de rocher, n' a été surfée que quelque fois. Plus fréquent que Cala Nova. Ambiance hippie à la cool, plage semi-nudiste fréquentée par les locaux. Quelques routes assez raides descendent à la plage avec peu de place en bas pour se garer, sinon rester en haut et descendre à pied.

MALLORCA

6. Aucanada

Also known as Puerto Comercial Spot. Only breaks a few times a year as it needs a very big N swell. When it does work it can be very good with long lefts. The local crew will always be on it.

Appelé aussi Puerto Comercial Spot. Marche que quelques fois dans l'année car il faut un très gros swell de N. Très bon, avec de longues gauches et toujours des locaux dessus.

7. Puerto de Soller

On a rare, huge W-NW swell a long, fast, left pointbreak peels over boulders. Only the tuned-in will score because it disappears quickly. Not for beginners. Rarely crowded. Some commercial and residential pollution. Don't park too close to the tourist train.

Une gauche de pointbreak longue et rapide sur des galets par houle énorme de W-NW (rare). Seuls les plus au courant peuvent la scorer car elle disparaît très vite. Débutants s'abstenir. Rarement du monde. De la pollution domestique et commercial. Ne pas se garer trop près du train pour touristes.

8. Paguera

Paguera has three good surf beaches sharing the same name and same surf conditions. The middle beach is often best but check all three . It's the most popular area in a SW swell so expect a friendly crowd. Metered parking.

Trois bons beachbreaks du même nom, marche par des conditions similaires. Celui du milieu est souvent mieux, mais checkez les 3 et choisissez. Secteur le plus fréquenté par houle de SW, du monde mais ambiance sympa. Parking payant.

Aguas Blancas

RYALL MILLS

Platja de Cavalleria ⑰
Aucanada ⑥
Puerto de Soller ⑦
MALLORCA
Ciutadella de Menorca
MENORCA
Fornells
Mercadal
Mahón
San Luis
⑯ Platja de Punta Prima
⑮ Son Bou
⑭ Sant Tomas
⑬ Cala Mesquida
⑫ Cala Agulla
⑪ Canyamel

Can Pujols ②
IBIZA
⑤ Aguas Blancas
④ Cala Nova
Paguera ⑧
Cala Major ⑨
Cero ⑩
Playa Jondal ③
① Platja Migjorn

Menorca

9. Cala Major
One of the better spots in the south but it's inconsistent and crowded when it does work. Good days see small barrels. Pay to park. Residential pollution.

Un des meilleurs spots du S, mais marche rarement, du monde quand c'est bon. Petits tubes les bons jours. Parking payant. Pollution domestique.

10. Cero
Needs a big S/SW/WSW swell to get going so it's a rare one. Generally mushy waves but can be fun. When it's windy the place gets chaotic and dangerous with wind and kitesurfers.

Marche uniquement par grosse houle de S/SW/WSW (rare). En générale assez mushy mais ça peut être sympa. Quand il y a du vent ça devient encombré et dangereux avec les windsurfers et les kites.

11. Canyamel
Variable beachbreak – sometimes great barrels, other times mushy and gutless. Can't handle size. Recent construction has caused sandbar changes to the detriment of the waves. The 'Canyamel Boys' are the local crew – show common sense and respect to avoid hassles. One of the most beautiful villages in Mallorca.

Beachbreak variable – soit des bons tubes, soit mou et informe. Ne tient pas la taille. Une construction récente a modifié les bancs de sable au détriment des vagues. Les locaux se surnomment "Canyamel Boys"– bon sens et respect éviteront les embrouilles. Un des plus beaux villages de Majorque.

12. Cala Agulla
Inconsistent due to the small swell window. It's only surfed in NE swells and can be both crumbly and hollow, depending on its mood. Never crowded. Lifeguard only in summer. Very dangerous currents.

Marche rarement car mal exposé, seulement par houle de NE, et encore ça peut être mou ou creux selon les jours. Jamais de monde. Plage surveillée seulement en été. Courants très dangereux.

13. Cala Mesquida
One of the most consistent breaks in Mallorca, with tubey, powerful waves. There's nearly always something going on with N swells from the Gulf of Lion and once or twice a year it gets classic. Lifeguards in summer. Very dangerous strong currents lead to many drownings at this beach. Locals can be aggressive towards the chaotic tourist crowds.

Un des spots les plus réguliers sur Majorque, avec des vagues puissantes et des tubes. Quasiment toujours quelque chose à surfer avec les houles de N du Golfe du Lion, ça peut devenir top une ou deux fois par an. Plage surveillée en été. Pal mal de noyades à cause des forts courants. Les locaux peuvent être agressifs envers les hordes de touristes.

MENORCA
14. Sant Tomas
A smaller version of Son Bou but it works in smaller swells and is better protected against W/NW winds. Summer madness and lack of space means Son Bou is a better bet in peak season or get here for the early. Clear and clean water.

Version réduite de Son Bou mais ça marche par plus petite houle et c'est mieux protégé du vent d'O/NO. En été c'est surpeuplé, Son Bou sera donc une meilleure option ou alors il faut se lever tôt. Eau claire et propre.

15. Son Bou
A 2km long beach, which can have fast and hollow shorebreak waves with some power. SW swells are blocked by Mallorca, but will pick up W windchop. One of the island's most consistent breaks. When it's working the easy access peaks will have a crowd. Packed with tourists in summer and empty in winter. Some rips, squeaky-clean water and views to Mallorca on a clear day.

Plage de 2km de long, parfois des vagues puissantes en shorebreak creuses et rapides. Les houles de SO sont bloquées par Majorque, mais ça prend la houle de vent d'O. Un des spots de l'île qui marchent le plus souvent. Du monde sur les pics les plus faciles d'accès. Gavé de touristes en été et désert en hiver. Des courants, eau super propre, vue sur Majorque par temps clair.

16. Platja de Punta Prima
Picks up swell from N all the way round to SW, with a strong Tramontana providing the best waves. The offshore Illa de l'Aire blocks S swell. Mainly a winter spot that never maxes out. A built-up resort town surrounds the beach so it's very crowded in summer and on weekends with swell. Despite this, the water remains crystal clear year-round. Watch out for windsurfers and urchins.

Reçoit la houle de tout le secteur N à SO, meilleur avec une bonne Tramontane. Illa de l'Aire bloque le swell de S. Surtout un spot d'hiver qui ne sature pas. Station balnéaire très construite autour de la plage, donc beaucoup de monde en été et les weekends où il y a de la houle. Malgré cela, l'eau reste transparente toute l'année. Attention aux windsurfers et aux oursins.

17. Platja de Cavalleria
Short, powerful, right point and beachbreak peaks. One of the best waves on the island when the Tramontana winds blow. Other peaks along the beach offer quantity as opposed to quality. Overcrowding has become an issue so expect the main local riders to take the majority of waves but overall it's a friendly crew. Crystal-clear water, dramatic cliffs, great seafood restaurants and archaeological remains add to the experience.

Pointbreak en droite court et puissant + des pics en beachbreak. Parmi les meilleures vagues de l'île quand souffle la Tramontane. D'autres pics le long de la plage, plus de la quantité que de la qualité. De + en + de monde à l'eau, donc les locaux s'approprient la plupart des vagues, mais sinon bonne ambiance + eau transparente, falaises impressionnantes, bons restos de fruit de mer, sites archéologiques.

Southern France – West

La Couronne

1. Canet Plage

Probably the best spot around Perpignan, but in the east-facing Pyrénées Orientales, offshore winds are much more common than swell.

C'est le spot des surfers de Perpignan, mais avec une exposition Est les Pyrénées Orientales connaissent plus de vent offshore que de journées de swell.

2. Gruissan

Considering the Tramontane blows offshore in Aude, small clean surf is a possibility with low-pressure systems hovering between Spain and Corsica. Locals claim 60 surf days per year, mainly in winter.

Vu que la Tramontane souffle offshore dans l'Aude, il y a un créneau de petit surf propre quand une dep creuse entre la Corse et les Baléares. Les locaux parlent de 60 jours de surf par an.

3. Sète

A long ribbon of beach stretching between Sète and Marseillan as well as a few jetties on the main beach and even a couple of reefs towards 'La Corniche'. Check out Agde or Frontignan for more options.

Une longue plage qui s'étend de Sète et Marseillan, mais aussi des digues sur la plage principale et un peu de rocher vers la Corniche. Poussez à Agde ou Frontignan pour plus d'options.

4. Palavas-les-Flots

Consistent rights at La Mairie, then a good set of spots heading west from the harbour. First is the popular Coquilles where a big jetty eases access to the line-up, then both sides of the Prévost canal: rights on the left side, lefts on the right side. Otherwise Maguelonne has some hollow shorebreak and easy camping. Often crowded

Des droites consistantes à la Mairie, puis une bonne série de spots en partant vers l'Ouest. D'abord Les Coquilles, plage populaire collée au port de plaisance où la digue facilite l'accès au pic, puis de chaque coté du canal du Prévost: des gauches rive droite, des droites rive gauche, vous suivez? Sinon poussez jusqu'à Maguelonne et son shorebreak creux.

5. Carnon

One of the most surfed spots in the Montpellier area, Les Roquilles is located on the west side of Carnon. Needs E in the swell and is a bit wind sensitive. The port jetty is key to shape the wave and jump directly into the line-up. Same thing at the Grande Motte harbour.

Un des spots les plus surfés de la banlieue de Montpellier, Les Roquilles se trouve à Carnon ouest. La jetée du port forme la vague et permet d'accéder au pic sans ramer. Même chose au port de la Grande Motte.

6. Saintes-Maries

In the very heart of Camargue, this long stretch of beach receives most swells but lacks power. To the right side of the harbour, facing the bull arena or at Petit Rhône rivermouth (on an unusually big swell), there is occasional surf.

En pleine Camargue, cette longue étendue de sable chope tous les swells (ou presque) mais manque cruellement de puissance. A droite du port devant les arènes, ça surfe de temps à autre ou au petit Rhône à Beauduc si ça rentre vraiment.

7. La Couronne

Both sides of Cap Couronne are surfed depending on the wind direction. Choose between the powerful left of Vieille-Couronne in SE winds and the awesome but disputed hollow rights of l'Arquet in a NW. If it's very big with SW conditions find shelter in Ponteau. Low consistency, but high crowd factor.

La Couronne

Selon la direction du vent on surfe d'un coté ou de l'autre du Cap Couronne. Au choix la puissante gauche de la Vieille-Couronne ou la superbe mais disputée droite de l'Arquet. Par gros swell et conditions de Sud-Est repli à Ponteau.

8. La Corniche

The main beach of Sausset-les-Pins remains Côte Bleue's surf hub. Peaks shift towards l'Hermitage except for the treacherous, rocky left of La Dalle. Next to the port, Menhir is a consistent righthander. Check the two reefs of Les Tamaris west of the city. 80 days of surf per year put it into the high consistency bracket, just.

La plage du centre de Sausset-les-Pins reste l'épicentre du surf sur la Côte Bleue. C'est multipic du coté de l'Hermitage à moins de se frotter à la délicate gauche de la dalle. Près du port, la consistante droite du menhir peut être relativement longue. A la sortie ouest de la ville les deux reefs des Tamaris proposent chacun gauche et droite. 80 jours de surf par an pour les plus optimistes.

9. Le Rouet

Well-sheltered between two cliffs and surfable on very windy days, provided the S swell is strong enough. Big Rock in Carry is a good left, but remains dangerously shallow.

Un spot de repli efficace car bien calé entre 2 falaises il reste surfable les jours de grand vent si la houle de Sud est suffisante. Big Rock à Carry-le-Rouet est un bowl très court en gauche manquant cruellement de fond.

Les Tamaris

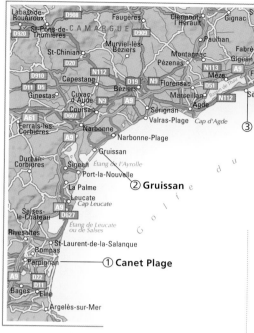

Map labels:
CAMARGUE · PROVENCE · Golfe du Lion

① Canet Plage
② Gruissan
③ Sète
④ Palavas-les-Flots
⑤ Carnon
⑥ Saintes-Maries
⑦ La Couronne
⑧ La Corniche
⑨ Le Rouet
⑩ Le Prado
⑪ Cassis
⑫ La Ciotat
⑬ Cap Saint-Louis
⑭ Bandol
$ Aloha
⑮ La Coudoulière
⑯ Les Sablettes
⑰ Pin Rolland

Marseille · Cassis · La Ciotat · Toulon

11. Cassis

A fickle wave that can produce a surprisingly hollow left and more mellow right in premium conditions. When the Mistral blows, it's sheltered. Parking can be difficult because it is always crowded at Arène beach.

Rien de régulier ici mais la gauche de la plage de l'Arène peut bien rentrer. La droite a moins de potentiel. Bien abrité par Mistral, un décor dantesque. Parking difficile.

12. La Ciotat

It's very rare but with heaps of E wind there can be good waves. Check towards the Ciotel.

Rare aussi mais si ça souffle ou ça a soufflé d'Est, les vagues valent le déplacement. Matez du coté du Ciotel

13. Cap Saint-Louis

East Marseille's premier spot holds long, wrapping, hollow righthanders over shallow rocks. Constant, competitive crowds, urchins and occasional rips. The grande plage des Lecques may be a better option for average riders. Close to the harbour of Les Lecques; difficult parking.

Certainement le meilleur spot à l'est de Marseille, lors des gros jours la sortie se fait par le port des lecques. Du monde, des oursins et parfois du courant mais la droite peut être longue et creuse. La grande plage des Lecques est plus indiquée pour le surfer lambda.

14. Bandol

The beach of Renécros has a small reef that can provide a hollow but very short right as well as a longer left. Rocks are a real threat. The shallow ledge of Portissol, within a small bay well sheltered from the Mistral, will occasionally throw a short barrel.

10. Le Prado

This hip Marseille beach has tons of wave-sailors, bodyboarders, trash and occasional waves between seawalls and groynes. For a more technical wave, head to the rocks of La Verrerie. Absolutely always crowded along with some big city stormwater pollution.

La plage fun de Marseille qu'on appelle aussi Epluchure Beach compte son lot de windsurfers, de bodyboarders et de détritus. Parfois des vagues par nord-ouest mais rien d'extraordinaire. Direction la Verrerie pour un surf plus technique sur le rocher.

Le Prado

Bandol

La reef de la plage de Renécros donne une droite creuse mais extrêmement courtes ainsi qu'une gauche plus longue. Les rochers sont menaçants. La Dalle de Portissol est située au milieu d'une petite baie à l'abri du mistral et se met à tuber quand la houle est assez propre et consistante.

15. La Coudoulière

The Six-Fours peninsula offers the widest swell window and has the best wind exposure around. On the west side the righthander at La Coudoulière fires with the rare combo of a SW swell and zero wind. In onshores, share the Brutal Beach line-up with the kite/windsurfers.

La péninsule de Six-Fours offre certainement la meilleure palette de swell et de vent de toute la région. Coté Ouest, la droite de la Coudoulière n'est bonne que sans vent avec un swell de Sud-Ouest, ce qui oblige parfois à se rabattre sur Brutal Beach, le spot des windsurfers qui marche avec un peu de Mistral.

16. Les Sablettes

Surfers from Six-Fours will turn to this beachbreak, or Fabrega, when the swell comes from the SE. Offshore in the Mistral and space for all surfcraft and abilities.

Les surfers de Six-Fours décalent sur ce beachbreak, ou Fabrega, par houle de Sud-Est.

17. Pin Rolland

Superb left wrapping around the pointe du Marégau. Works with SE, but is almost offshore when winds shift to the E. Low consistency and crowded when it finally breaks.

Très jolie gauche qui déroule le long de la pointe du Marégau. Le spot fonctionne seulement par houle de Sud-Est, mais a l'avantage d'être pratiquement offshore quand le vent tourne Est.

La Ciotat

Southern France – East

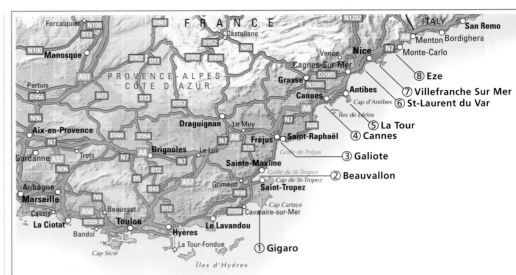

1. Gigaro
A beachbreak dotted by a few rocks and quiet out of peak season with a below average, slopey wave that builds after strong S winds. Low on consistency and high on summer crowds, (normally flat), so enjoy the unique scenery.

Un beachbreak avec quelques rochers, tranquille hors saison. S'il n'y a pas de surf, vous pourrez au moins profiter d'un panorama unique.

Le Lavandou

2. Beauvallon
Good with E swells and sheltered from nasty winds since it is offshore in Mistral conditions. Can be fast and hollow waves. Usually bigger and not as crowded as the hip resort of St Tropez, deeper in the bay, but it will be crowded on the rare occasions that it works.

Des vagues creuses et rapides par houle d'Est, et abritées de quelques mauvais vents. Moins de monde qu'à St Tropez en face, mais pas la solitude non plus.

3. Galiote
This usually messy beachbreak is one of the only popular spots around Fréjus although the Boulouris/Cape Dramont stretch is known to hide a few reefs. Very rare.

Un beachbreak rarement calé pourtant populaire chez les surfers du coin de Fréjus. Quelques reefs se cachent entre Boulouris et le Cap du Dramont.

4. Cannes
With W winds the 'Plage du Midi' can offer good lefts at l'Aérospatiale and Chantier, sometimes even barrels at l'Abreuvoir. Jetties help shape the sandbanks and give power to the wave. If the wind is blowing from the E, head to the other side of the Croisette Cape to surf in front of the Palm Beach, where rocks and urchins abound.

Avec du vent d'Ouest les plages du midi peuvent donner de bonnes gauches au niveau de l'Aérospatiale et du Chantier, voire des petits tubes à l'Abreuvoir. Si ça vient de l'Est, passez de l'autre côté du cap de la Croisette pour surfer en face du Palm Beach, mais attention aux rochers et aux oursins.

5. La Tour
Named after a broken tower that stands in the water close to Cap d'Antibes, this is probably the longest left in the Alpes Maritime. Works from 50cm but at that size, getting butchered on the reef is probable. Booties advised! Marina Baie des Anges is an option in strong E winds.

Au niveau du Cap d'Antibes, cette vague termine sa courseprès d'une tour cassée, les pieds dans l'eau. Certainement la plus longue gauche des Alpes Maritime elle marche dès 50cm mais à cette taille on se fait forcément découper par le reef. Chaussons conseillés! Marina baie des anges est l'option par fort vent d'Est.

6. St-Laurent du Var
On rare, glassy days with enough S swell, long barrels can happen in the cold and muddy water of the Var rivermouth. There are also onshore beachbreaks facing the nautical centre. Often crowded, next to Nice Airport.

St-Laurent du Var

Un spot à l'embouchure du Var, qui peut tuber en gauche par houle de sud avec l'offshore du matin. Ca reste rare et l'eau de la rivière est froide et boueuse. Le beachbreak face au centre nautique marche plus souvent, mais faut pas avoir peur de surfer avec du vent.

7. Villefranche Sur Mer
Only the biggest S swells will hit the reef, deep in the protected bay and the peak (lefts mostly) is noted for powerful and hollow rides. Gets heavy and the rocks are extremely dangerous – experts only. On small swells check Beaulieu instead. Only breaks a handful of times a year, when the locals are all over it.

Le top pour surfer près de Nice sans s'appeler Brice. Même si c'est flat la plupart du temps, il faut passer voir la Rade. Au fond de la baie, le pic (surtout des gauches) tient les plus grosses houles. C'est alors massif, puissant et les rochers sont extrêmement dangereux. Par petite houle on décale sur Beaulieu.

8. Eze
Short rights and lefts appear with strong E wind and swell at this sheltered spot. Very popular despite the sharp reef. To the east, Menton's spot disappeared after the installation of breakwaters. Fortunately Vintimille is just across the border.

Gauches et droites courtes souvent peuplées malgré les rochers coupants. Marche par houle d'Est et vent d'Est très fort car très protégé. Plus à l'Est, Menton n'est hélas plus praticable depuis que des brise-lames ont été placés devant le spot. Heureusement Vintimille n'est pas loin.

Corsica secret

CORSICA

9. Farinole

Among the many spots along the Cap Corse this one benefits from good swell exposure, gorgeous surroundings and beach-side parking. With straight access from Bastia, many surfers from the city prefer to drive here than surf between the rocks of Miomo on the east side.

Parmi les spots du Cap Corse celui-ci bénéficie d'une bonne exposition à la houle, d'un cadre somptueux et d'un parking en front de mer. Les Bastiais font souvent le déplacement plutôt que de surfer dans la caillasse à Miomo, sur la côte Est.

10. Ostriconi

An isolated beachbreak on the southern side of the Agriates desert. Works with a little W/NW wind but won't stay good for long. When the wind picks up, there are more waves breaking over the pebbles of Lozari.

Un beachbreak isolé à la limite Sud du désert des Agriates. Marche avec un peu de vent d'Ouest Nord-Ouest mais ne reste pas bon longtemps. Avec plus de vent y'a des vagues à choper sur les galets de Lozari.

11. Algajola

This is Corsica's biggest wave spot and is famous among wind and kiteboarders. Surfers should head for Aregno Beach which can handle W swells of any size. A few points are worth checking out on the way to Ile Rousse, or Bodri's beachbreak on a smaller day.

Probablement le spot le plus gros de Corse, bien connu des windsurfers. Direction la plage de l'Aregno qui tient la houle d'Ouest peu importe la taille. En remontant sur L'île Rousse checkez les pointes rocheuses ou le beachbreak de Bodri si c'est plus petit.

12. Lumio

Laeticia Casta village hides other beauties. Seek a right pointbreak towards l'Arinella or ride the train to the mellow beachbreak facing the Pain de Sucre restaurant on Sainte-Restitude's beach. Nice views of the citadel of Calvi, above the bay that hosts several jetty beachbreaks.

Le village d'origine de Laeticia Casta cache d'autres beautés. Cherchez un pointbreak de droites vers la plage de l'Arinella, ou prenez le train pour la plage de Sainte-Restitude où un beachbreak fait face au restaurant le Pain de Sucre. Bonnes vues sur la citadelle de Calvi, dont la baie héberge une série de beachbreaks entrecoupés de digues.

13. Sagone

Strong Mistral can awaken a playful right pointbreak on the north side of the town beach. There's a more exposed, rocky version off the marina at Cargese. Otherwise there's a beachbreak in Arone.

Le Mistral peut réveiller un pointbreak au nord de la grande plage de sable du Golfe de Sagone. A Cargese aussi d'ailleurs. Sinon y'a un beachbreak à Arone.

14. Capo di Feno

Consistent peaks, difficult to find, but the roads west of Ajaccio lead to many waves. Look around Parata Point for some swell exposed points/reefs. Crowds should be low despite being only half an hour from town.

Une référence en Corse malgré l'accès difficile. Ca rentre souvent et pourtant on trouve peu de monde sur les différents pics.

15. Route des Sanguinaires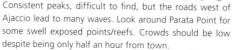

Between Ajaccio and Parata Point, hit the brakes in front of Chapelle des Grecs, Cimetière and les CRS. All good reefs or pointbreaks, mostly long righthanders, breaking with purpose in shallow water. Protection from NW winds and a wide swell window. Often a crowd since Ajaccio is so close.

Entre Ajaccio et la Pointe de la Parata arrêt obligatoire à La Chapelle des Grecs, au Cimetière et aux CRS. C'est sûr les noms sont un peu glauques mais ils serait dommage de rater cette série de reefs, souvent de longues droites.

Corsica East coast

16. Le Ruppione

Past Punta di Sette Nave, this spot is usually unimpressive shorebreak although a left sometimes settles on the south side. Close by is La Castagne, a much better reefbreak.

Passé Punta di Sette Nave, ce spot est un shorebreak assez gras même si une gauche se cale parfois coté Sud. La Castagne, à quelques encablures, est un reef digne de ce nom.

17. Figari

In the Baie di Figari there's some average beachbreaks among the rocks on the east side of the bay. Kite and windsurf area.

De l'autre côté de la baie, on peut surfer de temps en temps. Surtout fréquenté par les windsurfers.

18. Pinarellu

It takes a strong SE/E swell to get the long lefts spinning down the sandy reef. Quality shape draws locals who consider it one of Corsica's finest assets. Skill and respect required.

Il faudra vraiment un gros swell de Sud-Est, mais c'est là qu'il faut être pour surfer la plus belle vague de la cote Est, si ce n'est de Corse.

Corsica secret

Northern Italy

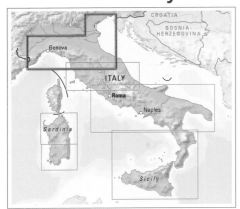

LIGURIA

1. Tre Ponti

Very consistent and powerful beachbreak which activates on SE and SW swells. Surfable also with moderate onshore wind. Tends to close-out over 6ft. Several other peaks along the bay. Clean water. Can be crowded. West of Sanremo along SS1 Aurelia, direction Ventimiglia.

Beachbreak puissant qui marche très souvent, par houle de SE ou de SO. Surfable même par vent modéré onshore. A tendance à fermer au-dessus de 2m. Plusieurs autres pics le long de la baie. Eau propre. Il peut y avoir du monde. A l'O de Sanremo sur la SS.1 Aurelia direction Ventimiglia.

2. Bistrot

Powerful righthander breaking over deep rock bottom. Possible barrels. Activates on S-W swells. Good water quality. Can be crowded. Located in the centre of Sanremo near a bar-restaurant called Bistrot da Giannino.

Droite de reef puissante en pleine eau. Tubes possibles. Marche par houle de SO à NO. Eau propre. Il peut y avoir du monde. Situé dans le centre de SanRemo près d'un bar-restaurant appelé Bistrot da Giannino.

3. Molo
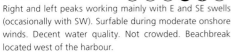

Right and left peaks working mainly with E and SE swells (occasionally with SW). Surfable during moderate onshore winds. Decent water quality. Not crowded. Beachbreak located west of the harbour.

Pics gauche et droite qui marchent en général avec une houle d'E à SE (parfois de SO). Surfable même par vent onshore modéré. Eau correcte. Peu de monde. Beachbreak situé à l'O de la marina.

4. Varazze

A half-hour drive west of Genova, the little town of Varazze attracts surfers by the hundreds from Italy and close-by France. The powerful A-frame peak breaks with SW, SE and also with strong Mistral (NW) wind. The righthander is long and workable all the way to the inside. The left is shorter but intense. The wave breaks on a shallow and sharp man-made reef so boots are advisable. Varazze is surfable with onshore wind but needs windless or offshore conditions for the best barrels. Jump in from the pier on smaller days or paddle around the peak from down the beach. Another powerful righthander called "Backdoor" breaks with same conditions 200m to the east. Good water quality. Crowded and seriously localised by members of the Wankers Surf Club (true!).

A une demi-heure de route de Gênes vers l'O, la petite ville de Varazze attire par centaines les surfers d'Italie et de la France qui est

toute proche. Les puissants pics en triangle marchent par houle de SO ou SE et aussi par fort vent de Mistral (NO). La droite est longue et on peut la travailler jusqu'à l'inside. La gauche est plus courte et plus intense. La vague casse sur un récif peu profond sur des blocs artificiels, donc les chaussons sont conseillés. Surfable par vent onshore, mais les jours sans vent ou offshore offrent les meilleurs tubes. Sautez depuis la digue si c'est petit ou sinon contournez le pic par la plage. Une autre droite puissante appelée Backdoor casse par les mêmes conditions, à 200m à l'E. Eau propre. Du monde et des adeptes du localisme chez les membres du Wankers Surf Club (Blaireaux Surf Club...c'est leur vrai nom!).

5. Arenzano

Long righthander, breaking on rock and sand bottom. Needs a big SW swell to activate. Surfable with moderate onshore wind. Enter the line-up from the beach between the second and third pier. Local surf community. Poor water quality. Leave Highway A10 at Arenzano and follow signs toward Savona. The wave breaks behind Arenzano's soccer field.

Une longue droite cassant sur un mélange de sable et de rochers. Demande un gros swell de SO pour marcher. Surfable par

vent onshore modéré. Rejoindre le line-up depuis la plage entre la deuxième et la troisième digue. Des locaux. Eau de mauvaise qualité. Quitter l'autoroute A10 à Arenzano et suivre les panneaux indiquant Savona. La vague casse derrière le terrain de foot d'Arenzano.

6. Capo Marina

Capo Marina is the only city break in Genova and a favourite with the Italian bodyboard community. In a big SW swell, short, tubey righthanders unload on very shallow sand and rock bottom. The beach is the private property of the Capo Marina bar so enter the water 500m west of the wave.

Varazze

NICOLAS FOTJU

Arenzano

GIUSEPPE ARIONI

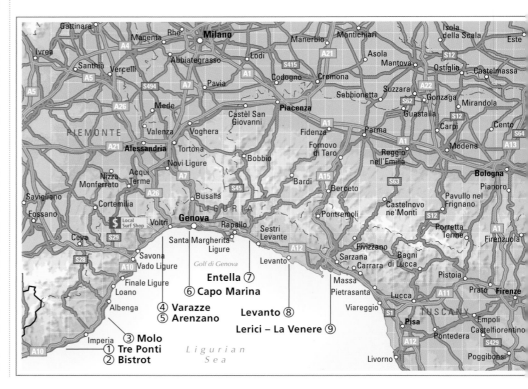

Crowded in summer. Very poor water quality. It is located along Genova's central Corso Italia.

Capo Marina est le seul spot en ville à Gênes, très fréquentée par les bodyboarders italiens. Par grosse houle de SO, des droites courtes et creuses cassent dans très peu d'eau sur un mélange de sable et de rochers. La plage est la propriété privée du bar Capo Marina donc entrez dans l'eau à 500 m à l'O du pic. Du monde en été. Eau de très mauvaise qualité. Situé le long du Corso Italia au centre de Gênes.

7. Entella

Near the Entella rivermouth, a left breaks off the jetty and a righthander breaks further north. Best on SW swells but is surfable also on big SE swells. Handles some onshore wind. Fun waves, intermediate-friendly despite some rocks. Enter and exit from the beach or rivermouth. Currents during big swells. Rarely crowded. Dirty water. Mediaeval Chiavari is worth a visit.

Près de l'embouchure de la Entella, une gauche près d'une jetée et une droite plus au N. Meilleur par houle de SO mais surfable aussi par grosse houle de SE. Tient un peu l'onshore. Vagues sympas pour surfers moyens, malgré quelques rochers. Entrée et sortie depuis la plage ou par l'embouchure. Du courant quand c'est gros. Rarement du monde. Eau sale. Le site médiéval vaut la peine d'être visité.

8. Levanto

Old fishing village in sheltered, deep-water bay that produces some of the biggest waves in continental Italy and is surfable when everywhere else (but Lerici) is blown-

out. Several breaks on the south, central and north side of the bay with central peak always bigger. Enter the line-up from the sheltered pier on the south side. On smaller days there's a shallow righthander on the north tip of the bay. Rock and sand bottom. Can get crowded. Clean water. Friendly local vibe. 20km north of La Spezia, close to the famous Cinque Terre.

Vieux village de pêcheurs dans une baie protégée en eau profonde, où on peut surfer les plus grosses vagues d'Italie continentale, même quand tout le reste (sauf Lerici) est trop venté. Plusieurs spots au S, au centre et au N de la baie avec des pics qui rentrent toujours plus gros au centre. Rejoindre le line-up depuis la digue abritée au S. Quand c'est petit il y a une droite dans peu d'eau au N de la baie. Fond de sable et de rochers. Il peut y avoir du monde. Eau propre. Ambiance relax chez les locaux. A 20km au N de La Spezia, près du fameux Cinque Terre.

9. Lerici – La Venere

Lerici is the place to check when Levanto and all Tuscany is blown out. On the northern side of the bay a clean, slow righthander breaks. Easy access to the line-up from the north jetty. Can be crowded. Decent water quality. A few kilometres south of La Spezia along Highway A10.

Il faut checker Lerici quand Levanto et toute la Toscane sont trop ventés. Il y a une droite propre mais un peu molle au N de la baie. Accès facile pour aller au line-up depuis la jetée du N. Il peut y avoir du monde. Eau correcte. Situé à quelques kilomètres au S de La Spezia sur l'A10.

VENETO – FRIULI

10. Pontile

Rights and lefts on sand bottom aside the local pier with SE and SW swells. Not surfable with onshore wind. Acceptable water quality. Not crowded. From the town of Lignano follow signs to "Pineta".

Droites et gauches sur fond de sable près de la digue par houle de SE ou de SO. Pas surfable par vent onshore. Peu de monde. Depuis la ville de Lignano suivre les panneaux jusqu'à "Pineta".

11. Punta Sabbioni

Punta Sabbioni is the main spot in the Venice area. The bell tower of San Marco square is only a few kms away. On the north side of the pier a long righthander breaks on big SE and S swells and remains surfable with big, windy conditions. Several other peaks further north along the long beach. Decent water quality. Not crowded. From Mestre head north to Lido di Jesolo and follow signs (south) to the Cavallino ferry-stop.

Punta Sabbioni est le spot principal dans la région de Venise. Le clocher de la place Saint-Marc n'est qu'à quelques kilomètres. Une longue droite casse au N de la digue par grosse houle de SE ou de S. Reste surfable quand c'est gros et venté. Plusieurs autres pics plus au N de la plage. Eau correcte. Peu de monde. Depuis Mestre suivre au N Lido di Jesolo, et suivre les panneaux (vers le S) jusqu'au quai d'embarquement du ferry de Cavallino.

EMILIA ROMAGNA

12. Adria

Nice, long, sandbar righthander breaking 200m offshore close to partly submerged rocks. Needs a strong SE swell to fire up but, on its days, produces the longest and most powerful rides along the Romagna coast. Surfable with moderate onshore SE wind. Long, safe paddle-out from the channel of the short left, 100m south of the Adria beach bar. Crowded. Seriously localised. Do not leave valuables in the car. North of the small town of Casal Borsetti. Park near the Swiss Residence and walk through bush to the beach.

Banc banc de sable en droite cassant à 200m cassant au large près de rochers à moitié submergés. Demande un solide swell de SE pour devenir bien, mais les bons jours c'est une des vagues les plus longues et les plus puissantes de la côte de Romagne. Surfable par vent onshore modéré de SE. Mise à l'eau facile par la passe de la petite gauche, à 100m au S du bar de plage l'Adria, puis rame assez longue. Du monde. Localisme assez fort. Ne pas laisser d'objets de valeur dans la voiture. Situé au N de la petite ville de Casal Borsetti. Se garer près de la Résidence Suisse et marcher à travers la lande jusqu'à la plage.

Adria
DAVIDE SACCHETTI

13. Lamone

Lamone's rivermouth is the most consistent spot in the area picking up the most of NE, E and SE swells. Several hot-dog peaks on both sides of the river. Fun left on the south side, despite a dangerously placed pole. Variable water quality with rain. Crowded. 10km north of Ravenna.

L'embouchure de Lamone est le spot qui marche le plus souvent dans la région, en prenant les houles de NE, E et SE. Plusieurs pics à manœuvres de chaque côté de la rivière. Une gauche sympa côté S, mais attention au piquet mal placé qui sort de l'eau. Eau de qualité variable selon les pluies. Du monde. A 10km au N de Ravenne.

14. La Diga

Located 7km east of Ravenna, La Diga is the main winter spot for the many local surfers. The south side of the harbour wall is 2.8km long and offers precious shelter during NE and E storms. Several peaks break on the southern side, mainly long slow lefts on sand bottom partly sheltered from the NE wind. Works with NE, E and SE. Holds strong E and NE wind. Jump in from the pier. Acceptable water quality. Longboard crowds. Dangerous stilt-houses beside the pier – watch out for iron wires and submerged buoys in the line-up.

A 7km à l'E de Ravenne, La Diga est le spot d'hiver principal pour les surfers locaux. Le côté S de la digue du port fait 2.8 km de long et fait un bon abri pendant les tempêtes de NE et E. Plusieurs pics du côté S, surtout de longues gauches molles sur du sable un peu protégées du vent de NE. Marche par houle de NE, E et SE. Tient les vents d'E et de NE même forts. Mise à l'eau en sautant depuis la digue. Eau de qualité acceptable. Beaucoup de longboards. Attention aux maisons sur pilotis près de la digue et aux câbles et bouées sous l'eau au line-up.

La Diga
LIMBO AZUL COURTESY MIRCO RAGAZZINI

Central Italy

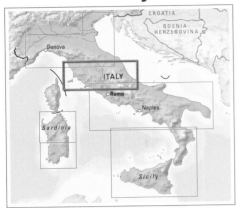

TUSCANY

1. Il Trabucco

Fast rights and lefts on both sides of the pier. Several other peaks break along the beach. Place to check on small, windless SW swells. Not surfable if onshore. Dirty water. Crowded. 5km north of Forte dei Marmi along coast road. Park near restaurant Trabucco.

Droites et gauches rapides des deux côtés de la digue. Plusieurs autres pics le long de la plage. A checker par petite houle de SO sans vent. Pas surfable onshore. Eau sale. Du monde. Situé à 5km au N de Forte dei Marmi sur la route côtière. Se garer près du restaurant Trabucco.

2. Pontile

'Il Ponte' is ultra-consistent, working in moderate SW (onshore) winds, attracting crowds from all over Northern Italy. Sandbanks north and south of the pier occasionally provide powerful walls with the odd barrel, but it's very unpredictable and often poor quality. Always very crowded. Side currents and shorepound make this spot unsuitable for beginners. Easy access from the pier. Poor water quality.

Pontile

EMILIANO MAZZONI

Bagni Fiume

DUCCIO ARGENTINI

Leave highway Genova-Livorno at exit Versilia. The Pier is in the centre of the fancy town of Forte dei Marmi.

"Il Ponte" marche vraiment très souvent et tient les vents modérés (onshore) de SO. Attire les surfers de tout le N de l'Italie. Les bancs de sable au N et au S de la digue donnent parfois quelques vagues puissantes avec de temps en temps un tube, mais ça reste très imprévisible et souvent médiocre. Toujours beaucoup de monde. Pas conseillé aux débutants à cause du shorebreak et des courants latéraux. Accès facile depuis la digue. Eau polluée. Quittez l'autoroute de Gênes à Livourne à la sortie Versilia. La digue se situe dans le centre de Forte Dei Marmi, une ville assez chic.

3. Tito Del Molo

Viareggio is home to one of the first waves surfed in Italy. Long, slow left breaking along the north side of the harbour. Needs big SW swells to awaken. Surfable with strong onshore wind. Jump in from the harbour pier. Often crowded. More peaks further up the beach and at Piazzale Mazzini.

C'est à Viareggio que les premières vagues furent surfées en Italie. Une gauche longue et molle casse au N du port. Demande un gros swell de SO pour se réveiller. Surfable par fort vent onshore. Mise à l'eau en sautant depuis la digue. Souvent du monde. D'autres pics en allant vers le N de la plage et à Piazzale Mazzini.

4. Bagni Fiume

Fun righthander breaking on rock bottom. Works during SW swells without the onshore wind. Clean water. Rarely crowded. South of Livorno harbour, close to Accademia Navale.

Droite sympa sur du rocher. Par houle de SO mais sans le vent onshore. Eau propre. Rarement du monde. Au S du port de Livourne, près de l'Accademia Navale.

5. Il Sale

One of the heaviest waves on the Italian peninsula. A-frame peaks on shallow rock bottom giving short but intense rides. Possible barrel sections both right and left. It activates during SW and W swells but does not hold onshore wind. Crowded and seriously localised. Also rocks and urchins to avoid. The spot is 6km south of Livorno harbour in the little village of Antignano.

Une des vagues les plus chaudes de la péninsule. Des pics en triangle sur fond de rocher dans peu d'eau, courts mais intenses. Des sections à tube parfois en gauche comme en droite. Par houle de SO et O mais ne tient pas le vent onshore. Du monde et pas mal de localisme. Oursins et rochers à éviter. Le spot est situé à 6km au S du port de Livourne dans le petit bourg d'Antignano.

6. Garagolo

Newly formed spot in the little town of Rosignano, 20km south of Livorno. The wave is a righthand suck-out, breaking on rock bottom just in the centre of town. Needs

---

W or SW swells and onshore winds to work. Polluted water. Not a beginner's wave. Not crowded.

Un spot qui s'est formé récemment dans la petite ville de Rosignano, à 20km au S de Livourne. La vague est une droite qui aspire sur du rocher, juste au centre de la ville. Demande une houle d'O ou de SO et des vents onshore. Eau polluée. Non conseillée aux débutants. Peu de monde.

7. Lillatro

Three peaks on rock bottom, north, central and south side of the bay. Nice hot-dog waves with occasional barrels especially on the central peak under SW, W and NW swells. Sensitive to wind, although the south peak is surfable with moderate onshores. Crowded on weekends. Polluted water. Localised. 2km south of Rosignano, turn right just before the Solvay factories.

Trois pics déferlant sur du rocher, au N, au centre et au S de la baie. Vague sympa à manœuvres avec parfois des tubes, surtout au centre, par houle de SO, O, et NO. Sensible au vent, bien que le pic au S soit surfable par vent onshore modéré. Du monde les we. Eau polluée. Du localisme. A 2km au S de Rosignano, tournez à droite après les usines de Solvay.

8. Baratti – Il Dado

The wide gulf of Baratti (just North of Piombino) offers several options in big W and SW swells. Il Dado is a powerful left reef on the south corner of the bay. It breaks in front of a big rock over rock and sand bottom. Holds onshore SW wind, unlike the shifty beachbreak peaks in the centre of the bay. Also La Scivola is a quality right pointbreak peeling over sharp rocks on the north side of the Baratti gulf. Kept secret for a long time. Not crowded. The water is clear and the landscape pristine.

Le grand golfe de Baratti (juste au N de Piombino) offre plusieurs options par gros swell d'O ou SO. Il Dado est une gauche de reef puissante tout au S de la baie, en face d'un gros rocher sur un fond de sable et de rochers. Tient les vents onshore de SO, contrairement aux pics mouvants du centre de la baie. La Scivola est une bonne

---

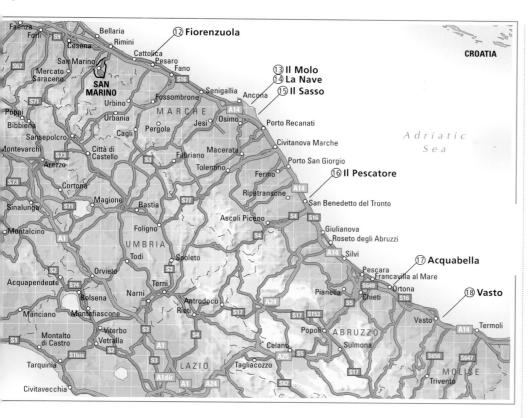

15. Il Sasso

Nice A-frame with longer right breaking on a shallow rock ledge. Long walk down along the (often muddy) trail. This spot works with SE and E swells but needs windless conditions. Place to check when Portonovo is too small. Clean water. Crowded in summer. From Sirolo head north (500m) and turn right toward cemetery and Spiaggia dei Sassi Neri. The wave breaks in front of Restaurant Da Silvio at the north end of the steep bay.

Pic en triangle de qualité avec une droite plus longue qui casse sur une dalle rocheuse dans peu d'eau. Longue marche sur un chemin (souvent boueux). Ce spot marche par houle de SE et d'E, mais il faut qu'il n'y ait pas de vent. A checker quand Portonovo est trop petit. Eau propre. Du monde en été. Depuis Sirolo prenez vers le N (sur 500m) et ensuite à droite vers le cimetière et Spiaggia dei Sassi Neri. La vague casse devant le Restaurant Da Silvio du côté N d'une baie au relief escarpé.

Il Sasso — EMILIANO MAZZONI

ABRUZZO

16. Il Pescatore

Scattered beachbreak peaks with E, NE and small SE swells. Not surfable with strong onshore winds. Acceptable water quality. Can be crowded. More peaks along the beach north of the harbour on SE swells. S of San Benedetto's harbour.

Beachbreak avec des pics éparpillés par houle d'E, de NE ou petite houle de SE. Pas surfable quand c'est très onshore. Eau de qualité moyenne. Il peut y avoir du monde. D'autres pics le long de la plage au N du port par houle de SE. Situé au S du port de San Benedetto.

17. Acquabella

Across the railway breaks a nice A-frame with a long slow left and shorter, more intense right. Best on N swells, breaks also with NE (onshore) winds. Good water quality. Not crowded. From Ortona harbour, follow route SS16. After 2km (uphill) turn left onto the only concrete road and park before the little burg.

Derrière la voie de chemin de fer casse un pic en triangle avec une gauche molle et longue et une droite plus intense. Meilleur par houle de N, casse aussi par vent de NE (onshore). Eau de bonne qualité. Peu de monde. Depuis le port d'Ortona, suivre la route SS 16. 2km après (au sommet) prendre à droite la route en béton et se garer avant le petit bourg.

Abruzzo — EMILIANO MAZZONI

18. Vasto

Several peaks with predominant lefthanders breaking beside Vasto's harbour with NE and N swells. Hates an onshore wind so very inconsistent. Clean water, no crowds.

Plusieurs pics avec plutôt des gauches qui cassent à côté du port de Vasto par houle de NE ou N. Le vent onshore est très gênant donc ça ne marche que rarement.

9. La Sinistra

Located along the SS1 Aurelia, Ansedonia is home to the southernmost surf spot in Tuscany. Nice long left point breaking over boulders north of the village. Needs good SE or S swells to break. Surfable in moderate onshore wind. Possible currents, urchins and rocky boils. Good water quality. Sometimes crowded. Several other peaks along the beach further north.

Situé le long de la SS. 1 Aurelia, Ansedonia est le spot le plus au S de la Toscane. Longue gauche de qualité cassant sur des galets au N du village. Par houle consistante de SE ou S. Surfable par vent onshore modéré. Il peut y avoir du courant, des oursins et des remous formés par les rochers. Eau propre. Du monde parfois. Plusieurs autres pics le long de la plage au N.

Elba Island
10. Laconella

Elba island can be reached via ferry from Piombino (1h). From Portoferraio head to Lacona on south coast. Nice rights on rock and sand bottom. Works on SE and SW swells, but needs offshore wind. Occasional barrels. Clean water. Inconsistent and uncrowded. Turn right before Laconella camping. Spot located 700m west from campground.

On peut aller à l'île d'Elbe en ferry depuis Piombino (1h de traversée). De Portoferraio aller vers Lacona sur la côte O. Droites sympas sur sable et rochers. Par houle de SE et SO, mais il faut du vent offshore. Parfois des tubes. Eau propre. Peu fréquent et du monde à l'eau. Prendre à droite au camping de Laconella. Le spot est à 700M du camping.

11. Margidore

Nice left on the extreme east of Margidore Bay. Rock bottom. Good with SE and SW swell. Surfable also with strong onshore SE wind. Clean water. Not crowded.

Belle gauche à l'extrême E de la baie de Margidore. Fond de rochers. Bien par houle de SE ou de SW. Surfable par fort vent onshore de SE. Eau propre. Peu de monde.

MARCHE
12. Fiorenzuola

Easy, long righthand point on sand and rock bottom on SE and NE swells. Deep water and crumbly cutback walls. Handles onshore wind, plus there's an A-frame peak inside the bay. Clean water, rarely crowded. Just north of Pesaro along coast Route SS16 at the foot of Mt. San Bartolo. Access the beach from the centre of Fiorenzuola di Focara.

Longue droite facile en pointbreak sur sable et rochers par houle de NE et SE. Pas mal de fond et des sections molles à cutback. Surfable par vent onshore, et il y a un pic en triangle à l'intérieur de la baie. Eau propre. Rarement du monde. Juste au N de Pesaro le long de la route côtière SS. 16 au pied du Mt San Bartolo. Accès à la plage par le centre de Fiorenzuola Di Focara.

13. Il Molo

Portonovo is 10km south of Ancona near Mount Conero. Long slow, righthand point breaking off a jetty on the north side of Portonovo bay. Needs N, NE and E swells with strong NE or E winds to get going. Jump in from the pier. Crowded in summer. Faster peaks break under same conditions further down the beach, in front of Trocadero beach bar.

Portonovo est à 10km au S d'Ancona près du Mont Conero. Longue droite molle en pointbreak le long d'une jetée au N de la baie de Portonovo. Par houle de N, NE et E, avec un fort vent de NE ou E pour que ça marche vraiment. Se mettre à l'eau en sautant de la digue. Du monde en été. Des pics plus rapides cassent plus loin sur la plage, devant le bar de plage le Trocadéro.

14. La Nave

The spot is located on the southern extremity of Portonovo bay, partly sheltered from SE winds. Long powerful righthanders appear on big SE swells. Good water quality, rocky, crowded and localised.

Ce spot est situé à l'extrémité S de Portonovo baie. Un peu abrité des vents de SE. Des droites longues et puissantes se mettent à casser par grosse houle de SE. Eau propre, des rochers, du monde et du localisme.

Southern Italy

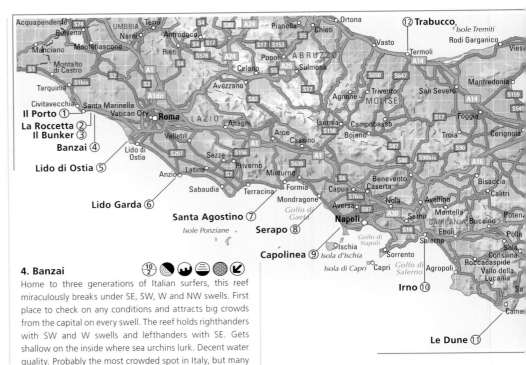

LAZIO

1. Il Porto
Excellent peak on south side of Santa Marinella harbour. It works with W and SW swells producing good quality rights and lefts, even in onshore winds. Tricky access to the line-up over rocks and urchins. Poor water quality. Crowded.

Excellent pic au S du port de Santa Marinella. Marche par houle d'O ou SO avec des bonnes droites et gauches, même par vent onshore. Mise à l'eau délicate avec des oursins et des rochers. Eau de mauvaise qualité. Du monde.

Il Porto

2. La Roccetta
A-frame peak breaking on very shallow rock ledge. The right is longer but slow, the left is shorter but intense and offers barrelling sections. Needs small windless SE, SW and also W swells. Not crowded. 200m south of Santa Marinella's harbour.

Pic en triangle cassant sur une dalle dans très peu d'eau. La droite est plus longue mais molle, la gauche est plus courte mais intense avec des sections à tube. Demande des houles sans vent de SE, SO et également O. Peu de monde. A 200m au S du port de Santa Marinella.

3. Il Bunker
Powerful righthander breaking on a shallow reef in front of a WWII bunker. Needs a big swell to activate, preferably from the NW. Not crowded. Dirty water. Located on the southern tip of Santa Marinella and is not visible from the road. Access from the pier north of the wave.

Droite puissante sur un reef peu profond en face d'un bunker de la Seconde Guerre Mondiale. Demande un gros swell pour marcher, de préférence de NO. Peu de monde. Eau sale. Situé à la pointe S de Santa Marinella, n'est pas visible depuis la route. Accès par la digue au N de la vague.

4. Banzai
Home to three generations of Italian surfers, this reef miraculously breaks under SE, SW, W and NW swells. First place to check on any conditions and attracts big crowds from the capital on every swell. The reef holds righthanders with SW and W swells and lefthanders with SE. Gets shallow on the inside where sea urchins lurk. Decent water quality. Probably the most crowded spot in Italy, but many other waves break just up and down the coast. South of Santa Marinella, along SS1 Aurelia.

Spot qui a vu 3 générations de surfers italiens. Marche miraculeusement par houle de SE, SO, O et NO. Premier spot de check quelle que soient les conditions, attire beaucoup de monde de la capitale à chaque rentrée de houle. Des droites de reef par houle de SO et O, et des gauches par houle de SE. Devient peu profond à l'inside où les oursins vous attendent. Eau correcte. Sans doute le spot le plus fréquenté d'Italie, mais il y a plein d'autres vagues pas loin. Au S de Santa Marinella sur la SS 1 Aurelia.

5. Lido di Ostia
The long sandy beach of Ostia (the closest to Rome) offers several average breaks in small, windless SW to NW swells. Surfable with moderate onshores. Most of the beach is private so ask for access at the beach bars. Dirty water. Crowded.

Beachbreak moyen avec plusieurs pics sur la grande plage d'Ostia (la plus proche de Rome), par petite houle sans vent de SO à NO. Surfable par vent onshore modéré. La plupart de la plage est privée donc il faut demander la permission aux bars de plage. Eau sale. Du monde.

6. Lido Garda
Mediocre beachbreak on windless SW to NW swells. Stormwater and residential pollution. Most consistent break in this area so can be crowded. More peaks beside local harbour. Just north of Anzio.

Beachbreak médiocre par petite houle sans vent de SO à NO. Pollution domestique et en cas de pluies fortes. Spot le plus régulier du coin, donc il peut y avoir du monde. D'autres pics à côté du port local. Juste au N d'Anzio.

7. Santa Agostino
Fast lefthanders on the south side of the beach when a SE swell hits a windless day. Clean water. Not crowded. Sant'Agostino's long beach is just minutes north of Gaeta along Route Flacca.

Des gauches rapides au S de la plage par houle de SE les jours sans vent. Eau propre, pas de monde. La longue plage de Santa Agostino est juste à quelques minutes au N de Gaeta le long de la Route Flacca.

8. Serapo
This 2km of beachbreaks in the heart of Gaeta offers several easy peaks under many conditions. The north side of the beach is surfable with big NW or small windless SW swells while the south side works in SE swells. Clean water. Sometimes crowded.

Ces 2km de beachbreak au coeur de Gaeta offre plusieurs pics dans des conditions variées. Le N de la plage est surfable par grosse houle de NO ou par petite houle de SO sans vent, tandis que le côté S marche par swell de SE. Eau propre. Parfois du monde.

Banzai

Secret spot, Pulsano area

CAMPANIA

9. Capolinea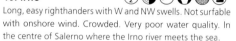
The 500m wide bay is conveniently exposed to SE, SW and NW swells. Rights and lefts break, sheltered from the wind, over rock bottom. Surfable with big and windy swells. Often crowded. Poor water quality.

Cette baie de 500m de long est bien exposée aux houles de SE, SO et NO. Droites et gauches sur fond de rocher abritées du vent. Surfable par grosse houle ventée. Souvent du monde. Eau polluée.

10. Irno
Long, easy righthanders with W and NW swells. Not surfable with onshore wind. Crowded. Very poor water quality. In the centre of Salerno where the Irno river meets the sea.

Longue droites faciles par houle d'O ou NO. Pas surfable si c'est onshore. Du monde. Eau de très mauvaise qualité. Situé dans le centre de Salerne, où la rivière Irno se jette dans la mer.

11. Le Dune
Beachbreak exposed to W and NW swells offering mainly righthanders surfable with moderate onshore wind. Rarely crowded. Good water quality. North of Palinuro village along route SS447.

Beachbreak exposé aux houles d'O et NO, avec surtout des droites surfables par vent onshore modéré. Rarement du monde. Eau de bonne qualité. Situé au N du village de Palinuro le long de la route SS 447.

PUGLIA – MOLISE

12. Trabucco
Quality A-frame favouring righthanders breaking beside a fishing stilt-house. Short but fast lefts possible. Breaks with E and SE swells. Good water quality. Not crowded. 3km north of Termoli city centre along route SS16.

Pic en triangle avec surtout des droites qui cassent à côté d'une cabane de pêcheur sur pilotis. Court mais quelques gauches rapides. Marche par swell d'E et SE. Eau propre. Peu de monde. A 3 km au N du centre de la ville de Termoli sur la route SS 16.

13. Melma
Mainly lefthanders on the north side of the bay. Spot to check under big N, NE, E swells. Sand and rock bottom. Not crowded. Mediocre water quality. Little bay north of Molfetta.

Surtout des gauches au N de la baie. A checker par grosse houle de N, NE, et E. Fond de sable et rocher. Eau de qualité médiocre. Peu de monde. Petite baie au N de Molfetta, à côté du port.

14. Tombino
Several onshore wind peaks over rock in SE and NE swells. Suspect water quality and medium consistency. Not crowded. On Bari's sea promenade after Torre Quetta and the windsurf school heading toward San Giorgio.

Plusieurs pics par vent onshore sur du reef par houle de SE et NE. Eau de qualité médiocre et fréquence moyenne. Peu de monde. Situé sur la promenade en bord de mer de Bari, après la Torre Quetta et l'école de windsurf en allant vers San Giorgio.

15. Capo Torre Cavallo
Long beach south of Brindisi, behind ENI power station. Several average beginner-friendly peaks on SE swells. Mediocre water quality. Not crowded. Surf shop nearby.

Longue plage au S de Brindisi, derrière la centrale électrique ENI. Plusieurs pics adaptés pour les débutants par houle de SE. Eau de qualité médiocre. Peu de monde. Surfshop pas loin.

16. Torre dell'Orsa
Nice left point in little village along route 611. Partly sheltered from N winds, this wave has a wide swell window but prefers N swells. Several different sections on rock bottom. Clean water. Rarely sees a crowd

Jolie gauche dans un petit village le long de la route 611. Un peu abrité des vents de N, bonne exposition à la houle mais meilleur par houle de N. Plusieurs sections sur fond de rocher. Rarement du monde. Eau propre.

17. La Nave
The coast south of Brindisi is better exposed to N swells but also breaks with NE, E and SE. This A-frame is in the middle of the Alimini Bay, close to a wrecked ship and offers good quality rights and lefts with possible barrels. Works when onshore. Watch out for submerged wreckage. Not crowded. Clean water.

La côte au S de Brindisi est mieux exposée à la houle du N mais casse aussi par swell de NE, E et SE. Pic en triangle au milieu de la baie d'Alimini, près d'une épave de bateau, avec des droites et des gauches de qualité et parfois des tubes. Marche quand c'est onshore. Attention aux morceaux d'épave. Peu de monde. Eau propre.

Il Parcheggio

18. Il Parcheggio
This quality left reef needs a big S or SE swell to start barrelling down the long reef. No problem with onshore winds or crowds. Several other reefs and beachbreaks along same road. Located 10km south of Pulsano along coast route.

Bonne gauche de reef avec des tubes par gros swell de S ou SE. Surfable par vent onshore modéré. Rarement du monde. D'autres reefs et beachbreaks le long de la même route. Situé à 10km au S de Pulsano sur la route côtière.

La Nave

Calabria and Sicily

Le Serre

CALABRIA

1. Ponte di Ferro

The main break is located in front of a railway bridge and needs a big W or SW swell to fire-up. Tricky in and out. Strong currents. Not crowded. Take SS18 to Praia a Mare.

Le spot principal est situé devant le pont de chemin de fer et marche par grosse houle d'O ou SO. Entrée et sortie difficiles. Forts courants. Peu de monde. Suivre la SS 18 jusqu'à Praia a Mare.

2. La Spiaggia

Easy righthander located at the end of Zambrone main beach. Works during big NW and W swells. Rock and sand bottom. Not crowded. Several other peaks along beach.

Droite facile située au bout de plage principale de Zambrone, par grosse houle de NO ou O. Fond de sable et rochers. Peu de monde. D'autres pics plus loin sur la plage.

3. Bova

Many interesting spots along south-facing Route 106. Bova is the most consistent and reliable spot on the Ionic coast. Long, rivermouth (often dry) left with steep take-off and occasional sucky barrels. Needs strong SE winds to be blowing in the swell. Shallow inside over boulders. Possible currents. This is the main spot in the area and is often crowded. Decent water except after heavy rain.

De nombreux spots intéressants le long de la Route 106 qui fait face au S. Bova est le spot le plus régulier sur la côte Ionique. Une gauche longue à une embouchure de rivière (souvent à sec), avec un take-off assez raide et parfois des portions qui sucent avec des tubes. Exige un vent fort de SE pour créer assez de houle. Peu d'eau à l'inside sur des galets. Parfois du courant. Spot principal dans le secteur donc souvent du monde. Eau de qualité correcte sauf après de fortes pluies.

4. Le Serre

Left point breaking in front of a fenced-off farm. Mellower than Bova, but still very long with different sections and strong sideshore currents. Best on big SE swell and wind. Jump in from bottom of the bay on right. Not visible from the road, turn right after a bridge and head for the sea.

Gauche de pointbreak en face d'une ferme entourée de barrières. Plus facile que Bova, mais quand même très longue, avec plusieurs sections et un fort courant de côté. Meilleur par grosse houle de SE et vent de SE. Mise à l'eau au fond de la baie sur la droite. On ne voit pas le spot depuis la route, tourner à droite après le pont et se diriger vers la mer.

5. Spartivento

North of Capo Spartivento the coast is very exposed to S swells and remains surfable when other spots are flat. Left point with possible barrel sections on small S swells, provided it's windless or offshore. Shallow rock bottom. Rarely crowded. On SS106, south of Brancaleone Marina.

Au N du Capo Spartivento, la côte est très exposée aux swells de S et reste surfable lorsque les autres spots sont flat. Gauche en pointbreak avec parfois des sections à tube par petite houle de SE, si c'est glassy ou offshore. Casse dans peu d'eau sur des rochers. Rarement du monde. Sur la SS 106 au S de Brancaleone Marina.

6. Condojanni

A-frame with longer, speedy lefts peeling over shallow cobblestones and sand. This technical wave won't tolerate strong onshores, but can hold light sideshore wind. Squeezes the last rides out of the SE swell when Bova has already gone flat. Good water quality. Not crowded.

Pic en triangle avec des gauches plus longues et rapides, cassant dans peu d'eau sur un mélange de graviers et de sable. Cette vague technique ne supporte pas les vents forts onshore, mais peut tenir un vent léger sideshore. On vient y surfer les restes de la houle de SE alors que Bova est déjà flat. Eau de bonne qualité. Peu de monde.

SICILY

7. Lungomare

Several peaks on sand bottom with any type of N swell. Needs an offshore wind to hold up the vertical walls that can be fast if not hollow. Not crowded. On the promenade at Cefalù via the A19 Messina-Palermo highway.

Plusieurs pics sur du sable par n'importe quelle houle de N. A besoin d'un vent offshore pour maintenir une face redressée sur des vagues qui peuvent être rapides et même creuses. Peu de monde. Sur le front de mer à Cefalù en arrivant par l'autoroute A19.

8. Santa Lucia

Reef peak favouring steep, fast lefts in N swells. Shallow rock bottom. Decent water quality. Not crowded. Several other spots further along the coast. East end of the Cefalù promenade, below the cliff.

Pic sur le reef avec plutôt des gauches rapides et redressées par houle de N. eau de qualité correcte. Peu de monde. D'autres spots le long de la côte. Au bout du front de mer de Cefalù côté E, en contrebas de la falaise.

9. Il Moletto

This vast bay produces an easy, sectioney righthander breaking off the bay's western tip. The Mondello area only breaks on big NW swells. Several other peaks along the beach. Easy access from the jetty. Main city spot for Palermo's many surfers, so can be crowded. From city centre follow signs to Parco della Favorita – Mondello.

Cette grande baie abrite côté O une droite facile avec plusieurs sections. La zone de Mondello ne marche que par gros swell de NO. Plusieurs autres pics le long de la plage. Accès facile depuis la jetée. Spot principal pour les nombreux surfers de Palerme, donc il peut y avoir du monde. Depuis le centre-ville, suivre la direction Parco della Favorita - Mondello.

10. Isola delle Femmine

Arguably the most consistent spot around Palermo, Isola needs NW swells without the NW wind. Several peaks in the big bay can be fast and hollow. Another right breaks on rock east of the bay past the village. Check Mondello or Magaggiari if too messy. Can be crowded. Leave Palermo-Trapani highway at Capaci and follow signs.

Probablement le spot qui marche le plus régulièrement vers Palerme, Isola exige une houle de NO mais sans vent de NO. Plusieurs pics dans la grande baie peuvent devenir creux et rapides. Une droite casse sur des rochers à l'E de la baie après le village. Checker Mondello ou Magaggiari si c'est trop en vrac. Il peut y avoir du monde. Quitter l'autoroute Palermo-Trapani à Capaci et suivre les panneaux indiquant Isola delle Femmine.

Bova

South coast Sicily

EMILIANO CATALDI

11. Magaggiari

The place to check during big, windy NW swells. Long pier provides partial shelter for good lefts and occasional rights. Jump in from the pier. Several other peaks further down the beach. Crowded in summer. Surf shop.

A checker quand c'est gros et venté par houle de NO. De bonnes gauches et parfois quelques droites, un peu protégées par la longue digue. Mise à l'eau en sautant depuis la digue. Plusieurs autres pics le long de la plage. Du monde en été. Surfshop.

12. Ciammarita

This beach extracts the most from the frequent NW swells. Several A-frame peaks along the bay, surfable in moderate on-shore conditions. Not crowded. Clean water. From Castellamare del Golfo, follow signs to Trapetto village and Spiaggia di Ciammarita.

Cette plage concentre bien les swells de NO, qui sont fréquents. Plusieurs pics en triangle dans la baie, surfable par vent onshore modéré. Peu de monde. Eau propre.Depuis Castellamare del Golfo, suivre les panneaux pour le village de Trapetto et Spiaggia di Ciammarita.

13. Faro

The coast from Mazara del Vallo to Selinunte is exposed to all W winds and swells and offers many possibilities. A righthand point breaks under the lighthouse on a sharp rock bottom. Needs clean conditions. Never crowded. Possible currents. From Campobello di Mazara, take dirt-trail to Kartibubbo.

La côte qui s'étend de Mazara del Vallo à Selinunte est exposée à tous les vents et swells d'O, avec un bon potentiel. Il y a une droite de pointbreak sur des rochers pointus sous le phare, par bonnes conditions. Très peu de monde à l'eau. Du courant parfois. Depuis Campobello di Mazara, prendre la piste en terre rejoignant Kartibubbo.

14. Ciminiera

Exposed to all southern swells, the east side of the San Marco cape holds a fast, long left on sand and rocks with some inside tube sections. Holds strong SE wind, which is also the best swell direction. Strong currents. Solo surfing so bring a friend. More reefs on the west side of the cape. From Contrada Foggia, follow signs to San Marco.

Le côté E du cap San Marco est exposé à toutes les houles de S. On y trouve une gauche longue et rapide sur sable et rochers avec des sections à tube à l'inside. Surfable même par vent fort de SE, ce qui également la meilleure direction pour la houle. Courants forts. Personne à l'eau donc c'est mieux d'y aller avec quelqu'un. D'autres reefs sur le côté O du cap. Depuis Contrada Foggia, suivre les panneaux indiquant San Marco.

15. Il Reef

At the mouth of Naro River, rights and lefts spin over a rock bottom if a big SE swell is running. Never crowded. More spots further east, close to the local marina.

A l'embouchure de la rivière Naro, déroulent sur un fond de rocher si un gros swell de SE y rentre. Très peu de monde à l'eau. D'autres spots plus à l'E, près de la marina.

16. Il Molo

Right and left peaks either side of Marina di Modica's jetty in N and NW swells. Rideable in strong winds. Not crowded. Clean water.

Pics gauche-droite de chaque côté de la jetée de Marina di Modica par houle de N ou de NO. Surfable même par vent fort. Peu de monde. Eau propre.

17. Catania – La Playa

A-frame peak breaking on hard sand bottom in the centre of the gulf. Needs E swells and W winds, so only moderate consistency. Strong currents. Not crowded. Surf shop in town. From Catania follow signs toward Lido Capannine.

Pic en triangle cassant sur du sable dur au centre du golfe. Par houle d'E et vent d'O, donc fréquence moyenne seulement. Courants forts. Peu de monde. Surfshop en ville. Depuis le centre de Catania suivre les panneaux pour Lido Capannine.

18. Giardini Naxos

Waves breaking left and right off the rocks, plus more peaks with good lefts on sand bottom. Any E swell but best on SE swells, even in onshore winds. Another rocky left breaks further down the beach in front of the church. Possible currents. Surfed mainly on weekends.

Droites et gauches près des rochers, plus d'autres pics avec de bonnes gauches sur fond de sable. Marche par houle orientée E mais meilleur par swell de SE, même par vent onshore modéré. Une autre gauche sur fond de rocher plus loin sur la plage devant l'église. Du courant parfois. Surfé surtout le we.

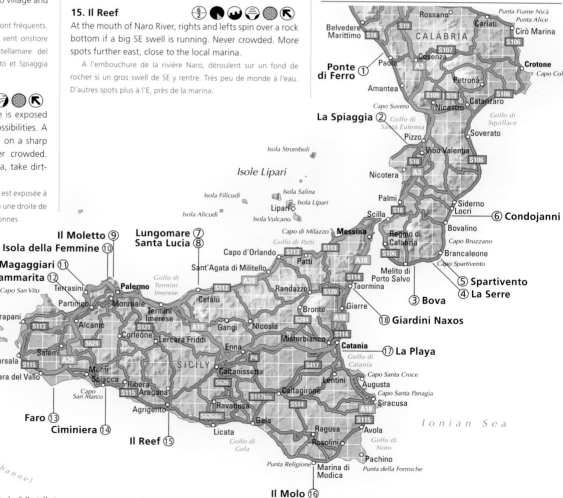

Sardinia – North

Porto Ferro

1. Rena Majore

This long beach offers several fun peaks under windless W swells. Sandbars are anchored to a rock bottom. Fairly inconsistent so rarely crowded. Just west of Santa Teresa along the road to Sassari.

Cette longue plage offre plusieurs pics sympas par houle d'O sans vent. Les bancs de sable sont maintenus en place par un fond de rocher. Assez peu fréquent donc rarement du monde. Juste à l'O de Santa Teresa sur la route qui mène à Sassari.

2. Marinedda

Isola Rossa is just south of Mount Tindari, where several good peaks form with NW and W swells. Handles some size, but not onshore wind. Rarely crowded as there are more breaks north of Castelsardo.

Isola Rossa est juste au S du Mont Tindari, avec plusieurs pics qui forment par houle de NO ou O. Tient un peu la taille, mais pas le vent onshore. Rarement du monde car il y a d'autres spots au N de Castelsardo.

3. Silver Rock

Silver Rock is a powerful reef producing long ripable rights and fast hollow lefts. Partly sheltered from NW winds, this break is surfable in onshore conditions. Rock bottom. Clean water. Not usually crowded. From Porto Palmas follow signs to Argentiera and turn after the caravan park.

Vague de reef puissante avec des longues droites à manœuvres et des gauches rapides et creuses. Un peu abrité des vents de NO, surfable quand c'est onshore. Fond de rocher. Eau propre. Peu de monde en général. Depuis Porto Palmas suivre les panneaux indiquant Argentiera et tournez après le terrain pour caravanes.

Silver Rock

4. Porto Ferro

Very consistent spot that turns on in most swells. Several performance peaks with vertical walls that still work under big, windy SW swells. Strong currents. Very good water quality. Beautiful bay 18km northwest from Alghero.

Spot qui marche très souvent qui fonctionne par la plupart des swells. Plusieurs pics à manœuvres avec des murs verticaux qui marchent même par gros swells ventés de NO. Forts courants. Eau très propre. Baie magnifique située à 18km au NO d'Alghero.

5. La Speranza

Top quality righthand pointbreak with powerful tubes in any W swell. Handles the regular strong NW winds. Fast, hollow and shallow so intermediates or better. Paddle-out channel on south side of bay. Sea urchins. Long line-up spreads the rare crowd. Pristine water and bay 8km south of Alghero.

Droite en pointbreak de très bonne qualité avec des tubes puissants par houle d'O. Tient le fort vent de NO, fréquent ici. Rapide, creux et pas beaucoup d'eau donc débutants s'abstenir. Passe pour se mettre à l'eau au S de la baie. Oursins. Le line-up est étalé donc pas de problème au niveau du monde. Eau claire. La baie est à 8km au S d'Alghero.

La Speranza

6. S'Archittu

Long righthand point/reef (occasional lefts also possible) on solid SW storms and it holds up with strong onshores. On the best days the 3 sections connect and 700m rides are possible. The last section is the most powerful. Sharp rock bottom with sea urchins. Enter and exit in front of the Is Benas Surf Club. Strong currents on big windy days. From Oristano follow road SS292 north (toward Cuglieri) that passes right above the spot.

Longue droite de pointbreak/ reef (avec parfois des gauches) par bonne tempête de SO, tient le fort vent onshore. Quand c'est vraiment bien les trois sections connectent et on peut la surfer sur 700m. La dernière section est la plus puissante. Fond de rochers coupants avec des oursins. Entrée et sortie en face du Is Benas Surf Club. Courants forts quand c'est gros et venté. Depuis Oristano suivre la SS 292 vers le N (direction Cuglieri), la route passe juste au-dessus du spot.

7. Sa Mesa Longa

Outside the reef enclosing the lagoon, breaks a beautiful A-frame on a shallow rock bottom. Sa Mesa activates on any SW, W and especially sizable NW swells but cannot be surfed with onshore wind. Use the channel on the left of the little island to get to the line-up. Often crowded with some attitude. Very clean water – look for urchins. North from Mandriola, on the exposed side of Capo Mannu peninsula.

Un très joli pic en triangle qui casse dans peu d'eau, sur un reef au large qui forme un lagon. Par houle de SO, O et surtout bonne houle de NO, mais pas surfable par vent onshore. Prenez la passe sur la gauche de la petite île pour aller au line-up. Souvent du monde

S'Archittu

Sa Mesa

Capo Mannu

Sa Mesa

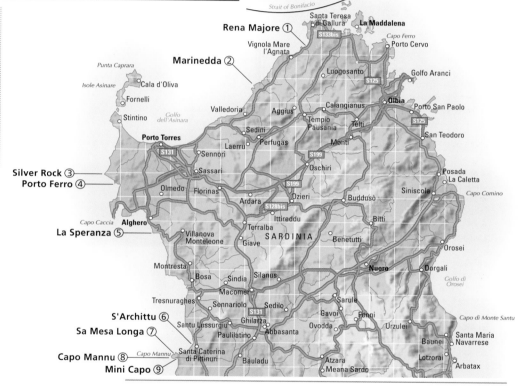

CORSICA
Bonifacio
Capo Pertusato
Strait of Bonifacio

Rena Majore ①
Santa Teresa di Gallura
La Maddalena
Vignola Mare l'Agnata
S133bis
Capo Ferro
Porto Cervo

Marinedda ②
Luogosanto
Golfo Aranci
S125

Punta Caprara
Cala d'Oliva
Isole Asinare
Fornelli
Valledoria
Aggius
Calangianus
Olbia
Porto San Paolo

Stintino
Golfo dell'Asinara
Sedini
Tempio Pausania
Telti
S125
San Teodoro

Porto Torres
Laerru
Perfugas
Monti

Sennori
S195

Silver Rock ③
Sassari
Oschiri
Posada
La Caletta

Porto Ferro ④
Olmedo
Florinas
S199
Capo Comino

Ardara
Ozieri
Buddusò
Siniscola

Capo Caccia
Alghero
Ittireddu
Bitti

La Speranza ⑤
Villanova Monteleone
Terralba
SARDINIA
Benetutti

Giave
Nuoro
Orosei

Montresta
Silanus
Dorgali

Bosa
Sindia
Sarule
Golfo di Orosei

Tresnuraghes
Macomer
Sennariolo
Sedilo
Gavoi
Fonni
Capo di Monte Santu

S'Archittu ⑥
Santu Lussurgiu
Ghilarza
Ovodda
Urzulei
Santa Maria Navarrese

Sa Mesa Longa ⑦
Paulilatino
Abbasanta
Baunei
Lotzorai

Capo Mannu ⑧
Capo Mannu
Santa Caterina di Pittinuri
Bauladu
Atzara
Arbatax

Mini Capo ⑨
Meana Sardo

avec une ambiance un peu tendue. Eau très propre, attention aux oursins. Au N de Mandriola sur la côte exposée de la péninsule de Capo Mannu.

8. Capo Mannu

Very famous among Mediterranean surfers, Capo Mannu area is a true swell and surfer magnet. The long right pointbreak peels down the southwest side of the Capo Mannu peninsula, sheltered from the NW wind. Easy take-off and hollow inside with 200m long rides possible. Highly consistent and often crowded, hazards include rips, sharp rocks on entry/exit plus it's seriously localised. North from Oristano on 292, left after Riola Sardo towards Mandriola.

Très connu des surfers de Méditerranée, Capo Mannu concentre à la fois la houle et la foule. Longue droite de pointbreak qui déroule au SO de la péninsule de Capo Mannu, abritée des vents de NO. Un take-off facile et un inside creux avec des vagues qui peuvent dérouler sur 200m. Marche très souvent. Souvent du monde. Courant, rochers aigus à l'entrée et sortie de l'eau, localisme assez fort. Au N d'Oristano sur la 292, prendre à gauche après Riola Sardo direction Mandriola.

9. Mini Capo

Directly offshore in the NW Mistral, this is one of the most consistent and technical waves in Italy. Minicapo's reef peak offers several fast barrel sections and a steep inside which make for a long ride. The left is shorter but more intense. Sharp locals, urchins and rocks. Easy access from little beach on left of car park. Very good water quality. Nearly always crowded.

Directement offshore par Mistral de NO, c'est une des vagues les plus fréquentes et les plus techniques de Méditerranée. Le reef de Minicapo forme un pic avec plusieurs sections à tube et un inside creux, et ce sur une bonne distance. La gauche est plus courte mais plus intense. Locaux, oursins et rochers agressifs. Accès facile depuis la petite plage à gauche du parking. Eau de très bonne qualité. Quasiment toujours du monde.

Mini Capo

Sardinia – South

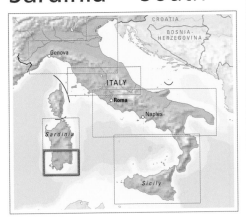

Piscinas

Maresciallo

1. Piscinas
Open beachbreaks that pick up every pulse of swell along fun sandbanks. Walled-up, performance peaks, perfect for all standards in offshore winds. Place to check when the Capo Mannu area is flat. Pristine and uncrowded. Along the beautiful Costa Verde, just south of Marina di Arbus.

Beachbreaks exposés qui captent la moindre houle sur des bancs de sable sympas. Pics à manœuvres avec de l'épaule, parfait pour tous niveaux par vent offshore. A checker quand la zone de Capo Mannu est flat. Cadre préservé avec peu de monde le long de la magnifique Costa Verde, juste au S de Marina di Arbus.

2. Il Molo
Long, powerful left breaking beside the long pier. The spot works in all W swells – best in a NW. Holds moderate onshore wind. Rarely crowded. Several other peaks along the south side of San Nicolò beach. Clean water. Site of the annual Quiksilver invitation contest.

Longue gauche puissante qui casse près d'une longue digue. Ce spot marche par n'importe quel swell de secteur O, le mieux étant NO. Surfable par vent onshore modéré. Rarement du monde. Plusieurs autres pics vers le côté S de la plage de San Nicolò. Eau propre. Site de la compétition annuelle du Quiksilver invitation contest.

3. Goroneddu
A-frame with longer left breaking on NW swells up to 3m. Unsurfable with onshore wind. The inside offers fast, sucky

barrels for experts. Be wary of currents, urchins and locals as it is often crowded. Former secret spot, hard to find.

Pic en triangle avec une gauche plus longue qui casse par houle de NO jusqu'à 3m, mais pas surfable par vent onshore. Tubes rapides qui jettent à l'inside pour les surfers confirmés. Attention aux courants, aux oursins et aux locaux car il y a souvent du monde. C'était un ancien secret spot, donc dur à trouver.

Goroneddu

4. Maresciallo
Sant'Antioco is a little island (connected by a bridge) off the SW tip of Sardinia, perfectly exposed to W and SW swells. Maresciallo offers very long, fast, peeling righthanders, providing it is not onshore. Easy in and out, not crowded. Other nice waves nearby. 1km north of Calasetta beach.

Sant'Antioco est une petite île (reliée par un pont) sur la pointe SO de la Sardaigne, parfaitement exposée aux houles d'O et SO. Il y a des droites très longues et rapides à Maresciallo sauf si c'est onshore. Entrée et sortie faciles, peu de monde, d'autres vagues sympas dans les environs. A 1km au N de la plage de Calasetta.

5. Pipeline
50km southwest from Cagliari, along Sardinia's south coast, the fancy town of Chia offers several spots. Pipeline works mainly on strong W swells when long righthanders break on the outside bank and hollow peaks form up on the inside. Medium consistency so often crowded when on.

A 50km au SO de Cagliari, le long de la côte S de la Sardaigne, la ville chic de Chia abrite plusieurs spots. Pipeline marche surtout par gros swells d'O quand de longues droites cassent sur le banc du large et que des pics creux se forment à l'inside. Marche moyennement souvent, donc du monde quand c'est bon.

6. Chia – Il Pontile
Long lefthanders breaking next to local jetty during NE, E and SE swells. Performance walls, bashable lips and occasional barrel sections. Inconsistent as it's reliant on E swells. Beginner-friendly, so it's often crowded.

Il Pontile

De longues gauches cassant près de la jetée par swells de NE, E et SE. Vagues à manœuvres avec de bonnes lèvres à frapper et parfois des tubes. Ne marche pas souvent car le spot est dépendant des houles d'E. Spot accessible aux débutants donc souvent pas mal de monde.

7. Su Cunventeddu

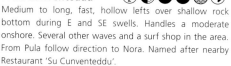

Medium to long, fast, hollow lefts over shallow rock bottom during E and SE swells. Handles a moderate onshore. Several other waves and a surf shop in the area. From Pula follow direction to Nora. Named after nearby Restaurant 'Su Cunventeddu'.

Gauches creuses et rapides qui peuvent être longues, cassant sur du rocher dans peu d'eau par swells d'E et SE. Surfable par vent onshore modéré. D'autres vagues et un surfshop dans les environs. Depuis Pula prendre la direction de Nora. Le spot porte le nom du restaurant "Su Cunventeddu".

Piscinas ①
Il Molo ②
Goroneddu ③
Maresciallo ④
⑨ Racca Point
⑧ Poetto
⑩ Porto Giunco
⑦ Su Cunventeddu
⑤ Pipeline
⑥ Il Pontile

8. Poetto

Located along the 6km long Cagliari city beach, Poetto is the main spot in town. E, SE and S swells bring poor quality lefts that are slow, crumbly and perfect for learners. Onshore wind makes little difference. Mediocre water quality. Always crowded. Plenty of surf shops and all facilities.

Situé à Cagliari sur la plage qui fait 6km de long, Poetto est le spot principal de la ville. Les swells d'E, SE et S créent des gauches médiocres, molles et plates, parfaites pour les débutants. Le vent onshore ne change pas grand-chose. Eau de qualité médiocre. Toujours du monde. Plein de surfshops, on trouve de tout sur place.

9. Racca Point

Very long, good quality left wrapping around the cliff in E and SE swells. Shallow rock bottom and difficult access when pumping make this an experts only spot. Rips and urchins. Sometimes crowded when a good SE swell hits. Find Capitana near the little village of Is Mortorius, in front of campground.

Bonne gauche très longue qui s'enroule autour d'une falaise par houle de SE et E. Pas beaucoup d'eau sur fond de rocher, accès difficile quand ça rentre bien, donc spot réservé aux surfers confirmés. Du courant et des oursins. Du monde parfois quand il y a un bon swell de SE. Rejoindre Capitana près du petit village d'Is Mortorius, en face du camping.

10. Porto Giunco

Many peaks along Porto Giunco's vast bay and good lefthander next to the cliff on SE and E swells. Place to check when Poetto and the Cagliari spots are blown out by E winds. Not usually crowded. Clean water.

Plein de pics dans la grande baie de Porto Giunco, et une bonne gauche près de la falaise par swells de SE et E. A checker quand il y a trop de vent d'E à Poetto et sur les spots de Cagliari. Peu de monde en général. Eau propre.

Sardinian Secret

CHRIS WARD

Nickname: Wardo
Highest rating: WCT Rookie
Height: 6'0"
Current residence: San Clemente,

Settle For Nothing

lost

lostenterprises.com

Olatu, s.l.   lost@losteurope.com

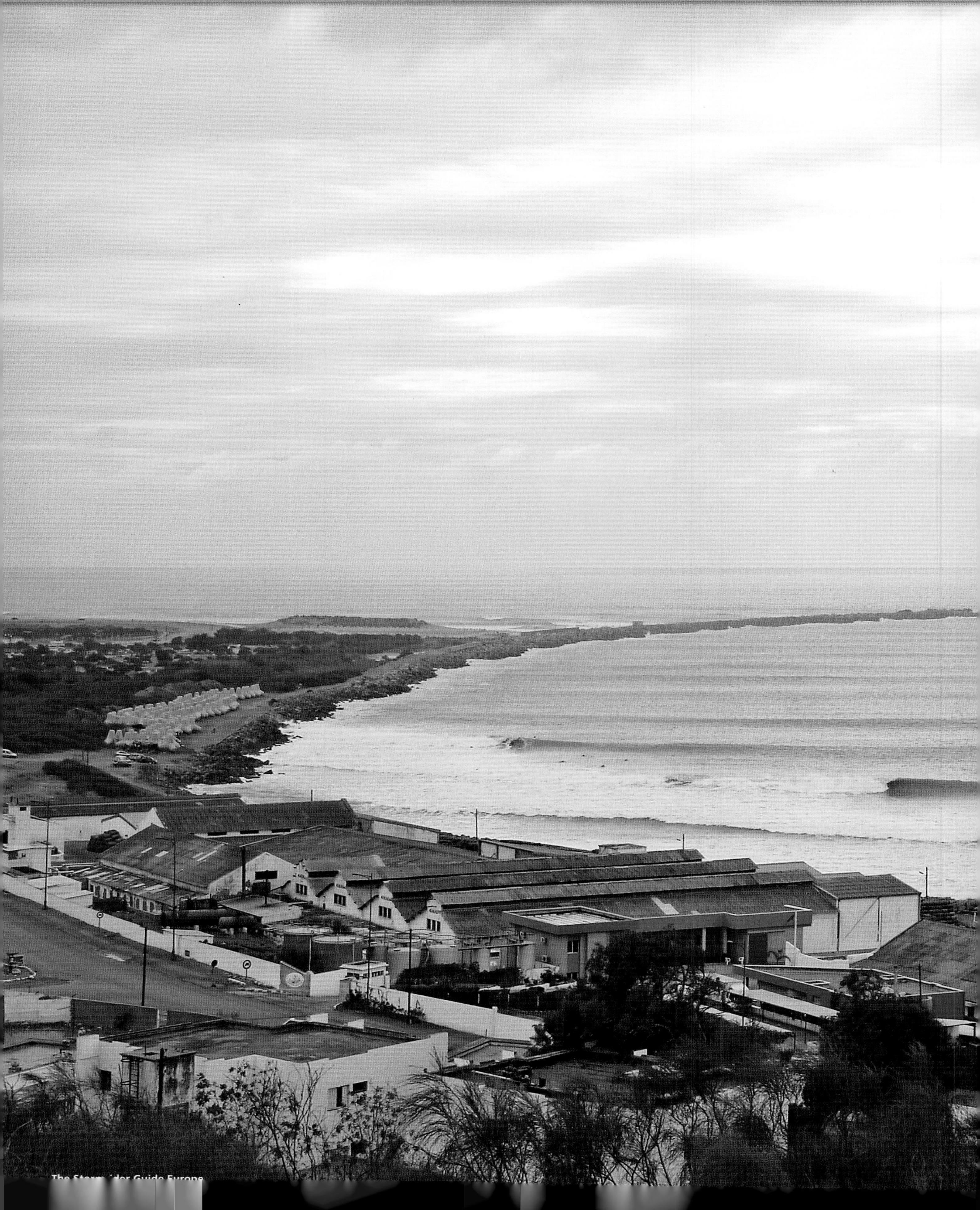

Morocco

Much like Mexico is for the Americans, Morocco serves as a cultural escape from the normality of the European surf trail. This ancient, exotic kingdom is home to some fantastic righthand points that peel in green-blue symmetry down rock and sand points, fanned by winter offshores. There's a wealth of empty beachbreaks stretching right down into the Sahara and there are few crowds away from the main spots. Joining the long-term van trippers and surf camp charter tourists in the line-up is a growing number of enthusiastic locals, who have discovered the quality of the incomparable Moroccan surf experience.

Le Maroc est un peu à l'Europe ce que le Mexique est aux Etats-Unis: une destination surf en dehors des sentiers battus avec une culture différente. Cet ancien royaume aux aspects exotiques recèle quelques droites fantastiques, dans les tonalités bleu/ vert et lissées par le vent offshore hivernal, déroulant parfaitement le long de pointes de sable et de rochers. Toute la côte est également riche en beachbreaks jusqu'aux portes du Sahara au Sud, et il y a peu de monde en dehors des spots connus. Beaucoup de surfers passent l'hiver ici dans leurs vans, se partageant les vagues avec les stagiaires des surfcamps et un nombre croissant de locaux enthousiastes, qui ont découvert la richesse incomparable des côtes marocaines.

The sunny rights of southern Morocco are not the only attraction. Mehdiya rivermouth rarity.

The Surf

Despite obviously being part of Africa, Morocco is firmly entrenched on the European surf trail and acts as a winter escape for thousands of Europeans looking for sunshine and summer-suit water temps. The coastline is perfectly aligned to welcome the long-range, North Atlantic swell as it swings in on a NW trajectory. Moderate NW to NE winds blow down the coastline, so finding protection from these winds, which get a bit stronger and more consistent in the summer, is of paramount importance. The seasonal differences are marked by the big swells and NE winds of winter that make the points light up, followed by summer's due N or NW winds that keep the exposed beaches breaking in onshore conditions. The desert drives an early morning land-breeze regime until things heat up and the wind does an about-face. The strength of these sea breezes is dictated by summer land temperatures, which average a warm 26°C up north, but can reach a scorching 39°C in Dakhla. Tides vary a little along this endless coastline and the 2-3m range around Tangier drops to 0.5-2m in the desert south. Getting reliable tidal information is tricky so download before travelling.

Bien que ce soit déjà l'Afrique, le Maroc est une destination classique pour les surfers qui font le tour de l'Europe, et des milliers de touristes s'y rendent chaque année pour fuir l'hiver et trouver du soleil avec de l'eau assez chaude pour se baigner. La côte est parfaitement orientée pour recevoir les houles longues de secteur NO qui arrivent de l'Atlantique N. Le vent souffle souvent du NO à NE le long de cette côte, il est plus régulier et plus fort en été : pour surfer il est donc crucial de trouver des spots abrités. L'hiver est caractérisé par des grosses houles et des vents de NE qui font marcher les pointbreaks, tandis que l'été on trouve souvent du vent plein N ou NO, qui crée des vagues onshore sur les plages exposées. La fraîcheur du désert crée une brise de terre tôt le matin, avant que la chaleur ne l'emporte et que le vent tourne à 180 degrés. Son intensité dépend des masses d'air chaud au-dessus des terres en été, qui montent à 26°C en moyenne dans le N mais peuvent atteindre la température étouffante de 39°C à Dakhla. Les marées varient peu le long de ce littoral immense, de 2-3m vers Tangier jusqu'à 0.5-2m dans le désert au S.

Northern Morocco

Surfers arriving in Morocco in the winter surf season, either fly into the central cities or immediately drive south to the famous waves around Agadir. This is understandable when the weather in **Northern Morocco** is cold and the 1000kms of NW-facing beachbreaks are usually closed-out, cross-shore and uninviting. The area from Tangier to Rabat is predominantly beach, but there are a few notable spots, particularly Medhiya, which offers wind and swell protection behind long, rivermouth jetties. The same set-up can be found at Doura in Rabat, plus a load of slabby reefbreaks that are ridden by the large local contingent. The beachbreaks of Skhirat and Bouznika to the south are places to check in the summer months of smaller swells and crowded beach resorts. Mohammedia has the famous beach peaks of Sablettes, while Casablanca has a few shorebreak-style waves along the extensive, built-up beachfront. Goofies will want to check out Dar Bouazza, a rare left point in a land of rights.

There is every chance a travelling surfer will pick up a few decent waves in winter, especially at the protected jetty breaks, but Northern Morocco is generally considered a **spring to autumn** destination although high summer will be windy.

Casablanca						
SURF STATISTICS	J/F	M/A	M/J	J/A	S/O	N/D
Dominant swell	NW-N	NW-N	NW-N	NW-N	NW-N	NW-N
Swell size (ft)	5-6	5	3-4	2	4	5-6
Consistency (%)	70	60	60	50	60	70
Dominant wind	N-NE	NW-NE	NW-NE	NW-NE	NW-NE	N-NE
Average force	F2-F3	F2-F3	F2-F3	F2-F3	F2-F3	F2-F3
Consistency (%)	35	56	70	82	63	36
Water temp.(°C)	16	18	20	22	21	18
Wetsuit						

Les surfers vont au Maroc pendant la saison de surf hivernale, soit en prenant l'avion vers les villes centrales soit en voiture jusqu'aux spots les plus connus de la région d'Agadir. Il est vrai que le temps est souvent plus froid au **Nord du Maroc** et l'on rencontre des conditions plus difficiles sur les quelque 1000km de beachbreaks, car ça sature souvent avec du vent cross shore. La côte entre Tanger et Rabat est pour la plupart faite de plages, mais il y a quelques spots qui sortent du lot comme Medhiya, qui offre une certaine protection du vent et de la houle derrière de grandes digues construites à l'embouchure des rivières. On trouve la même configuration vers Doura à Rabat, plus un paquet de reefs sur des dalles, surfés par les nombreux locaux. Les beachbreaks de Skhirat et Bouznika au S sont à checker en été par petite houle quand les plages des stations balnéaires sont bondées. A Mohammedia on trouve des pics sur le beachbreak connu des Sablettes, alors qu'à Casablanca il y a quelques vagues style shorebreak le long d'un grand front de mer urbanisé. Les goofies apprécieront Dar Bouazza, une des rares gauches dans un pays de droites.

On a toutes les chances de surfer de bonnes vagues en hiver, surtout sur les spots abrités par des digues, mais le N du Maroc est en général surfé du **printemps à l'automne**, bien qu'au cœur de l'été il y ait souvent du vent.

JEAN CLAUDE PERREIRA

Dar Bouazza

JEAN CLAUDE PERREIRA

Middle – **Kilometres of empty beachbreak grace the Moroccan north coast, just waiting for slack winds and a peaky swell to serve up chunky wedges like this.**

Bottom – **Looking like a flipped transparency from southern Morocco, the lefts at Dar Bouazza are a long and leisurely exception to the right rule.**

Safi

Top – **From coveted semi-secret spot with localism issues to government sanctioned surfing park and contest venue, the fickle, freight train rights of Safi remain the biggest central coast attraction.**

Middle – **In small swells, Killers breaks on the outside reef in front of a rocky cove, even offering the odd left for the brave. The sectioney, racy rights, wrap around the corner and into the bay at any size from waist high to almost triple overhead.**

Bottom – **Taghazout is not renowned for hollow waves but the odd cover-up is always a possibility if the sand on the points is co-operating.**

Central Morocco

From El Jadida south, the **Central Morocco** coast becomes increasingly rugged with more cliffs and headlands and a far greater variety of waves. The northwesterly aspect catches all available swell but the year-round northerly wind flow can blow it out easily. Highlights include the many possibilities along the coast road from El Jadida, through Oualidia and on to Safi where the first classic Moroccan righthand points begin. Safi's 'Garden' has been transformed from localised semi-secret spot into the government sponsored "Surfing Park Sidi Bouzide". The main highway heads inland from Safi and rejoins the coast in Essaouira, the famous hippie town that Jimi Hendrix tried to buy in the late '60s. The town is now favoured by windsurfers, because this area suffers from strong cross-shore winds, but there are a few waves around and a good beginners' beach as well. The coastline between Essaouira and Cap Rhir hides many quality reefs, points and beachbreaks, which receive more swell than further south, but also more wind. It's a wild stretch with poor roads leading into tiny fishing villages, although development has already come to Immesouane and the freecampers will soon have to share with the tourists when the new beachfront hotel is built. Although Tamri and Boilers are essentially part of the Taghazout scene, which is only half an hour's drive away, they still benefit from the far better swell exposure that the central coast enjoys. When Killers is struggling to break, Boilers is often head high and Tamri will be even bigger. There's more to find in this area for those willing to look around. Central Morocco is a halfway house between the summer beachbreaks of the north and the winter pointbreaks of the south. Any time from **autumn to spring** should provide the conditions to ride the headland-protected pointbreaks and get some exposed beach/reef action. It all depends on the strength and direction of the wind because swell size should be no problem.

Taghazout has enjoyed legendary status for decades, as a place to escape the winter blues and surf the great pointbreaks clustered around the famous Anchor Point. Known as 'Madraba' in Arabic and called 'Ikhflout' in the local Berber tongue, Anchors (or Ankas) has the ability to hold huge size and break down the perfectly angled headland for over a kilometre. The warm, green walls are powerful yet accessible to accomplished intermediates and provide a relatively safe environment to improve their

Killer Point

pointbreak skills, at least when it's small. Just to the north, past the reefs of Mysteries and La Source is another great, righthand pointbreak called Killers. It is this concentration of quality that has attracted surfers to this mellow fishing town, which is now showing signs of development and ever increasing numbers of surfers and surf camps. There are more waves in town like Hash Point and Panoramas, then miles of beginner beachbreak running south past Tamrhakht to Banana Village at Aourir. A few reefs, including a rare left, complete the picture towards Agadir, where there are more local surfers. **Winter** is the only time to go because the bigger swells are needed to get into the series of headland protected bays that make this area so good. Anchor Point often sleeps from April to October, although Killers will break on much smaller swells. The N/NE winds get bent and funnelled offshore by the coastal ranges, but in summer there are more NW onshore winds to contend with.

En allant vers le S depuis El Jadida, la **Centrale du Maroc** côte devient de plus en plus découpée avec plus de falaises et de promontoires, ainsi qu'une bien plus grande variété de vagues. L'orientation NO est parfaite pour recevoir la moindre houle qui passe, mais le vent peut vite tout gâcher, car les spots sont exposés toute l'année au régime dominant de vent de N. Les meilleures vagues sont situées en prenant la route de Oualidia depuis El Jadida, jusqu'à Safi, où on commence à trouver les premières vraies droites de pointbreak du Maroc. « Le Jardin », spot semi-secret gardé par des locaux près de Safi, a été transformé par l'Etat marocain en "Surfing Park Sidi Bouzide". La route principale tourne vers l'intérieur après Safi et rejoint la côte à Essaouira, la célèbre ville hippie que Jimi Hendrix avait tenté d'acheter vers la fin des années 60. La ville est maintenant très appréciée des windsurfers à cause des vents forts cross-shore, mais il y a quelques vagues aux alentours et des bonnes plages pour les débutants. La côte entre Essaouira et le Cap Rhir recèle de nombreux reefs, pointbreaks et beachbreaks de qualité, qui reçoivent plus de swell que plus au S, mais aussi plus de vent. C'est une portion de côte assez sauvage, avec des petites routes en mauvais état qui mènent à de petits villages de pêcheurs, bien que le développement immobilier ait fait son

Taghazout area

des vagues de pointbreaks sans grand danger, du moins quand c'est petit. Juste au N après les reefs de Mysteries et de La Source, on trouve un autre beau pointbreak appelé Killers. C'est la concentration de bonnes vagues dans un faible rayon qui a provoqué l'affluence des surfers vers ce petit village tranquille de pêcheurs, une tendance qui s'affirme maintenant avec de nouvelles constructions et de plus en plus de surfers et de surfcamps. Il y a également d'autres vagues dans le village, comme Hash Point ou Panoramas, et des kilomètres de plages désertes idéales pour débuter en

Taghazout						
SURF STATISTICS	**J/F**	**M/A**	**M/J**	**J/A**	**S/O**	**N/D**
Dominant swell	NW-N	NW-N	NW-N	NW-N	NW-N	NW-N
Swell size (ft)	5	4-5	3-4	1-2	4	5
Consistency (%)	80	60	30	30	60	70
Dominant wind	N-NE	NW-NE	NW-NE	E-SW	NW-NE	N-NE
Average force	F3	F3	F3	F3	F3	F3
Consistency (%)	35	56	70	82	63	36
Water temp.(°C)	16	17	19	22	21	18
Wetsuit						

allant vers le S jusqu'à Banana village à Tamhrakht. Quelques reefs, avec une gauche assez rare, complètent le tableau en allant vers Agadir, où l'on trouve plus de surfers locaux. *L'hiver* est la seule période valable pour surfer ici, car il faut des grosses houles pour passer derrière les pointes et les caps et rentrer jusque dans les baies protégées qui ont fait la réputation des spots. La Pointe des Ancres est souvent flat d'avril à octobre, bien que Killers marche aussi par petit swell. Le vent de N/NE est dévié par les montagnes près de la côte et devient offshore, mais attention en été il tourne un peu plus NO (onshore).

Southern Morocco

There can be few harsher places on the planet than **Southern Morocco** where the Sahara desert meets the Atlantic. Stretching for 600kms from Agadir to the disputed border with Western Sahara and then another 800kms down to Mauritania, this is a large, empty wilderness. Surfing locations are dictated by where the roads hit the coast at towns like Sidi Ifni, Tan Tan, Tarfaya and Dakhla. The coast faces due NW and has little problem

Devils Rock
ALEX WILLIAMS

apparition à Imessouane : avec la construction d'un nouvel hôtel en front de mer, les campeurs auront bientôt à côtoyer de nouveaux touristes. Bien qu'on considère que Tamri et Boilers font partie des spots de Taghazout, qui n'est qu'à une demi-heure en voiture, ils bénéficient d'une bien meilleure exposition à la houle, comme la côte centrale. Quand Killers commence à peine à marcher, Boilers casse à un bon 1,50m et souvent Tamri sera encore plus gros. Il y a encore des spots à découvrir aux alentours pour ceux qui sont motivés. La partie centrale du Maroc est à mi-chemin entre le Nord, destination d'été, et le Sud, destination d'hiver. De *l'automne au printemps*, on trouvera de bonnes conditions pour surfer les pointbreaks protégés derrière les caps, ou des reefs et des plages exposées. Tout dépend de la force et de l'orientation du vent, avoir de la houle n'étant pas un problème en général.

Taghazout bénéficie depuis des dizaines d'années d'une réputation légendaire, une destination idéale pour échapper au blues hivernal et surfer les bons pointbreaks regroupés autour de la Pointe des Ancres. Appelée 'Madraba' en arabe et 'Ikhflout' dans le dialecte local berbère, Anchor's (ou Anka's) peut vraiment tenir la taille et dérouler le long de la pointe à un angle parfait sur plus d'un kilomètre. Les vagues offrent des murs puissants aux tonalités bleu/vert, mais sont assez faciles d'accès, même pour des surfers moyens, donnant une bonne opportunité de progresser sur

Desert Point
MARC FENIES

Top – **Fun, performance sand-bottomed waves are part of the Moroccan surf recipe.**

Middle – **The desert south has long held some secrets but less than ideal aspect means clean conditions like this are a rarity.**

Bottom – **The desolate, empty landscape south of Agadir promises many set-ups but few are ever actually ridden as most people stick to the established roads.**

WILLY URIBE

Surf Culture

History

The first recorded surfers in Morocco were US military personnel, stationed near Mehdiya and may have hit the waves as early as the '50s. In 1964, Claude Bernard imported the first civilian board and started surfing with Pierre Chalaud, Henri Laggio and pioneering local, Mamoune. From this northern outpost, equipment slowly spread to Bouznika, Mohammedia and Casablanca. Meanwhile, way down the coast, travelling Aussies had found and ridden Anchor Point, as the hippy movement embraced coastal towns like Essaouira and Taghazout during the late '60s and '70s. The next two decades were prime travelling time when long winter van trips were the norm. Very few locals surfed, especially down south, and there were no surf camps or charter flights.

Les premiers que l'on ait vu surfer au Maroc étaient des militaires américains stationnés sur la base de Mehdiya, et ce dès les années 50. En1964, Claude Bernard importa la première planche "civile" et commença à surfer avec Pierre Chalaud, Henri Laggio et le tout premier local, Mamoune. A partir de ce premier retranchement dans le Nord, le matériel de surf fut ensuite disponible petit à petit vers Bouznika, Mohammedia et Casablanca. Pendant ce temps, tout à fait au Sud, des Australiens avaient déjà trouvé et surfé la Pointe des Ancres (Anchor Point), au moment où le mouvement hippie gagnait des villes comme Essaouira et Taghazout à partir de la fin des années 60 et pendant les années 70. Les deux décennies suivantes furent marquées par les longs séjours en van pendant l'hiver, peu de locaux surfaient, surtout au S, et à l'époque il n'y avait ni surfcamps ni vols charters.

Today

Recent years has seen an explosion in popularity, with Morrocans taking to the water as equipment becomes more widespread and affordable, especially bodyboards. King

Moroccan shapers are now beginning to cater to the growing number of talented young local surfers who are hitting the city line-ups in numbers.

Mohamed VI has been a driving force behind the spectacularly large Oudayas Surf Club, situated near the kasbah in Rabat. His passion for surfing has helped fund the 400msq club that employs 20 people and provides free equipment to a whole cross-section of society that would otherwise never get the opportunity to try surfing. As President of the club since 1999, he has helped legitimise surfing and strengthen the national competitive circuit. Federation Royale Marocaine de Surf run national contests and Morocco fields an amateur team at international events. Expats play a part in the scene, like three-time French title winner and European runner-up, Yann Martin, who started surfing at age 10 in Sablettes. This beach has produced countless hot surfers and Miky Picon surfed his first contest there in 1988. Yann now runs the Marhaba Surf School and helps foster a new generation of Morrocan surfers like Abdel El Harim who has beaten some top pro surfers including Shane Dorian at Pipeline. That said, most of the country's best competitive surfers live in France.

Recent developments at Safi's awesome Garden righthander has seen it change from a semi-secret, highly localised break into the new Surf Park Sidi Bouzide. Opened by the Minister for Tourism, it has already been the site of a major contest.

Surf shops have sprung up in most surf towns now with limited new equipment and plenty of second-hand stuff that gets snapped up by the locals.

Localism seems to be on the increase in Morocco as far more locals take to the water and surf tourist numbers increase, especially around Taghazout. Anchor Point used to be anarchy with various travellers behaving selfishly until the recent pecking order was established among the town's riders and those from nearby Agadir. Indiscriminate verbal attacks and violence are rare and the locals are generally friendly and never stop people from entering the water. A similar scenario exists at the other drawcard waves of Safi and Dar Bouazza, while hitting some of the lesser-known points in a crowd can get the locals upset. This tolerance works on the assumption that visiting surfers show more respect than greed and are willing to share the stoke around. With the advent of more surf camps, exploration and the willingness to ride less perfect but empty line-ups is a growing trend and with so much coastline, there are many more waves to be found between the spots marked in this book.

Le surf est devenu beaucoup plus populaire ces dernières années chez les Marocains, le matériel étant plus répandu et facile d'accès, surtout les bodyboards. Le Roi Mohamed VI est le principal moteur derrière l'Oudayas surf club, situé près de la kasbah de Rabat. Sa passion pour le surf a permis la réalisation d'un local immense de 400m2 pour un club qui emploie 20 personnes. Celui-ci fournit du matériel gratuitement pour toute une catégorie de gens qui n'aurait jamais eu sinon la possibilité d'accéder au surf. En tant que président du club depuis 1999, le Roi a favorisé la reconnaissance du surf au Maroc et a dynamisé le circuit des compétitions nationales, organisées par la Fédération Royale Marocaine de Surf.

Taghazout has seen an explosion of surf related businesses including surf shops and surf camps catering for the winter sun, surf tourists.

Le Maroc est également représenté par une équipe nationale aux compétitions amateur internationales. Le surfers expatriés jouent un rôle important, comme Yann Martin qui a été triple champion de France et vice-Champion d'Europe, et qui a commencé à surfer à l'âge de 10 ans aux Sablettes. Cette plage a produit de nombreux bons surfers comme Micky Picon, qui y a fait ses débuts en compétition en 1988. Yann dirige maintenant l'école de surf Marhaba et essaie de favoriser l'émergence d'une nouvelle génération de surfers. Abdel El Harim a de bons résultats sur le WQS et représente un espoir pour le Maroc. Ceci dit, la plupart des meilleurs surfers de compétition vivent en France.

La droite fabuleuse de Safi, autrefois un spot à moitié secret jalousement gardé par les locaux et connue sous le nom du « Jardin », a été récemment transformée en nouveau « Surf Park Sidi Bouzide ». Inauguré par le Ministère du Tourisme, le site a déjà été utilisé pour une compétition importante.

Les surfshops ont poussé comme des champignons dans la plupart des villes où il y a du surf, avec du matériel neuf en quantité limitée mais plein de planches d'occasion pliée en deux par les locaux. Le localisme semble être en augmentation au Maroc avec le nombre sans cesse croissant de locaux et de surfers en trip, surtout autour de Taghazout. C'était un peu l'anarchie à la Pointe des Ancres avec certains surfers étrangers se croyant tout permis, mais la hiérarchie au pic a été rétablie par les locaux et ceux d'Agadir. Les agressions verbales et le recours à la violence sont rares, les locaux sont accueillants en général et ne vous empêchent pas de vous mettre à l'eau. C'est la même chose sur les autres spots de premier plan comme Safi et Dar Bouazza, mais on peut énerver les locaux si on débarque en nombre sur des pointbreaks un peu plus reculés. Les Marocains se montreront tolérants si on fait preuve de plus de respect que d'égoïsme sur les vagues, et que l'on est venu avant tout partager une bonne session. Avec l'arrivée d'autres surfcamps, la tendance est maintenant à l'exploration pour trouver des vagues peut-être moins parfaites mais sans personne, et avec tant de kilomètres de côtes, il reste encore beaucoup de vagues à découvrir en dehors de celles mentionnées dans le guide.

picking up swell, but it really does suffer from strong, northerly trades, especially from spring to autumn. Morning offshores are a possibility but the land heats up so quickly that there is only a couple of hours' window to surf before the sea breezes blow onshore. Sidi Ifni is in easy striking distance from Agadir and has some good waves, although pollution can destroy the experience. Down the 4x4 tracks to the south there are a few fickle points to be found but travelling times are long, roads and maps are often confusing and finding these breaks is a real mission. Things get even more difficult as the main road heads inland and trackless desert falsely promises to reveal the coast over the next rise. Also, long tranches of coast are sea cliffs and have no access to the sea. Not for the unprepared or faint-hearted. From the border of Western Sahara down to Dakhla, the road shadows the coast, but the Canary Islands effectively block most of the NW swell from this stretch. Dakhla has a range of reefs and beaches and is the most accessible surf along this desert coast. Once again, *winter* is the go for many reasons. This area is a long way from the Atlantic storms so it needs the big ones to get going properly. The winds are lightest in winter and hopefully more NE in direction, but most importantly, the land temperatures are bearable in winter, averaging 29°C in Dakhla as opposed to 39°C and hotter in summer.

Il y a peu d'endroits aussi austères dans le monde que le Sud du Maroc, avec le désert du Sahara qui tombe directement dans l'océan Atlantique. S'étendant sur 600km depuis

Agadir jusqu'à la frontière très controversée du Sahara Occidental, puis sur 800km encore jusqu'à la Mauritanie, c'est une immense zone désertique. Les spots où on peut surfer dépendent des endroits où la route rejoint la côte, comme à Sidi Ifni, Tan Tan, Tarfaya ou Dakhla. La côte fait face au NO, elle est donc bien orientée pour bien prendre la houle, mais le problème vient des alizés de N qui y soufflent fort et régulièrement, surtout du printemps à l'automne. On peut avoir des vents offshore le matin, mais la terre se réchauffe tellement vite qu'on a que quelques heures pour surfer avant que le thermique ne se lève. Sidi Ifni n'est pas trop loin d'Agadir et possède quelques bonnes vagues, mais la pollution du lieu peut bien gâcher les sessions. Il y a quelques pointbreaks assez capricieux dans le S accessibles en 4x4, mais il faut beaucoup de temps, les routes et les cartes ne sont pas très fiables et ça devient vite une réelle expédition. Les choses deviennent encore plus difficiles lorsque la route s'éloigne de la côte ou que des pistes font semblant d'y mener. Il y a aussi de longues portions de côte où il n'y a que des falaises, rendant l'accès à la mer impossible. Il faut donc une bonne organisation et un tempérament d'aventurier pour surfer ici. De la frontière du Sahara Occidental jusqu'au S à Dakhla, la route suit le littoral, mais les îles Canaries en face bloquent vraiment la houle de NO. Dakhla possède quelques reefs et beachbreaks qui sont parmi les plus accessibles le long de cette côte désertique. Encore une fois, *l'hiver* sera la meilleure période pour plusieurs raisons. Cette région est éloignée des vents forts générateurs de houle de l'atlantique N, donc il faut des bonnes tempêtes d'hiver pour créer assez de houle pour arriver jusque là. Les vents sont plus faibles en hiver et en général un peu plus NE, et surtout, la chaleur est supportable à cette saison, de 29°C à Dakhla en moyenne comparé aux 39°C de l'été.

The Ocean Environment

Pollution

The Moroccan government has been working hard to bring many facets of life up to European standards and while roads and ports are being built and upgraded, little has been done to improve the sewage infrastructure. It wasn't until 2003 that the first modern sewage treatment plant was constructed with European Investment Bank funding which also included a "rehabilitation/extension of the sewage network" and these works only happen in the big cities. Small fishing towns that are growing and groaning under the weight of tourism and property development are the most dangerous from a water quality perspective. Sidi Ifni in the desert south is a prime example, with solid faecal deposits and stinking, foamy line-ups anywhere near the mouth of the river, which doubles as an open sewer. Rivers deliver most of the water pollution, especially after infrequent heavy rain, when stagnant inland waters are flushed down along with lots of trash, which is usually dumped in dry riverbeds. Hepatitis is a real threat when the normally clean and green pointbreaks turn brown and turbid. Contamination of drinking water supplies and aquifers by sewage is a recurrent problem across the country. Oil pollution in coastal waters is a fact of life, exacerbated by swell and wind patterns in the busy offshore shipping lanes. There are also coastal factories working in phosphates and the mining of metals and salt, plus there is even a rumour of a nuclear reactor for the isolated desert town of Tan Tan. Despite all these problems, the surf water quality is usually fine and standards are improving with reed-bed water treatment being used by some surf camp operators in Taghazout, who also regularly instigate beach clean-ups.

Mehdiya

JEAN-PIERRE BAILLIOT

PATRICE TOUHAR

Le gouvernement a beaucoup investi pour doter le Maroc d'infrastructures comparables à celles de l' Europe, et ce dans de nombreux domaines. Mais malgré la construction et la rénovation de routes ou de ports, peu de choses ont été faites pour améliorer le réseau d'assainissement. Il a fallu attendre 2003 pour que la première station d'épuration moderne soit construite, avec le financement de la banque Européenne d'Investissement dans le cadre d'un programme de « réhabilitation et d'extension du réseau d'assainissement. Mais seules les grandes villes bénéficient de ce type d'investissements. La zone où l'eau présente le plus de risques d'infections à cause de la pollution est donc concentrée vers les petits ports de pêche, qui grossissent rapidement et craquent sous le poids du tourisme et de la pression immobilière. Sidi Ifni, dans le désert au S, en est un exemple frappant : l' eau sent mauvais au line-up, avec des matières fécales en suspension et une mousse douteuse tout autour de l'embouchure de la rivière, qui sert de véritable égout à ciel ouvert. L'essentiel de la pollution vient des rivières, surtout après de fortes pluies. Celles-ci sont assez rares, mais elles charrient les eaux stagnantes de l'intérieur et les nombreux déchets qui sont jetés de façon régulière dans les lits de rivières asséchés. L'eau est propre d'habitude sur les pointbreaks, mais le risque est réel d'attraper une hépatite quand l'eau passe du vert au marron opaque. La contamination des approvisionnements en eau et des nappes phréatiques par les eaux usées est un problème récurrent à travers tout le pays. Le pétrole pollue les côtes ici aussi, d'autant plus que le régime de vent et de houle dominant s'exerce sur une zone de trafic maritime important. Il y a plusieurs usines de phosphate, des mines de métal et de sel qui sont implantées près des côtes, et une rumeur concernant un réacteur nucléaire près de la ville isolée de Tan Tan. Malgré ces problèmes, l'eau est d'assez bonne qualité en général, et il y a des améliorations en cours comme à Taghazout, où certains surfcamps font des nettoyages de plages réguliers et un traitement des eaux usées par des bio-filtres en roseau.

Erosion

Considering there is 1835kms of coastline, the number of erosion control structures is minimal. Harbour breakwalls and jetties are found in most large towns or cities and are responsible for some good waves at Mehdiya and Rabat. The mainly soft, sedimentary rocks that make up the coast are slow to erode and sand dune migration and sediment replenishment is good considering the Sahara is on hand and well stocked. In Essaouira the historical rampart of the old city is under threat from wave action, but such examples are isolated. Interestingly, a UNESCO backed study recommended that an artificial reef was preferable to a seawall, breakwater or beach nourishment solution. Soil erosion and degradation of arable land are much higher on the priority list for the Government.

Il y a peu de structures existantes pour lutter contre l'érosion par rapport aux 1835 km de côtes. On trouve des brise-lames et des jetées dans la plupart des ports et des grandes villes, et ceux-ci peuvent parfois créer de bonnes vagues, comme à Mehdiya et à Rabat. La côte est constituée de roches sédimentaires plutôt tendres, mais elles s'érodent lentement, vu que le transit dunaire et les apports sédimentaires sont bons, grâce aux stocks de sable du Sahara voisin. A Essaouira, les remparts de la vieille cité sont menacés par l'action des vagues, mais c'est un cas isolé. Il est intéressant de noter à ce sujet qu'une étude de l'UNESCO a recommandé la construction d'un reef artificiel plutôt que d'une digue, d'un brise-lame ou d'un système pour engraisser la plage en sable. Mais l'érosion des sols et la dégradation des terres arables sont des priorités qui passent bien avant pour le gouvernement.

Access

Coastal access in Morocco is generally straightforward and there are very few instances of denying tourists access to the waves except for the occasional large factory or gated tourist development, mainly found on the Med coast. Venturing further south can be problematic as huge distances and featureless desert tracks can make getting to the surf a mission and even short-looking drives on the map can become day-long marathons. A lack of petrol stations and good maps for off-roading are issues. The dispute over sovereignty of Western Sahara remains unresolved. Morocco and the Polisario, an independence movement based in Tindouf, Algeria, have been fighting since Spain pulled out of the occupied territory in 1975 and King Hassan mobilised 350,000 unarmed Moroccan citizens in what came to be known as the "Green March" into Western Sahara. A UN-brokered ceasefire was reached in 1991, but the situation remains confused with a "neither peace, nor war" motto. This means much of the border area with Mauritania is heavily mined so surf exploration takes on a highly explosive degree of risk. It is almost impossible to get the necessary

Top – **Jetties are rare in Morocco, usually only found at harbours and a few larger rivermouths. US servicemen first took to the waves of Mehdiya way back in the 1950s and the first local was riding by 1964.**

Middle – **When rains do come to the drier regions, the resulting outflow into the sea is not only full of trash and sewage from the dry river beds, but it can also bring hepatitis and other dangerous diseases.**

Bottom – **Coastal access is very good in the northern half of the country with increasing black-top to more fishing villages. The desert is still a 4WD frontier with hellish washboard tracks or no roads at all through the sand and gibber.**

Boilers

JULIAN WICKSTEED

government passes and the border crossings in the Nouadhibou area can be frustratingly long unless you are in transit. There are usually two or three ways to spell every town in Morocco. The most obvious case is the surf town of Taghazout which was written on the signpost approaching from the south while Tarhazoute was the name on the north side of town. They both say Taghazout these days.

L'accès à la mer est en général assez simple au Maroc, et il y a très peu de cas où les touristes ne peuvent pas accéder aux vagues, à part de temps en temps quand il y a une grosse usine ou des barrières autour d'un complexe touristique (principalement du côté Méditerranée). Si on pousse plus loin dans le Sud en voiture, il faut faire attention aux grandes distances et aux pistes dans le désert où il n'y a aucun point de repère, car ce qui paraît sur la carte une petite balade peut vite se transformer en un véritable marathon d'une journée. Il faut signaler aussi le manque de stations essence et de bonnes cartes détaillées pour pouvoir sortir des routes principales. Le conflit au sujet de la souveraineté du Sahara Occidental est toujours d'actualité, car il est revendiqué à la fois par le Maroc et le Front Polisario, un mouvement indépendantiste basé à Tindouf en Algérie. Les affrontements n'ont pas cessé depuis 1975 quand l'Espagne s'est retirée du territoire qu'elle occupait, et que le Roi Hassan II a mobilisé 350 000 citoyens non-armés au Sahara Occidental, pour ce qui fut appelé La Marche Verte. Un cessez-le-feu fut obtenu par les Nations Unies en 1991, mais la situation reste toujours confuse, le mot d'ordre en vigueur étant : « ni paix, ni guerre ». Une bonne partie de la zone frontière avec la Mauritanie étant truffée de mines, explorer la côte pour surfer à cet endroit peut vraiment prendre une tournure explosive. Il est quasi-impossible d'obtenir le droit de passage exigé par les autorités, et les passages de frontière vers Nouadhibou peuvent être interminables, sauf si vous êtes en transit. Il y a en général 2 ou 3 façons d'écrire les noms de villes au Maroc. Par exemple Taghazout est écrit tel quel sur le panneau en venant du S, mais « Tarhazoute » en venant du côté N. Il y a marqué Taghazout sur les deux panneaux désormais

Hazards

Some of the hazards have already been mentioned such as pollution and disease in the line-up after rains, unreliable water sources, desert travel dangers and surfing in a (ex) war zone. One less problem to worry about is shark attack and Morocco doesn't even make the list of African countries on the International Shark Attack File. Jellyfish are a possibility, but most likely to swarm on the Med side. Weaver fish are regularly encountered in the shallows. Otherwise it is the usual double trouble of rocky reefs and rips, especially in the central areas where wave heights are highest and open beaches have big longshore drift. Isolation and distance from medical care is a real issue in the desert south. Only Agadir, Casablanca and Rabat can be relied upon for adequate hospitals. Surfing alone is never a good idea and any kind of emergency rescue facilities are unlikely to be available as the Moroccan coastguard concentrate on trying to stem the flow of illegal immigrants, making their way to Europe by boat.

WILLY URIBE

Going off-road in the far south is hazardous thanks to the long war and prevalence of land mines in the region.

Certains dangers ont déjà été mentionnés, comme la pollution et les risques de maladies attrapés dans l'eau après les pluies, les approvisionnements en eau douteux, les risques liés à un périple dans le désert et le surf dans une (ex-) région en guerre. Les requins sont un souci de moins car le Maroc n'est même pas présent sur la liste des pays d'Afrique dans le Registre International des Attaques de Requins. Il peut y avoir des méduses, mais c'est plutôt du côté Méditerranée. Il y a souvent des vives dans les eaux peu profondes. Mis à part ça, les risques peuvent provenir des deux problèmes habituels, courants et rochers, surtout dans la partie centrale où il y a plus de taille et souvent un fort courant parallèle à la côte sur les grandes plages. L'isolement et l'éloignement de toute assistance médicale est un vrai problème dans le désert au S. Seul Agadir, Casablanca et Rabat disposent d'hôpitaux assez bien équipés. Surfer seul n'est jamais une bonne idée, et les secours en cas d'urgence sont rarement disponibles, vu que les garde-côtes marocains sont bien plus occupés à maîtriser le flux des immigrants illégaux qui tentent de traverser en bateau pour rejoindre l'Europe.

Travel Information

Getting There
By Air
Scheduled and charter services usually fly to Tangier, Rabat, Casablanca, Marrakech or Agadir from European, American, African and Middle Eastern capitals. The national carrier, Royal Air Maroc, also connects to Essaouira, Laayoune and Dakhla, but all flights go through the Casablanca hub and delays are common. BA lead the price war and along with RAM, carry boards for free. Charter flights can be very cheap but attract bigger charges for boards. Atlas Blue is North Africa's first low-cost airline and a subsidiary of RAM. EasyJet and Thomson fly to Marrakech.

Il y a des vols charters et réguliers qui desservent habituellement Tanger, Rabat, Casablanca, Marrakech ou Agadir depuis les grandes villes en Europe, les Etats-Unis, l'Afrique et le Moyen-Orient. Royal Air Maroc, la compagnie aérienne nationale, dessert aussi Essaouira, Laayoune et Dakhla, mais tous les avions partent ou arrivent de Casablanca, et les retards sont fréquents. British Airways est la mieux placée au niveau prix et transporte les planches gratuitement, RAM aussi. Les vols charters peuvent être très bon marché mais il faudra payer plus cher pour les planches. Atlas Blue est la première compagnie lowcost d'Afrique du Nord, c'est une filiale de RAM. EasyJet fait aussi des vols vers Marrakech.

By Sea
There are several car and passenger ferry services, which offer routes between Spain, Gibraltar, France and Italy to Morocco. Several companies offer the popular Algeciras to Tangier route, (including high-speed ferry), that go almost every hour, year-round and all tickets are valid for all companies. Tangier is the best option for public transport connections to the rest of Morocco. Algeciras to Ceuta, (Spanish Morocco) is quick and suits drivers, who can fill their tanks duty free in the Spanish enclave. Other Spanish routes run from Almeria, Malaga, Gibraltar and Tarifa to various north Morocco ports. Ferries go from Sète (France) to Tangier (36hrs) all year-round and Genoa (Italy) to Tangier, which takes 48 hours and departs every six days.

Il y a plusieurs ferries pour piétons et voitures pour aller au Maroc depuis l'Espagne, la France, Gibraltar et l'Italie. Plusieurs compagnies effectuent la traversée très fréquentée entre Algesiras et Tanger (il y a aussi une liaison à grande vitesse) avec des ferries qui partent pratiquement toutes les heures, toute l'année, et les billets sont valables sur n'importe quelle compagnie. Tanger est la meilleure solution pour pouvoir faire la connexion avec les transports en commun vers le reste du Maroc. La traversée Algesiras - Ceuta (Maroc Espagnol) est plus rapide et sera conseillée pour ceux qui sont en voiture : on peut faire le plein en arrivant dans l'enclave espagnole de Ceuta où les achats sont détaxés. Il y a d'autres liaisons possibles vers différents ports du Maroc depuis Almeria, Malaga, Gibraltar et Tarifa. Pour aller à Tanger depuis la France, il y a des ferries toute l'année en partant de Sète (durée: 36h). On met 48h depuis l'Italie en partant de Gênes, et il y a une traversée tous les six jours.

By Train
Trains in Morocco are among the best in Africa; fares are cheap and there are plenty of high-speed, air-conditioned trains available, but all bookings must be made in Morocco. Trains travel between Tangier, Meknes, Fez, Oujda, Rabat, Casablanca and Marrakech. The Moroccan national train service ONCF lists all schedules and fares. There are overnight train services available between Tangier and Marrakech. Boards are free and no problem provided they weigh under 30kg/bag.

Les trains au Maroc sont parmi les meilleurs en Afrique ; ils ne sont pas chers et on peut prendre de nombreux trains à grande vitesse avec air conditionné, mais attention la réservation des billets s'effectue uniquement au Maroc. Ces trains desservent Tanger, Mekhnès, Fez, Oujda, Rabat, Casablanca et Marrakech. Tous les horaires et tarifs sont disponibles auprès de la compagnie ferroviaire nationale, l'ONCF. Il y a des trains de nuit entre Tanger et Marrakech. Il n'y a rien à payer pour les planches sous réserve de ne pas dépasser 30kg par housse.

By Bus
Long-haul coaches run between Morocco and many places in Europe, usually with at least a change of bus in Spain. CTM is part of the Eurolines network. Morocco's rail network doesn't extend to Agadir and Essaouira, so buses service these coastal cities and towns. Three main national bus companies (Supratours, CTM and SATAS) operate between most major towns and cities in Morocco. Long-distance buses are comfortable and usually air-conditioned. Supratours buses are run by the train company and stop at every train station. Many buses have roof racks (take straps) for boards (and chickens) while coaches should have hold space. Small charges

sometimes apply per piece of luggage and tipping luggage handlers is normal. Local buses are quite an experience, but taking anything longer than 7' is asking for trouble.

Il y a des bus pour aller au Maroc depuis de nombreuses villes européennes, avec d'habitude au moins un changement en Espagne. CTM fait partie du réseau Eurolines.

Le réseau ferroviaire marocain ne va pas jusqu'à Agadir et Essaouira, seuls les bus desservent ces villes. Il y a trois principales compagnies de bus nationales : Supratours, CTM et SATAS, qui relient les villes principales entre elles. Les bus pour les longues distances sont confortables, et en général climatisés. Supratours s'arrête à chaque gare car elle fait partie de la compagnie ferroviaire nationale. Les petits bus ont souvent des galeries, pour les planches (prenez des sangles) …et les poules. Sinon les grands bus ont de la place dans les soutes. Il faut parfois payer un peu pour chaque bagage, et un petit pourboire est bienvenu pour celui qui les charge dans le bus. C'est vraiment une expérience de prendre un bus local, mais pour ne pas avoir de problème ne prenez pas de planches au-dessus de 7 pieds.

Visas

Most passport holders do not need a visa. Instead a free "visa waiver" is issued at customs and allows tourists to stay in Morocco for 90 days. French citizens can travel on their national identity cards when part of an organised tour.

Un passeport est suffisant dans la plupart des cas. Un visa temporaire gratuit est délivré par les douanes et permet de rester 90 jours dans le pays. Les ressortissants français peuvent entrer dans le pays avec seulement leur carte d'identité s'ils font partie d'un voyage organisé.

Drugs

Contrary to popular belief, smoking hash or the seed and stalk mix, kif, is illegal. Though Morocco has a reputation for being a great place to smoke good, cheap hash, the police and informers are active, especially in the Rif Mountains (the hash-producing area), where random road-blocks and search points have taken out many an otherwise careful traveller. Be warned.

Contrairement à ce qu'on a pu laissé croire, il est illégal de fumer du haschich ou du kif (enveloppe de graines de cannabis), car bien que le Maroc ait la réputation d'être l'endroit idéal pour fumer de la qualité pour pas cher, la police et les indicateurs sont bien présents, notamment dans les montagnes du Rif (région où l'on cultive le cannabis), avec des barrages inopinés sur la route et des fouilles qui ont surpris plus d'un voyageur, même les plus prudents. Vous êtes prévenus.

Weather Statistics		J/F	M/A	M/J	J/A	S/O	N/D
CASABLANCA	Total rainfall	60	48	11	1	24	70
	Consistency (days/mth)	7	6	3	0	3	8
	Min temp. (°C)	9	12	16	20	17	11
	Max temp. (°C)	18	20	23	26	25	19
AGADIR	Total rainfall	40	20	3	1	13	35
	Consistency (days/mth)	5	4	2	1	2	5
	Min temp. (°C)	9	11	15	18	16	10
	Max temp. (°C)	21	22	24	27	26	21
DAKHLA	Total rainfall	15	5	4	2	9	15
	Consistency (days/mth)	2	1	1	1	1	2
	Min temp. (°C)	15	16	18	20	20	16
	Max temp. (°C)	23	25	26	27	28	24

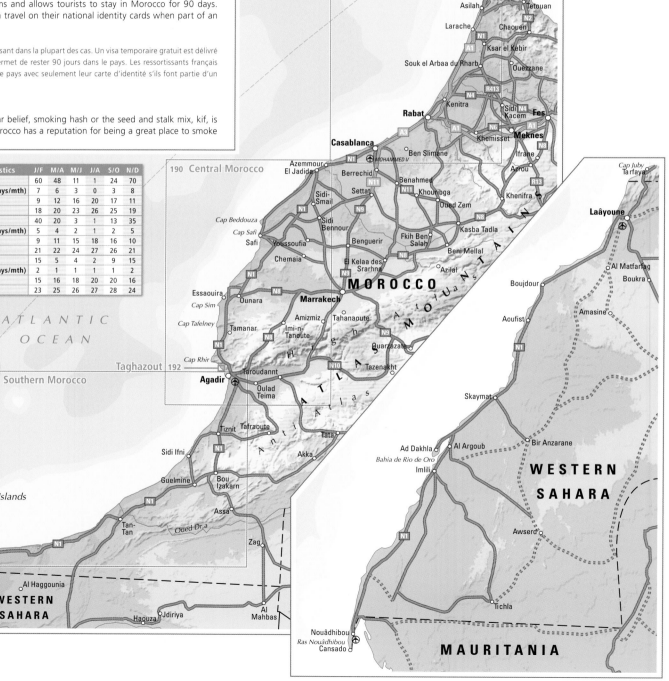

Getting Around

Morocco is big on documents so drivers need an International Driving Licence, registration document (or letter from owner of vehicle) and insurance green card. Many companies exclude Morocco in their policies and temporary insurance (Assurance Frontière) can be purchased at the border ($80US/month). A "temporary vehicle admission" form must be filled in and marked in the driver's passport. Cars cannot be left in Morocco without a police declaration or other official statement, so expect to pay a fine plus up to 50% of the car's original value in taxes and import fees. The same applies to all valuables taken into the country (surfboards, cameras, etc) so all thefts need a police report, while broken boards must be brought back to the border (if item was noted when entering). At the border, do not give any documents to anyone except police or customs officials. Renting a car in Morocco from the international brands like Hertz, Europcar and Avis is more expensive than small local companies, but they provide better services and reliable vehicles. Hirers must be 21 and have held a licence for over 1 year. Punctures are common and not covered by insurance. European car rentals can't be driven into Morocco.

The main arteries are called 'Autoroute Nationale' (indicated by an N) and the long N1 goes along the Atlantic coast from Tangier to Dakhla. New toll roads connect Morocco's main northern cities and the access road to Casablanca's Mohamed V airport. Work is in progress to extend the toll road network further south, to Marrakech and Agadir. Winter rains can cause havoc on the smaller coast roads. Even N road quality fluctuates greatly, down to one lane and often covered by sand in places south of Tarfaya. Road-blocks by the gendarmerie are common, particularly around major northern cities and the hash-producing Rif, and speeding tickets are payable on the spot (300-7000 dirham). Moroccan roads are among the most dangerous in the world, despite normal speed limits (40km/h-120km/h), and on average, ten people die on Moroccan roads every day, with another 110 injured. Radical overtaking manoeuvres and a 'give way to bigger vehicles' mentality compounds the fact that many licences are bought as opposed to earned – drive defensively! Fuel prices are generally cheap, but now indexed, so prices are going up. Unleaded is only found in main cities and highway service stations (no LPG), and big distances in Western Sahara mean fill up (tax free!) at every opportunity. Morocco is the ultimate campervan road-trip destination and caters for winter travellers with many cheap campsites and van-parking areas. Freecamping is possible everywhere, however security is an issue as thieves often target vans in the middle of the night while owners sleep. Rental car break-ins are also a problem. The large freecamp above La Source and Mysteries is no longer as construction is imminent. Paying someone to watch your car/van is normal practice in towns and cities. A cheap room at the coast could cost 30dh/night while plush hotels are increasing in number.

On aime bien les documents officiels au Maroc, donc ayez toujours sur vous le permis de conduire international, la carte grise (ou une attestation du propriétaire du véhicule) ainsi que le certificat d'assurance. Le Maroc est souvent exclu des zones couvertes par les assureurs, une assurance temporaire peut alors être achetée à la frontière (Assurance Frontière) pour 80 dollars US par mois. Il faut remplir un formulaire d'admission temporaire du véhicule, qui est ensuite agrafé au passeport du conducteur. Il est interdit de laisser son véhicule au Maroc sans avoir rempli au préalable une déclaration à la police ou tout autre document officiel, sous peine d'une amende allant jusqu'à 50% de la valeur initiale de la voiture en taxes et frais de douane. Même chose pour tous les objets de valeur importés dans le pays (planches, appareils photos, etc.), tous

STURAT BUTLER

les vols doivent donc être déclarés à la police, et les planches cassées ramenées avec vous (lorsqu'elles ont été déclarées à la frontière en entrant). A la frontière, ne donnez vos papiers à personne d'autre qu'aux douaniers ou aux policiers. Les agences internationales de location de voiture comme Hertz, Europcar et Avis sont plus chères que les petites agences locales, mais leurs véhicules sont plus fiables et la prestation de service est meilleure. Il faut avoir au moins 21 ans et détenir son permis depuis plus d'un an. Les crevaisons sont fréquentes et ne sont pas couvertes par les assurances. Les voitures louées en Europe ne sont pas autorisées à être conduites au Maroc.

Les routes principales sont les « autoroutes nationales », signalées par un N, la N1 suivant la côte atlantique de Tanger jusqu'à Dakhla. De nouvelles autoroutes à péage relient la route d'accès de l'aéroport Mohammed V de Casablanca et les principales villes du N. D'autres autoroutes pour aller au S à Marrakech et Agadir sont en construction. En hiver les petites routes côtières peuvent devenir en mauvais état à cause de la pluie. Même les autoroutes peuvent être de qualité très inégale, se réduisant parfois à une seule voie, et il y a souvent du sable dessus au S de Tarfaya. Les contrôles de gendarmerie sont fréquents, surtout près des grandes villes et la région du Rif, où on cultive du cannabis. Les dépassements de vitesse sont à payer sur place (amende de 300 à 7000 dirhams). Les routes au Maroc sont parmi les plus dangereuses du monde, malgré des limitations de vitesses normales (de 40km/h à 120km/h) : il y a 10 morts et 110 blessés par jour sur la route… On voit souvent des dépassements dangereux, les plus gros véhicules ont la priorité, et tout ceci est aggravé par le fait que les permis de conduire sont souvent achetés au lieu d'être obtenus par un examen : conduisez avec prudence ! L'essence n'est pas chère en général, mais son prix augmente depuis qu'elle est indexée. On trouve du sans plomb seulement dans les grandes villes et les stations d'autoroute. Il n'y a pas de GPL. Au Sahara Occidental n'oubliez pas de faire le plein (c'est détaxé !) chaque fois que c'est possible à cause des grandes distances. Le Maroc est un des meilleurs endroits pour partir en trip avec son van, ceux qui y partent en hiver sont bien accueillis avec plein de campings pas chers et des zones de campement pour les vans. On peut faire du camping sauvage partout, mais il faut rester vigilant par rapport aux voleurs qui s'attaquent aux camping-cars souvent en pleine nuit quand leur occupants sont en train de dormir. Les effractions dans les voitures de location sont aussi un problème. On pouvait camper sur la grande esplanade devant La Source et Mystery, mais ce n'est plus le cas car des constructions sont prévues très prochainement. Il est courant de payer quelqu'un pour garder votre voiture ou votre van lorsque vous êtes garés en ville. Une chambre bon marché coûte 30dh la nuit sur la côte, et parallèlement il y a de plus en plus d'hôtels haut de gamme.

JULIAN WICKSTEED

Currency

Morocco uses the dirham, which is not traded on international markets and only available from Moroccan banks. Ten dirham is approximately $1US or 1€. Travellers' cheques can be changed at main banks, such as BMCE, Banque Populaire and Banque Al-Maghrib during banking hours (8.30-11.30am and 3-4.30pm Mon-Fri). ATM machines operate in larger cities. Major credit cards are accepted in larger hotels and shops, upmarket restaurants and at many petrol stations. Bartering is standard practice for just about everything.

La monnaie du Maroc est le dirham. Il n'est pas échangé sur les marchés internationaux et il n'est disponible que dans les banques marocaines. Dix dirhams font à peu près 1 US dollar ou 1 euro. Les Traveller's cheques peuvent être échangés dans les grandes banques, comme la BMCE, la Banque Populaire et la Banque Al-Maghrib pendant les heures ouvrables (8h30-11h30 et 3h-4h30 du lundi au vendredi). On trouve des distributeurs automatiques dans les grandes villes. Les principales cartes de crédit sont acceptées dans les hôtels et grands magasins, les restaurants de qualité et dans de nombreuses stations essence. Le marchandage est la règle pour tout ce qui peut s'acheter ou se vendre.

Telephone Information
International code: 212
Dialing out: 00
Emergencies: 177
International operator: 16
International directory: 16
Police: 19

Airports
www.royalairmaroc.com
www.onda.org.ma
www.atlas-blue.com
Agadir: +212 048 82 9120
Fax: +212 048 84 06 54
Casablanca: +212 022 32 11 22
Fax: +212 022 44 24 09
Dakhla: +212 048 89 70 49/50
Fax: +212 048 89 70 49
El Jadida: +212 023 37 93 00
Fax: +212 023 37 93 04
Laayoune: +212 048 89 40 71/77
Fax: +212 048 99 01 33
Marrakech: +212 044 42 55 00/01
Fax: +212 044 44 60 02
Mohammedia: +212 023 32 48 41/42
Fax: +212 023 32 99 25
Rabat: +212 037 70 97 66
Fax: +212 037 70 80 76
Tangier: +212 39 39 37 20
Fax: +212 39 39 36 76

Trains
www.oncf.ma
Local calls only: 090 20 30 40

Ferries
www.frs.es
Tangier +212 39 94 26 12
Fax: +212 39 94 26 17
www.comarit.com
Tangier +212 39 94 74 02
Fax: +212 39 94 74 01
www.euroferrys.com
Algeciras & Ceuta: +34 902 90 50 14
www.buquebus.es
Algeciras: +34 902 41 42 42
www.trasmediterranea.es
Tel: +34 902 45 46 45

Coach/Bus
www.ctm.ma
+212 22 43 82 82
Fax: +212 22 75 36 58
Agadir: +212 048.82.53.41
Fax +212 048.82.20.77
Casablanca: +212 022.54.10.10
Fax: 022.31.15.54
www.oncf.ma
Local calls only: 090 20 30 40
www.eurolines.com
CTM: +212 22 43 82 82
Fax: +212 22 75 36 58

Tourist Information
www.tourisme-marocain.com
Tel: +212 37.67.39.96
Fax: +212 37.67.40.15
www.tourism-in-morocco.com
www.travel-library.com/africa/morocco/

WILLY URIBE

Northern Morocco

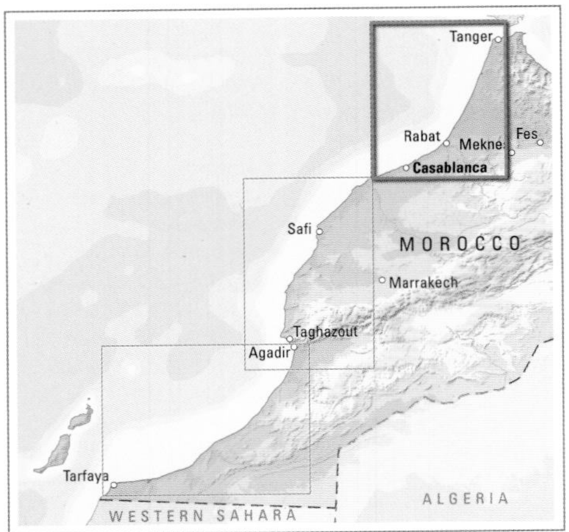

1. Cap Spartel

Although the area lacks consistency, Cap Spartel includes interesting beaches such as Plage Sol that work in small swells and Aroussa Bahe, where a righthander starts from a rock. Atlantic swells are surfed up to Cape Malabata then only strong E winds will send surf to the Med side. Tangier is well worth a visit for its beauty and culture.

Bien que la région manque de consistance, le Cap Spartel peut compter sur la Plage Sol et les droites d'Aroussa Bahe qui démarrent sur le rocher. Les swells de l'Atlantique se surfent jusqu'au Cap Malabata, ensuite il faut compter sur un coup de Levant pour surfer côté Med. Les alentours de Tanger méritent le coup d'œil.

2. Briech

A consistent, yet wind-sensitive beach that's best at mid to high tide. Nearby Asilah hosts another long, open beachbreak to the north of the port. A few rivermouths bring pollution. Check the music festival in August.

Beachbreak consistant mais exposé au vent. Ce n'est pas mieux à Asilah, sauf pendant le festival musical de mois d'Août.

3. Larache

A tubing left can break along the harbour jetty, on the north side of town towards Lixus' ruins and the Loukkos rivermouth. Mid tide only but it is still rippy. The large river carries pollutants from inland farms.

Un gauche tubulaire peut casser le long de la jetée, au nord de la ville, vers les ruines de Lixus et l'embouchure de Loukkos. Offshores à profusion.

Larache

WILBUR TILLEY

4. Moulay Bousselham

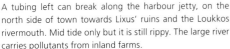

More open beachbreak north of the large lagoon outflow. Handles a bit more size on the shifty banks, but is best in peaky summer/autumn swells. A friendly fishing village slowly turning into a summer resort and is enticing more vans to detour on their way south.

Un village de pécheur accueillant, progressivement transformé en station balnéaire. Reste un beachbreak peu visité derrière le lagon.

Moone, Mehdiya

JEAN PIERRE BAILLIOT

5. Mehdiya

First surfed in 1964 when a board reached the nearby US military base, this is the cradle of surfing in Morocco. The powerful Moone righthander breaking along the south jetty is the most reliable spot, sheltered from northerlies and able to handle size. There's also surf in Chlihat, past the north jetty, and even in the rivermouth when it's big enough to get Charatane's left going. The town beachbreaks are a good summer bet. Sometimes crowded plus strong rips. Some rivermouth pollution after rains.

Le berceau du surf au Maroc puisque les soldats de la base américaine y ont commencé à surfer dans les années 60. La droite du Moone qui casse à partir de la jetée Sud est la plus régulière, mais on surfe aussi Chlihat après la digue Nord, et même dans l'embouchure, quand c'est assez gros pour que la gauche de Charatane se réveille.

6. Plage des Nations

A consistent summer beachbreak in small peaky, broken-up swells, otherwise it's a close-out. Plagued by currents but not crowds.

Un beachbreak pour l'été car plutôt consistant, mais rapide et en proie aux courants.

7. Doura

Rabat-Salé sports no less than eight spots divided by the angled groynes of the Bou Regreg rivermouth. Sometimes refered to as a Moroccan Kirra, Doura breaks differently after development works, but hasn't spat its last barrel. Fast, long and hollow in bigger swells. Brema, La Pointe and Salé's shorebreaks are far less impressive. Low to medium consistency, strong rips and often crowded. Very polluted.

Rabat-Salé concentre pas moins de huit spots sur les rives de l'oued Bou Regreg. Parfois comparé à un Kirra marocain, Doura marche différemment aujourd'hui suite à des travaux d'aménagement, mais ne croyez pas que cette vague ait craché ses derniers barrels. Très pollué. Brema, La Pointe et le shorebreak de Salé ne jouissent pas de la même réputation.

8. Kbeir

Across the Hassan II bridge in Rabat opposite the large Oudayas Surf Club, Kbeir is a short and powerful left, that is good with smaller swells. Cascade is another left outside the jetty, while Plongeoir breaks on the river side. Bergama is just at the rivermouth. Crowds, rips and pollution.

Il faut traverser par le Pont Hassan II pour se rendre à Rabat et surfer des gauches. Face à l'imposant surf club des Oudayas, Kbeir est une gauche courte et puissante qui marche par petit swell. Cascade est une autre gauche à l'extérieur de la digue, alors que Plongeoir casse du coté de la rivière. Quant à Bergama, elle casse juste à l'embouchure de l'Oued

9. Skhirat

Small swells generate some good lefts alongside the jetty but there are more peaks along the beach including a wedging shorebreak next to an island. Rarely crowded.

De bonnes gauches le long de la jetée même par petit swell. D'autres pics le long de la plage dont un shorebreak qui gonfle derrière une île.

10. Oued Cherrat

A beachbreak with patches of reef that favour rights. Sucks in the small swells and handles a bit of onshore W. Often crowded with bodyboarders despite the walk in.

Un beachbreak avec quelques rochers qui viennent caler une droite. Bien abrité du vent et populaire auprès des bodyboarders

11. Bouznika Plage

Fishing village now surrounded by concrete developments, but the sheltered, quality rights of la Crique are still there on large swells. There's also a beachbreak for the less skilled. Booties are helpful for the pitted rock shelf and urchins. Avoid the rocks in front of the take-off zone.

Le charmant village de pêcheurs est aujourd'hui cernée par le béton, mais si le swell est là, on continue à y surfer de bonnes droites au niveau de la crique. Prévoyez des chaussons pour les oursins et méfiez-vous du take-off face au rocher ! Sinon le beachbreak de la Régie.

12. Dahomey

A good beachbreak with shifting conditions through the tide. Favours rights at low tide, shorebreak at high tide. Beachfront bungalows available for rent.

Bon beachbreak changeant avec la marée. Droites à marée basse, shorebreak à marée haute. Cabanons à louer en front de mer.

13. Pont Blondin

Crossing the Oued Nefifikh, the Blondin bridge was named after a soldier who fought here during WWII. The main pointbreak requires a combination of large swell and low tide, while the Oubaha reef is a good righthander that works on all tides. Sometimes crowded, pollution from the river and some rips.

Enjambant l'Oued Nefifikh le Pont Blondin tire son nom d'un soldat de la deuxième guerre mondiale. Le pointbreak a besoin d'un gros swell et d'une marée basse, sinon l'Oubaha est une bonne droite à toute marée.

14. Les Sablettes

A beginner's beachbreak complimented by a well-defined right and a lefthander towards the rocks of La Piscine. Champion surfers Micky Picon and Yann Martin still run the Marhaba Surf School here. Summer crowds from Mohammedia.

La Bobine, Dar Bouaza

South of Casablanca

La plage des Sablettes a fabriqué des champions comme Micky Picon et Yann Martin qui y fait toujours tourner la Marhaba Surf School. Ce n'est pas surprenant quand on sait que le beachbreak est idéal pour les débutants mais avec une droite calée, et que l'on trouve une gauche sur les rochers de la piscine.

15. Paloma

A quiet beachie 20km north from the crowds and pollution of Casablanca. The heavy left reef of Stah Bouzroug in Ain Sebaa is much more challenging.

Un beachbreak à l'écart de la foule et de la pollution de Casablanca. On parle de la gauche de Stah Bouzroug, dans la commune de Ain Sebaa, comme la plus puissante du Royaume.

16. Casablanca

The largest city in North Africa has its share of small swell beachbreaks. Many city bodyboarders enjoy themselves at Pepsi, facing the Corniche McDonalds, in front of club Tahiti or on the short and fast barrels of Monica. The mosque can offer shelter from the wind. Suffers from poor water quality and strong currents when big.

La plus grande ville du Maghreb compte son lot de beachbreaks praticables par petit swell. Les nombreux bodyboarders de la ville trouvent leur bonheur face au Mc Do de la corniche (Pepsi), au niveau du club Tahiti ou sur les droites rapides et creuse de Monica. La mosquée permet de s'abriter du vent. Plages gavées de courants quand c'est gros.

17. Ain Diab

South of town, many contests are run at beaches 18 and 23, but it can line-up better at La Reserve. First Moroccan blue flag beach in 2005, in this high-end part of Casa, with all the clubs and discos.

A la sortie Sud de Casa, Ain Diab est la plage la plus huppée de la ville avec de nombreux clubs et discos. On y organise régulièrement des compétitions au 18 ou au 23 mais c'est parfois mieux calé face à la Réserve. Premier pavillon bleu Marocain en 2005.

18. Dar Bouazza

With enough swell and S winds, the most famous left in the country wraps around a point offering cutback sections rather than a whackable wall. Decent length from take-off at L'Inter to the final section with the ship boiler called La Bobine. There are sharp rocks and urchins, so hard-soled booties are advisable. Beware of the attractive Chapeau Chinois A-frame; it's extremely shallow.

La bobine est considéré comme La Gauche" Marocaine, il faut un bon swell pour que la vague fonctionne et s'enroule autour d'un cap jusqu'à la chaudière de bateau échoué qui donne son nom au spot. On se met à l'eau par les rochers de la pointe, ce qui n'est pas évident avec une telle densité d'oursin ! Le pic triangulaire du chapeau chinois est encore plus chaud car manque cruellement d'eau.

L'Inter, Dar Bouazza

19. Jack Beach

Long, sandy beach that picks-up a lot of swell but is exposed to the wind. Very consistent but rarely crowded unless there is a contest on.

Cette longue plage de sable consistante offre toujours quelque chose à surfer. Pas étonnant qu'on y organise des compétitions.

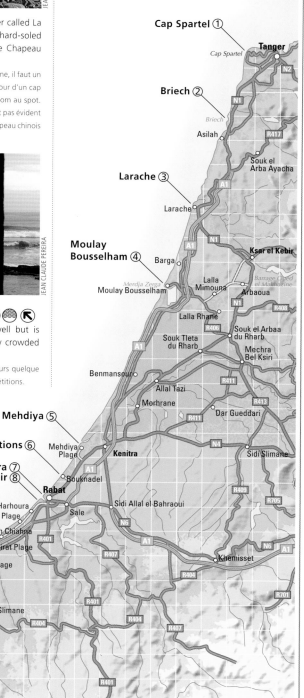

Cap Spartel ①
Briech ②
Larache ③
Moulay Bousselham ④
Mehdiya ⑤
Plage des Nations ⑥
Doura ⑦
Kbeir ⑧
Skhirat ⑨
Oued Cherrat ⑩
Bouznika Plage ⑪
Dahomey ⑫
Pont Blondin ⑬
Les Sablettes ⑭
Paloma ⑮
Casablanca ⑯
Ain Diab ⑰
Dar Bouazza ⑱
Jack Beach ⑲

Central Morocco

Immesouane

PATRICE TOUHAR

1. Haouzia

A long stretch of quiet beachbreak next to Azemour, exposed to northerlies. Rivermouth to the north is usually messy and polluted. Planned to become the Mazagan tourist resort in 2007.

Ce beachbreak tranquille tout proche de la ville d'Azemmour va laisser place à la station touristique Mazagan en 2007.

2. El Jadida

Several peaks on central town's beach called Deauville, There is wind protection for the waves by the jetty but it needs decent NW swell because the bay faces north. Can get powerful waves and rips.

Plusieurs pics sur la plage centrale de Deauville, mais c'est la droite qui déroule le long de la jetée qu'il faut surfer quand le swell rentre avec du vent de Sud.

3. Sidi Bouzid

Decent rock and sand righthander a short drive south of El Jadida. Check the second beach if the point is not doing its thing. Consistent and sometimes crowded at this summer resort beach.

La pointe offre encore une belle droite, sinon direction le shorebreak de la 2ème plage.

4. Sidi Abed

The tombolo of Sidi Abed is part northern rocky coast and part sandy southern lagoon. This rarely surfed beach sometimes produces a heavy righthander.

Le tombolo de Sidi Abed semble marquer la transition entre la côte rocheuse au Nord et la côte sableuse à lagunes au Sud. Outre cette configuration originale on peut y trouver une droite solide rarement surfée.

5. Oualidia

Since 1991, a surf camp has been teaching local kids to surf the easy waves inside the lagoon. The open beach is

South of Oualidia

JEAN CLAUDE PEREIRA

often blown-out or out of control, but Les Tomates will appeal to more experienced surfers. Great seafood in the local restaurants.

Depuis 1991 un surfcamp initie les jeunes des villes environnantes dans les vagues tranquilles de la lagune. La vague des Tomates, bien meilleure, intéressera les surfers confirmés.

6. Lalla-Fatna

Many reefs hide below the cliffs on the road between Oualidia and Safi, but this beach is relatively well signposted. Lefts and rights break here on a regular basis. No crowds but some strong rips.

La route de Oualidia à Safi regorge de reefs dissimulés, mais la plage de Lalla-Fatna est relativement bien indiquée. Droites et gauches y cassent régulièrement sur un fond de sable.

Safi

ALEX WILLIAMS

7. Safi

Safi's 'Garden' remained semi-secret for a long time, with those in the know understandably protective of the long, ultra-fast, throaty barrels that fire down the point north of Safi. Unfortunately, it is very fickle, only breaking in big swells at low tide. There are more rights in the area under similar conditions. The Moroccan government opened the Surf Park Sidi Bouzide in 2005. Crowds are guaranteed but the localism has calmed down a bit. Safi's big factories and port could affect the area's water quality.

Le "Jardin" de Safi est resté secret pendant longtemps, mais les rumeurs d'un Mundaka inversé ont fini par percer. En Mars 2005 le Surf Park Sidi Bouzide a été officiellement inauguré suite aux travaux d'aménagement sur le site de Ras Lafàa. Il n'y a rien à voir sans marée basse et très gros swell. Ensuite il faut être capable de prendre le TGV en marche et de tracer à travers les sections tubulaires s'enchaînant à Mach 2.

8. Essaouira

Famous hippie town turned into a windsurfing Mecca thanks to the strong NE winds blowing here and in Moulay Bouzerktoun. Easy beginner peaks on the sheltered town beach plus a couple of other spots when the wind drops.

Refuge privilégié des hippies dans les années 60, le coin a ensuite vu passer toutes les légendes du Windsurf, attirés par les forts vents qui soufflent ici comme à Moulay Bouzerktoun. Quand le vent tombe on peut surfer les plages de la ville.

9. Cap Sim

Another sensitive righthander with N wind protection and a couple of different sections. Bumpy, off-road drive then a long walk to find the points. Localism a possibility and thieves operate in the area.

Tout le monde connaît le nom, mais peu se donnent la peine de chercher la piste puis de marcher jusqu'aux pointes.

10. Sidi Kaouki

A quiet village 30km south of Essaouira. Long open beachbreak with loads of punchy peaks and a bit of reef at the rivermouth and south end. Good shape on the right swells as long as wind is from E quadrant. Camping, free-camping and a regular hang out for camels.

Un village tranquille 30km au Sud d'Essaouira. Descendez la plage en direction du camping, il y a toujours un pic à surfer...avant que le vent ne s'en mêle.

11. Tafadna

A remote fishing port, where yet another right pointbreak fans in the lee of the large cape. Otherwise there are peaks on the beach down to and beyond the rivermouth. No pollution worries. Tough road in to Tafelney Cape.

Un port de pêche isolé, des pics sur la plage et parfois la droite qui déroule le long du cap du même nom.

12. Immesouane

Immesouane remained an authentic maroc village until the modern fishing port was built. Fortunately the long, mellow rights keep wrapping into the well-protected south-facing bay, while several defined peaks grace the cathedral side. Highly consistent and sometimes crowded mostly with longboarders.

Dernière étape avant Taghazout, un village resté authentique jusqu'à l'implantation d'un port de pêche moderne. Heureusement la longue droite facile casse toujours dans la baie tandis qu'on trouve plusieurs pics définis du coté de la Cathédrale.

13. Tamri
Located at the mouth of an 'oued' irrigating banana plantations, this ultra-consistent beachbreak is the go when Taghazout is flat. Unfortunately it is onshore in N winds. Strong rips at 4ft+.

A l'embouchure d'un Oued irrigant des bananeraies, ce beachbreak ultra-consistant permet de surfer les jours flat à Tarhazoute.

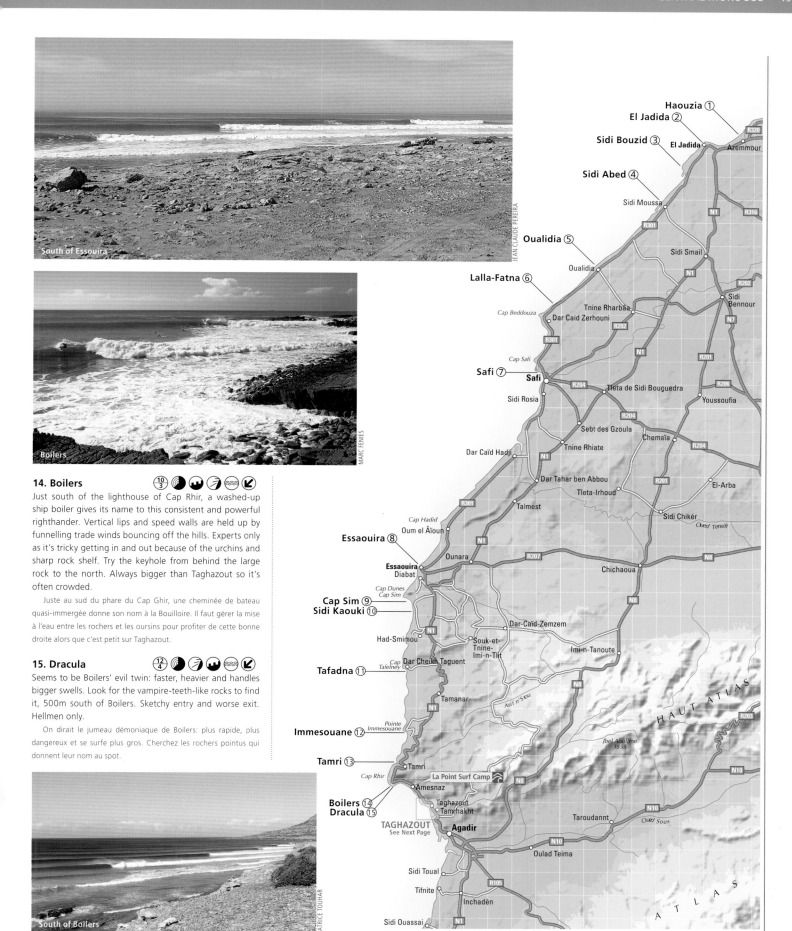

South of Essouira

JEAN CLAUDE PERERA

Boilers

MARC FENIES

14. Boilers

Just south of the lighthouse of Cap Rhir, a washed-up ship boiler gives its name to this consistent and powerful righthander. Vertical lips and speed walls are held up by funnelling trade winds bouncing off the hills. Experts only as it's tricky getting in and out because of the urchins and sharp rock shelf. Try the keyhole from behind the large rock to the north. Always bigger than Taghazout so it's often crowded.

Juste au sud du phare du Cap Ghir, une cheminée de bateau quasi-immergée donne son nom à la Bouilloire. Il faut gérer la mise à l'eau entre les rochers et les oursins pour profiter de cette bonne droite alors que c'est petit sur Taghazout.

15. Dracula

Seems to be Boilers' evil twin: faster, heavier and handles bigger swells. Look for the vampire-teeth-like rocks to find it, 500m south of Boilers. Sketchy entry and worse exit. Hellmen only.

On dirait le jumeau démoniaque de Boilers: plus rapide, plus dangereux et se surfe plus gros. Cherchez les rochers pointus qui donnent leur nom au spot.

South of Boilers

PATRICE TOUHAR

Taghazout

Anchor Point

PATRICE TOUHAR

Killer Point

MARC FENIES

Hash Point with Anchor Point in background

PATRICE TOUHAR

1. Killer Point

'Killers' is the most consistent Taghazout pointbreak, sucking up all available N-W swells. It's always bigger than it looks and the paddle-out takes close to 15mins at high tide. In small swells, at low tide, the peak in front of the cliff has a short left (heading straight into some rocky caves) and a sectioning right. As the swell increases, the take-off area moves south and powerful, vertical walls rumble down the point. Occasional barrels and difficult to make sections. The inside fires at high tide as it's fully protected from N winds. Handles a lot of size. Often crowded, not for beginners and avoid using the slippery cliff top track.

Ainsi nommé parce que des orques épaulards s'y promènent de temps en temps, Killers est le pointbreak le plus consistant de Taghazout. Ca casse loin donc c'est toujours plus gros que ça en a l'air et il faut compter pas loin de 15mn de rame. C'est toujours mieux que de se risquer sur la falaise super casse-gueule. Par petit swell, à marée basse, le pic propose une petite gauche qui va droit vers des grottes et une droite qui sectionne. Quand ça grossit le take-off se décale au Sud pour former une droite qui peut dérouler sur 400m. A marée haute l'inside est la meilleure partie, car abrité des vents de nord. Ce surfe très gros.

2. La Source

Small swell A-frame that provides fun, performance walls and a venue for all abilities. Best on the push when the rights hold up towards the cliffs and the rarer lefts shoulder off towards the beach. AKA 'the Well' since fresh water bubbles up from onshore rock formations. Beware some scattered rocks on the inside of the reef.

La Source

MARC FENIES

Petit reef triangulaire qui chope bien la houle mais ne tient pas la taille. Meilleur à marée montante par houle moyenne. De l'eau douce jaillit de rochers sur la plage où on peut se rincer et la combi par la même occasion.

3. Mysteries

When the sand combines with the shallow reef it's a sucky, deceptively long wave with the odd barrel. Best on a clean, lined-up, medium sized swell and after the exposed, low tide reef has been sufficiently covered. Too shallow for beginners and occasional vibes at the cramped take-off slab. The dwindling campervan crowd have been moved on from the overlooking cliff.

Une zone de take-off restreinte, régulièrement squatté par les routards en vans garés en groupe sur la falaise juste au-dessus. Quand le sable se combine au reef on obtient une vague qui suce et peut dérouler sur une bonne longueur. Mieux avec une houle de taille moyenne en dehors de la marée basse où le reef est trop exposé.

Killer Point

JULIAN WICKSTEED

4. Anchor Point

A medium to large, long period NW swell is what's needed to light up this world-class right, first surfed by Aussies in the 1960s. From the steep take-off at the outside peak, a seemingly endless succession of speed walls and cutback hooks present themselves. Occasional emerald green rooms appear on the sandy sections down the point. It's easier to come in at one of the coves and walk back to jump off at the end between sets. Works on all but high tides, unless it's huge, which is when it may be possible to ride back to Taghazout. Always crowded, especially when small, but the crowd spreads as the length of ride and current increase with size.

Il faut une bonne houle pour que la droite mythique de la Pointe des Ancres, surfée par des Australiens dès les années 60, se mette à fonctionner. Ramez depuis la plage au nord (long mais sûr) quand c'est petit, ou jetez-vous de l'avancée rocheuse mais attention au timing avec les séries. Au retour, revenez par la plage ou surfez le plus loin possible jusqu'à la plage au sud. La vague est longue avec des sections à tube, mais il faut batailler au take-off. La marée haute est généralement à éviter, ça peut être difficile de monter sur les rochers, y'a déjà eu des planches de cassées comme ça.

5. Hash Point

The name is a clue to the mellowness of this crumbly righthander that breaks in town. Depends on how the sand lines up off the rocks. Good for starters and stoners. Could be some pollution from the town's sewers and when there is heavy rain.

Si vous êtes vraiment venu pour surfer, Hash Point ne sera pas votre spot de prédilection, mais si vous avez l'esprit enfumé, vous apprécierez sans doute de surfer sans trop marcher.

6. Panoramas

Often snubbed by Anchor's aficionados since it's fickle, fast and plagued by currents. Less crowds and good barrels are the trade-off.

Victime de la comparaison avec Anchor, on snobe souvent cette vague creuse et rapide. Le courant est souvent gênant mais le tube est parfois au rendez-vous.

7. Devil's Rock

Nestled south of a small rocky headland, a righthander can line-up off the 'Rocher Diablo' and peel towards the point at Banana Beach. Otherwise shorebreak lefts and rights offer fast punchy waves when the sand formation allows. Not as renowned as neighbouring spots but gets quite hollow. Good learner/improver spot with few crowds and mostly sand bottom.

Un beachbreak calé entre deux avancées rocheuses. Pas aussi réputé que les spots voisins, mais peut bien creuser.

8. Banana Beach

Small beach tucked between the usually dry Aourir rivermouth and a cape offering some N wind protection. A surprisingly long, easy right can break from the point, otherwise it's a beginners beachbreak, which explains the surf schools in the village.

La petite plage de Banana Beach est coincée entre l'embouchure, souvent sèche, de la rivière Aourir et un cap protégeant le plan d'eau du vent du Nord. On y voit parfois une longue droite à marée basse, sinon c'est un spot de débutant, ce qui explique la présence d'écoles dans le village.

Panoramas

PATRICE TOUHAR

Killer Point ①
La Source ②
Mysteries ③
Anchor Point ④
Low Pressure/ Surf Maroc
Hash Point ⑤
Taghazout
Panoramas ⑥
P8
Tamrhakht
Moroccan Surf Adventures
Devil's Rock ⑦
Banana Beach ⑧
The Kms ⑨

Devil's Rock

YOHANN PECHE

9. The Kms

Several spots named after the number of kms they are from Agadir. The lefts of Km11 are fast and tubular on low tide, those of Km12 are softer but beware of boulders in the shorebreak. Both spots are crowded with local bodyboarders. The Royal Surf Club has arranged beach clean-ups recently.

Plusieurs spots sont nommés d'après le nombre de kilomètres qui les séparent d'Agadir. Les gauches du 11 sont rapides et tubulaires à marée basse, celles du 12 plus tranquilles, mais attention au shorebreak sur les galets! Les locaux se regroupent à la cabane du Royal Surf Club.

Banana Beach

PATRICE TOUHAR

Southern Morocco

Sidi Ifni

1. Agadir

Swell always struggles to get into the northern part of Agadir's large bay and the beachbreak sucks anyway. The right at Anza gets quite good, but the proximity of the port, the refineries and untreated sewage outfall have terrible consequences on water quality.

Le swell ne rentre quasiment jamais au Nord de la grande baie d'Agadir, un beachbreak trop plat pour être intéressant. Il y a une droite valable à Anza, mais la proximité du port et des raffineries font que l'eau est plus que douteuse.

2. Tifnit

Several interesting set-ups around a fishing village settled on a rocky point. Reliable, small swell beachbreak with some sucky peaks, but N winds are not ideal. Look for other options north of town. Quiet beach until the building projects come to life. Lock valuables out of sight.

Plusieurs pics autour d'un village de pêcheur calé sur une pointe rocheuse. Plage tranquille tant que les projets d'aménagement ne voient pas le jour.

3. Sidi-Rbat

Next to the Oued Massa mouth is a beachbreak worth checking with a small swell and S wind. Often blown-out by midday. The Souss Massa National Park is a hot spot for bird watching.

A l'entrée de la réserve de l'Oued Massa, un beachbreak à checker quand c'est petit et que le vent souffle du sud. Un endroit idéal pour mater les oiseaux également.

4. Sidi Moussa d'Aglou

Pumping waves in smaller peaky swells break with shape and a bit of power in clean conditions. Look for the right reef to the north of main beach. Closest beachbreak to Tiznit, but there are no crowds.

Plage la plus proche de Tiznit, mais le beachbreak reste largement désert. Bonnes vagues par petit swell. Attention aux filets de pêcheurs quand vous sortez ou entrez dans l'eau. Cherchez le reef au Nord.

5. Mirleft

Tiny, undeveloped coastal resort counting several beaches below the cliffs. Check the oued mouth for mid tide lefts.

Petit village balnéaire comptant plusieurs plages aux pieds des falaises. Checkez l'embouchure de l'oued.

6. Legzira

A beautiful beach with a natural arch, 8km north of Sidi Ifni. Several hollow waves, providing the wind is not from the N. Solo surfing and the option to stay in the cliff-top hotel while waiting for good conditions.

Une superbe plage avec arche naturelle à 8km de Sidi Ifni. Plusieurs vagues bien creuses et on peut maintenant se caler dans un hôtel en haut de falaise pour attendre que ça marche.

7. Sidi Ifni

The main wave is a long righthand wall breaking over boulder-type rocks way on the outside. Two lefts and the town beachbreak complete the panorama on the 'promenade'. 2km to the south, a righthander breaks off the end of the harbour wall that protects an inside left when big. Rip currents and sometimes crowded but friendly locals and easy campervan parking above the beach south of town. Catastrophic pollution when river flows, bringing stinking raw sewage to the line-up.

La vague principale est une longue droite facile qui casse loin du bord. Deux gauches complètent le panorama de la "promenade" : celle de l'hôtel Bellevue et celle du phare. 2km plus au sud, la droite du bout de la digue et la gauche du port quand ça rentre gros.

8. Boats Point

Boats Point and Desert Point have long been legendary secret spots, somewhere near Sidi Ouarsik and Sidi Ifni. The coast faces NW and is often onshore, the dirt tracks are strictly 4x4 and both the breaks are very hard to find, even with good maps. Boats Point is near a creek recognisable by two shipwrecks on the sand, and Desert Point another righthand pointbreak, is lost deep in the desert. Only for the well-equipped and stubborn searchers.

Une vingtaine de kilomètres séparent Sidi Ouarsik de Sidi Ifni. Avec un bon 4x4 on peut tracer cette route à recherche de la crique de Boats Point ainsi nommé de par la présence de deux épaves sur le sable, et de "Desert Point" un autre pointbreak de droites paumé dans le désert.

9. Plage Blanche

This remote, white sandy beach stretches over 50km without a single surfer/person in sight. Pounding, open beachbreak needing small peaky swell and SE offshores. It is best reached from Goulimine but there is a southern access point towards Aoreora's fort. A new paved road makes 2wd access possible.

La Plage Blanche s'étend sur plus de 50km sans aucun surfer à l'horizon. On la rejoint en 4x4 depuis Goulimine. Accès sud au niveau du fort d'Aoreora mais dans les 2 cas c'est long.

10. Tan-Tan Plage

A good left setup at the only surf accessible by 2WD in the region. North is the Hamada Stone desert, south are high cliffs overlooking the sea. Tan-Tan Plage (El Ouatia) is 25km away from the actual village.

Une bonne config de gauche et la certitude de choper le meilleur surf du coin, pour la simple raison qu'il s'agit du seul accès à l'Océan. Au nord s'étend le Hamada (désert de pierres), au Sud des hautes falaises surplombent l'océan. Tan Tan Plage (El Ouatia) est à 25km du village de Tan Tan.

11. Tarfaya

Frontier town on Cape Juby that sits behind the shadow of Fuerteventura, which cuts most NW swells out. There's a small beachbreak by the Casama fort but it is usually flat in town. Very windy, but check the north-facing coast, which picks up NE wind swells on the shipwreck-strewn beaches.

Une ville sur le Cap Juby face à Fuerteventura qui bloque un grosse partie du swell. Une plage surtout connu pour le fort du Casamar qui a les pieds dans l'eau. On peut trouver des spots des 2 cotés de la ville mais c'est souvent venté. Matez au nord par vent de sud et vice-versa. Plusieurs épaves sur les plages Nord.

Tifnit

Western Sahara (see travelling map p.182)

Foum el Oued

Long beach still suffering from the Canaries' swell shadow. Needs a SW or N to work. Fairly easy access from Western Sahara's unofficial capital, Laayoune (El Aaiun), 25km away.

Long beach rapidement accessible depuis Laayoune, à 25km.

Laâyoune Plage

Several potential spots with N wind shelter provided by a large harbour breakwall, but needs SW/W swell to get in. North of town, more NW-facing beach and reef could have a few waves at the dry creekmouths. Rare coastal road access and supplies but little else to recommend it.

Autour de la ville se trouvent plusieurs spots à fort potentiel et abritée des vents du nord, encore faut il pouvoir les localiser car ils sont souvent cachés sur d'étroites plages nichées entre les falaises!

Dakhla

Situated just above the Tropic of Cancer, Dakhla may well be the most straightforward surf destination in Western Sahara. Finding a place to stay is quite easy and the 40km long peninsula counts several reefs and pointbreaks, which don't require too much searching. The 240-step lighthouse offers great panoramic views. There are also beachbreaks such as Hansouane and Pointe de l'Or. Ponta Negra was considered for an international bodyboard contest.

Située juste au dessus du Tropique du Cancer Dakhla est sans doute la destination de surf la plus évidente au Sahara Occidental. On s'y loge facilement et sa péninsule de 40km compte de multiples reefs & pointbreaks ne nécessitant pas de recherches poussées. Le phare de 240 marches est un excellent point de vue. On trouve également de nombreux beachbreaks dans les environs comme celui de Hansouane et Pointe de l'Or. On a tenté d'organiser une compétition internationale de bodyboard à Ponta Negra.

La Gouira

Among the little bays that fringe the west side of the peninsula separating Western Sahara from Mauritania, this one stands out because of its good righthander. Faces SW so will struggle for size, but handles N winds. Dangerous border area, heavily mined.

Parmi les petites baies qui bordent l'Ouest de la péninsule séparant Sahara Occidental et Mauritanie, on retiendra ce bled pour sa bonne droite. Le très bon spot est proche, mais se trouve en Mauritanie. Il y a des découvertes à faire, mais la zone frontalière est parsemée de mines. Combien de jambes êtes-vous prêt à perdre pour une bonne session?

Mackerel Point

Deserted points

Msdoud

Fat, slow and mushy waves located at the entrance of the small fishing port of Boujdour. The long, rocky beach stretching south of town is offshore in NE winds but will struggle to pick up swell.

Vagues faciles assez lentes située à l'entrée du petit port de pêche de Boujdour. Une longue plage de sable et rochers s'étend au sud de la ville.

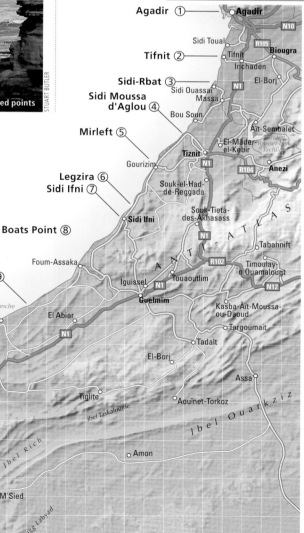

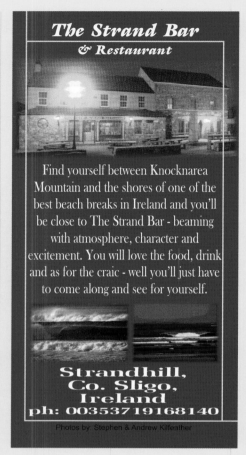

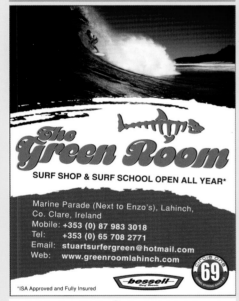

SURF SOUTH WEST
Surf holidays, surf courses and surf schools...since 1996
Tel: ++44 (0)1271 890400   www.surfsouthwest.com
Surf South West – Surfing holidays to Lanzarote, France, Portugal and Costa Rica for beginners and intermediates. Premier surf schools in Devon, England. Learn, improve and excel with the surfing professionals.

LOOSE-FIT SURF SHOP AND GALLERY
Upcott Avenue, Pottington Business Park,
Barnstaple, Devon, EX31 1HN
Tel 01271 314 549   Fax 01271 314 548
sales@loose-fit.com   www.loose-fit.com
Huge shop and gallery featuring the best in traditionally handcrafted surfboards including Tyler, Wegener and McTavish. Clothing includes The Ryde, Andy Davis, and Howies. Trees planted for every surfboard sold.

PENDORIC
St Mawgan, Cornwall, TR8 4EN
Tel: 01637 860031
info@pendoric.co.uk   www.pendoric.co.uk
Pendoric is a stylish, chintz-free B&B near Watergate Bay. With wetsuit and board storage, steaming power showers and energising organic breakfasts, Pendoric makes a fantastic base for Cornish surf adventures.

QUIKSILVER BOARDRIDER – NEWQUAY
2 Fore Street, Newquay, Cornwall, TR7 1HN
Tel 00 44 1637 859400   Fax 00 44 1637 859508
mail@surfinglifestore.com   www.surfinglifestore.com
Two Floors dedicated to Quiksilver and Roxy catering from ages 2 upwards. Clothing, Accessories, Luggage, Footwear.... everything Quiksilver!!

MATT HENSHER C/O MATT'S SURF LODGE
110 Mount Wise, Newquay, TR7 1QP
Tel: 01637 874651
matt@surflodge.co.uk   www.surflodge.co.uk
Newquay's original Surf Lodge, established 1996, competatively priced and open all year. Relaxed atmosphere and close to all beaches/ town centre. Bar/kitchen/carpark/pool table/videos. JOIN THE PARTY!

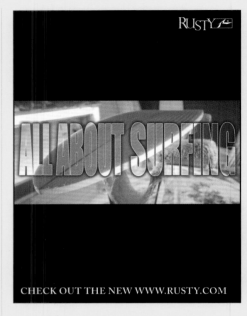

BIG WEDNESDAY SURF SHOP
26 Church Street, Falmouth, Cornwall, TR11 3EG
Tel: 01326 211159
info@bigwednesdaysurfshop.eclipse.co.uk
www.bigwednesdaysurf.com
West cornwall's largest stockists of surfboards, bodyboards, wetsuits, footwear, clothing and accessories. Also the southwest's leading wakeboard specialist. Friendly and helpful service.

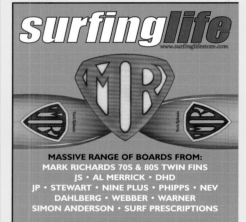

QUIKSILVER BOARDRIDER – PLYMOUTH
53 – 55 Cornwall Street, Plymouth, Devon, PL7 1NS
Tel 00 44 1752 220947   Fax 00 44 1752 220974
mail@surfinglifestore.com   www.surfinglifestore.com
Two Floors dedicated to Quiksilver and Roxy catering from ages 2 upwards. Clothing, Accessories, Luggage, Footwear.... everything Quiksilver!!

BOURNEMOUTH SURFING CENTRE
127 Belle Vue Road, Bournemouth, BH6 3DJ
Surf reports: 01202 434344   Tel: 01202 433544
sales@bournemouth-surfing.co.uk
www.bournemouth-surfing.co.uk

ODYSSEY SURF. SNOW. STYLE
12 St Johns Street, Bury St Edmunds, Suffolk, IP33 1SQ
Tel: 01284 753322
odysseysurf@tiscali.co.uk   www.surfsnowstyle.com
Ride a diferent wave...A new breed of surf shop featuring
designs from Rusty, Howies, Lost, Rip Curl, WESC, Ezekiel, Cult
and more, in a pure independent style...

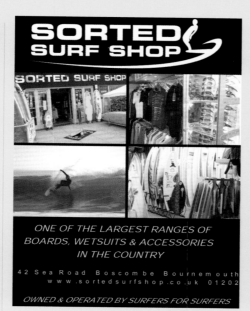
SCOTLAND

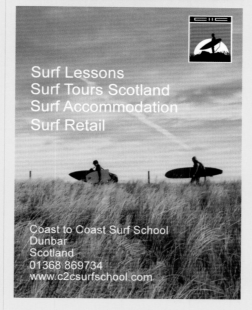

Surf Lessons
Surf Tours Scotland
Surf Accommodation
Surf Retail

Coast to Coast Surf School
Dunbar
Scotland
01368 869734
www.c2csurfschool.com

ESP
5 Moss Street, Elgin, IV30 1LU, Scotland
Tel: 01343 550129   www.espscotland.uk.com
The north of Scotland's boardsports specialists since 1992.
Surf, snow and skateboards, wetsuits, footwear, eyewear, street
and technical clothing. Repairs, service, rental, advice.

TEMPEST SURF SHOP AND CAFÉ
Thurso Harbour, Thurso, Caithness, KW14 8DE, Scotland
Tel: 01847 892500   www.tempest-surf.co.uk

THE STORMRIDER GUIDE
EUROPE

Atlantic Islands
Out Spring 2007

**Contains more detail,
and more photos for:**

Iceland
Scandinavia
Ireland
Great Britain
The Canary Islands
Azores and Madeira

ICELAND & SCANDINAVIA

SURFSENTRUM EFTF AS
Breigt. 6, 4006 Stavanger, NORWAY
Tel: ++4751531122   Fax: ++4751528550
jorgen@surfsentrum.no   www.surfsentrum.no

SOULRIDER
Visitors: Erik Dahlbergsgatan 12, Malmö, Sweden
Mailing address: Box 17036, 200 10 Malmö, Sweden
Tel: +46 (0)40 6110274
info@soulrider.se   www.soulrider.se
Small & cosy surfshop in the city centre (by Davidshallstorg) with
a good mix of clothes & accessories. Agent for surfcamps in
Portugal & Lanzarote. Closed on Mondays & Sundays.

NORTH SEA NATIONS – DENMARK

DARK BLUE BOARD SHOP
Klostergade 8, 3000 Helsingør, DENMARK
Tel +45 49 21 03 46   Fax +45 49 21 40 46
info@darkblue.dk   www.darkblue.dk
100% PURE SURFING   HAVE A NICE SESSION

NORTH SEA NATIONS – GERMANY

NORTH SEA NATIONS – HOLLAND

DFROST SURFSHOP ZANDVOORT
Tel: +31(0)235730038   www.d-frost.nl
This surfshop opened in spring 2006. Supplying all surfbrands and gear that the surfers needs! Tuflite's/Epoxy and Custom Surfboards. Every day open all year around.

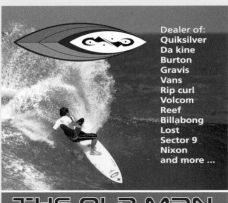

SUBLIME SURF SCHOOL
Beachclub WIJ – Beside the Scheveningen north harbour wall
Tel: +31 6 49392095
surfles@surfles.nl   www.surfles.nl
Surf lessons for beginners and advanced, including video analysis. Our certified instructors will get you standing up guaranteed! Holland's best surfers are among our team, and ready to give you that unforgettable feeling that surfing gives you! Rentals too!

WINDSURFING RENESSE
De Zoom 15, 4325 BG Renesse, Nederland
Tel/Fax: +31(0)111-462702   info@windsurfingrenesse.nl
www.windsurfingrenesse.nl   www.surfingrenesse.nl
Pro Surf & Fashion Shop. Wind-, kite-, surf-, body- & skim boards. Rental, school and repairs. World wide surfing holidays: "Surf and Travel Agency. Clothing, wetsuits, accessories etc. etc. Rooms for rent!

SPORTSHOP DOMBURG
Weststraat 2a, 4357bm Domburg
Tel: 00 31(0)118586012
sportshop@zeelandnet.nl   www.sportshopdomburg.nl
The surf specialist - More than 90 boards in stock.
Learning to surf.... we have a surf school on the beach.
Also rentals for boards, wetsuits, skimboards and bodyboards.

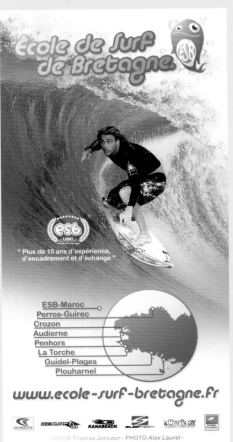

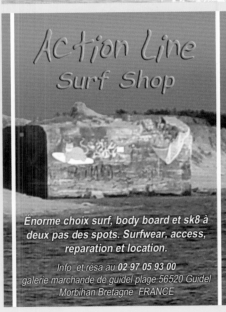

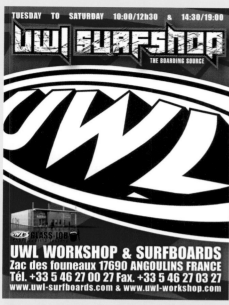

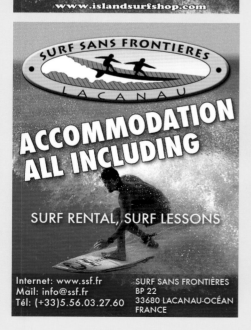

BIDARTEKO SURF CLUB
Plage du centre, 64210 Bidart
06 15 66 15 80   05 59 47 72 20
bidarteko.surfclub@laposte.net
bidarteko.blogspot.com

BOARDRIDER SURF SHOP
Casino Municipal, 64200 Biarritz
05 59 22 03 12   05 59 24 32 44
Tous les jours toute l'année de 9h30 à 19h30 en face de la
Grande Plage. Toute la collection Quiksilver. Jeff Hakman surf
school. English spoken, se habla español.

ECOLE DE SURF DE GUÉTHARY
582, av du Général de Gaulle
06 08 68 88 54   Fax : 05 59 54 81 78
surf.guethary@wanadoo.fr   surf.guethary.free.fr
Surfcamp facing the famous spot of Parlementia in the village of
Guéthary – Surfing lessons for all skill levels – Established 1996
– Board & wetsuit rental – English spoken – Se habla espanol
– Accessories for sale – Open year round.

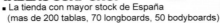

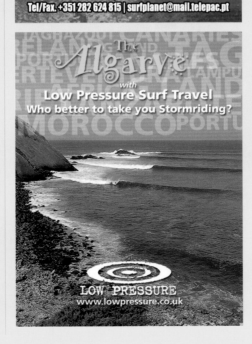

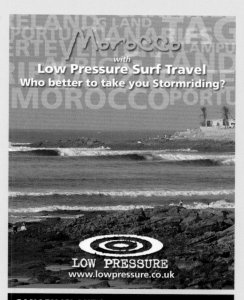
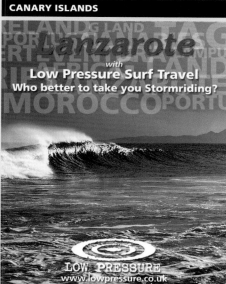

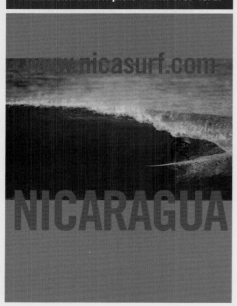
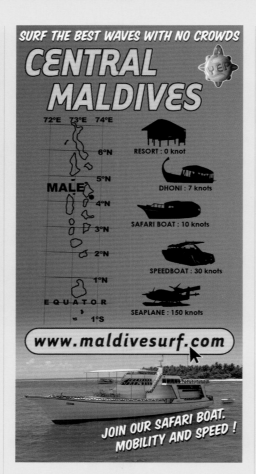
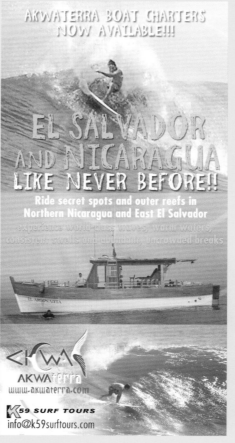

DAN HAYLOCK

Low Pressure Surf Travel
Who better to take you Stormriding?

DONEGAL BAY
THE ALGARVE
LANZAROTE
FUERTEVENTURA

EL SALVADOR

SUMATRA
G-LAND

TAGHAZOUT

At Low Pressure Surf Travel, we are committed to helping you get to a selection of the finest surf camps throughout Europe and the World. We offer an assortment of surfing vacation packages ranging from guided surf tours to surf schools and self-catering apartments. In this global village, you are only hours away from taking off and driving down the line. Our enthusiasm for surf travel comes from a dedicated, meticulous approach to the research of the Stormrider Guides and our attention to detail allows us to ensure we offer the best surf travel destinations on the Planet.

LOW PRESSURE
www.lowpressure.co.uk

Index

Notes

These are the pages for scribbling notes on and
personalising your Stormrider Guide. Feel free to share
any new information with our online community at
www.lowpressure.co.uk/lpforum

Sets approaching...

Low Pressure Stormrider Guides

Stormrider Guides are the ultimate surf travel companion, providing essential information about the coastlines of the world. Generally acknowledged as the finest surf travel books available and often referred to as "The Surfer's Bible".

The World Box Set – Volumes One and Two out now, Volume Three Winter 2008

Europe Box Set – Atlantic Islands Spring 2007